# 河内龍泉寺と蘇我氏の研究

中村　浩　著

芙蓉書房出版

▲龍泉寺本堂

▼阿弥陀堂（大師堂、聖天堂

▶龍泉寺八脚門（仁王門）

▲龍泉寺庭園

◀龍泉寺鐘楼

『龍泉寺縁起絵巻』

▲蘇我馬子と龍の登場

▼弘法大師の登場

▲伽藍の建立工事と弘法大師

▼龍泉寺の伽藍建物

# はしがき

蘇我氏は、大化改新によって本宗家が滅びるまで政治の中枢を担っていた豪族の一つであり、以後も石川朝臣として歴史上多くの事跡を残している。その蘇我氏については謎が多く、「なぞの蘇我氏」ともいわれている。とりわけその出自、本貫地について、大きく三説がある。すなわち、河内国石川郡、大和国高市郡蘇我、葛城郡の地とする三説である。

とくに河内国石川郡に求める説では、『日本三代実録』元慶元年十二月廿七日条の石川朝臣木村の上表に「始祖大臣武内宿祢の男宗我石川、河内國石川別業に生る。故に石川を以て名と為し、宗我の大家を賜りて居と爲し、因りて姓宗我宿祢を賜る」とある。「以先祖之名爲子孫之姓」とすることを乞うたもので「詔許之」として願いは受理されている。

大和国高市郡蘇我説は、『紀氏家牒』に「蘇我石河宿禰、大倭国高市県蘇我里に家す。故に名づけて蘇我石河宿禰と云ふ」とあることに、葛城郡説は、『日本書紀』推古天皇三十二年十月条に「葛城県は、元臣が本居なり。故、其の県に因りて姓名を為せり」とあることにそれぞれ基づくものである。

いずれも、地名によって名付けられたとしており、時代の前後関係からみて河内国石川郡説が最も蓋然性が高いと考えられる。

ところで、龍泉寺は大阪府富田林市竜泉に所在する高野山真言宗の古刹である。『春日大社文書』に「龍泉寺者、宗我大臣之建立也」「宗我大臣所領也、而為鎮護國家、小治田宮御宇世丙辰冬十一月被建立龍泉寺也」などと見え、蘇我馬子の創建による寺院であることが判る。

さらに龍泉寺は、『上宮太子拾遺記』で引用される元興寺縁起に「四年丙辰、冬十一月。法興寺造竟。則以大臣男善徳信豊浦大臣是也拝寺司是日恵慈聡二僧。始住於法興寺。是年島大臣私起龍泉寺於石川神名傍山、為禅行之院」とある禅行之院であり、蘇我氏にとっては極めて重要な聖地でもある。

第一部では、河内、蘇我氏、仏教、龍泉寺について概観した後、平石古墳群及び金山古墳の被葬者像と龍泉寺について考えた。次に『春日大社文書』と龍泉寺について検討した結果を紹介した。さらに龍泉寺縁起絵巻については、『河内名所図会』との比較から縁起について考えてみた。

第二部では、蘇我氏と仏教について、その伝来から受容、抗争について考える。とくに仏教伝来以降の論争、抗争について、単に仏教のみが介在していないことを考えてみた。

第三部は、龍泉寺をめぐる創建から現在に至る様々な事象について、考古学的調査の成果、出土古瓦の編年的考察、さらに寺域内出土の蔵骨器について検討した。

また龍泉寺内の指定文化財について、名勝庭園、府指定彫刻像、国指定重要文化財建造物などを紹介する。

中・近世期については、龍泉寺の背後にある嶽山に築城された龍泉寺（嶽山）城についてその興亡と寺との関係を考えた。さらに江戸時代前期の高僧浄厳和尚の文になる龍泉寺梵鐘銘について紹介、検討した。

これらは、従来行ってきた龍泉寺についての歴史的、考古学的調査の成果などから、新たな龍泉寺史を描こうとしたものである。

令和七年二月吉日

河内龍泉寺にて

中村浩（浩道）

## 河内龍泉寺と蘇我氏の研究　目次

## 第三部　龍泉寺に関する歴史および考古学的検討

# 第一部

# 河内・蘇我氏・龍泉寺

# 龍泉寺の歴史

## はじめに

大阪府富田林市の南郊、嶽山の東斜面中腹にひっそりとしたたたずまいの龍泉寺がある。寺伝によると推古天皇二年勅命により蘇我馬子によって創建され、平安時代には弘法大師が訪れ加持祈祷したという池も残されている。

また鎌倉時代後半には八脚門、金剛力士像が造立され、南北朝時代には南無佛太子像が造立されている。やがて室町時代には畠山氏の争乱に巻き込まれ、嶽山城の陥落の災禍を受け伽藍の大半が灰塵に帰した。現在では旧姿をほとんどとどめていないが、わずかに名勝庭園、重要文化財八脚門、府指定文化財金剛力士像、南無佛太子像などの指定文化財を有し、法灯を護持する高野山真言宗の古刹である。

以下、龍泉寺の歴史を記述してみたい。

## 一、考古資料から見た龍泉寺

龍泉寺の調査は、寺域を記録した『境内絵図』寛文九年（一六六九）によって、現在の地形と対照しえる二十三坊の子院のうち、千手院、摩尼院、満福院、西方院、東之坊、小福院、北之坊、山之坊の発掘調査が行われ、それらの成果はすでに『報告書』があり、それらを参照されたい①。なお主要伽藍については現状では調査が及んでおらず、地表での観察及び、一部の発掘調査の出土遺物からの所見に従わざるを得ない。出土遺物で最も多い瓦については、ほかの土器類などが製品供給後の移動が考えられるが、瓦の場合は供給後の移動は考えられない。従って瓦についての検討は寺史の検証に極めて有効である。

現在まで境内での出土屋瓦は、下表に示したⅠ～Ⅶ期までに分類し、文様から見た種類は合計三五種、かつ製作手法などから見ると合計五八種類に及ぶ②。

このほか発掘調査で、奈良前期の瓦窯戸をはじめ中世期の瓦窯跡群などが確認・調査されている。それらで生産された瓦類は、龍泉寺の創建、修復に使用されている。

さらに龍泉寺を構成していた子院（坊院）跡についても、いくつかについて調査を実施し、成果を挙げている。

**時期呼称と時代区分**

| | | |
|---|---|---|
| 第Ⅰ期 | 奈良前期（飛鳥・白鳳） | 7～8世紀 |
| 第Ⅱ期 | 奈良後期（天平） | 8～9世紀 |
| 第Ⅲ期 | 平安前期（弘仁・貞観） | 9～10世紀 |
| 第Ⅳ期 | 平安後期（藤原） | 10～12世紀 |
| 第Ⅴ期 | 鎌倉（含南北朝） | 12～14世紀 |
| 第Ⅵ期 | 室町（含安土・桃山） | 14～17世紀 |
| 第Ⅶ期 | 江戸～ | 17世紀～ |

## 二、春日大社文書と龍泉寺

寺伝による推古天皇二年（五九四）創建の伝承の時期まで遡りうる資料は考古資料のみで、残念ながら古代まで遡りえる文献資料は寺自体には伝存していない。文献資料最古のものは奈良市春日大社に所蔵の『春日大社文書』四五二号文書「河内国東條龍泉寺重書案」として収められる四点他の古文書である③。

その四点とは、収録順に「龍泉寺氏人等解申重河内國前並在廳官人御證判事」（1号と仮称）、「河内國石川郡東条龍泉寺氏人並所司三網等検注當寺經論仏像堂舎佛具種々寺財寶物所領田薗等之實録、安置流記帳事」（2号と仮称）、「河内國石川郡龍泉寺氏人等謹申請郡内在地刀祢司證判事」（3号と仮称）、「龍泉寺寺田坪付帳案」（4号と仮称）である。うち4号については文書の前半部分が欠損しており、その名称は仮称である。これらの文書には、「而以去承和十一年比、氏長者公重不虞之外為強盗殺害、住宅焼亡之次、調度文書等同焼失畢、因之、當初殘氏人等僧等注子細、以去寛平六年三月五日國前ニ訴申候日、任道理處處田地等可寺領國判明白也者」（1号文書）、「而不慮之外、去十一月二十一日夜、氏之長者宗岡公重為強盗殺害私宅焼亡之、件調度文書等悉皆焼失明白也』（2号文書）等とこれら文書が作成された背景を説明している。

それによると承和十一年（八四四）十一月二十一日夜半、氏の長者であった宗岡公重が強盗に殺害され、住宅も焼亡、この火災によって寺に関する一切の文書も同時に焼失した。そこで残された氏人や僧侶らは寛平六年（八九四）三月五日に河内国に訴え出た。さらに重ねて天喜五年（一〇五六）四月三日に提出した（1号文書、『平安遺文』に所収）。

同じく「河内國石川郡東条龍泉寺氏人並所司三網等検注當寺經論仏像堂舎佛具種々寺財寶物所領田薗等之實録、安置流記帳事」（2号と仮称）も同様の主張を行い、かつ龍泉寺資材帳（財産目録に該当する）を復元している。とくにこの文書は事件発生後、まもなくの承和十一年十二月八日に出された。ただし後に火災で焼失や大風で損壊、盗難などの追記が見られる。「河内國石川郡龍泉寺氏人等謹申請郡内在地刀祢司證判事」（3号と仮称）は、寺の所領に関する記録で、石川郡内の寺敷地のほか、郡内紺口庄の氏人領地のほか古市郡内の山地などが記載されている。

「龍泉寺寺田坪付帳案」（4号と仮称）では、これら3号文書に加えて、より細かな坪付けが明示されており、詳細に位置関係が明らかとなる。いずれの文書も、龍泉寺には極めて不幸な出来事が記録され、加えて亡失文書類の復元が見られる。文書から復元される龍泉寺の歴史は、次の如くである。

まず龍泉寺の創建は、「氏人先祖宗我大臣建立」（1号文書）、「件龍泉寺者、宗我大臣建立」（2号文書）、「氏人等之先祖宗我大臣之所領也、而為鎮護国家、小治田宮御宇世丙辰冬十一月被建立龍泉寺也」（3号文書）、「件龍泉寺者、是諱孝元年天皇四士従胤大臣宗我宿祢小治田宮御宇世丙辰冬十一月、為天王鎮護国家所建立也」（4号文書）とあり、それらから、推古天皇二年（五九四）冬十一月に蘇我馬子が鎮護国家の創建とあり、寺伝内容と一致する。

次に寺領については、寺の敷地は石川郡内に三百町（1、2、3、4号文書）、紺口に氏人等の私領地（1、3、4号文書）、石川、古市両郡に山地や水田を所領（1、3、4号文書）、和泉国日根郡に塩山百五十町（2、4号文書）とある。さらに四号文書には、所領地の面積などについて詳しく、山地の項では壺井山に如意寺という寺院の所在も記述する。

一方、龍泉寺の建造物及び資材については2号文書で詳細な内容がある。伽藍建物では、金堂（瓦葺）、三重塔（瓦葺）、経蔵（檜皮葺、三間）、方鐘堂（檜皮葺）、僧坊（九間、檜皮葺、長十丈四尺、高一丈二尺）、僧

図1 東塔の礎石

坊（七間、草葺、五間東屋）、政所屋（五間草瓦倉）、堂舎（五間、檜皮葺、南西庇六丈八尺、弘六丈、高一丈二尺）、大炊屋（草葺板倉）、幡二基（高五丈五尺）、講堂（記述が見られないが、納入仏の記述がある）である。これらの内、方鐘堂（檜皮葺）は天暦元年（九四七）七月三日大風で倒壊し、経蔵（檜皮葺、三間）も天禄元年（九七〇）二月八日に大風で吹倒している。

また堂舎章には寛仁四年（一〇二〇）一二月二〇日夜に火災焼失とある。講堂はこの火災で焼失した可能性が高いが確証はない。

各堂安置の仏像については、講堂に薬師佛像七体但一体高七尺鋳物像五体、観世音像四体鋳物像三体、四十手観音像一体高六尺、地蔵菩薩像一体、四天王像四体、金堂に釈迦仏像一体、弥勒菩薩像三体、鋳物像、塔には、虚空菩薩像二体、鋳物像とあり、これらの内、講堂観世音像三体が昌泰元年（八九八）に三体が盗難、塔内の虚空菩薩像が昌泰二年（八九九）三月に盗難、このほか経論、雑具、楽具は「在目録」とあるが、現在は伝承されていない。

龍泉寺とかかわりの濃い形で登場する宗岡氏に触れておきたい。『三代実録』④元慶元年（八七七）十二月二十五日辛卯条に「右京人前長門守従五位下石川朝臣木村、散位正六位上箭口朝臣岑業、改石川箭口、並賜姓宗岳朝臣、木村言、始祖大臣武内宿祢男宗我石川、生於河内國石川別業、故以石川為名、賜姓宗我大家為居、因賜姓宗我宿祢、浄御原天皇十三年賜姓朝臣、以先祖之名、為子孫之姓、不避諱、詔許之」とあり、蘇我宿祢は天武天皇十三年に石川朝臣と改名した。このことは『日本書紀』天武紀にも見られる。さらに『三代実録』で、石川から宗我(岳)へ改名した。

従来大化改新以後、蘇我氏は正史の上からほとんど姿を消していたが、ここに至って石川朝臣【宗我(岳)】木村が登場する。

さらに『三代實録』元慶六年（八八二）八月二十三日壬戌条に「太政官下符大和国司偁、散位宗岳朝臣

木村等言、建興寺者、是先祖大臣宗我宿祢之所願也、本縁起文、具存灼然、……(中略)、宗我稲目宿祢以家為佛殿、天皇賜其代地、遂相移易、施入皇宮、稲目宿祢奉詔造塔、然測建興寺之建、出自御願、不可為宗我氏寺明矣、官商量、宜停氏人検領之望不得重致寺家之愁」とある。これは宗岳氏が建興寺を氏寺とし、氏人の検領を獲得しようとした。しかし木村などが提出したこの訴えは、権利が認められなかった。それは既に河内に伝統的な氏長者と氏寺が存在したからであろう⑤。

ちなみに建興寺とは法興寺であり、『上宮太子拾遺記』⑥に引用される元興寺縁起に「四年丙辰、冬十一月。法興寺造竟。則以大臣男善徳信豊浦大臣是也拝寺司是日恵慈聡二僧。始住於法興寺。是年島大臣私起龍泉寺於石川神名傍山、為禅行之院」とある。従って『上宮太子拾遺記』の元興寺縁起に見える龍泉寺の記事は、平安から鎌倉時代の段階で相当流布、周知されていた可能性が高いと見て大過ないだろう。

図2 平石古墳群から龍泉寺を望む

## 三、平石古墳群の被葬者

大阪府南河内郡河南町加納、平石地区で、平成一〇年度から平成一六年度にかけて、大阪府農林水産部は「南河内こごせ地区の中山間地域総合整備事業を実施することになり、大阪府文化財保護課では、農林水産部の依頼を受けて事業に先立って、発掘調査を実施し、その『報告書』⑦を平成二一年三月に公刊した。これによって「加納古墳群」および「平石古墳群」の全容が明らかとなった。

平石谷開口部から見ると、そこには正面に龍泉寺の所在する嶽山が整然と佇んでいるのが見える。すなわち谷の開口部からはこの嶽山の全形が中心的位置に眺望されるのであり、その右手側すなわち北方に広がる石川を含む富田林の市街地は丘陵の影となっており、唯一眺望の開けたそこには蘇我馬子が私的に創建したという龍泉寺が所在するのである。

すなわち龍泉寺は、『上宮太子拾遺記』に引用される元興寺縁起に「四年丙辰、冬十一月。法興寺造竟。則以大臣男善徳信豊浦大臣是也拝寺司是日恵慈聡二僧。始住於法興寺。是年島大臣私起龍泉寺於石川神名傍山、為禅行之院」とある寺院であり、蘇我氏にとっては始祖に近い蘇我馬子の創建した寺院であり、極めて重要な聖地である。この聖地を望む位置に立地する平石谷の古墳群は、検討の結果、まさに蘇我氏の奥津城であることがほぼ確実であろう。

平石古墳群の所在する谷の入口部分に位置するシショヨツカ古墳については『日本書紀』欽明三十一年春三月甲申朔条に「蘇我大臣稲目宿祢薨」とある蘇我稲目の墓と考えてみた。

また『日本書紀』推古三十二年五月二十日条に「大臣薨、仍葬干桃原墓」とあり、『聖徳太子伝略』には「丙戌年夏五月　大臣馬子宿祢薨　葬桃原墓　遺言畫太子像　自跪其前之絵　張吾墓前　令観衆人」と、蘇我馬子の死を記述している。シショヨツカ古墳の被葬者は稲目、馬子のどちらかであり、それらが、再葬された可能性のある墳墓と考えて大過ないだろう。あるいはシショヨツカ古墳を蘇我稲目、これに隣接するシショヨツカ東古墳を蘇我馬子とすることも可能であろう。さらにシショヨツカ東古墳については、その詳細が明らかではないが、ほぼシショヨツカ古墳と同規模であるとすれば、とくにシショヨツカ古墳を蘇我稲目の墓と考えるならば、これは蘇我馬子の墳墓とするのが妥当であろう。

なお馬子の墳墓は、「大臣薨、仍葬干桃原墓」とある桃原墓とされているが、これらを含めて蘇我氏一族の墳墓としてまとめられていることを考慮すれば、必ずしも桃原墓にこだわらず、ここに再葬されたと考えてよいのではないだろうか。

西川寿勝氏⑧は「結論的に、ツカマリ古墳・アカハゲ古墳の被葬者が隆盛した六〇〇年代前半になって、先祖の墓を改葬し、新時代の墓室形態でシショツカ古墳が造営され副葬品と棺は、初葬の墓から持ち出され、納め直したと考える」のである。

いずれにしてもシショツカ古墳が、改葬墓という考え方である。その結果、副葬品とされている須恵器の高坏は供物を供える目的ではなく、大甕にいれて墓室入口に一括して埋納されていた。これまでの古墳には類例が知られていない特異な出土状況である。土器をはじめ、馬具などの年代観はシショツカ古墳の初葬年代を示すものである。また、漆塗籠棺という特殊な棺が採用されており、改葬は初葬よりかなりの年月がたち、骨化がすすんでいたことからも推測される。アカハゲ古墳が「子麻呂運手揮劒、傷其一脚」とある入鹿の墓、ツカマリ古墳が『日本書紀』皇極元年是歳条に「蘇我蝦夷、立己祖廟於葛城高宮、而為八佾之舞。倫」とある蝦夷の墓に相当するとみてよいだろう。

## 四、蘇我氏と仏教

蘇我氏と仏教の関連は、その伝来当初から深い関係が見られる。とくに物部氏との崇仏廃仏抗争の末、勝利した蘇我氏の専横体制はしばらく続くことになる。しかし果たして『日本書紀』に見られる仏教伝来記事、さらに続く崇仏廃仏の論争、さらには武力抗争（丁未の変）に至った背景はどこにあったのかについて、当時の外交関係から考えてみると、そこには意外な背景が浮かびあがってくる。

丁未の変の成功によって、完全に政権を掌握した蘇我勢力は、その最初で最大の仏教興隆政策として法興寺（飛鳥寺）造営に着手した。とくに法興寺造立の目的として、蘇我勢力の政治的拠点としてだけでなく、僧尼全般の授戒を行う法師寺としての役割があったと考えられる。またその造営に対して帰化工人の果たした役割も多大である。発掘調査の成果⑧では、高句麗系、百済系の建築様式が混在しているという。

## 五、龍泉寺庭園—龍池・弘法大師

龍泉寺庭園については、昭和五六年五月十一日付けで名勝指定を受けた。

寺伝によると、昔この地に古池があり、そこに悪い龍が住み人々に被害を与えていた。蘇我馬子は人々を救うため修法を行ったところ、悪龍は仏法の力にはかなわないとして飛び去った。やがて馬子は聖徳太子とともにこの地に寺を建て仏法の興隆に努めた。その後池の水は枯れ果て、付近にも水がわかず、ついに寺も衰退した。弘仁一四年（八二三）正月八日弘法大師がこの地を訪れ、里の老人に水を乞うたところ湧水がなく困っていることを語った。大師がさらに尋ねると老人は、自分はここの地主の牛頭天王である。汝が来ることを待っていた。ここにしばらくとどまり霊地を再興せよ。自分も亦助けようと言い、忽然と姿を消した。大師は、七日間加持祈祷を行ったところ、七日目の夜半に雨が滝のように降り始め、再び龍が現れ、やがて夜が明けると池には清水満々とたたえ三つの島が出来ていた。大師はそれらの島に聖天、弁財天、吒天（ダキニ天）を祀り、牛頭天王を鎮守としたとあるのが、寺伝に見える庭園に関する記述である。

この伝承については、寛治三年（一〇八九）僧経範撰の『大師御行状集記』⑨に「河内龍泉寺條第七十七」として「件寺本願大臣欲建立伽藍尋求勝地而此所従往古池於悪龍山内之池……（中略）其後池枯山内無水流渋之潤……（中略）大師點一所加持祈誓爰本龍住慈心帰來頓沸出飛泉干令絶改名號龍泉寺云々」とあり、寺伝と一致している。この伝承が寛治三年まで遡ることが分かる。

元亨二年（一三二二）、虎関師錬の撰になる『元亨釈書』⑩に、弘法大師の業績を紹介する項で、「内州有一寺、其池元龍池、龍移他處。池又涸。寺衆苦無水。海點一所加持。清水忽沸。因號龍泉寺」とあり、弘法大師と龍泉寺の関係に言及している。この龍池こそ、現在の庭園（国指定名勝）の中心をなす池のことであり、庭園の造立年代が明らかとなる資料でもある。

吉川需編著『日本の名勝　第一巻庭園Ⅰ』⑪によると、本庭園は鑑賞の対象として造られた所謂寺院庭園ではなく、上古時代から伝えられた神池である。豪族の居館の庭が後世神社の庭となった例は、兵主神社庭園、北畠神社庭園などがあるが、この神池はむろん

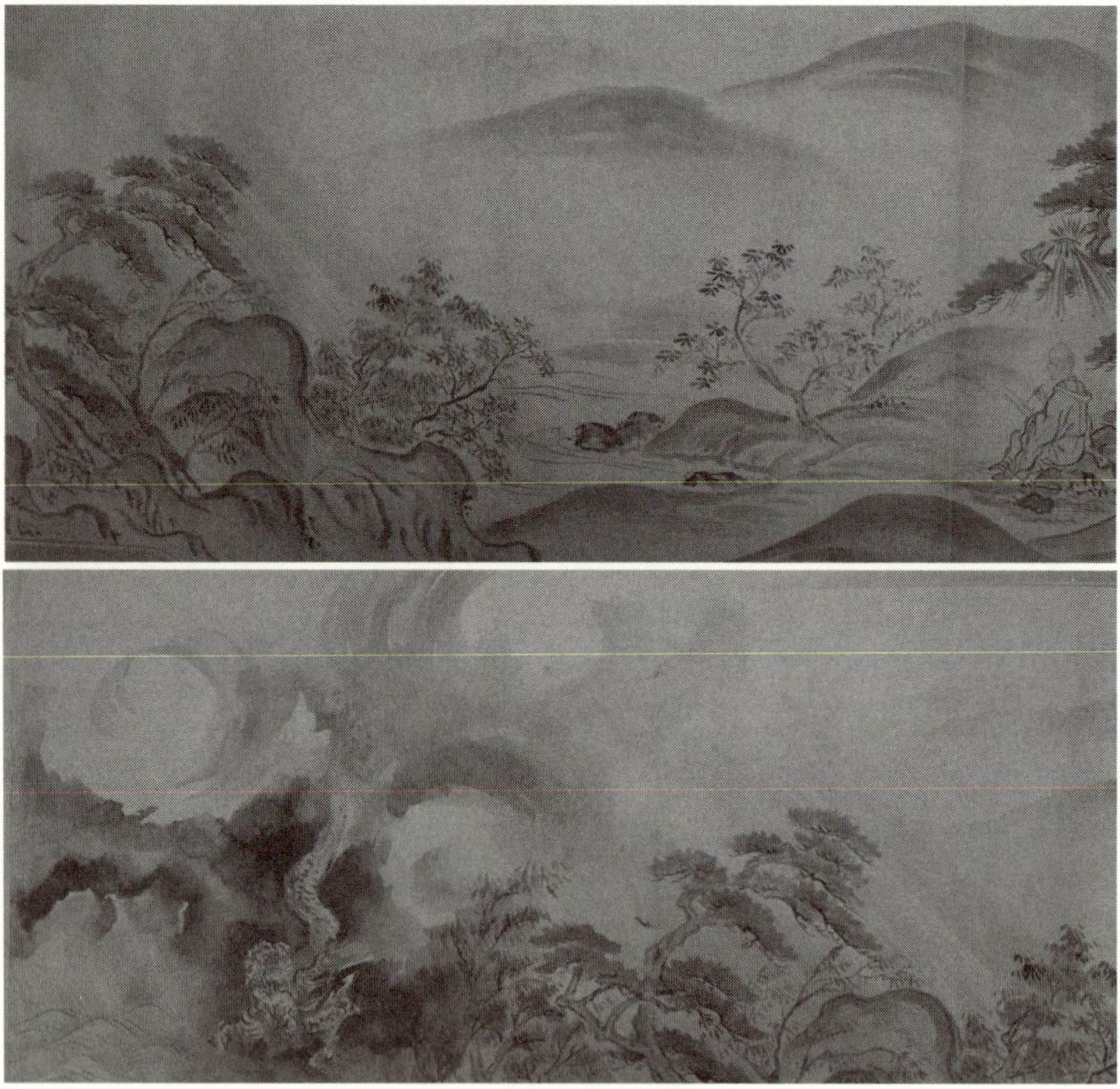

図3 龍泉寺縁起絵巻

それとも趣を異にするものである。

龍泉寺は蘇我馬子が創建し、弘法大師が再興したと伝えられるように、その成り立ちは極めて古い。広大な長円形の深い池の中に大小三島を配しただけで、護岸その他に石組や景石のような作庭材料は一切ない。周囲も島上も植生は自然的で、特別な手入れは加えられない。神秘の沼の様相がある。

園池は、本堂の西側に位置し、ほぼ南北に六〇m、東西四五mで、南北にほぼ一列に三個の中島を配し、橋を架している。中央の島には春日造り（桃山時代）の建物に弁財天を祀り、他の中島にも小祠を建てており、その状況は、寛文九年（一六六九）寺所蔵古図とほとんど一致する。

図4　龍泉寺庭園

池は伽藍北西部から湧出する豊富な水を本堂の北背面に堰堤を築きかえたので、古くは信仰の対象として、また灌漑用水として利用されていた。これを伽藍の整備に伴って、中島および祠堂を置き、相互間に橋を架けるなど、信仰と鑑賞を兼ね合わせるようになったものと考えられる。

寺域を囲む樹林、北西に構える嶽山を含めて、静寂な景観を作り出しており、この地方にまれな鎌倉時代頃の庭園として貴重である。

## 六、龍泉寺の文化財

かつての龍泉寺には『春日大社文書』四五二ノ（２）「河内國石川東條龍泉寺氏人并司三綱等検注當寺經論佛像堂舎佛具種々寺財寶物所領田薗等之実録、安置流記帳事」によると、

瓦葺三重塔一基
瓦葺金堂一宇　檜皮葺五間一宇　南面庇六丈八尺　弘六丈　高一丈四尺
檜皮葺九間僧坊一宇　長十丈四尺　高一丈二尺
檜皮葺方鐘堂一宇　天禄元年七月三日大風倒之
檜皮葺三間經蔵一宇　天禄元年二月八日大風吹倒之
草葺七間僧坊一宇　草葺五間東屋一宇
草葺五間政所屋一宇　草葺瓦木倉一宇
草葺大炊屋一宇　草葺板倉一宇

とあり、講堂、金堂、三重塔などが存在していたことが分かる。しかしそれらの大半は中世段階で消滅しており、近世以降に再建された建物が現在まで残されているに過ぎない。それらの内の代表的な建造物について紹介しておきたい。

**◎八脚門（仁王門）**一棟⑫

昭和二四年四月十二日重要美術品に指定され、後昭和二六年三月二二日に文化財保護委員会告示第十五号により、重要文化財に指定された。

図5 龍泉寺八脚門(仁王門)

桁行（柱真）八・八一一m、梁間（柱真）四・六〇六m、軒高（礎石上端より軒桁口脇まで）三・六一二m、棟高六・五九〇m、柱の出一・八一八m、建て面積四〇・五八二㎡、軒面積九九・五五㎡、屋根面積一二七・二六〇㎡。

構造形式は、桁行三間、梁間二間の八脚門で南面、中央の間は通路、親柱筋及び両側面は塗壁、表側両脇の間は正面と、通路側に金剛柵を設けて、仁王像を安置する。

**◎そのほか未指定の建造物**

本堂（入母屋造り、六間×六間、江戸時代）、大師堂（聖天堂として使用されてきた。宝形造り、三間×三・五間、江戸時代）、鐘楼（一間四方、江戸・昭和修復）、行者堂（一間四方、瓦葺き、江戸時代）、庭園内建物（弁天堂、聖天社、吒天社、雨井戸、閼伽井戸）、本坊庫裡などがある。

かつての龍泉寺には『春日大社文書』四五二ノ（2）「河内國石川東條龍泉寺氏人并司三綱等檢注當寺經論佛像堂舎佛具種々寺財寶物所領田薗等之実録、安置流記帳事」によると、

一、講堂佛像
　薬師佛像七躰　但一躰高七尺　鑄物像五躰
　観世音像四躰鑄物像三躰　昌泰元年三躰被盗取畢
　四十手観音像一躰高六尺
　地蔵菩薩像一躰
　四天王像四躰
一、金堂佛像
　釋迦佛像一躰

弥勒菩薩像三躰　但、鑄物像

一、塔本佛像

虚空蔵菩薩二躰鋳物像、　昌泰二年三月被盗畢

とあり、相当数の仏像が安置されていたことがわかる。しかし現在龍泉寺には、それらの痕跡は全く見られず、中世以降の仏像彫刻がわずかに残されているに過ぎない。それらの内の代表的な彫刻像について紹介しておきたい。

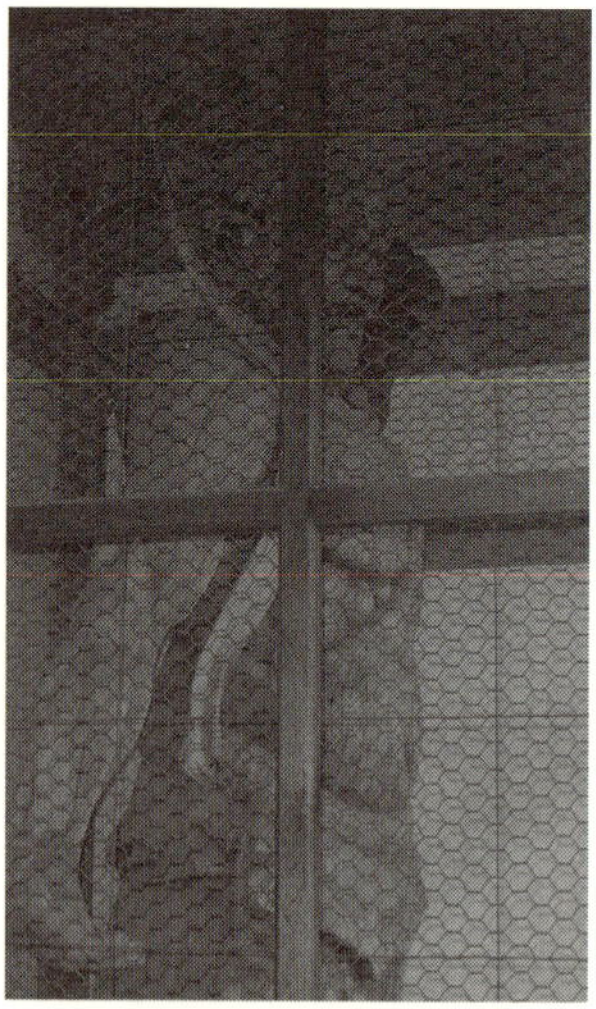

図6 金剛力士像

**◎金剛力士立像**　二躯⑬

八脚門の左右に収められている阿吽の二躯であり、現在大阪府指定文化財となっている。昭和五六年度に阿形像、昭和五七年度に吽形像の保存修理を美術院で行っており、その修理報告から引用して記述すると、以下の如くである。

金剛力士立像（阿形像）一躯

像高三五五・七㎝。台座は、方座高三二・〇㎝、方座巾一八〇・八㎝、方座奥九〇・〇㎝、《像内背面内刳部に建治元年の墨署銘》。形状は、寄木造、躰部（広葉樹の内、いちょうか?）、頭部、桧材、彩色、玉眼、玉眼は銅製、瞳部に推奨を嵌入する。高髻、瞑目、開口、上半身裸形、裳一段折り返しを著は腰帯を巻く。面斜右方にして、左手屈臂、頭側方にかまえ、掌を内にして五指を開き、指先は躰方に向ける。腰を左法に引き右足を踏み出して立つ。台座は仮座。

金剛力士立像（吽形像）一躯

像高三五九・八㎝。台座は、方座高二四・四㎝、方座巾一六六・六㎝、方座奥一一三・七㎝、隅脚高

四・八㎝《像内背面内刳部に建治元年の墨署銘、右足中間材の前面に応永九年の墨署銘》。形状は、広葉樹材、頭部桧材寄木造最小、玉眼。玉眼は阿形と同じく金銅製で瞳部を水晶嵌入する。高髻、瞑目、閉口、上半身裸形、裳一段折返し、腰帯を巻く。面斜左方に向け、左手やや屈臂して下げ、拳を作り、右手屈し前膊を前方にして胸前にかまえ、掌を前にして五指を開く。腰をひねり左足を踏み出して立つ。天衣は両肩から頭上を覆い体側に垂れる。

◎**木造聖徳太子立像**（昭和五一年指定）一躯（像内納入品　紙本版画四点）⑭

像高四〇・〇㎝⑭。袴を着毛、上半身は裸形で、胸前で合掌し、袴の裾を後方にため、畳座上に立つ。聖徳太子が二歳の時、東方に向かい「南無佛」と唱したとされることに由来する像で「南無仏太子」ともいう。寄木造、彩色、玉眼嵌入の高さ四〇㎝の小像で、表現法に多分に形式的な面もあるが、胎内に納入品（紙本版画　如意輪観音像、紙本版画　阿弥陀・地蔵二尊像、紙本聖徳太子印仏、護符、文書断片）があり、それらの正応四年（一二九一）、興国七年（一三四六）の年号から推して、恐らく本像の製作は興国七年（一三四六）であろう。

また、胎内の紙本版画　如意輪観音像は、正応四年（一二九一）の年号を持つ、すぐれた優作であり、日本仏教版画市場の基準作例として貴重品である。

◆そのほか未指定の仏像彫刻

これらのほか、本堂には木造薬師如来坐像、木造日光菩薩立像、月光菩薩立像、木造不動明王坐像、弘法大師坐像、十二神将像、蒙古伝来歓喜天像、阿弥陀堂には木造阿弥陀如来像、木造文殊菩薩立像、木造勢至菩薩立像、木造大日如来坐像ほか、行者堂には木造役行者像、史料館には木造彩色弁財天坐像、木造毘沙門天立像、閻魔大王坐像、閻魔大王眷族像一括などのほか聖天像、韋駄天像、観音菩薩立像他などが別置保管されている。

## 七、嶽山城（龍泉寺城）の盛衰

嶽山城の所在する嶽山は、現在の富田林市佐備、龍泉に位置しているが、かつては河内国石川郡佐備郷に属していた。とくにこの佐備の地名が中世段階に登場するのは、『田代顕綱軍忠状』延文五年（一三六〇）の記載が初見である⑮。

この内容を要約すると、龍泉城に和田・楠氏が、河内、大和の兵士ら千余人を龍泉峰に塀を作り、櫓を造らせ、そこに配置した。しかし幕府軍が攻め込んでこないため楠木正儀は野武士百人ばかりを見せ勢として引き上げた。しかし重要な軍事拠点でもあり、敵方に落とされたくはないため策略を巡らせた。

すなわちその策略とは木の梢に旗を結びつけ、ここにいかにも大勢がこもっているように見せかけたものである。津々山〈廿山〉の寄せ手これを見て近づかなかったが、土岐桔梗一揆すなわち土岐地域〈美濃〉の武士団の中に兵学の心得㉑のあるものがおり、城の上空を通過する鳥が驚かないのを見て、旗ばかりで軍勢は少ないと判断した。そこで一揆の面々で攻略し、功名をあげようとし、四月二十九日の早朝ひそかに津々山城を出て一の木戸口へかけこみ鬨《とき》の声をあげた。城兵はしばらく戦ったが、赤坂城へ逃れた。

図7　嶽山城遠望

この活躍を聞いて十万余騎が龍泉城の麓に集結したが、少勢であったことに気づかず土岐、細川氏に功名させたことを悔しがったという。

この龍泉寺城落城の影響は大きく、まもなく今川範氏によって　平石城が攻め落とされる。また和田正武は唯一残された赤坂城から、反撃の夜襲を試みたが落とせず、逆に細川清氏が赤坂城を攻略した。この結果、楠木正儀とともに城に火を放ち金剛山の奥へ敗走し、完全に赤坂城は落城したのである。

一進一退を繰り返してきた幕府側（北朝）軍と楠・和田氏側（南朝）軍との攻防は、ほぼこの段階に至って決着がついたと見てよいだろう⑯。

これを受けてまもなく嶽山城は南朝残党の動静を探るための幕府側の先端基地として機能するようになる。

その後の歴史的経緯はともかくとして、以上の記述内容から、嶽山城に一の木戸、西の一の木戸、塀や櫓の存在が記録されており、これが唯一城の構造を知る手がかりである。しかしこれらからは城構築の時期や規模などについては明らかにできない。

いずれにしてもこれら一連の資料に先行して南朝側の一つの拠点として嶽山城が構築され、利用されていたことだけは事実であろう。またこれに先行して小さな戦闘はたびたび繰り返されており、それらは延元二年三月付け「岸和田治氏軍忠状」に見る南朝側として「……（略）、一、同十月四日楯籠東條……（略）」をはじめ、正平七年六月「和田助氏軍忠状」などの東條での攻防の存在が記録されている。

河内長野市日野町にある観音寺には、大般若経が残されている。いわゆる『日野観音寺大般若経』⑰である。その「奥書」によると、写経は至徳三年（一三八六）から応永八年（一四〇一）に書写されたもので全六百巻のうち四百巻余が寺に伝えられる。残余の巻は、岩手県をはじめとして全国各地に散逸している。

これらの写経のうち六三巻をはじめとして奥書に嶽山城の陣中で書写したという内容が記述されている。また観音寺の僧侶が嶽山の陣を巡って写経を勧めたことが、その奥書から明らかである。

奥書に見られる年号のうち嶽山城の陣名が見える最も新しいものは応永八年（一四〇一）で、この時点までは少なくとも嶽山城の陣が置かれていた事になる。

南北朝の合一が明徳三年（一三九二）十月十日とされているが、その後も十年余にわたって北朝側の兵士が嶽山城にいたことになる。むろんその目的は南朝側の残党勢力の監視であったと考えられる。やがて城内からは駐屯した兵士は去り、かつての平穏な山と帰すのであるが、まもなく再び騒乱の渦中に巻き込まれてしまう。

守護家畠山氏は歴代の河内国守護、幕府管領としての地位にあった。畠山満家、持国は足利義教の勘気に触れて失脚、やがて義教が暗殺されてから後に復活する。

持国には嫡子がいなかった。そのため弟の持富が跡目を相続することが、嘉吉三年（一四四三）頃に、ほぼ定められた。しかし文安五年（一四四八）持国の子義夏が召しだされて元服し義就と改名、持国は持豊を廃嫡し、義就に家督を継がせた。畠山の家督相続の争いの始まりである。この間のいきさつについては『新撰長録寛正記』群書類従」に記述がある⑱。

しかし享徳三年（一四五四）四月三日、弥三郎は義就に攻められて、没落する。まもなく弥三郎は、八月下旬に軍兵を伴い洛中に出現する。これによって義就は没落する。

八月二十九日に持国は、弥三郎に家督継承を認める。まもなく十二月十三日義就は河内国から六百騎の兵を連れて上洛する。こ

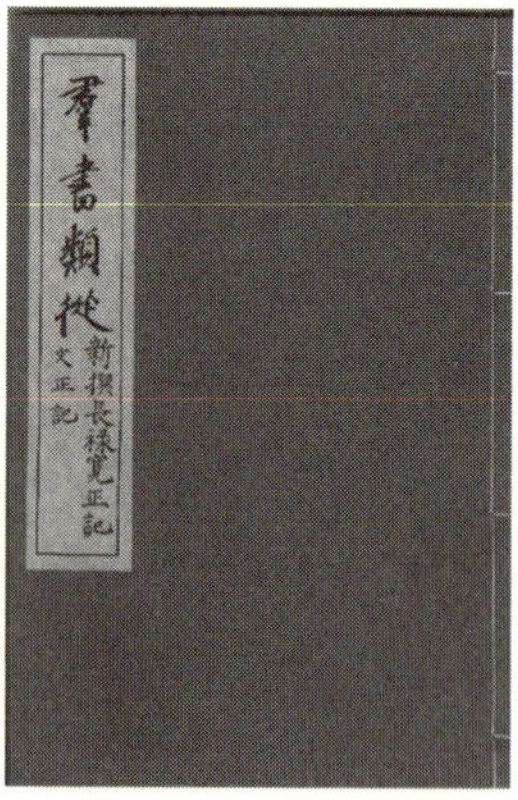


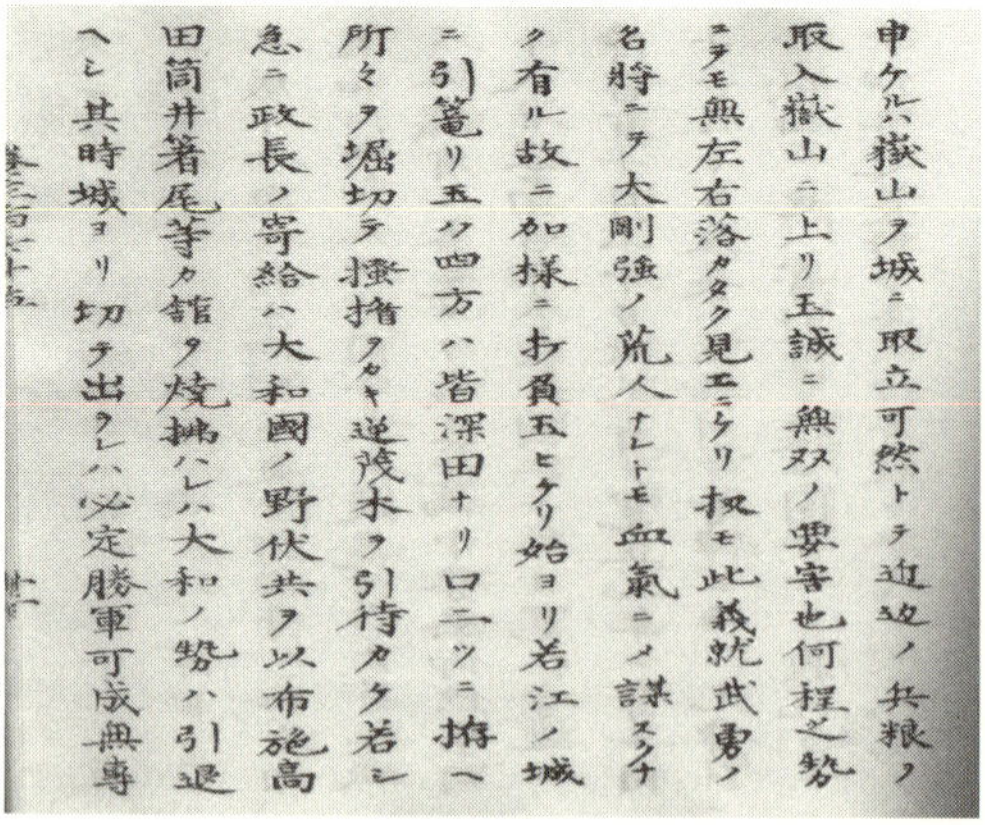
申ケルハ嶽山ノ城ニ取立可然トテ近辺ノ兵粮ノ
取入嶽山ニ上リ玉誠ニ無双ノ要害也何程之勢
ニテモ無左右落タタク見エニケリ抑モ此義就武勇ノ
名将ニテ大剛強ノ荒人ナレトモ血氣ニノ謀スクナ
ク有ル故ニ加様ニ打負玉ヒケリ始ヨリ若江ノ城
ニ引篭リ玉ハ四方ハ皆深田ナリ口二ツニ拵ヘ
所々ヲ堀切テ揆指タカキ逆茂木ヲ引侍タク若シ
急ニ政長ノ寄給ハ大和國ノ野伏共ヲ以布施高
田筒井箸尾等ノ館ヲ焼拂ハレハ大和ノ勢ハ引退
ヘシ其時城ヨリ切テ出ラレハ必定勝軍可成無専

図8『新撰長録寛正記』

のため弥三郎は没落する。

康正元年（一四五五）持国が死去し、義就は晴れて家督を継承し、河内国守護となるが、一層両者の対立は激しくなっていく。なお持国死後、河内国守護には義就が正式に就任している。このことは康正二年（一四五六）十二月二十七日付けほかの観心寺文書で確認される。

『大乗院日記目録』⑲長禄三年（一四五九）六月一日条によると弥三郎が死去し、弟の政長が擁立・相続したことがわかる。この政長を細川勝元が支持した。

『大乗院寺社雑事記』⑳長禄四年〈寛正元年〉九月十七日条では、将軍から義就が家督を罷免され、後を政長が家督を継ぐことになったことが知られる。

さらに政長らに義就追討の命令がだされ、義就は幕府軍の追討をうけることになる。

義就は河内嶽山に籠城、その期間は実に二年半に及ぶ。

寛正二年（一四六二）一月嶽山籠城衆誉田、道明寺に下がり兵糧奪取の乱暴を働く。籠城は千人を超していたために、兵糧の不足を生じたための行動と見られる。

幕府軍は寛正四年（一四六三）三月十四日、嶽山南口を封鎖に成功する。これによって城内の兵糧が尽きてしまうことになる。

『新撰長録寛正記』には次のように記されている

三月十四日嶽山ノ寄テノ中奈良ノ成真院カハ
カリコトニテ国見山ノ頂ニ陣取城中南ノ口ノ通路
ヲ指置ケレハ忽ニ兵糧蓋テ篭城不叶義就ハ嶽山ヲ落ラルル御供ノ侍紀伊見峠……（略）

義就四月十五日夕刻に没落、このことは翌日の十六日には幕府に伝達されている。

この数日間の状況について『新撰長録寛正記』には京都での嶽山落城の報に大喜びをしている様子が見

られる。

この後、応仁元年（一四六七）になって、義就は将軍義政に謁し、その結果、畠山氏の家督、河内、紀伊、越中の守護を政長に代わって安堵される。この決定の背景には山名宗全の力があったとされている。これによって政長勢力が完全に失脚するとともに、その後ろ盾であった細川勝元の援助を将軍が禁止する。文正元年（一四六六）九月、復活した義就は嶽山城を占拠、駐留するようになったものと考えられる。やがて文明三年（一四七一）五月十七日若江城衆（政長方）が嶽山城を攻略した。

まもなく文明九年（一四七七）十月九日義就方嶽山城を奪回し、永正四年（一五〇七）十二月四日には義就のあとを継いだ義英が嶽山城に入った。しかし両者の勢力による戦乱はその後も頻発していたようで、『多聞院日記』(21)永正四年十二月七日条には「嶽山之麓毎日大焼云々」とあり、嶽山城をめぐって激しい攻防が行なわれた結果、嶽山の山麓一帯も災禍に巻き込まれたものと見られる。

その結果、義英は没落したのである。しかしこれらの戦乱の余波を被って龍泉寺の堂舎の多くが灰燼に帰し、再建されることはなかったのである。

## むすびにかえて—室町時代以降—子院の創立、維持、廃院

古代に創建された龍泉寺は、鎌倉時代末期から南北朝時代さらに戦国時代までの期間、歴史に翻弄されながら法灯を護持し続けていた。しかしたびたびの嶽山城の攻防は、龍泉寺には最大の打撃となり、その後に大いに影響を与えた。

発掘調査が断面的にではあるが、当該地域の開発に先立って行われてきた。例えば富田林市水道局の調圧水槽建設に伴う千手院跡調査では、十三〜十五世紀頃の遺構は建物跡があった。さらに、瓦などの出土

図9　出土した鎌倉時代の軒丸瓦

図10　保存樹第2号杉

図10　保存樹第1号もっこく

が見られないことから、草葺、萱葺あるいは檜皮葺き建物であったと考えられる。従ってこれら建物は、短期間の存続で、建て替えはほとんど見られなかった。

出土遺物は、瓦器、中国からの輸入磁器などとともに焼土塊などが確認されている。時期的には鎌倉後期、室町時代頃と見られる。これらの事実、調査結果から、各僧坊は火災によって失われたことが分かる。このほか境内各所からも焼土の出土が確認されている。

鎌倉時代以降の龍泉寺に関する記録は、金剛力士像胎内墨書「檀那僧勢等佛師土佐法橋最慶　建治元年乙亥九月八日」（吽形像胎内、腰部中央墨書）、「佛師法橋寛慶　建治元年玖月八日」（阿形胎内背面腰部中央墨書）や南無佛太子像の胎内印佛などわずかである。しかし最大規模の坊院二十三を擁した時期はこの前後の頃であり、少なくとも寺院の活動は活発であった。

やがて室町期には畠山氏の内乱に伴う戦乱に巻き込まれ、嶽山城陥落と共に伽藍、坊舎ことごとく灰塵に帰したのである。文禄三年（一五九四）の検地ではわずかに燈明料三石が与えられたにすぎず、江戸時代には中之坊、梅之坊、東之坊など、子院数坊を数えるにとどまっている。

さらに明治時代に入り、従来龍泉寺の鎮守として、社僧が管理運営してきた牛頭天王社が神仏分離によって独立し、異なる宗教法人となり管理運営されていることも見逃せない。

なお境内には富田林市指定保存樹第一号もっこく、第2号杉があり、両樹木ともに龍泉寺の長い歴史を見守ってきた生き証人でもある。

〈参考文献〉


① 中村浩『龍泉寺』、一九八一、『龍泉寺Ⅱ』、一九八二、『龍泉寺』、一九九三年、（宗）龍泉寺。
② 中村浩「龍泉寺出土古瓦の編年的考察」『龍泉寺Ⅱ』一九八二年、（宗）龍泉寺。

③『春日大社文書』。
④「三代実録」『六国史』名著普及会、一九八二年。
⑤福島好和「河内龍泉寺について」『関西学院史学』二一、一九八九年。
⑥『上宮太子拾遺記』巻三、『大日本仏教全書』第七一巻、史伝部所収。
⑦枡本哲也編『加納古墳群・平石古墳群』、大阪府教育委員会。
⑧西川寿勝「シショツカ古墳、改葬墓の可能性」『加納古墳群・平石古墳群』大阪府教育委員会、二〇〇九年。
⑨『大師御行状集記』『改定史籍集覧』第一二冊、臨川書店、一九八五年。
⑩『元亨釈書』『国史大系』第三一巻、吉川弘文館、一九四一年。
⑪吉川需編著『日本の名勝　第一巻庭園Ⅰ』講談社、一九八三年。
⑫『重要文化財龍泉寺仁王門修理工事報告書』重要文化財龍泉寺仁王門修理委員会、一九六五年。
⑬『府指定文化財修理解説書』(金剛力士像)、一九五六年。
⑭『大阪府指定文化財修理解説書』(南無佛太子像)、一九五六年。
⑮『富田林市史』二巻、富田林市史編纂委員会、二〇〇〇年。
⑯『河内長野市史』第一巻下、本文編(古代・中世)、河内長野市、一九九七年。
⑰井後吉信「日野観音寺大般若経奥書の研究」『河内長野市郷土研究会誌』一〇、一九六四年。
⑱「新撰長録實正記」『群書類従』第二〇輯、合戦部、八木書店、一九五九年。
⑲「大乗院日記目録」『増補続史料大成』三七、臨川書店、二〇〇一年。
⑳「大乗院寺社雑事記」『増補続史料大成』三七、臨川書店、二〇〇一年。
㉑「多聞院日記」一『増補続史料大成』三八、臨川書店、一九六三年。

# 平石古墳群の被葬者像について

## はじめに

大阪府南河内郡河南町加納、平石地区で、平成一〇年度から平成十六年度にかけて、大阪府農林水産部は「南河内こごせ地区の中山間地域総合整備事業を実施することになり、大阪府文化財保護課では、農林水産部の依頼を受けて事業に先立って発掘調査を実施し、その『報告書』①を平成二一年三月に公刊した。これによって「加納古墳群」および「平石古墳群」の全容が明らかとなった。

従来から平石古墳群の、シショツカ古墳②、鴛田古墳、アカハゲ古墳③、ツカマリ古墳④については、種々議論され、その被葬者についてもいくつかの候補が示されている。

まずは『報告書』によって、それらの古墳の概要を知ることにしたいと思う。次に調査成果によって導かれた内容に沿ってこれら古墳の被葬者について考えたい。

## 一、各古墳について

### （一）シショツカ古墳

#### ・墳丘及び外部施設

墳丘の第二・三段に段築状盛り土を施す三段築成の横長の方墳である。第一段は南北二五・五m、東西三四〜三四・四m、第二段は南北一八・〇m、東西二四・〇m、第三段は南北一二・六m、東西一五・〇mとなる。各段南北と東西の辺長の比率は、第一段が一：一・三三〜一・三四、第二段が一：一・三三、第三段が一：一・一九となる。墳丘の版築状盛土の傾斜面には貼石が施されていた。

これらの貼石は、直接斜面に貼り付けられるのではなく、暗褐色粘質土を裏込め用に塗りつけてから貼っている。貼石として使用されている石は板状の川原石が主体であるが、東側墳丘第三段と北側テラス面では、榛原石の板石がそれぞれ一枚用いられているのが確認された。

周溝の幅は、北側で八・〇m、南側で五・五m、西側で八・五m、東側では、後世の出水により損なわれて明確ではないが、ほぼ里道付近までを考え九・五m程度と考えられる。

#### ・埋葬施設

埋葬施設は切石積横穴式石室で、横口式石槨を奥室とする形状である。石室は奥室、前室、羨道からなり、全長は約一二・〇mである。

石室と磁北との振れはN‐二度五〇分‐Wであり、ほぼ真南に開口する。奥室は右側壁で長さ二・四七m、左側壁で二・四六m、幅は天井石では一・〇九〜一・一二m、中程の縁直面で一・一〇m〜一・一三m、検出面最下面で一・二〇〜一・二二mである。

奥室・前室ともに攪乱が激しく、実際の床面は損なわれて明確な高さは押さえ難い。この前室の南に凝

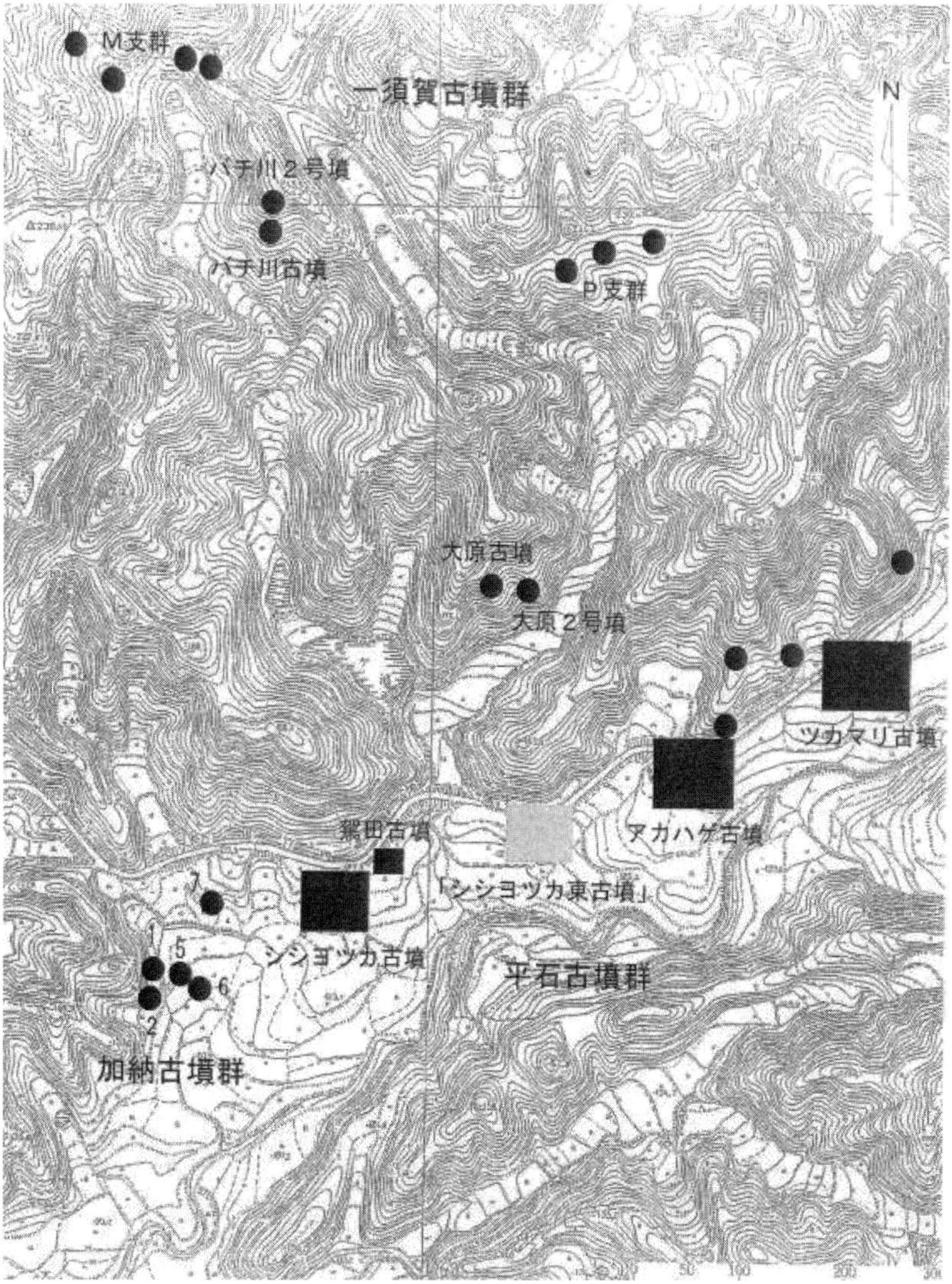


図1 平石古墳群分布図
（上林史郎「平石古墳群の被葬者像」、『加納古墳群・平石古墳群』2009、大阪府教育委員会より）

灰岩仕切石によって前室と画される南北長〇・四七〜〇・九四mの礫敷部分がある。礫敷部分の幅は、それとほぼ同じく一・四六〜一・五〇mを測る。なお仕切石を前室と羨道の区切りとし、それより南の川原石積側壁との境を前室と羨道との境と見る。なお奥室、前室ともに花崗岩切石を使用している。

側壁・奥壁・天井石の三者が組み合う部分に特徴がある。すなわち天井石を載せる際、側壁上面小凹凸を整えるため、鋭利な刃物で削った調整痕がほとんどの側壁上面に認められ、削り屑が側壁と天井部の間に詰まっていた。それらが間隙を塞ぎ、結果として天井石の安定を保っている。

詰め石とともに見られたのは漆喰である。詰め石は、前室と奥室の壁面の隙間のある部分には上下部を問わず行われているが、漆喰は使用されるのが奥室に限定されている。

床石については奥室床面に石が敷き詰められていたかどうかは、原位置を保つ石が全く見られなかったことから、事実として指摘はできない。また天井石は二石を残すのみであった。

前室の南側に設置された凝灰岩二石の側辺を上にして前室を横断する形で立て並べられた石である。仕切石の北側は砂とその表面を覆うバラスが敷かれ、バラスは仕切り石より奥壁側〇・六mに及び、とくに東半部に残っていた。仕切石の南側、閉塞石北面までの〇・八mの空間には長さ一〇・〇cm以上の白っぽい河原礫をびっしりと敷き詰めた礫敷となっている。礫敷上面の高さは仕切面上面から五〇cmほど低い。

この面の東壁際で須恵器四耳壺が出土したが、底部以外は盗掘時の落下と思われる閉塞石の一部により圧し潰されていた。その西側では、挂甲小札、素環鏡板、鉄鏃などが出土し、一部は仕切石上面にも及んでいた。出土状態から見て須恵器壺、鉄製品類は葬送の時点で礫敷の上に置かれたものと考えられる。

石室内の堆積土は大別してⅠ〜Ⅳ層に分けられ、その上に近世から近代の攪乱や埋め戻しと思われるⅤ層が堆積している。Ⅰ層は、石室内に最初に溜まった、礫敷上面にのみ見られる土である。この土に覆われる形で須恵器壺や挂甲小札、鉄鏃など、土器・鉄製品が出土し、しかもそれらの遺物はすべて礫敷に密着し、それより上位の堆積層に見られるような中世遺物は含まない。また閉塞石の一部が盗掘の際に須恵器大型壺の上に落下したままになったままになったことも幸いして、当初の副葬品の配置状況の一端がこのように比較的良好に留められることになったと考えられる。

Ⅱ層は、閉塞石を跨いで前室後方に流れ込み堆積する黒色を呈する比較的粘性のある土であり、仕切石を越えて北側では砂・バラス上面を覆う。この土からは漆塗籠棺、亀甲繋文太刀銀象嵌柄頭、金銅装馬具や飾り金具、銀製帯金具、金糸、ガラス玉、須恵器などとともに、中世瓦器椀や土師器小皿など遺物の大半が出土した。

羨道を仕切石からとると、約六〇㎝仕切石の南の礫敷の切れる位置、すなわち側壁第一石南縁から約五〇㎝となる。羨道幅は北端で一・五m、入口付近ではやや拡がり一・六mを測る。羨道部側壁の壁面は、石室側壁第一石より南三・五mにかけて小口積みとしている。

**・出土遺物**

シショツカ古墳からの出土遺物は、盗掘によって攪乱され、断片となっているが、葬送儀礼に伴って配置された状態を比較的攪乱されることなく、残されたものも若干あり、これ以外に周溝の堆積土より出土したものがある。

土器類では、須恵器四耳壺、羨道部の須恵器甕、須恵器高坏などがあり、装身具ではガラス玉、金糸、垂飾部品、銀製帯金具、指環、武器では大（小）刀、刀子、鉄鏃、刀装具は、亀甲繋文太刀銀象嵌柄頭、同鞘尻金具、柄巻など、武具では、挂甲小札類、馬具では、鞍金具、鐙、杏葉、雲珠、辻金具、その他の金属製品、容器は、漆塗籠棺がある。

ところで、出土遺物の内、特異な例として、羨道部西側埋め甕とその内部からの高坏がある。これらは、後に記述する西川寿勝氏の指摘にある再葬に伴うものと考えられる遺物群である。とくに時期的に古墳の築造時期と、大幅に異なる点と、他の同じ時期の須恵器が副葬されている古墳出土例では、本来完全な形状で副葬されているのに対し、当該例では高坏の口縁部を一部を欠損した状態で一括埋納されている点は注目に値する。

すなわちこれらの須恵器は、葬送儀礼のなかで被葬者への供物を配置する容器として用いられたものであり、儀礼後は一括で片づけられているものである。一端、埋葬された古墳石室から移動して、後に再度別の古墳へ埋葬されたため、かつての旧埋葬地を掘り起こして現地へ持ってきたことから、破損したままの状態で再埋葬されたのではないだろうか。すなわち、そこには、通常行われるべき葬送儀礼の省略があったのではなかろうか。

## （二）駕田古墳

### ・墳丘及び外部施設

シショツカ古墳の北東約五〇〇mに張り出す尾根の南端にあたり、シショツカ古墳に非常に近い位置にある。後世の棚田造成に伴って削りとられて全形をとどめていないが、西側では、墳丘から掘割の肩までが確認される。墳丘の北西コーナーと石室前面との位置関係から平面形態は復元可能となった。それによると、東西一五・〇～一六・〇m、南北九・〇～一〇・〇mの長方形となる方墳で、幅六・〇m程度の掘割が、墳丘の西側、北側をめぐる。東側は失われているが、地形的にみて尾根の西側と北側の二方を大きく逆L字形に切って掘割とし、その南側に墳丘を築いている。

### ・埋葬施設

本墳は、一つの墳丘に石室を二つ同時に並列して築く双室の形態をとっている。規模、主軸、構造ともに同じ規格のもとに構築され、墳丘の南北中心軸を挟んで東西に対称的な位置関係をとっている。石室の前面には、それぞれ排水暗渠が設けられている。

東石室は、損壊が著しく、入口天井石と側石がすでに取り除かれており、側石抜き取り穴だけが痕跡をとどめ、また二枚目の天井石は、東端がそれを支持する側石の内側に落ち込んだ状態であった。床面小状態を確認するため一〇cm四方を掘り込むと床面直上一・〇〜二・〇cmの間には赤色顔料が付着し、その上に二・〇cm程の微砂混じりの粘土が堆積し、それより上は粘泥であった。床石を洗うと暗褐色に沈着した鉄分小付着が確認された。おそらく榛原石を使用しているものと考えられた。

さらに入口から五cm間隔で鉄ピンで床面高を探ると、床面はほぼ平坦であり、床石は完存していることが分かった。なお石室床面上に堆積している砂混じりの粘土から管玉が一点出土した。

石室の奥行きはほぼ二・三ｍが残り、入口での石室幅は〇・九ｍ、高さ〇・八ｍの石槨状で、自然石の平坦面を内側にしている。

西石室は、入口天井石とおそらく二枚目の天井石と思われる一部が露出していた。しかし東石室とは異なり、上部に攪乱はなく、入口正面に高さ一・三ｍ、幅一・二ｍの自然石を立てて塞いだ閉塞石が残っていた。このように西石室は原型をよくとどめている。

天井石幅は約二・〇ｍ、厚さは〇・七ｍ、入口の高さは二・〇ｍ、左側石は幅〇・六ｍ、高さ〇・九五ｍ、右側石は幅〇・四ｍ、高さ一・二ｍで、閉塞石と両側石の隙間には長さ二五・〇〜三〇・〇cm、厚さ一〇・〇〜二〇・〇cmの川原礫を詰めている。また閉塞石の右下にも安定を図るため同様の礫がいくつか詰められていた。石室は奥行き三・〇ｍ程度とみられ、幅、高さともに一・〇ｍ程度で、東石室と同様の石槨状である。

磁北との振れは、東石室がN‐六度‐W、西石室はN‐四〜五度‐Wと推定され、両石室の中軸線は二・六〜二・七ｍ隔ててほぼ平行している。

### ・排水施設

石室前面では耕作土を除去すると直ちに暗渠の蓋石が露出し、排水溝の掘方上面が現れ、東西石室の前面に南へ排水暗渠が延びていることが判明した。この暗渠の途切れるところから南側は傾斜面となっている。

東側石室から延びる暗渠は延長約五・〇mで、南端より北へ二mの間には蓋石がなく、一部に掘方に据えた側石が残るのみであった。蓋石は長辺二五・〇～五〇・〇㎝の川原石を縦長に置いているが、一五個の石が現状をとどめていた。蓋石のない部分では溝の内法は三〇・〇㎝程度で、掘方は五〇・〇～七〇・〇㎝、深さは五〇・〇～七〇・〇㎝である。

西側石室から延びる暗渠は、閉塞石から南端まで約四・五m、蓋石の残るところはなく、幅五五・〇～八〇・〇㎝の溝の掘方内側に三五・〇～六〇・〇㎝の長手の川原石を縦長に置き連ねて側石としている。溝の内法は二〇㎝程度、深さは二〇㎝程度である。

**・出土遺物**

出土遺物の内、本古墳に伴うものは東石室床面堆積土より出土した管玉のみである。それ以外は、掘割の埋没過程で混入した、土師器、須恵器、瓦器、磁器、石器などであるが、器形の判別できるものは、極めて少ない。

**(三) アカハゲ古墳**

**・墳丘及び外部施設**

墳丘は三段築成で、形状は横長の方墳を企画している。この墳丘がそこに前もって築かれた壇の上に積み上げられるので、一見すれば四段築成にも見える。

東西辺長は、第一段上場四一・七m、下場四四・四m、第二段上場二七・五m、下場三二・八m、第三段下場二一・七mを測る。南北辺長は南から北へほぼ水平に延長したラインが尾根の斜面にあたるところで終えており、数値は一定していない。

第一段西辺では上場一七・五m、下場一六・〇m、東辺では上場一六・六m、下場一五・〇m、第二段西辺では上場一六・五m、下場一四・六m、東辺では上場一一・六m。下場一三・五m、第三段西辺では下場一四・四m以上、東辺は、調査区内は完全に失われて不明であるが、かろうじて残った土色の変化から、下場七・〇m以上となる。なお得られた数値を比較すると、東西辺長では、第一段から第三段への縮小率六六〜七四%である。南北辺長では第一段は東側が長く西側が短い。上場、下場は〇・九〜一・〇mの差があり、この差は、尾根の張り出し具合が、東と西で異なる地形的制約に起因している。しかし一・〇m内外の差は、その地形を一定のプランに取り込もうとする強い企画性がなくては生じえない差であると考えられる。

各段の上面はテラスとなる。第一段では南側で幅四・〇m、東側と西側は削られているが、段斜面と傾斜槨の関係から、それぞれ幅四・八m、四・三mとなる。第二段テラスは同じように計測すると水面側幅二・三m、西側幅三・一mを測る。東側は二・九mと復元される。

貼石が良好な状態で残っていたのは第二段南側で、段裾からテラス面までほぼ斜面全体の様子がつかめた。全体的にみると、南側と西側の側石は、まず墳丘裾に縦長のほぼ一様な石材を用い、それより上位の貼石の基礎としている。規模は東側のそれと比較して大きく、均一な材を使用しようとしていたことが明らかである。

すなわち墳丘第一段西側、第二段南側、第三段西側では、五〇〜七〇×三〇〜四〇㎝の石が多く使用されているが、第一段東側や第二段東側では五〇㎝を超えるものは非常に少ない。貼り方についても南側から西側にかけては比較的整然としているが、東側では雑然とした印象を受ける。また西に低く東に高い地形に制約されるので、西側の段の高さを東に延長すると、どうしても段そのものの立ち上がり、東側では際立たなくなる。このことから平石谷開口部に面する南西側の斜面が、ここでは重視せざるを得ない地形となる。

敷石は、各段上面のテラスに石を敷き詰めたもので、第一段、第二段の北西隅、代段の北東隅で確認された。第一段北西隅では七・〇㎡、第二段北西隅では六・八㎡、第一段北東隅では一五・八㎡が開墾から免れて残っていた。

第一段と第二段の北西隅、第一段北東隅に敷き詰められていた石に共通するのは二〇㎝大の石が多用されていること、風化して砂状となった石が認められること、必ずしも石の平たい面をそろえていないことである。以上三か所以外の敷石は、耕地開墾の過程でほとんど取り除かれたようである。ただし敷石は、本来少なくとも第一・第二テラス前面に施されていたと考えられる。

外部施設としては、墳丘の土台となる壇、その上面に墳丘裾を三方から取り巻く周溝がある。

周溝は、東・西・南の三方を囲む浅い溝である。東側及び西側の北端は、尾根の傾斜面を東西に約八m幅に斜めに切り、溝端の区画をつけている。南側は、東西五五・〇～五八・〇m、幅五・〇～七・〇mを測る。底面の高さは東側では、北から南にかけてTP（東京湾平均水位）一三六・三三～一三六・七五m。同じく西側ではTP一三六・四七～一三六・七二m、南側では中央やや西の付近がもっとも深くTP一三五・五～一三五・七二mを測り、深さは三〇㎝強となる。

### ・排水施設

排水施設1は、墳丘西側第二段の斜面からテラス面にかけて造られた暗渠である。古墳の中軸線から北で約四五度東に振る。この付近では墳丘は、地山を整形して段をつけ、西端では墳丘第一段西側テラス面の敷石高と大差なく、次いで貼石、敷石の施工となるが、それに先立って幅四〇～五〇㎝。深さは東端で五〇㎝、長さ約三・五m以上にわたって垂直に掘り、その底面に一〇～二〇㎝大の礫を敷き詰め、それから掘り下げた土で再度埋め直している。

溝底礫敷き上面は一〇度の傾斜角をなして、北東に高くなる。暗渠はさらに北東に延び、少なくとも第三段の立ち上がりまでは続くものと見られる。

排水施設2は、墳丘第二段の斜面からテラス面にかけて設けられた暗渠である。古墳中軸線から北で約二五度西に振る。施工方法は排水施設1と同じで、一旦、築いた墳丘を掘り、その底面に礫を敷き詰める。礫は一〇㎝大の石で、その上に二〇~三〇㎝大の礫を被せるように置いている。暗渠掘方は、幅四〇~六〇㎝、深さ二五㎝、長さは二・七m以上で溝底礫敷き上面は五度の傾斜をつけて北西に高くなる。中軸線との振れは、西の排水施設1と差があるが、排水施設1に対応して北西方向に設けられたことは明らかである。排水施設3は、第一段の東側斜面に〇・五〇×〇・七〇mの範囲に空洞部分がある。奥行きは〇・五〇mほど確認できたが、それ以上は追跡できない。

排水施設4は、排水施設5から東へ約八mのところの壇の南斜面で検出された排水口である。被蓋石と考えられる長さ六〇㎝、厚さ二〇㎝の長手の石が土圧で圧し潰された状態となっていた。地山面を底面とし、規模は排水施設5と同様であり、施工方法も似ていることから、当該施設も北側の壇の盛土中に受水口が設けられていると考えられる。

排水施設5は、壇の南斜面が露呈した段階で、排水口部分が検出された。その後壇上において実施したレーダー探査によって反応があった部分を集中して調査の結果、排水口の北側で受水口部分を検出した。平面的、および縦断的な位置関係から見てこれらは一連の排水施設といえよう。

排水施設6は、周溝底面の約二〇m四方で検出された礫たまりである。礫は四〇㎝大から一〇㎝内外まで大小さまざまである。これを排水施設とするのは、排水施設5に見られる受け口部の礫たまりと類似する点である。又排水施設4との位置関係から見ると、それと関連が強いこと、さらにこの箇所が周溝の最も帯水の著しい箇所に該当することである。そのような場所の帯水をより効率的に地下に浸透させ、排水施設5のように南斜面から排水させたものと考えられる。

・**そのほかの遺構**

その他の遺構としては小土拡が、周溝底面で三か所、壇南西部で一か所、ほぼ楕円形の小土拡が検出された。ほかにピット群、流水跡などが確認されている。

・**埋葬施設**

全長一三・五m、奥室、前室、羨道の三部分から構成される横口式石槨を埋葬主体とするものである。奥室長二・三〇m、幅一・五〇m、高さ一・一四mで、左右の側壁、天井、奥壁、底面ともにそれぞれ一石で構成されている。底石の中央部には厚さ一㎝の漆喰が幅六六㎝、長さ一八・六㎝の範囲内に残存していた。

前室長二・九m、前室前空間長二・〇m、高さ一・五〇mを測り、両側壁、天井石にそれぞれ二石の計六石で構成されている。なお両側壁ともに壁石二石の間にかなりの間隙が見られ、その間隙を漆喰で充填されていた形跡がある。

羨道長三・八m、閉塞施設長二・〇mをそれぞれ測る。両側壁はそれぞれ三石、天井石は一石で構成されている。両側壁ともに前室側の一石は、その上に直接天井石を載せているが、側壁中央の一石は、その上に割石二石を横に並べて積み、その上に入口最先端にあたる天井石を載せている。

前室との境目には、厚さ約四㎝、短辺の長さ約二〇㎝の長方形の板石が長辺を横にして埋められており、その上端は前室床面に敷かれた板石より約八㎝、羨道の床面より約一三㎝高くなっている。この板石は、かつては三枚並べて石室の両袖部分から前室と羨道の床面を仕切っていたと思われる。

羨道入口から約二m程は、閉塞石の石組が一部残っており、少なくとも最下段から上三段目くらいは原型をとどめているものと考えられる。

**・出土遺物**

石室はすでに盗掘を受け、奥室ないしは前室に納置されていたと思われる副葬品は、そのほとんどが破壊され、かつ原位置を動かされ、羨道部を中心に散乱していた。

なお採集された遺物は、須恵器片（蓋）二点、瓦器片四個分、土師器四個分、ガラス製扁平管玉一点、同破片約五五個分、朱彩漆塗網代編容器破片、一括、鉄釘五本であった。

**（四）ツカマリ古墳**

**・墳丘及び外部施設**

現存する墳丘の規模は、第一段目上場約三五m、下場約三六〜三七m、第二段目上場約三〇m、下場三四〜三五mを測るが、第三段目は現状をとどめず、規模は不明である。なお墳丘の復元規模については、第二段目は比較的残りがよく、そこで得られた数値が当時の規模をほぼ反映していると考えられる。この第二段目の東西辺長は、石室中軸線から計測して東一五mで上場、一七・五mで下場となり、西へは一五mで上場、一七・三mで下場となるので、中軸線から東西方向へ均等な距離を与えていることが分かる。

第一段目の下場の東コーナーから中軸線までは二二mを測り、その数値を西へとると、ちょうど西端敷石の西縁の南北ラインと合致する。墳丘第一段目西辺は、北から南へ緩やかに下がる尾根上を平坦にした面に敷設された第一段目テラスの西縁に収束させている。第一段目東西復元長は約四四mとしておく。また第三段目の復元規模は現状から察するのは難しいが、東西長は約二三・一m、南北は一五・〇m以上と考えられる。

貼石は、墳丘第一、二段の斜面全体に施されている。大型の礫が用いられ、とくに墳丘第二段の南面、すなわち正面及び墳丘東面が良好に残っていた。墳丘西側の斜面は尾根に収束させている。残存状況からすると、墳丘南東角部の流出が著しいものの、全体的には貼石の概観は把握できる。また貼石を施工する際の固定用の黒褐色粘土は、貼石を欠いている箇所でも認められた。

敷石は墳丘第一段目テラスの東側と西側に残されていた。後世の削平により、部分的に焼失はしているが、両個所ともに径一〇㎝前後の礫を敷き詰め、とくに西側は調査区内にかかるテラスのほぼ全面にわた

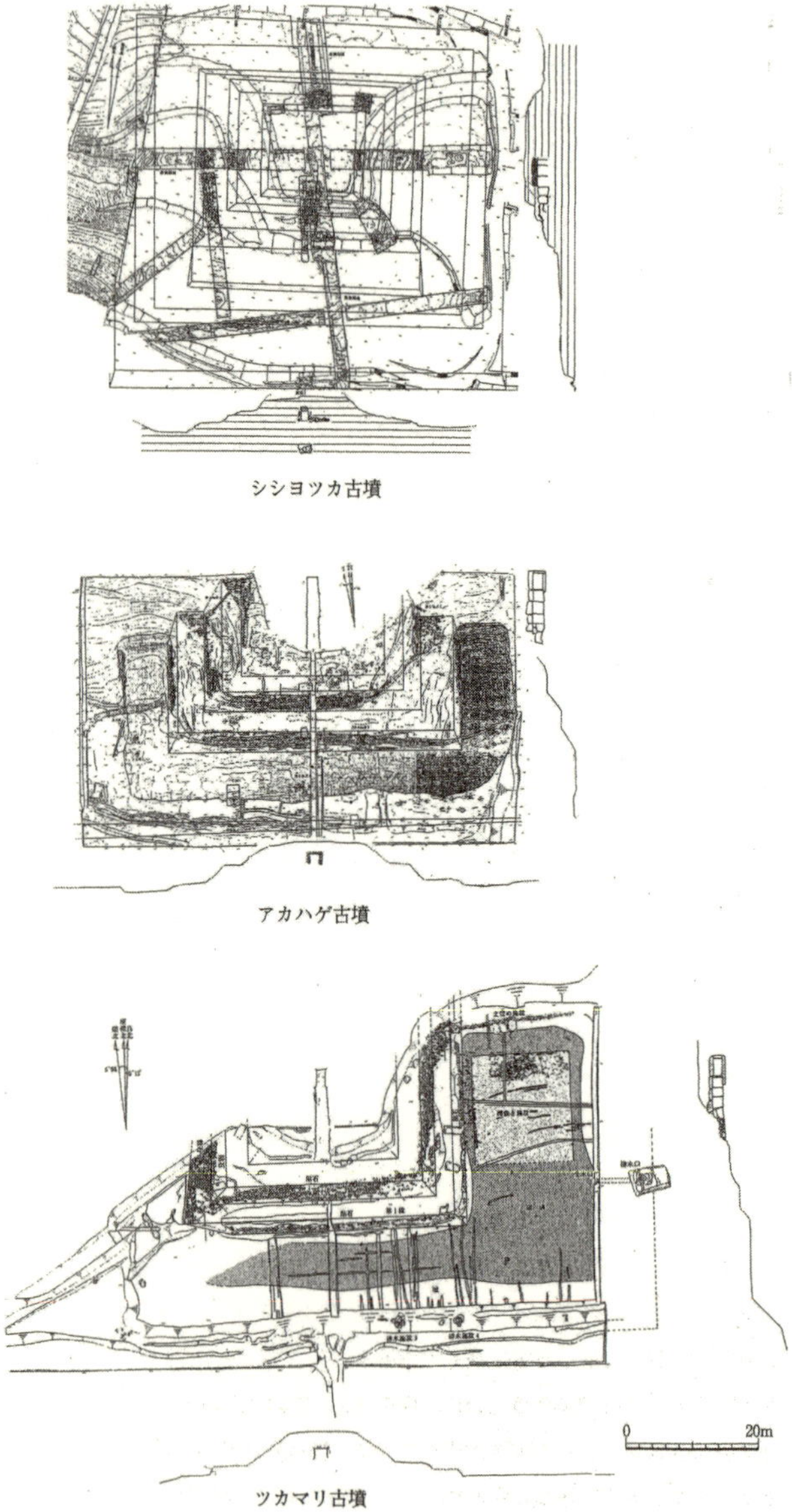


図2 シシヨツカ、アカハゲ、ツカマリ古墳、墳丘平面図
(『加納古墳群・平石古墳群』、2009、大阪府教育委員会)

って敷石が残り、築造当時の状況をよく留めていた。

外部施設として壇の存在がある。一壇は墳丘の南に南北辺長が中央で約一五ｍ、調査東端で約四四ｍを測る壇を有するが、調査区西端は谷筋となっており、また後世の攪乱を蒙っているので正確には規模をつかみ難い。ほかに二壇、三壇と報告書に記述があるが、用途などは明らかではない。

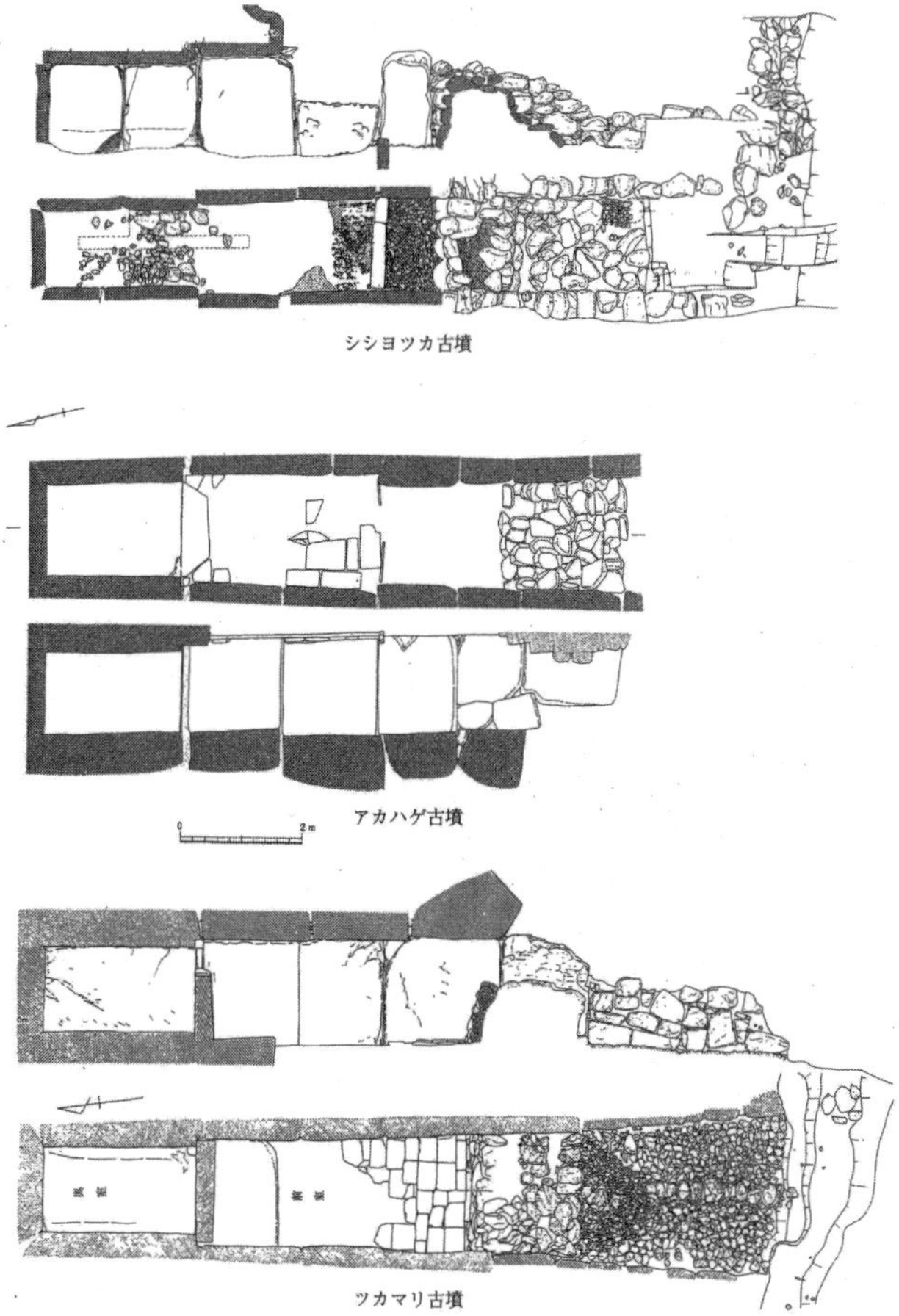


図3 シシヨツカ、アカハゲ、ツカマリ古墳、石室平面図
(『加納古墳群・平石古墳群』、2009、大阪府教育委員会)

周溝は、墳丘裾を取り巻く浅い溝である。東側では北端の尾根の傾斜面を東西に約一九m斜めに削り落とし、溝の肩をつけている。その北辺より南一五mまでは東西溝は東側の尾根の背部の隆起する部分に画されてほぼ変化なく続いているが、それより南は溝幅が拡がり、現在の古墳東側を南北に通る里道に接近する。この拡がり始めたあたりに壇東側の排水施設の取水口が設置されている。

さらに南の墳丘第一段南東角のラインにかかるところでは、東西幅が一八m以上を測る。従って周溝の北肩と南肩の距離は約三六mとなり比高は一・三mを測る。周溝底面は三〜四度北から南へ傾斜するが、これに加えて東側周溝の範囲では南東部の高さが最も低く水は自ずから東側に溜る。西側の壇の南北幅に合わせて幅六〜七mとせまくなり、西端は明瞭ではない。この壇の用途については、全く触れられていないが、『日本書紀』皇極元年是歳条に「蘇我蝦夷、立己祖廟於葛城高宮、而為八佾之舞。倫」とある。この記事の示す「葛城高宮」は場所が特定されていないので不明とせざるを得ないが、ここで示されている高宮が、祖廟に設置する場所であるとすると、この壇が、その高宮の役割をする場所ではなかったかとも考える。

ちなみに皇極元年是歳条に「蘇我大臣蝦夷己が祖廟を葛城の高宮に立てて、……(略)、預め双墓を今来に造る。一つをば大陵と曰ふ。大臣の墓とす。一つをば小陵と曰ふ。入鹿の墓とす。望はくは死りて後に、人を労らしむること勿。更に悉に上宮の乳部の民を聚めて、乳部、此を美父といふ。塋兆所に役使ふ。是に、上宮大娘姫王、発憤りて、嘆きて曰はく、『蘇我臣、専国の政を擅にして、多に行無礼す。天に二つの日無く、国に二人の王無し。何に由りてか意の任に悉に封せる民を役ふ』といふ。玆より恨を結びて、遂に倶に亡されぬ。是年、太歳壬寅」とあり、蝦夷・入鹿の墳墓をあらかじめ生前に築造している、すなわち、ツカマリ古墳とアカハゲ古墳は、その大陵小陵と呼ばれた双墓に該当するも斧であると考えられる。

なおここに示されている「高宮」は地名ではなく、一段高く造られた壇を示すと考えたい。

礫敷施設は、壇の東側北半東西約一五～一六m、南北約一三mの屋や横長の方形区画である。礫敷の上に被る中世の耕作土から遊離したわずかな中世土器片以外この遺構から出土した遺物はない。

土留め施設は、壇東側の周溝北辺の肩に沿ってその北側に東西幅約一八mにわたって設けられたものである。周溝の北辺の肩をつけるため地山を深さ〇・三～〇・四m程度掘り込んで、そこに一〇～二〇㎝大の礫を多く用い南北場約〇・五mにわたって積み重ねていた側の山の崩れを防いでいる。西端では、墳丘第一段北東端の段上面から排水を受ける北西～南東方向の延長約一〇mの溝の南端に接し、東端では周溝の北東端の肩あたりで終えている。礫は周溝の肩から深く下がる中央付近に多量に集めて盛り上げられており、それより東では溝肩の上場と下場の高低差が小さくなり、礫は稀薄である。

排水施設は、墳丘、壇の数か所で検出した。

排水施設1は、墳丘第一段北東部付近に北西から南東方向に設けられた排水溝である。東側石に土留め施設の西端が接している。墳丘より垂れる水を周溝に落とすための溝である。

排水施設2は、墳丘第一段西側テラス面敷石の下に設けられた暗渠排水施設である。これらのほか排水施設3、4、5がそれぞれ調査確認されている。

**・埋葬施設**

埋葬施設は花崗岩切り石を組み交わせた石棺式石室（横口式石室）で、奥室と羨道から構成される。石室の主軸方向は磁北から六度三〇分東に偏しており、全長は七・六五mを測る。奥室の規模は長さ二・四m、幅一・三二m、高さ一・三二mを測り、壁石は床石、両側壁、奥壁、天井石ともに一石で構成されている。奥室と羨道の境には寺山青石（石英安山岩）を加工した扉石が嵌め込まれている。

羨道の規模は、長さ約五m、幅は奥壁側約一・六m、閉塞石付近で約一・八五m、高さは約一・六mを測り、壁石は左側壁四石、右側壁三石、天井石は三石で構成されている。羨道床面にはほぼ正方形に加工した榛原石を二重に敷き詰めている。羨道南端は、人頭大花崗岩玉石を六段以上積み上げて閉塞している。羨道部の調査は、閉塞施設設置後の埋土と、中世にこれを攪乱した後の埋め戻し土の層約〇・八mの堆積土を除去すると、羨道床面やその上の石列、バラス敷が露呈する。羨道は閉塞施設南端より南へ約六・〇mとなり、このため埋葬施設の全長は約一三・五mとなり、ツカマリ古墳の主体部は、奥室、前室、羨道部となることを確認した。

ここでいう羨道とは、天井石南端以南とし、閉塞施設の両側壁は奥室や前室に見られるように花崗岩切り石を使用しているのに対し、それより南は自然石を積み上げて羨道の側壁としている。よって壁面構成の差異からすると閉塞施設以南を羨道と呼べるのかもしれない。その違いにも増して天井石南端で石室の内部と外部に区分できることの方を重視し、羨道を石室内への導入路と考えたい。従ってここでは、石室外となる天井石南端以南を羨道と呼ぶ。

奥壁から南へ七・五mが天井石南端で、残存した羨道の延長は中軸線上で五・二九mを測る。羨道の両側壁を観察すると、花崗岩切り石石材の幅が異なるため、必ずしも左右対称ではなく奥壁からの延長には差がある。羨道の高さは、閉塞施設は床面から天井石まで約一・七m、閉塞施設以南は上部を残していないため不明であるが、左側壁で約一・一m、右側壁で約一・〇mを測る。

奥室と前室の壁面が構築された後、羨道のそれが構築される。羨道の側壁は閉塞施設にあたる部分は花崗岩切り石の一石であるのに対して、それより南は自然石を積み上げている。花崗岩切り石とは異なるとはいえ、石材の平らな面を内側にして、その壁面が床から真っすぐに立ち上がるように据えられており、側壁のラインや壁面は石室内部から閉塞施設まで揃えている。羨道閉塞施設にかかる側壁は両側ともに花崗岩切り石一石から構成されている。右側側壁は縦約一・六m、幅一・四三m、厚さ〇・五五m、右側壁は縦〇・九m以上（推定一・七m）、幅一・二〇m、厚さ〇・四m以上を測る。右側壁石には天井石と稜する部分をL字形に打ち欠いて天井石の安定を測っている。両側壁上縁は斜めに加工した痕跡が認められる。このように上縁を斜めに加工するのは、シショツカ古墳、バチ川古墳でもみられる。

閉塞施設より南の側壁は、左側壁の多くは比較的平たい面をなす自然石を用いている。一段目となる基底石は五石残存しており、羨道先端で検出した石材抜き取り穴を考慮すると本来は七～八石あったと思われる。左側の壁石に対し、右側の壁石は、丸みを帯びた自然石が多いため壁面は凹凸が目立ってやや粗雑な印象を受けるが、積み方は整然としている。一段目は五石が残存。羨道中央の縦〇・五五m、幅〇・七mの石材以外、縦約〇・三五四m、幅〇・五～〇・六mの石材を横置きしている。

床石、羨道側壁石を構築した後、床面を構成する土の上に一〇～四〇cm大のやや丸みがかった扁平な川原石が床面全体に敷き詰められている。床面の石と石の間には径一〇cmほどの小石を詰めている。前室に榛原石を材とする石磚を敷き詰めた床面を整えるように、石室外の羨道床面も平担さを強調している。

床石には、榛原石六片が混入していたが、磚状に加工されたものではない。バラス敷は床石上面を厚さ五～一五cmのオリーブ褐色の砂質土で覆い、その上に二～一五cm大のバラスを敷き詰める。砂質土とバラス式は羨道南半部では中世の攪乱によって失われ、現状は知り得ない。なお全面にバラスを敷き詰めていたのであれば、羨道南半部床石上面や中世攪乱後の埋め戻し土の中にバラスが幾ばくか残っていても不思議ではないが、その形跡はまったく確認できなかった。

中央石列は奥壁より一〇・〇m付近からバラス敷の上面に径〇・二～〇・四m大の石一〇個を南北にほぼ中軸線上に一列に並べた石列である。中央石列やバラス敷は羨道の石敷床面上を被覆する二次的な床面であったと思われる。平坦な石の面を揃えた羨道の最初の整然とした床面を利用する段階と、閉塞施設を設けた後に、その美麗な床面が損なわれないように、これを保護するため、新たにその上に床面を設けたものと考えられる。

この一次と二次の床面の違いは、埋葬施設の内部と外部を分ける閉塞施設の設置と思われる。納棺後の奥室は、扉石で閉鎖され、その後前室は閉鎖施設によってさらに閉鎖され、この段階で内部は完全に遮断される。

次の段階は、外部の埋葬施設、すなわち羨道の閉鎖である。シショツカ古墳の羨道の閉鎖は羨道床面に、羨道側壁に用いたと同様な人頭大の自然石を、まず全面に放り込み、その上を土で埋め立てる。入口は墳丘第一段の南斜面の上半部にあるから、最後にこの斜面に貼石を施して入口は閉ざされる。このように羨道の床面を殊更慎重に厳重に保護しようとする意識がはたらいている。このような意識がツカマリ古墳の羨道を埋める行為にもなかったとはいえまい。

石室内部への通路として用いられた石敷きの床面は石室閉塞後も特別な儀礼空間の痕跡であるから、そこに単純に土を放り込んで機械的に埋めるというような所作は忌むべきことでなくてはならない。むしろ、その痕跡である石敷の空間を永遠にとどめることも、石室閉鎖後の外部での葬送儀礼の一環として捉えられよう。なお中央石列の一石を取り外して横断面の観察を行った際、その泥土より須恵器杯蓋片が一点出土している。

閉塞施設は、閉塞石の積み方は石室内部（北側）と石室外部（南側）とでは様相が大きく異なっている。昭和五四年調査時に検出されたが、前室床面の榛原石下段上面に人頭大の石材を整然と並列させせて、六段以上に積み上げていると報告されている。残存高は約一・四ｍで、おそらく八～九段積であったものと推測される。石室内部に対して外部は、礫石の上面に褐色系の粘質土を被せながら、〇・二～〇・四ｍ大の石材を据えおいている。残存高は約〇・九ｍを測る。

・出土遺物

昭和五四年調査時に出土した遺物と今回出土したものとがある。
①昭和五四年調査時出土遺物
緑釉棺台—一〇〇片、
漆塗籠棺—断片約五〇〇片、大きなものでは、縦二二㎝、横一七㎝を測るものがある。
夾紵容器—破片、布を張り合わせ、それに漆を塗ったもの。
金象嵌鉄刀—破片三〇片、
七宝銀星飾り金具—二片、
らせん状金線—一〇片、
金糸—一〇片、直線状金糸—二片、
ガラス製扁平管玉—白色に風化したものや半透明淡緑色のものがある。
ガラス製丸玉—二二片。
②今回調査での出土遺物
緑釉棺台—九片、内外面に二五～三〇㎝幅の刷毛目（五～六条）を施し、非常に薄い淡緑色の緑釉がかかるもの。
漆塗籠棺、微細な断片。
須恵器—羨道埋土中出土甕片、床面上の排水施設石列泥土出土杯蓋片、
榛原石
凝灰岩井石櫃—墳丘第一段東側テラス敷石上で出土、規模は五二・〇×五三・五、厚さ一五㎝方形、内部に骨蔵器を納める穴が設けられている。飛鳥から時代の土師器が合わせて土師器・瓦器・陶器・磁器・軒丸瓦・サヌカイト・古銭などが出土した。

## 二、平石古墳群の被葬者像について

### （一）シショツカ古墳の被葬者について

改葬墓か否かについては、西川寿勝氏⑤は「結論的に、ツカマリ古墳・アカハゲ古墳の被葬者が隆盛した六〇〇年代前半になって、先祖の墓を改葬し、新時代の墓室形態でシショツカ古墳が造営され副葬品と棺は、初葬の墓から持ち出され、納め直したと考えるのである。つまりシショツカ古墳は、改葬墓という考え方である。その結果、高坏は供物を供える目的ではなく、大甕にいれて墓室入口に埋納されていた。これまでの古墳には類例が知られていない特異な出土状況である。土器をはじめ、馬具などの年代観はシショツカ古墳の初葬年代を示すものである。また、漆塗籠棺という特殊な棺が採用されており、改葬は初葬よりかなりの年月がたち、骨化がすすんでいたことも推測される。この籠棺もほとんど類例が知られていない特異なものであるとされ、現在知られている改葬墓の例をあげて説明されている。

さらにおわりに「シショツカ古墳を改葬墓と認めず、ＴＫ43段階（五〇〇年代後半）に平石谷に造営された最初の巨大古墳とすれば、用明天皇陵古墳・推古天皇陵古墳など磯長谷の王陵墓はそれに後続したものと捉えなければならない。この場合、欽明天皇から敏達天皇の時代に、シショツカ古墳・ツカマリ古墳の造営は六〇〇年代の中ごろから後半という意見は動かしがたく、シショツカ古墳造営以後、平石谷では半世紀以上の空白をおいて、さらに壮大なアカハゲ古墳・ツカマリ古墳の造墓が展開したとしなければならない。

シショツカ古墳を改葬墓と認めれば、磯長谷の王陵が五〇〇年代末から六〇〇年代前半に完成後、平石谷に移って六〇〇年代中頃から連続的に造墓されていたと捉えることができる。六〇〇年代初頭には来目皇子墓が羽曳野丘陵に造墓されており、大型方墳の造営が途切れることなく続いたことが読み取れる。…

…（以下略）」とある。

またシショツカ古墳では、出土遺物からのアプローチも見逃せない。

森川祐輔氏は「シショツカ古墳出土の小札甲の編年的位置づけ」⑥で、「本墳は、墳形に方墳を、埋葬主体に単葬を主とする横口式石槨を採用するなど、従来とは異なる墓制を採用している。副葬品についても小札甲四領、不明鉄器（大型札）、金象嵌が施された馬具や金銅製鐘形杏葉、棘葉形とみられる杏葉、金糸など墳丘規模や副葬品などから見て当時の優位者であることは疑いないであろう。またそれら、遺構・遺物は大陸（主に韓半島）とのつながりがある品々であり、古墳へ埋葬される人々が淘汰されていくなかで、型式の異なる複数領の甲冑を一括埋納できた被葬者は、製作集団を統合し、新たな生産体系を整えることができた極めて政治の中枢に近い人物であると想定できる」と結ばれている。

西山要一氏は「シショツカ古墳出土の象嵌遺物の年代」⑦で、「種々の類例の検討の結果、円筒柄頭の形と象嵌文様の変化による編年観に基づくと、シショツカ古墳例は、岡田山一号墳例に続き、群馬・大根古墳例、同・本郷古墳例に先行するものと位置づけられる。実年代を当てはめるなら紀元六世紀半ばから後半になろう。……（中略）。古墳時代後期六〜七世紀の象嵌資料の文様がときとともに変化しつつも、その変化が系統付けられ、象嵌戦の巾や彫りなどの象嵌技術が一定している様相は、これら象嵌資料が日本で製作されていたことを示すが、文様・象嵌技術ともに大きく異なる雲龍文金象嵌太刀は中国か朝鮮半島で作られ、日本にもたらされた可能性が濃い。船載されたものであろう雲龍文金象嵌太刀とともに亀甲門繋鳳凰文銀象嵌円頭大刀、さらには竜文金象嵌鞍を持つ被葬者は、大規模な方墳に埋葬された当時の有力者の権威を如何なく象徴するものに他ならない」と結ばれている。

近畿圏の古墳を中心とする石材研究を精力的に行っておられる奥田尚氏⑧は『古代飛鳥「石」の謎』で、飛鳥寺に使用されている石材について「礎石には牡丹洞東邦付近、葛城山の東麓付近、側溝の石は室生ダム北方付近から溶剤として運ばれている」とされ、さらに「方形に加工された板状の石材（石塼）として室生火山岩が使用されるのは、飛鳥寺が最初である。古墳では平石谷にあるシショツカ古墳・アカハゲ古墳・ツカマリ古墳の石室の敷石に使用されている。……（中略）。山田寺や飛鳥寺に室生火山岩製の塼が使用されていることから、この塼に使用する石材の採石場は蘇我馬子によって開発され、蘇我一族が使用できる石材としたのだろう」とされた。

さらに『加納古墳群・平石古墳群』「石材の石種とその採石地」でシショツカ古墳・アカハゲ古墳・ツカマリ古墳などの石材について検討の結果、「平石谷の北斜面を利用して間隙よく築造されているシショツカ古墳・アカハゲ古墳・ツカマリ古墳、山腹に造られているバチ川古墳の石室の壁と天井には方形に加工された角閃石黒雲母石英閃緑岩が使用され、床には室生火山岩と推定される塼が使用されている。また初期と推定されているシショツカ古墳では観察されなかったが、他の古墳では羽曳野市寺山から採石されたと推定される石英安山岩が使用されている。

石材の使用傾向からみれば、平石古墳群にある加工石材を使用した古墳の特徴として角閃石黒雲母石英閃緑岩製の壁と天井、室生火山岩製の塼による床が共通している。また、外側の閉塞は石槨墳に見られるような一枚石の閉塞ではなく、横穴式石室に見られるような小口積による閉塞である。桜井市の花山古墳には内部閉塞のための扉石があり、外部閉塞は小口積による閉塞が考えられる。この古墳に使用されている石材の殆ど全ては室生火山岩の板状節理を利用して剥がした石と推定される。室生火山岩製の塼の使用は飛鳥寺の築造に始まり、山田寺金堂跡の犬走にも多量に使用されていることからみれば、蘇我氏の関係も窺える。この時期に築造されている植山古墳では、室生火山岩製の石材が確認できず、高砂市の伊保川付近に産出する流紋岩質溶結凝灰岩や紀ノ川から吉野川にかけて分布する点紋片岩や結昌片岩が観察された。河内における室生火山岩製の塼の使用は平石古墳群に限定されると言っても過言ではない。平石谷に三基並んで造られている古墳は石材の使用傾向が同じであり、谷の入り口側が古く奥に新しくなる傾向があり、室生火山岩製の石材を使用されていることから、蘇我氏が計画的に築造した古墳の可能性が高い」とされた。

## （二）アカハゲ古墳・ツカマリ古墳の被葬者について

また「平石古墳群の被葬者」（『堀田啓一先生喜寿記念献呈論文集』平成二三年）では、さらに進めて、アカハゲ古墳・ツカマリ古墳について以下の如く被葬者を想定されている。すなわち「アカハゲ古墳・ツカマリ古墳は双墓に相当し、……（中略）、これらが日本書紀に記されている大陵と小陵にあたると推定される。また、蝦夷には冠位があり、入鹿にはないことから、アカハゲ古墳が入鹿の墓、ツカマリ古墳が蝦夷の墓に相当すると推定される」とある。

なお皇極元年是歳条に「蘇我大臣蝦夷己が祖廟を葛城の高宮に立てて、……（略）、預め双墓を今来に造る。一つをば大陵と曰ふ。大臣の墓とす。一つをば小陵と曰ふ。入鹿の墓とす。望はくは死りて後に、人を労らしむること勿。更に悉に上宮の乳部の民を聚めて、乳部、此を美父といふ。塋兆所に役使ふ。是に、上宮大娘姫王、発憤りて、嘆きて曰はく、「蘇我臣、専国の政を擅にして、多に行無礼す。天に二つの日無く、国に二人の王無し。何に由りてか意の任に悉に封せる民を役ふ」といふ。茲より恨を結びて、遂に倶に亡されぬ。是年、太歳壬寅」とあり、蝦夷・入鹿の墳墓をあらかじめ生前に築造している、すなわちこの双墓は、寿陵であることが分かる。

一方、塚口義信氏⑨によると、横口式石郭を採用したのは中大兄皇子派に属していた人たちと考えられた。とくに塚廻り古墳とアカハゲ古墳の築造年代は、七世紀の第Ⅲ四半期とされ、さらに漆塗棺の使用などから「下臣」以上のクラスの人物とした。さらに近接地に大伴の名が残されていることから、大伴氏の名前を挙げられ、それ以外には考えられないとまでされている。

山本彰氏⑩は葛城山西側の古墳としてアカハゲ古墳、ツカマリ古墳について言及し、被葬者を推定する手掛かりはほとんどないが、白木が新羅から転訛したと解釈すれば、渡来人が作った墓である可能性は高いと結ばれている。

塚口義信氏、上林史郎氏⑪らによる、大伴氏関係の墳墓であるとする考えには、奥田氏は「平石古墳群の被葬者は、大伴氏であるとされている方も多い。古墳に使用されている石室材の加工は七世紀第二四半期後半から始まるとされている方も多い。私にはこのようなことを物証的な判断からいえない」とされる。

筆者も奥田氏と同様大伴氏説には賛成できない。すなわち、この地域は本来蘇我氏の勢力圏であり、大伴氏の勢力圏でないことが分かる。たとえ現在の富田林市大伴周辺が大伴氏の勢力圏であったとしても当該地とは標高差も大きく、段丘の上下という差は如何ともし難いように考える。また大伴地域には大伴古墳群や寛弘寺古墳群があり、大伴氏が当該地に勢力を持っていたとすれば、当然これらに葬られるのが普通の理解であり、あえて標高が高い丘陵部に進出する必要はないと考える。

さらに平石谷の開口方向が、以下に述べるある重要な問題が隠されているように思う。

『加納古墳群・平石古墳群』の第二章第一節⑫に、「河内古刹の一つ、蘇我氏の氏寺と伝える龍泉寺を中腹に抱える嶽山（標高一一二五m）、そこからは南河内一帯が一望できる。西方は石川の北流れ、東方は自然豊かな田園風景、さらにその奥を望めば金剛山地が聳え立つ。金剛山地は、北より二上山（標高五一七m）、葛城山（標高九五九m）、金剛山（標高一一二五m）と連なる府下最高峰の南北延長四八㎞の山塊である。……（中略）……谷あいには開墾された田畑が広がり、奥には村落が展開している。この谷こそ、加納古墳群・平石古墳群が存在する平石谷である。……（以下略）」とあり、嶽山側から俯瞰した情景を記述している。この状況を逆に平石谷開口部から見ると、そこには正面に龍泉寺の所在する嶽山が、整然と佇んでいるのが見える。

すなわち谷の開口部からはこの嶽山の全形が中心的位置に眺望されるのであり、その右手側すなわち北方に広がる石川を含む富田林の市街地は丘陵の影となっており、唯一そこには蘇我馬子が私的に創建したという龍泉寺が所在するのである。

すなわち龍泉寺は、『上宮太子拾遺記』に引用される元興寺縁起⑬に「四年丙辰、冬十一月。法興寺造竟。則以大臣男善徳信豊浦大臣是也拝寺司是日恵慈聡二僧。始住於法興寺。是年島大臣私起龍泉寺於石川神名傍山、為禅行之院」とある寺院であり、蘇我氏にとっては極めて重要な聖地である。この聖地を望む位置に立地する平石谷の古墳群は、まさに蘇我氏の奥津城として疑えないものであろう。

## むすびにかえて

以上、平石古墳群について検討の結果、蘇我氏の奥津城であることがほぼ確実となった。

すなわちシショツカ古墳については『日本書紀』欽明三十一年春三月甲申朔条に「蘇我大臣稲目宿祢薨」とある蘇我稲目の墓、と考えた。

あるいは『日本書紀』推古三十二年五月二十日条に「大臣薨、仍葬干桃原墓」とあり、『聖徳太子伝略』には「丙戌年夏五月　大臣馬子宿祢薨　葬桃原墓　遺言畫太子像　自跪其前之絵　張吾墓前　令観衆人」と、蘇我馬子の死を記述している、稲目、馬子のどちらかであり、それが、再葬された可能性のある墳墓と考えて大過ないだろう⑭。

アカハゲ古墳は、『日本書紀』皇極四年六月十二日条に「中大兄、以劒傷割入鹿頭肩。入鹿驚起。子麻呂運手揮劒、傷其一脚」とある入鹿の墓、ツカマリ古墳がさらに『日本書紀』皇極元年是歳条に「蘇我蝦夷、立己祖廟於葛城高宮、而為八佾之舞。倫」とある蝦夷の墓に相当するとみてよいだろう。

さらにシショツカ東古墳については、その詳細が明らかではないが、ほぼシショツカ古墳と同規模であるとすれば、とくにシショツカ古墳を蘇我稲目と考えるならば、これは蘇我馬子の墳墓とするのが妥当であろう。なお馬子の墳墓は、「大臣薨、仍葬干桃原墓」とある、桃原墓とされているが、これも蘇我氏一族の墳墓としてまとめられていることを考慮すれば、必ずしも、桃原墓にこだわらず、ここに再葬されたと考えてよいのではないだろうか。

籠田古墳については蘇我氏の一族の墳墓と考えてほぼ間違いないだろうが、候補として有力視されるのが馬子の長男である善徳あるいは、馬子の子である善正の可能性が濃いとみられるが、後考を待ちたいと考える。

（補注・参考文献）


① 枡本哲也編『加納古墳群・平石古墳群』大阪府教育委員会、二〇〇九年。
② 岡本清成ほか「アカハゲ古墳」『河南町誌』河南町役場、一九八〇年。
③ 続河南町誌編纂委員会「シショツカ古墳」「アカハゲ古墳」、『続河南町誌』河南町役場、二〇〇四年。
④ 『前掲①』、『前掲③』。
⑤ 西川寿勝「シショツカ古墳、改葬墓の可能性」『加納古墳群・平石古墳群』大阪府教育委員会、二〇〇九年。「近つ飛鳥の古墳と寺院」『蘇我三代と二つの飛鳥』新泉社、二〇〇九年。
⑥ 森泡祐輔「「シショツカ古墳出土の小札甲の編年的位置づけ」『加納古墳群・平石古墳群』大阪府教育委員会、二〇〇九年。
⑦ 西山要一「「シショツカ古墳出土の象嵌遺物の年代」『加納古墳群・平石古墳群』大阪府教育委員会、二〇〇九年
⑧ 奥田尚『古代飛鳥「石」の謎』学生社、二〇〇六年。「石材の石種とその採石地」『加納古墳群・平石古墳群』大阪府教育委員会、二〇〇九年。「平石古墳群の被葬者」、『堀田啓一先生喜寿記念献呈論文集』二〇一一年。

⑨ 塚口義信「横口式石槨墳の被葬者像」、『季刊考古学』第六八号、雄山閣出版、一九九九年。
⑩ 山本彰「河内飛鳥の終末期古墳」、『季刊考古学』第六八号、雄山閣出版、一九九九年。
⑪ 上林史郎「平石古墳群の被葬者像」、『加納古墳群・平石古墳群』大阪府教育委員会、二〇〇九年。
⑫ 庵ノ前智博「地理的及び歴史的環境」、『加納古墳群・平石古墳群』大阪府教育委員会、二〇〇九年。
⑬ 「上宮太子拾遺記」、『大日本仏教全書』第七一巻、史伝部一〇、一九七二年。
⑭ 奈良国立文化財研究所飛鳥史料館編「飛鳥時代の人物没年表」『飛鳥時代の古墳』同朋舎出版、一九八一年。

# 金山古墳と龍泉寺

## はじめに

大阪府南河内郡河南町芹生谷に所在する金山古墳は大小の円墳を連接した双円墳として全国的に知られており、一九九一年二月一五日には国史跡に指定され、一九九三年には史跡金山古墳公園として整備された。当該古墳は戦後まもなく、大阪府下で最初に行われた調査として、まもなく『大阪府文化財調査報告書　第2輯』が、東大阪市所在の大藪古墳の報告とともに公刊された。やがて一九九三年に河南町教育委員会によって、金山古墳の整備に先行して墳丘および北丘部に所在する横穴式石室の全容を把握するための調査が行われた（図1）。

これらの調査によっていくつかの内容が明らかになったが、その時期的な推定については、かつて金山古墳出土遺物のうち比較的時期的な想定が容易と考えられる須恵器について再検討を試みたことがある。

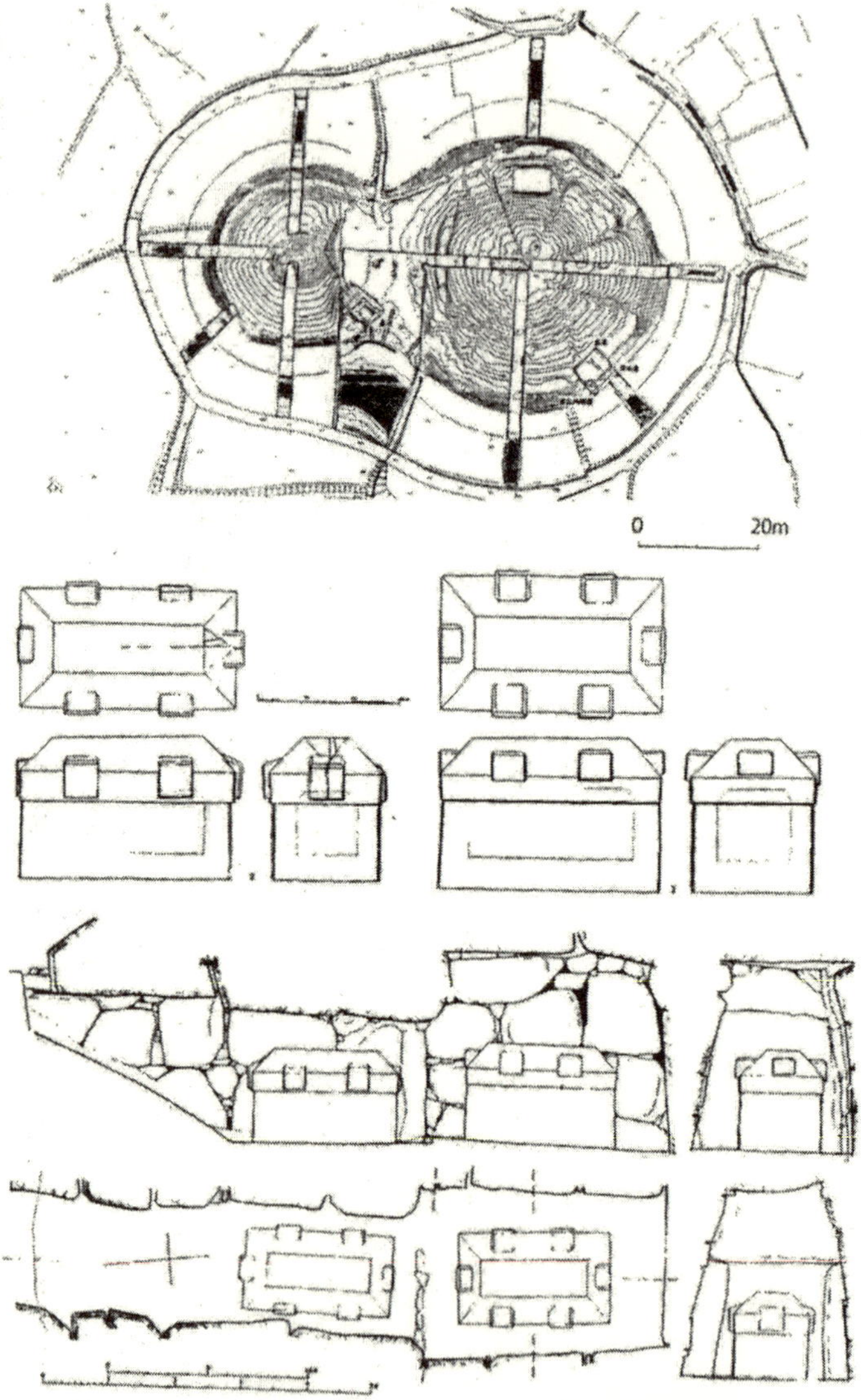


図1　金山古墳墳丘（上）、石棺（中）、石室実測図（下）
（小林行雄『金山古墳および大藪古墳の調査』1953、大阪府教育委員会、
赤井毅彦「金山古墳の発掘調査成果」『金山古墳をめぐる諸問題』1996、
河南町教育委員会）

## 一、金山古墳の確認調査―昭和二一年調査―

一九四六年（昭和二一）八月に二個の石棺を蔵した古墳の発見が新聞紙上をにぎわした。これを受けて同年九月一八日～二一日の四日間、大阪府における戦後第一回遺跡調査として京都大学小林行雄氏を中心として調査が行われ、一〇月二八日には出土遺物の調査が梅原末治氏を中心に行われた①。

その成果は『大阪府文化財調査報告書　第2輯』として公刊された。そこから調査の状況を見ることにする。測量から長軸径は七七・九m、南丘は東西径四四・八m、高さ八・二m、北丘は東西径三〇・九m、高さ七・二mを測り、「外周には一二m内外の幅をもって周囲の土地より一段低い水田が封土をとりかこんで、……（略）、両古墳に共通した濠を設けたものと解してよいであろう」とある。

主体部については、開墾者が好奇心から掘り広げ、羨道の入り口を掘り当て、石室内に入った。これにより石室内に石棺が二個所在することが明らかとなった。

八月二六日には平尾兵庫、末永雅雄氏により実査され、当該古墳が既に盗掘されていることが判明した。この時、玄室内に位置した盗掘孔を穿たれた石棺の内部から、残存した鉄製品、銀環、陶質土器片を得られたという。

やがて九月一七日実測調査に先立ち羨道部分の土砂を掘り出した際には、石棺内にほとんど遺物が残存していないことが確認された。調査は、その勢力の大半を石室内に安置された二個の家型石棺に置かざるを得なかったのである。これらの所見から以下の結論が導かれている。

すなわち、二棺の細部の相違は単なる任意の変化ではなく、玄室にある石棺に比して、羨道にある石棺がやや新しい様式に属している結果であることが指摘された。

これらから二つの石棺は、当初から二人の埋葬を予定して同時に製作されたものではなく、羨道の石棺は玄室の石棺を参考にし、細部に時期の流行とも称すべき手法を採用して製作、搬入したものであるとの見解が述べられている。

また、当該古墳の石室規模が本来一個の石棺が収容しうる程度の大きさに作られていることも、必ずしも二棺合葬の目的に沿うものではないというべきではなく、むしろ合葬のことは石室構築の際には予期されていなかったことを示すものとされた。

遺物については、報告書で取り扱われているのは、いずれも調査に先立って主として棺内から採集された装身具、鉄製品、陶質土器などの破片と、本調査の際に検出された若干の同種の遺品をあげるにすぎないとされている*1。

## 二、金山古墳整備に伴う調査

一九九一年（平成三）一月一五日に国史跡に指定された後、平成五年度に河南町教育委員会によって、金山古墳の整備に先行して墳丘および北丘部に所在する横穴式石室の全容を把握するための調査が行われた②。以下、公刊されている概要報告から古墳の状況を見ていきたい。

### （一）遺構の状況

この調査によって墳丘のうち南丘は三段、北丘は二段築成で行われていることが明らかとなり、設定されたトレンチにより墳丘規模も確定した。それによると、墳長八五・八m、北丘径三八・六m、南丘径五五・四m、残存高北丘六・八m、南丘八・八mで、それらの復元高は六・八m、九・四mをそれぞれ測る。墳丘部の各段テラスは、それぞれの墳丘部を巡るが、北丘テラスと南丘下段テラスとは、くびれ部で接していた。この事実から当該古墳の墳丘部が南北墳丘が計画的に築造されていることが分かる（図1）。

すなわち、いずれかの墳丘がたとえ時間的経過を持って追加されたとしても、当初の墳丘の構築時の企画を尊重する形で築造されたと考えたのである。

ちなみに、調査担当者は「南北墳丘は、二つの円墳を近接して築いたのではなく、当初から双円墳に築き、同一の濠で囲む計画性を持っていた」。さらに「二つの石室を一つの墳丘内に築くために双円形に築いたともいえる」とされる。

ただし南丘の石室の状況が明らかではないので、この指摘の妥当性の判断は困難である。しかし北丘での主体部にも埋葬時期に若干の時間差があるように、南丘の主体部との間にも時間差を考慮すべきと考える。すなわち南北主体部の時間差は少なく、おそらく所謂同時期という範疇で理解して大過ないだろう。あるいは同一世代内ということも可能であろう。ただしこの部分は当該古墳を考える上で重要な示唆を与えるものであり、重要な指摘である

また北丘の石室内には玄室に一、羨道に一と、合計二個の家型石棺が配置されている。本来玄室部の外部である羨道部に棺を置く計画があったのかどうかは疑問であり、この状況は両者の棺の被葬者相互に何らかの親族関係があったと考えるのが自然であろう。

次に調査成果として外表施設と北丘石室および南丘埋葬施設の問題がある。

外表施設として埴輪は存在せず、葺き石はくびれ部西側斜面を除いて斜面には存在しないことが確認された。テラス部分には敷き石が南丘各段および墳頂部で見られたが、三段目裾部には間隔をあけて石が置かれていた。とくに「北丘では残りがわるかったが、テラス部分には、敷き石がみられた」と報告されている。

北丘石室前部分ではくびれ部に続く墓道が検出され、石室の閉塞施設がほぼ完全に残存し、石室から続く排水溝も確認された。墓道幅上面四・二m、底部二・五mで、西側肩部はくびれ部へラッパ状に開く閉

塞施設で石室を塞いだ後、墓道は埋められ、墳丘くびれ部を整形し、最終的に斜面に葺き石を施す。ちなみに葺き石が見られたのは当該墓道埋設部分のみである。また敷き石は墓道上面に及んでいない。閉塞施設は石室入り口のやや内側から墓道にかけての部分に二〇～四〇㎝の石を積み上げて構築され、これらは高さ約二・五mを測り、石室入り口を急傾斜に完全に塞ぐ状態となっている。

遺物はくびれ部張り出し上面及びすぐ下の濠内から須恵器が比較的まとまった状態で検出されている。すなわち墓道埋土上部から遺物が検出され、その出土層は明らかに当該墓道を埋めたものであり、他の堆積土の痕跡が見られないことから、それら遺物がたまたま混入した可能性は少ない。さらに細かく見れば、周濠の内部、下層堆積土のやや上面、ある程度溜まった後に遺物が転げ落ちたという印象があるとのことであり、とくに調査者は当該遺物を初葬段階のものであると考えているようである*2。

器種には壺、子持ち器台がある。これら遺物についての観察検討の結果については後述する。

南丘主体部については、墓道と排水溝が確認された。墓道幅は上面で三・一m、底部で二・九mを測り、肩部で敷石がとまり、埋葬終了後埋め戻されており、北丘と同じ構造といえ、南丘、北丘両者の埋土は非常に似ていたという指摘がある。

排水溝は、断面U字形、幅六〇㎝、深さ七〇㎝で、北丘と比較して大きく、底に三〇㎝程度の石、さらにその上に五～二〇㎝の石をつめ、その上部に二〇～四〇㎝の石を蓋に置いている。また墓道の両側に石の集積が確認されている。

同様な石の集積状況は河南町寛弘寺二号墳、同四五号墳をはじめ平石古墳群など、いずれも当該地域の終末期段階の古墳で確認されている。

## 三、須恵器の再検討（図2）

### （一）一九四六年調査および以前の採集品

それら須恵器の検出部分については、主として南棺の間から採集されたといい、調査の際にも一部採集されている。南北の石棺の位置関係から見て、当該採取品が南棺の葬送儀礼に伴う遺物と見ることができ、さらに北側石棺より先行する可能性が高いと考えられる。これら須恵器には、高杯、壺がある。

**・高杯**―口径一二・四㎝、脚径一二㎝、器高一六・八㎝を測る所謂長脚二段高杯である。他にも別個体に属する杯及び脚部の破片があると報告書に記されている。それらがいくつの個体に復元されるのか、あるいは他の器種が見られるのかは報告されていない*3。

図面から見る形態の特徴は、杯部の口縁部は上外方に開き気味にのび、端部は丸い。杯部外面に底部付近に凸線に上下を囲まれた無文帯部分が見られる。杯底部中央に基部の細い外彎する脚を貼付する。脚中位に沈線二条、下位に一条を巡らせ、その間に長方形の透かし窓が二段三方向に見られる。脚端部はわずかに上方にまげられている。

**・壺**―口径三〇㎝、腹径（頸基部径：筆者注）約五〇㎝と推定される大型の広口壺である。前者と同じく報告書の実測図から見る形態の特徴は、口縁部は頸基部で「く」の字をなして、上外方にのび、端部で上下に伸ばし外傾する面をなす。口縁部外面中位から上方に上下を沈線二条に囲まれた二段のヘラ描き斜線文の文様帯を巡らせている。

体部上位外面には平行叩き、内面には同心円叩きが認められる。報告書の記述によると、当該器種の破片数七〇余点を数えるが、接合するには足らぬ部分が多いと記述されている。

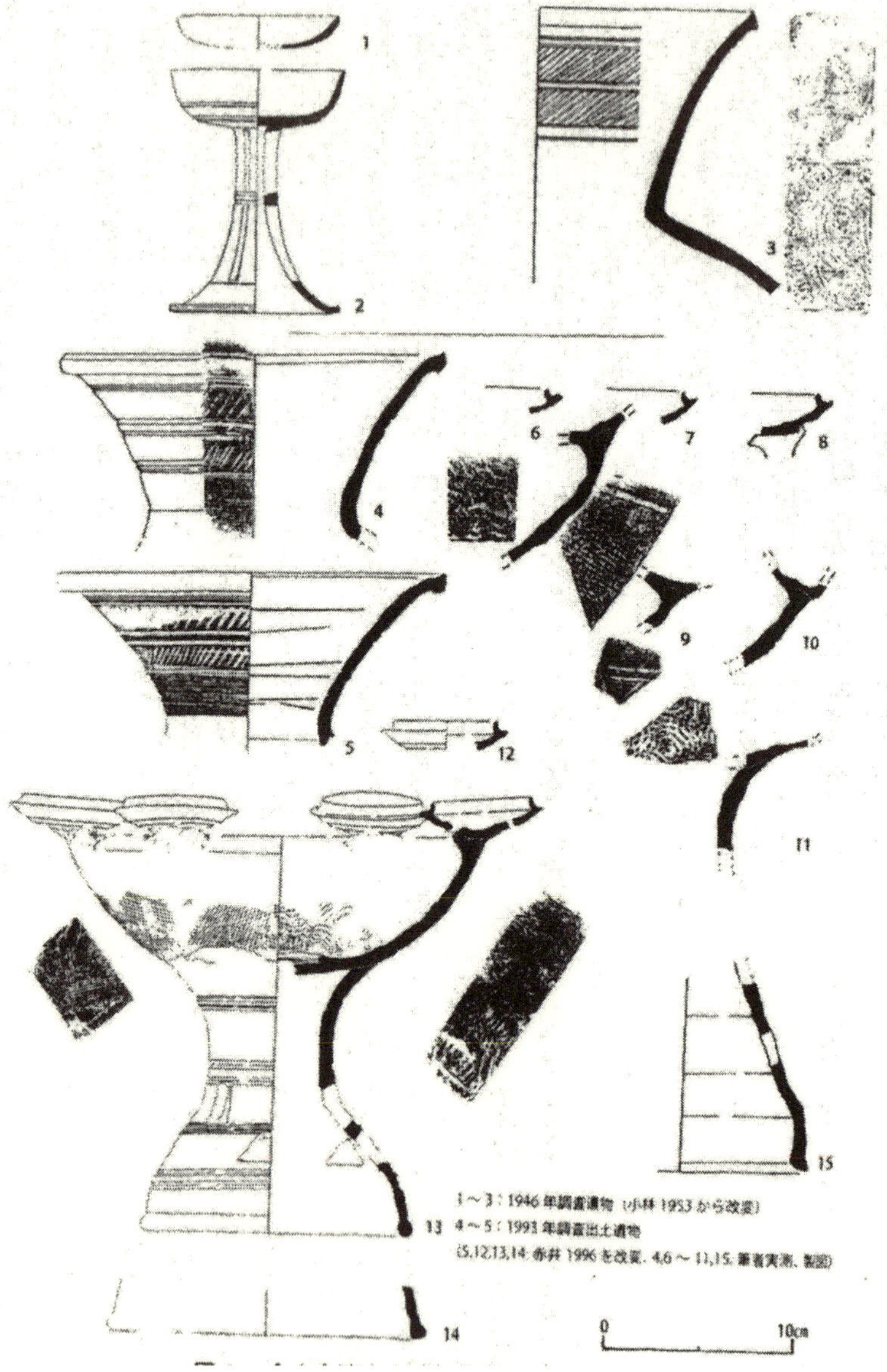


図2 金山古墳出土遺物実測図

## （二）一九九三年調査の出土品

これら須恵器はくびれ部張り出し上面及びすぐ下の濠内から比較的まとまった状態で検出された。それらはいずれも破片であり、接合可能なものも見られる。

器種は子持ち器台と壺の口縁部の破片のみで、他の器種は確認できない。さらに壺の体部や底部の破片はまったく認められず、口縁部も断片的な破片が確認されるのみである。

既に図面が公開されている子持ち器台と壺は、下の濠内から検出されたものである。

このほかに図化された遺物とは異なる同趣の器台破片が見られた。以下、実物観察の結果を提示する。

**・器台A**—子持ち器台である。実測図が既に印刷物で公開されているものである。脚部は中位が最小径を測り、上下に大きく開く。下方は開いた後、内側に曲げられ、端部は肥厚され、丸く仕上げられている。外面には上下四段に沈線二条ずつを巡らせている。沈線に囲まれた帯状部分には文様は施されず、いずれも回転ナデ調整が行われている。

脚には下位に三角形、その上位に長方形の透かし窓を、それぞれ三方向一段穿たれている。内外面には回転ナデ調整を行っている。脚上方は大きく開いた後、台部底中央に貼付する。脚上端中央から大きく開き、端部口縁部は肥厚され上下に伸ばし、内傾する面をなす。口縁部上面に杯を五～六個（復元推定）貼付する。また中央部の台部中央に突起の剥離痕跡が見られる。この台頂部に周辺と同じ杯が貼付されていたものと考えられる。類似例は一須賀古墳群WA17号墳出土子持ち器台があるが、金山古墳出土例より、形状から見て時期的にやや先行する③。

杯部は口径一一㎝、器高三㎝程度に復元できる小型の杯で、同じ規模の蓋を通常は伴っているが、当該古墳では現在のところ、それらは確認されていない。底部は比較的浅く丸く、回転ナデ調整の痕跡を残す。焼成は良好堅緻で、胎土はやや粗で、白色砂粒をわずかに含む。

・**器台B**―出土品の中に先例とほぼ同じく器台の脚部破片がある。形状的には脚底部から直立気味に伸びた後、内側に曲げられ内上方に続く。外面には沈線はめぐっておらず、透かし窓を穿つが、その詳細は明らかに出来ない。なお先の子持ち器台とは別固体であることが確認される。とくに脚内面の調整手法では、明らかな差異が見られる。すなわち両者の脚外面には回転ナデ調整が行われているが、当該例の内面には同心円叩きの後上面を回転ナデ調整が行われた痕跡が認められ、回転ナデ調整のみで仕上げられている器台Aとは異なる。

法量などについては接合部分が少なく、現状では全体復元は不可能な状態である。焼成良好堅緻で胎土はやや粗で、白色砂粒をわずかに含む。また所謂子持ち杯の破片がAに付属しない例がみられる。これらの既述の特徴から先の子持ち器台Aとは別個体である事がわかる。しかし当該器台に伴っていたものかどうかは明らかではない。

・**壺**―復元口径三一cm、頸基部復元径一六・四cm、残存高一四・五cmを測る広口壺の口縁部の破片で、口頸基部以下、体部、底部の破片は採集遺物の中には含まれていない。外面には沈線二条に上下を囲まれた二段のヘラ描き斜線文の文様帯を巡らせている。これは、一九四六年調査での採集遺物と極めてよく似ている。同一個体の可能性も十分にあるが、現在現物の観察が出来ない。なお今回の採集遺物にはこれら2点の口縁部の破片が見られるが、体部、底部の破片はまったく確認されてない。

### （三）各須恵器の年代観

以上、記述してきた各須恵器を陶邑窯跡群出土例と比較し、それらの想定される年代について考えてみる④⑤。

一九四六年調査および以前の採集品の無蓋高杯については、出土例が陶邑窯跡群で見られる。この特徴は杯部と脚部に見られる。すなわち杯部は同じ段階の蓋杯の蓋を逆転させて用いるのがよく見られる例である。さらに脚部の底部径と杯部口径との関係は、ほぼ同じである。脚に見られる透かし窓の大きさは上方が短く下方がやや長い。これら形態上の特徴を有することから当該高杯はⅡ型式4段階相当と見てよいだろう。ちなみにこの段階の陶邑窯の須恵器は、器種および生産量はほぼ3段階と大きな変化は見られない。もっとも形状の差が顕著な蓋杯で見ると口径には大きな差は見られないが、器高がやや低くなるという傾向が見られる。

絶対年代の対比では飛鳥寺下層出土例相当の時期と考えられ、あえて年代を当てれば、七世紀初頭（七世紀第一四半期相当）とされよう。

壺は、和泉陶邑谷山池地区窯跡群などで出土例が見られる⑥。とくに外面のヘラ描き斜線文が特徴的であり、時期判断の指標となろう。このヘラ描き沈線文は、Ⅱ型式3段階ころから見られるようになり、6段階でほぼ見られなくなる。すなわち壺についても先の高杯と同じ段階と見て大過ない。

一九九三年調査の出土品である子持ち器台および壺については、比較的類例が少ないが、一九四六年調査および以前の採集品との間に時期差が見られるか否かがまず問題となる。既述の如く子持ち器台は、わずかながら異なる手法が認められる。Bは脚部内面上位に同心円叩きが認められるが、Aにはまったく見られない点で異なる。

金山古墳出土器台を見ると、その杯部から想定される蓋杯を陶邑窯出土例から類似例を検討すると、TG17号窯跡、KM28号窯跡出土例などがあげられる。この想定が妥当であるとすると、型式編年上の位置付けはⅡ型式5段階相当となる。

調査者は「この土器は昭和二一年の調査で出土した土器と同じく、陶邑のTK209型式のものである」とされており、ほぼ同じ時期判断をされている⑥。

このⅡ型式5段階の絶対年代との関係では、近似例は兵庫県八鹿町箕谷古墳群二号墳出土例がある。ここでは「戊辰年五月□」と記名された太刀が確認されており、その年代として「五四八年」あるいは「六〇八年」が考えられる。大村敬通氏は、その年代を前者と想定されている⑦。

しかし干支を遡って五四八年とするには、既に想定されている飛鳥寺下層出土須恵器より時期的に遡ることとなり、明らかに後出の当該遺物との比定年代と矛盾することになる。従って筆者は、後者の六〇八年頃相当とする年代が矛盾せず、その想定年代として妥当であると考える。

## 四、被葬者像を求めて

筆者は先に金山古墳の所在する芹生谷地域を寺領としていた龍泉寺の関係について検討した⑧。

とくにそれらから当該金山古墳と蘇我氏の関係氏族との関係について検討した⑧。すなわち『春日大社文書』四五二ノ（4）

「寺田坪付」　　　畠壹

⊓
⊓　貳段　大畠参段⊓　⊔肆段参百歩　⊔田壹⊓
庄垣内貳段伍拾歩　向畠田貳段　坂田澤佰捌拾歩　堂所貳⊓
同垣内佰歩　石並壹段　高田溝口捌拾歩　樋爪田佰捌拾歩
憐（隣カ）内壹段陸拾歩　畠宅東門（田、脱カ）佰捌拾歩　上恵通谷貳段　坂屋柄參佰歩
薦生谷貳段　墓谷壹段　樋小田壹段參佰歩　下上恵通谷弐段
上池田肆段佰貳拾歩　鍛冶小田參段小　門田參段陸拾歩　上中宅内參佰歩
⊔谷肆段　雄上參段　蚜谷漆拾歩　大山田肆段拾歩
高田口壹町

菜鳴澤佰捌拾歩
小口町壱段陸拾歩
北槻本　段参百歩
波頂(須カ)谷佰捌拾歩
於山田壹段捌拾歩
中山玖段貳佰陸拾歩
石井壹段
中津宮捌段百陸ト
椋姉貳段
下温参段貳拾歩
袴谷佰捌拾歩
小蒲　段佰歩
鯉(蝦カ)町壹段
久志良谷壹段
端利壹段佰歩
難苅貳段
梧和貳段
小吹栗毛壹段半
二切貳段
池内壹段大

小山畠肆段陸拾歩
東大切陸段大
梅本伍段参佰歩
田中谷壹段
坂本肆段
箕原伍段貳佰陸拾歩
東爪原参段大
荷生谷佰歩
賢狩参段佰　拾歩
下梅本壹段小
郡田肆段肆拾歩
小池新開佰歩
上毛利貳段
塩谷参段
馬屋尻壹段
水谷貳段佰捌拾歩
荒前貳段
櫛造貳段
三切参段肆拾歩
池尻貳段大

厠角壱段参段(行カ)三佰六十歩
西大(切、脱カ)肆段弐佰歩
高田澤漆段小
梅本脇佰貳拾歩
坂小田壹段貳拾歩
下桶爪壹段佰歩
西爪原壹段貳拾歩
薦生伍段貳佰　拾歩
本参段
柏本参段参佰歩
厠所伍段貳拾歩
大椎谷貳段
倉町貳段
八仁谷貳佰肆拾歩
河邊貳佰陸拾歩
八仁野田貳段
株下参佰歩
在賀松谷流
四切貳段小
川原田一開貳段

堪屋田壹段肆拾歩
南槻本陸段
佐川貳段小
下塩谷参段　　歩
塩本参段参□
窪田陸段佰□拾歩
下池田壹段
上温　段佰陸拾歩
中温貳段参佰歩
神許佰歩
大蒲生壹町貳段
同谷九捌拾歩
橋爪壹段
菜爪漆段
傾田壹段
椋本貳段半
桑原壹段半
一新開貳段
長坂北脇貳段大
二開玖段

胡麻谷壹段小　葛根谷壹段　梅(梅)過谷壹段　行勝谷壹段
呪師谷佰歩　西谷池尻壹段　次ニ新開貳段大　小野新開参町
限北櫻田
凡寺所領山地参佰町
四至　限東檜山領境　限南手懸山領　従河西並大椎桂峯
限西黒田山領白大河　限北坂折小野田
一、塩山(里カ)参百伍拾町海浦等在家人
南限多河
在和泉国日根郡四支
北限郡境
一、山地壹所
在古市郡石川両郡　科長郷
字壷井山　在寺一院　如意寺
四至　限東　春毛谷　南限比女御墓
限西　山口小河　北限赤馬谷
在谷々水田　度々女木谷　仁賀谷　宮(赤カ)毛谷
麻尾谷　葛根谷　九理谷
一、紺口庄水田玖町貳段佰捌拾歩
陸田里貳坪参段捌拾歩　拾壹坪肆段　拾伍坪壹町　参坪陸段佰歩
肆坪伍段　玖坪伍段　拾坪捌段佰捌拾歩　拾陸坪伍段

拾漆坪漆段　貳拾壹坪壹町　貳拾貳坪壹町　貳拾玖坪漆段
木屋戸里伍坪陸段　豊西（下来カ）太尾壹尾　南北拾町

右氏人等謹検案内、件龍泉寺者、是諱孝元年天皇四士従胤大臣宗我宿祢
小治（田、脱）宮御宇世丙辰冬十一月、為天王（皇）鎮護國所建立也、仍以處處領田施入寺家矣、
自（爾、脱カ）以来、為官省符田敢無他妨依本願起請、為次々氏人領掌既経二百余歳矣、而
宗岡公重任公験相傳之理、田地掌勤行寺務、加寺家修造并四毎月佛聖燈油之
勤元懈怠、而間以去廿一日夜不慮之外、公重私宅強盗数多来入殺害已畢、随住
宅焼失日、件龍泉寺調度本公験并次第文書等、皆悉以被焼失已畢、仍
為後代、郡内在地司刀（刀禰司）祢證判謹所請如件、早任正道被加暑（署）判、以解、
承和拾壹年拾壹月貳拾陸日　　氏人宗岡

従七位上　宗岡朝臣　在判
従七位上　宗岡朝臣　在判
陰子正六位上　宗岡朝臣　在判
陰子正六位上　宗岡朝臣　在判
散位　宗岡朝臣　在判
視文散位　宗岡朝臣　在判

件龍泉寺氏人公重、年来之間、為及寺領田地領掌謹修
寺務明白也、而間被強盗殺害住宅焼失顕然也、但残
氏人等所觸訴申調度公験次第文書等、如解状實正也、

仍郡内在地刀祢司等加證判、

保證刀祢

陰(蔭)孫藤原朝臣　在判

无位河内國　在判

従八位下宇治連　在判

従八位下出雲連　在判

従八位下出雲連　在判

大祖出曇(雲)連　在判

正六位上河内守　在判

正六位上河内国　在判

正六位上紀朝臣　在判

件氏人等之訴申所々領地、自往古令寺領由

有其聞、仍在廳官人等證判加之、

惣判官代河内　在判

前介菅野　在判

散位高屋宿祢　在判

散位源朝臣　在判

散位源朝臣　在判

目代平朝臣　在判

依有在廳官人等證判、加国判、可寺領也、

守藤原朝臣　在判

『春日大社文書』四五二ノ（4）「寺田坪付帳」の地名は「紺口庄水田等氏人私領家地」である。これらのうち現在残された地名と対照可能な地名を挙げると、現在の富田林市、河内長野市（一部）、河南町に現在見られる地名と照合可能な例が比較的多いということが分かる。

一方「薦生谷、薦生」あるいは「荷生谷」は「芹生谷、芹生」の可能性が高いと考えられる。なお現存する文書は写本（案文）であり、「薦」「荷」と「芹」はともに部首や文字の形状が近似しており、誤写の可能性が十分ある。とくに芹生谷地域に隣接する馬谷はコマタニすなわち、ここに見える「胡麻谷」であることは注目される。

ところで「芹生」については『荘園誌料』⑨の河内国石川郡に所在する荘園の一つとして、次のような指摘がある。「芹生荘　嘉保二年の記文に見えて、勝林院領なり、今郡中に芹生谷村あり、蓋し是なり」とある。即ち『中右記』⑩に「嘉保二年七月十二日、午時許参大殿、云々、被仰云、勝林院領芹生荘、在大原中□、近日□事。……（略）」とあることを徴証としてあげられる。しかしそれには「在大原中□とあり、明らかに河内には所在しない地名であることがわかる。

なお「芹生谷」には全国的に見ても希少な双円墳の金山古墳が所在しており、地域の名称に白木（シラキ）がみられる。この「白木」は新羅に通じる可能性があり、その故地である韓国慶州市には金山古墳と同様な双円墳が多く所在することもまったく無関係とはいえないだろう。

また「墓谷」は文字通り、墳墓のある谷という意味と考えて大過ない。さらに憶測をたくましくすると、その墓谷は龍泉寺を支えた氏族に関連する墳墓の集中する谷と考えるのが自然であろう。

すなわち氏寺が祖先供養の施設であるとすれば、その氏族系譜に連なる墳墓と寺院の関連は十分考えられ、その一つとして領地が視界に入っていることも重要と考える。

このことは同じ石川郡に所在する新堂廃寺とお亀石古墳の関係を見るまでもなく、両者が地理的にも大きく離れているものではなく、指呼の距離あるいは眺望が十分に可能であるということが必要条件であろう。とくに石川東岸地域で、かつ龍泉寺の位置する嶽山東斜面から望める地域もその条件に入れて考える必要があろう。

ちなみに龍泉寺は、推古天皇四年に創建されたとされる寺院で、『上宮太子拾遺記』に引用される元興寺縁起に「四年丙辰、冬十一月。法興寺造竟。則以大臣男善徳信豊浦大臣是也拝寺司是日恵慈聡二僧。始住於法興寺。是年島大臣私起龍泉寺於石川神名傍山、為禅行之院」とある寺院である。

## 五、蘇我氏の本貫地は

蘇我氏の本貫地あるいは本拠地については大きく三説がある。佐伯有清氏⑪によると、

(一) 後の大和国高市郡蘇我の地で『紀氏家牒』⑫に「蘇我石河宿禰、大倭国高市県蘇我里に家ス。故に名づけて蘇我石河宿禰と云ふ。蘇我臣、川辺臣の祖なり」とあることによっている。

(二) 後の河内国石川郡、は『日本三代実録』⑬元慶元年十二月廿七日癸巳条に基づくものである。

(三) 葛城郡の地とするのは、『日本書紀』⑭推古天皇三十二年十月条に「葛城県は、元臣が本居なり。故、其の県に因りて姓名を為せり」とあることに基づくものである。

これらのうち筆者は(二)に注目する。すなわち『日本三代実録』元慶元年十二月廿七日癸巳条に「右京人前長門守従五位下石川朝臣木村、散位正六位上箭口朝臣岑業、改石川箭口、並賜姓宗岳朝臣、木村言、始祖大臣武内宿祢男宗我石川生於河内國石川別業。故以石川爲名。賜宗我大家爲居、因賜姓宗我宿祢。浄

御原天皇十三年賜姓。以先祖之名爲子孫之姓。不避諱。詔許之」とある。

この記事は蘇我氏の出自系譜が示されているものとして夙に注目されてきた。

すなわち右京に住居を構える人、前長門守従五位下石川朝臣木村と散位正六位上箭口朝臣岑業は、その姓を石川箭口と改め、さらに宗岳朝臣を賜ったとするもので、それらの賜姓記事に続いて、木村が蘇我石川氏の本貫について言上した事が見える。

それは「始祖大臣武内宿祢男宗我石川生於河内國石川別業。故以石川爲名。賜宗我大家爲居、因賜姓宗我宿祢」とある。始祖の大臣武内宿祢の子孫である宗我石川は河内國石川別業で出生した、ゆえに石川を名乗ったが、後に宗我大家を住まいとした事から、姓の宗我宿祢を賜ったとある。

やがて天武天皇十三年には、石川朝臣を賜姓されたという。すなわちこの記事から蘇我氏の本来の本貫地が河内石川に求められる根拠とされるものである。

ところで『新撰姓氏録』⑮によると「石川朝臣、孝元天皇の皇子、彦太忍信命の後なり。日本紀に合へり」とある。佐伯有清氏は「石川の氏名は、後の河内国石川郡の地名にもとづく」とされる。また石川朝臣と同一系譜に連なる氏族としては、左京皇別に山口朝臣、桜井朝臣、紀朝臣、林朝臣、生江朝臣、箭口朝臣、右京皇別に八多朝臣、巨勢朝臣、紀朝臣、平群朝臣、高向朝臣、田中朝臣、小治田朝臣、川辺朝臣、岸田朝臣、久米朝臣、御炊朝臣、玉手朝臣、掃守朝臣などが見られる。

ところで、『紀氏家牒』には「系図に伝へて曰く、蘇我稲目宿祢は、蘇我石河宿祢の玄孫、満智宿祢の曽孫、馬背宿祢（亦高麗宿祢と云う）の子」とある。

『古事記』⑯孝元天皇段に「……、次に蘇賀石河宿禰は蘇我臣、川邊臣、田中臣、高向臣、治田臣、櫻井臣、岸田臣等の祖なり。……」とある。この記事は蘇我石河氏の系譜に連なる氏族名を記述したもので、このほかの波多八代宿禰、巨勢小柄宿禰などとともに建内宿禰の後裔とされている。

『古事記』に見える蘇我臣、川邊臣、田中臣、高向臣、治田臣、櫻井臣、岸田臣の各氏族について『新撰姓氏録』に以下の記載がある。

・左京皇別上

石川朝臣

　孝元天皇皇子彦太忍信命之後也。日本紀合。

田口朝信

　石川朝臣同祖。武内宿禰大臣之後也。編蝠臣。豊御食炊屋姫天皇諡推古。御世。家於大和國高市郡田口村。仍号田口臣。日本紀漏。

櫻井朝臣

　石川朝臣同祖。蘇我石川宿禰四世孫稲目大臣之後也。日本紀合。

紀朝臣

　石川朝臣同祖。建内宿禰男紀角宿禰之後也。

角朝臣

　紀朝臣同祖。紀角宿禰之後也。日本紀合。

坂本朝臣

　紀朝臣同祖。紀角宿禰男白城宿禰之後也。

林朝臣

　石川朝臣同祖。武内宿禰之後也。日本紀合。

雀部朝臣

　巨勢恩同祖。武内宿禰後也。星河建彦宿祢。謚応神御世。代於皇太子大鷦鷯尊。繫木綿。襷。

生江朝臣
　掌堅監御膳。因賜名曰大雀部朝臣。日本紀合。
布師首
　石川朝臣同祖。武内宿禰之後也。日本紀漏。
箭口朝臣
　生江朝臣同祖。武内宿禰之後也。
　宗我石川宿禰四世孫稲目宿禰之後也。
・右京皇別
八多朝臣
　石川朝臣同祖。武内宿禰命之後也。日本紀合。
巨勢朝臣
　石川同祖。巨勢雄柄宿禰之後也。日本紀合。
紀朝臣
　石川朝臣同氏。屋主忍雄建猪心命後也。日本紀合。
平群朝臣
　石川朝臣同氏。武内宿禰男平群都久宿祢後也。日本紀合。
平群文室朝臣
　同都久宿祢後也。日本紀漏。
都保朝臣
　平群朝臣道祖。都久宿祢後也。

高向朝臣
石川同氏。武内宿禰六世孫猪子臣之後也。日本紀合。
田中朝臣
武内宿禰五世孫稲目宿禰之後也。日本紀合。
(小)治田朝臣
同上。日本紀合。
川邊朝臣
武内宿禰四世孫宗我宿禰之後也。日本紀合。
岸田朝臣
武内宿禰五世孫稲目宿禰之後也。男小祚臣孫耳高。家居岸田村。因岸田臣號。日本紀合。
久米朝臣
武内宿禰五世孫稲目宿禰之後也。日本紀合。
御炊朝臣
武内宿禰六世孫宗我馬背宿祢後也。日本紀漏。
玉手朝臣
同宿祢男葛木曾頭日古命後也。日本紀合。
掃守田首
武内宿禰男紀都奴宿祢後也。

・山城国皇別

的臣

与殿連
石川朝臣同祖。彦太忍信命三世孫葛城襲津彦命後也。
塩屋連同祖、彦太忍信命後也。
日佐
紀朝臣同祖。武内宿禰後也。欽明天皇御世。率同族四人。国民卅五人帰化。天皇矜其遠来。勅珍勲臣。為卅九人之譯。時人號曰譯氏。男諸石臣。次麻奈臣。是近江国野洲郡日佐。山代相楽郡日佐。大和国添上郡日佐等也。

・大和国皇別
星川朝臣
石川朝臣同祖。武内宿禰之後也。敏達天皇御世。依居改賜姓星川臣。日本紀合。
江沼臣
石川同氏。武内宿禰男若子宿祢後也。日本紀漏。
内臣
孝元天皇皇子彦太忍信命之後也。
山臣
内臣同祖。味内宿祢之後也。
阿祇臣
玉手朝臣同祖。彦太忍信命孫。武内宿禰之後也
日佐
紀朝臣同祖。武内宿禰後也。

池後臣
武内宿禰後也。日本紀漏。
巨勢椨田臣
巨勢椨田朝臣同祖。武内宿禰後也。
・摂津国皇別
雀部朝臣
巨勢恩同祖。武内宿禰後也。
坂本臣
紀朝臣同祖。彦太忍信命孫。建内宿禰命之後也。
・河内國皇別
道守朝臣
波太朝臣同祖。武内宿禰之男八多八代宿禰之後也。日本紀合。
山口朝臣
道守朝臣同祖。武内宿禰後也。続日本紀合。
林朝臣
同上。
道守臣
道守朝臣同祖。武内宿禰之男波多八代宿禰之後也。
的臣
道守朝臣同祖。武内宿禰之男葛木曾都比古命之後也。

塩屋連　同上。日本紀漏。
小家連　塩屋連同祖。武内宿禰之男葛木襲津彦命後也。
原井連　同上。続日本紀漏。
早良臣　平群臣同祖。武内宿禰之男平群都久宿禰之後也。
布忍首　的臣同祖。武内宿禰後也。日本紀漏。
額田首　早良臣同祖。平群木兎宿禰之後也。……（略）
・和泉国皇別
坂本朝臣　紀朝臣同祖。武内宿禰之男紀角宿禰之後也。男城城宿禰三世孫建日臣。因居賜姓坂本臣。日本紀合
的臣　坂本朝臣同祖。建内宿禰男葛木襲津彦命之後也。
紀辛梶臣　武内宿禰之男紀角宿禰之後也。天智庚午年。依居大家。負大宅臣姓。

掃守田首　　武内宿禰之男紀角宿禰之後也。

丈部首　　同上。

とある。これらを整理すると以下の如くとなろう。

まず武内宿禰に連なる系譜では、「武内宿禰六世孫」、「武内宿禰五世孫」、「武内宿禰之男」、「武内宿禰之後也」、「建内宿禰男」とある。

また「石川朝臣同祖」「紀朝臣同祖」など同祖という表現が見られる。

本稿で対象とする「石川朝臣同祖」「石川朝臣同氏」では、左京皇別では田口朝信ほか五氏に加えて箭口朝臣「宗我石川宿禰四世孫稲目宿禰之後也」がいる。一方、「紀朝臣」については、さらに紀角宿禰之後也」という表記があり、石川氏とは別系統の氏族であることが分かる。また「蘇我石川宿禰四世孫稲目大臣之後也」とある「櫻井朝臣、箭口朝臣、田中朝臣、(小)治田朝臣、岸田朝臣、久米田朝臣」は、さらに近い関係氏族ということになろう。

また「田口朝信」については、「石川朝臣同祖。武内宿禰大臣之後也。編蝠臣。豊御食炊屋姫天皇謚推古。御世。家於大和國高市郡田口村。仍号田口臣」とあり「因居賜姓」と彼らの姓は基本的に居住地によって定められたものであることが分かる。さらに「孝元天皇皇子彦太忍信命之後也」とある氏族も広義の同系氏族として含めてよいだろう。

右京皇別では、「石川朝臣同祖」で、八多朝臣など二氏、さらに「石川朝臣同氏」が、紀朝臣など三氏が見られる。さらに「武内宿禰五世孫稲目宿禰之後也」とあるのが、田中朝臣など四氏、さらに「武内宿禰六世孫猪子臣之後也」「武内宿禰六世孫宗我馬背宿祢後」などがある。

山城国皇別では、「石川朝臣同祖」で的臣が見られるが、さらに彦太忍信命三世孫葛城襲津彦命後」とあり、狭義の蘇我系氏族とするには問題があろう。

さらに大和国皇別で「石川朝臣同祖」で星川朝臣、「石川同氏」で江沼臣の名がそれぞれ見える。紀朝臣同祖で「日佐氏」、摂津国皇別では坂本臣が「紀朝臣同祖」とある。

なお河内国、和泉国皇別では坂本朝臣が「紀朝臣同祖武内宿禰」に連なる系譜はみられるものの、「石川朝臣同祖」「石川朝臣同氏」あるいは「宗我石川宿禰四世孫稲目宿禰之後」などの、蘇我氏系に連なる系譜関係の表記は認められない。

これらから推定するに河内を本貫としていた石川朝臣系の氏族の多くは、「因居賜姓」として、大和地域に居を移しており、彼らの姓は基本的に河内石川地域から移動した後のものではないかと考えられる。『日本三代実録』元慶元年十二月廿七日癸巳条に「右京人前長門守従五位下石川朝臣木村、散位正六位上箭口朝臣岑業、改石川箭口、並賜姓宗岳朝臣、木村言、始祖大臣武内宿祢男宗我石川生於河内國石川別業。故以石川爲名。賜宗我大家爲居、因賜姓宗我宿祢。浄御原天皇十三年賜姓。以先祖之名爲子孫之姓。不避諱。□詔許之」とあり、蘇我氏河内石川本貫説の有力なよりどころとされるものである。ところで当該石川朝臣と同一系譜に連なる氏族として『新撰姓氏録』には、田口朝臣、櫻井朝臣、紀朝臣、林朝臣、生江朝臣、箭口朝臣、川辺朝臣などが挙げられる。

すなわち当該金山古墳に近接して見られるのは川辺であり、この点から見ると川辺氏がもっとも近接して居住していた可能性がある。

ところで、川辺氏は、『日本書紀』には川邉臣として、欽明二三年是月条に川邉臣瓊缶、推古二十六年条、同三十一年条（闕名）、推古三十一年条（川辺臣禰受）、舒明即位前紀条、（闕名）、大化二年条（川辺臣百枝）、（川辺臣磐管）、（川辺臣湯麻呂）、白雉五年条（川辺臣麻呂）、天武十年条（川辺臣子首）らが見える。

図3　蘇我氏系図

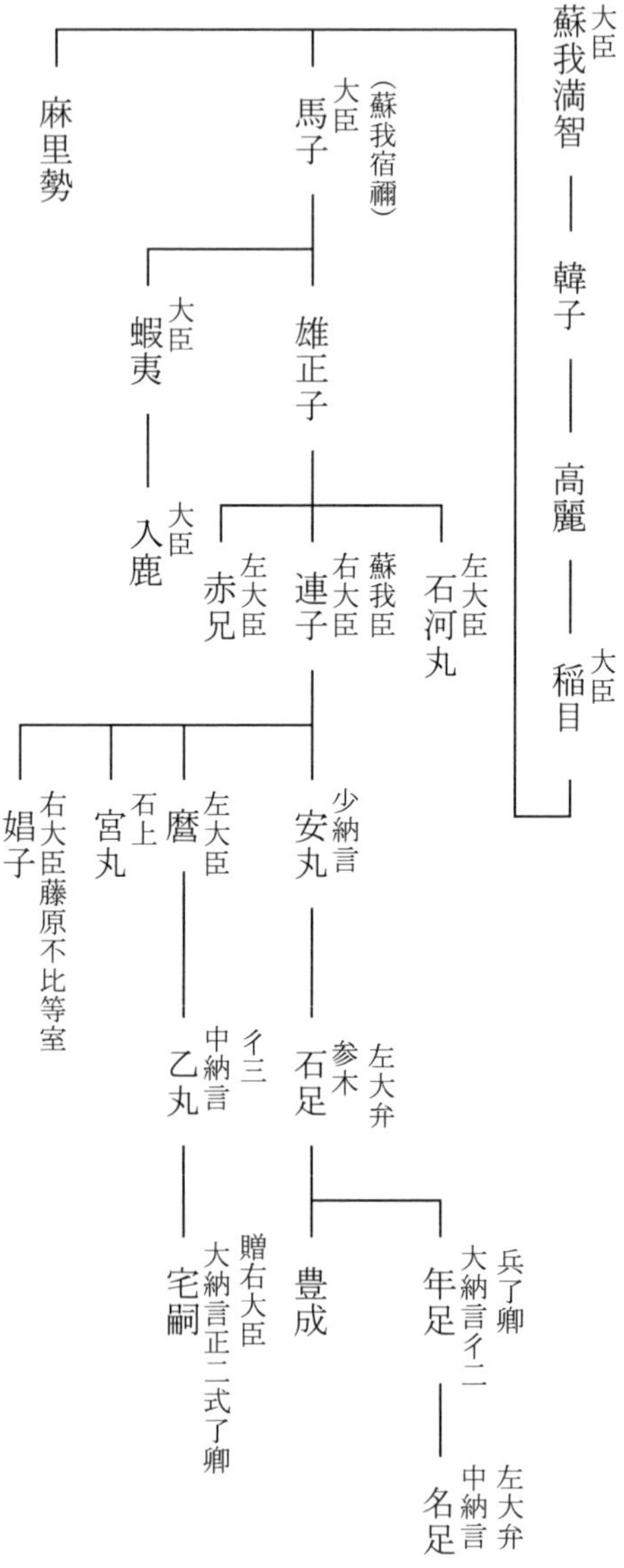


さらに『続日本紀』には宝亀元年八月条に川辺朝臣乙麻呂、和銅元年条には川辺朝臣母加、養老七年条には川辺朝臣智麻呂がそれぞれ見える。

## むすびにかえて

以上、二度にわたる調査で得られた須恵器について検討した。とくにこれら須恵器が葬儀儀礼に伴うものと考えて大過ない。しかし調査の成果から見ると、二度にわたる調査で出土した須恵器は、これらの葬送儀礼の各段階に伴うものと考えられる。

なお前後の葬送儀礼の行なわれた年代として、当該石室内から出土した須恵器が重要な判断資料となる。その須恵器の検討から、年代としては七世紀初頭とすることが妥当であるという結論を得るに至った。

このことは金山古墳の被葬者像を考える上で、きわめて重要である。さらに金山古墳所在地周辺が蘇我氏の氏寺である龍泉寺の寺領であったことを考え合わせると、その被葬者像は蘇我（石川）系一族ということになり、いっそう明らかになってくる。

本稿では、金山古墳の被葬者として、近接する川辺氏に関連する人物とした。しかし具体的な人物の特定には至らなかった。

註

＊1　報告書で報告されている遺物は地元の小学校で保管されていたが、須恵器についてはまったく見られず、その行方も不明であり、再検討することはかなわなかった。従って本稿では実測図からの検討結果ということになる。

＊2　葬送儀礼に伴って使用された須恵器は、他の同時期の横穴式石室からの出土例を見ても比較的多い。すなわち当該報告にあるのみの物量ではないことが十分想定される。また石棺内ではなく、外部から採集されているのも、それら須恵器が副葬品ではなく儀礼に伴う祭具であった、あるいは供物の容器であったことを物語っている。

＊3　葬送儀礼に伴って使用された須恵器は、それらの儀礼が終了した段階で廃棄されるのが通例である。それらは一括して埋葬施設内の片隅に片付けられる。それらの廃棄品の置き場所は、少なくとも埋葬場所の近接部に求められる。しかし、多くの類例から見て、それが先行して行われた埋葬部分より奥に、その置き場所が求められることは極めて少ないと考える。

〈参考・引用文献〉
① 小林行雄ほか「金山古墳および大藪古墳の調査」『大阪府文化財調査報告書』第2輯、大阪府教育委員会、一九五三年。
② 赤井毅彦「金山古墳の発掘調査成果」『金山古墳をめぐる諸問題』河南町教育委員会、一九九六年。赤井毅彦「金山古墳の発掘調査現地説明会資料」河南町教育委員会、一九九六年。
③ 大阪府教育委員会『一須賀古墳群資料目録』土器編（実測図）、一九九二年。
④ 中村浩ほか『陶邑』Ⅰ、大阪府文化財調査報告書第28輯、大阪府教育委員会、一九七六年。
⑤ 中村浩ほか『陶邑』Ⅱ、大阪府文化財調査報告書第29輯、大阪府教育委員会、一九七七年。
⑥ 白石耕治・松村まゆみ、乾哲也『陶邑古窯址群―谷山池地区の調査―』和泉丘陵内遺跡発掘調査報告書Ⅳ、和泉丘陵内遺跡調査会、一九九二年。
⑦ 大村敬通「兵庫県箕谷古墳群」『月刊文化財』二五五、文化庁文化財保護部、一九八四年。
⑧ 中村浩「河内竜泉寺坪付帳案文について」二〇一二年、『須恵器から見た被葬者像の研究』芙蓉書房出版、二〇一二年。
⑨『中右記』一、『続史料大成』九、臨川書店、二〇〇一年。
⑩ 清水正健編『荘園誌料』角川書店、一九六五年。
⑪ 佐伯有清『新撰姓氏録の研究』考証編四、吉川弘文館、一九八一年。
⑫ 田中卓「『紀氏家牒』について」『日本国家の成立と諸氏族』田中卓著作集2、国書刊行会、一九八六年。
⑬『訓読日本三代実録』臨川書店、一九八六年。
⑭『日本書紀』日本古典文学大系68、岩波書店1、一九六五年。
⑮ 佐伯有清『新撰姓氏録の研究』本文編、吉川弘文館一九八一年。
⑯『古事記・先代舊事本紀・神道五部書』『国史大系　新訂増補』第七巻、一九九八年。

# 『春日大社文書』から見た龍泉寺について

## はじめに

龍泉寺は、寺伝によると推古天皇四年蘇我馬子が勅命を受けて創建したのが始まりである。その年代の真偽はともあれ、発掘調査の成果からは少なくとも奈良前期には瓦葺きの堂舎伽藍が整備されていたと考えられる①。

文献史料からの寺史解明についての手掛かりは、奈良春日大社に伝来、保存されてきた龍泉寺関連文書(『春日大社文書』四五二号文書)にある②。これらの文書について、『春日大社文書』四五二号の掲載順位枝番号(1)から(4)として表記して検討を加えることとする。

すなわち「龍泉寺氏人等解申重河内國前並在廳官人御證判事」(以下四五二ノ(1)と略記する。以下同じ)、「河内國石川東條龍泉寺氏人并司三綱等検注當寺經論佛像堂舎佛具種々寺財寶物所領田薗等之實録、安置流記帳事」(四五二ノ(2))「河内國石川郡龍泉寺氏人等謹申請郡内在地刀祢司證判事」(四五二ノ

（3））と、「寺田坪付帳断簡」（四五二ノ（4））の各案文あるいは写しの四通の文書である。
これらは、いずれも『春日大社文書』として公刊されている。さらに四五二ノ（1）については『平安遺文』に八五五号文書「龍泉寺氏人等解案」として収録されている③。また、かつて福島好和氏によってこれら文書についての検討も行われてきた④。しかし、これら一連の文書のうち「寺田坪付帳断簡」（四五二ノ（4））については前半部分を失っていることから十分な検討考察が行われているとは言いがたい。

当該文書類は、龍泉寺の寺史解明には不可欠な資料であるといえる。従って本稿では、これら文書（四五二ノ（1）から（4）について、若干の検討・考察を加えてみたいと思う。

## 一、龍泉寺文書の構成と成立

### （一）史料の提示

まず論を進める前に、本稿で検討の対象とする史料を掲げておきたい。

・『春日大社文書』四五二ノ（1）

龍泉寺氏人等解申重河内國前並在廳官人御證判事（図1・2）
請被殊蒙　鴻恩、任道理、加判氏人先祖宗我（蘇）大臣建立龍泉寺處處領地參箇處子細愁状
一寺敷地山内參佰町　在河内國石川東條、公驗面載坪々谷々
四至　東限檜山領、南限手懸太輪（嶺カ）
　　　西限里山領、北限坂折小野田
一紺口庄水田等氏人私領家地
在陸田里貳坪肆段　參坪漆段　肆坪伍段　玖坪伍段　拾坪捌段　拾壹坪貳段

拾伍坪壱町　拾陸坪伍段　拾漆坪漆段　弐拾壹坪壹町　貳拾貳坪壹町　弐拾（坪、脱）玖漆段
木屋戸里伍坪漆段　拾弐坪肆段　拾壹（ママ）坪伍段
下尻社里拾玖坪佰捌拾歩　参拾坪弐段　参拾壹坪伍段大　下來堂太尾南北拾町
一山地壱處
在古市郡　石川両郡　科長郷
四至　東限春毛谷、南限比女御墓、并御廳山西小河下太河（ママ）于
西限太口河、北限赤馬谷、并西尾太河于
在谷々水田　度々女（太脱カ）谷、仁（木脱カ）賀谷、宮毛谷
麻尾谷、葛根谷、九埋谷、并西四至内田畠共
右謹検検（案）安内、件虞々領地氏人等先祖宗我大臣所領也。仍自往古于今未無他好（妨）、而以去承和十一年比、氏長者公重不慮之外為強盗殺（被、脱）害、住宅焼亡之次、調度文書等同焼失畢、因之當初残氏人等僧等注子細、以去寛平六年三月五日、國前ニ訴申喉日、任道理虞田地等可（爲、脱）寺國判明白也者、望請早國前并在廳官人任先例理被令加證判給、將仰（者、脱）正道貴、且又後代永為令公験也、仍勤在状、謹所請申如件、

天喜五年四月三日　龍泉寺氏人宗岡公明　在判
権俗別當宗岡朝臣　在判
俗別当散位宗岡公用　在判
惣判官代河内　在判
前介苽野　在判

件氏人等之訴申所々領地、自往古今寺領由其有聞、仍在廳官人等加證判之、

依有在廳官人等證判、加　國判、可寺領也、

散位現朝臣　在判

散位源朝臣　在判

守藤原朝臣在判

・『春日大社文書』四五二ノ（2）（図3・4・5）

河内國石川東條龍泉寺氏人并司三綱等検注當寺經論佛像堂舎佛具種々寺財寶物所領田薗

等之実録、安置流記帳事

一合寺一院

一講堂佛像

薬師佛像七躰　但一躰高七尺　鑄物像五躰

観世音像四躰鑄物像三躰　昌泰元年三躰被盗取畢

四十手観音像一躰高六尺

地蔵菩薩像一躰

四天王像四躰

一金堂佛像

釋迦佛像一躰

弥勒菩薩像三躰　但、鑄物像

一塔本佛像

虚空蔵菩薩二躰　鋳物像、昌泰二年三月被盗畢

一經論章　在目録
一雜物章　在目録
一樂具章
一堂舎章　寛仁四年十二月廿日夜神谷火焼失了
瓦葺三重塔一基
瓦葺金堂一宇
檜皮葺五間一宇　南西庇六丈八尺　弘六丈　高一丈四尺
檜皮葺九間僧坊一宇　長十丈四尺　高一丈二尺
檜皮葺方鐘堂一宇　天禄元年七月三日大風倒之
檜皮葺三間經藏一宇　天禄元年二月八日大風吹倒之
草葺七間僧坊一宇　草葺五間東屋一宇
草葺五間政所屋一宇　草葺瓦木倉一宇
草葺大炊屋一宇　草葺板倉一宇
幡(塔)二基　高五丈五尺
一山内寺所領地參百町
一和泉國塩山參百伍拾町　在日根郡
右件龍泉寺者、宗我大臣之建立也、而調度流記公験等、依本願施主之起請氏之長者領掌、次等相績謹行寺務、自往古干今所相傳也、而不慮之外、以去十一月廿一日夜、氏之長者宗岡公重為強盗(被、脱)殺害私宅燒亡之、件調度文書等皆悉燒失明白也、仍乍驚、残氏人寺院常住所司三綱等於堂前為集會、開堂舎之門戸口等、寶藏開封、而見在可有之数躰佛像經論等財寶

物等為(後、脱)代可令(行)於注安置記如件、
承和十一月年十二月八日

氏人　宗岡　在判
陰(蔭)子　宗岡　在判
散位　宗岡　在判
散位　宗岡　在判
散位　宗岡　在判
寺務常住所司三綱
都維那師僧　在判
五師　僧　在判
五師　僧　在判
小寺主僧　在判
寺主法師　在判
寺主法師　在判
權上座法師　在判
上座大法師　在判

・『春日大社文書』四五二ノ（3）（図6・7）
河内國石川郡龍泉寺氏人等謹申請郡内在地刀祢司證判事
合　在河内國石川郡、
一寺邊敷地山内三百町

四至　東限檜山領、南限手懸太(嶺カ)輪
　　　西限里山領、北限坂折小野田

一紺口庄水田等氏人(私カ)稱領家地

在陸多里貳坪肆段　参坪漆段　肆坪伍段　玖坪伍段　拾坪捌段　拾壹坪貳段

拾伍坪(町カ)壹段　拾陸坪伍段　拾漆坪漆段　弐拾壹坪壱町　貳拾貳坪壹町　貳拾玖坪漆段

木屋戸里伍坪漆段　拾貳坪肆段　拾参坪伍段

下尻社里拾玖坪佰捌拾歩　参拾坪貳段　参拾壹坪五段大　下來堂太(太尾カ)尻南北拾町

山地壹處

在古市郡　石川両郡　科長郷

四至　東限春毛谷、南限比女御墓、并御廳山西小河下太河于(ママ)、
　　　西限太口河、北限赤馬谷、并西尾太河于、

在谷々水田　度々女谷(木、脱カ)　仁賀谷　宮毛谷
　　　麻尾谷、葛根谷、九埋谷、并西四至内田畠共

右謹検　安(案)内、件所々田畠海浦、氏人等之先祖宗我大臣所領也、而為鎮護國家、小治田宮御宇世丙辰冬十一月被建立龍泉寺也、仍以所々領田、為佛取(行カ)聖油并堂舎被壊修理料、施入寺家之後、数百余年之間更無他妨、　而以去承和十一年之比、氏長者公重不慮之外、為強盗被殺害、住宅焼失之次、佛件(件佛)寺調度文(書、脱カ)同焼失畢了、因之、残氏人等注在状、令訴申郡内在地刀祢司之時、仁(任)道理有判證(證判)、但所々寺領等、其数未入記録之紛失状文之内、寺家之大歓尤莫過於斯、望請、早郡内豪村之刀祢并寺住所司三綱等、任實正之理被令證給者、将知正道旨、且又爲令氏之寺財公験也、仍勤在状、氏人等謹言

寛平件六年三月五日

龍泉寺(氏人、脱カ)等宗岡　在判

宗岡　在判

宗岡　在判

俗検校宗岡　在判

権俗別当宗岡　在判

執行俗別当宗岡　在判

氏人等之被訴申事一々明白也、仍寺院所司三綱等加判

僧　在判

僧　在判

都維那師僧　在判

寺主法師　在判

上座大法師　在判

俗證刀祢笠在判

件龍泉寺氏人等之解状、於先例被所々領地等令寺領事顕然也、何(仍)在地刀祢司等加暑(署)名之

紀　在判

井原　在判

舎人　在判

河内　在判

都加判

惣行事河内寺(忌寸)　在判

少行寺河内巳寸(忌)　在判
依有刀祢等之證暑(署)、國加判、可寺領也、
守藤原朝臣　在判

・『春日大社文書』四五二ノ（4）（図7・8・9）

「龍泉寺田坪付」

| | | | |
|---|---|---|---|
| ⊓ | | | ⊔畠壹⊓ |
| ⊓　貳段 | 大畠參⊓ | ⊔肆段参佰歩 | 堂所貳(佰)⊓ |
| 庄垣内貳段伍拾歩 | 向畠田貳段 | 坂田澤佰捌拾歩 | 樋爪田佰捌拾歩 |
| 同垣内佰歩 | 石並壹段 | 高田溝口捌拾歩 | 坂屋柄參佰歩 |
| 憐(隣カ)内壹段陸拾歩 | 畠宅東門(田、脱カ)佰捌拾歩 | 上恵通谷貳段 | 下恵通谷貳段 |
| 薦生谷貳段 | 墓谷壹段 | 樋小田壱段參佰歩 | 土中宅内參佰歩 |
| 上池田肆段佰貳拾歩 | 鍛冶小田參段小 | 門田參段陸拾歩 | 大山田捌段拾歩 |
| ⊔谷肆段 | 雄上參段佰貳拾歩 | 蚖谷柒拾歩 | 高田口壹町 |
| 菜嶋澤佰捌拾歩 | 小山畠肆段陸拾歩 | 廁角壱段參段(行カ)三佰六十歩 | 堪屋田參段肆拾歩 |
| 小口町壹段陸拾歩 | 東大切陸段大 | 西大(切、脱カ)肆段貳佰歩 | 南槻本陸段 |
| 北槻本肆段参佰歩 | 梅本伍段参佰歩 | 高田澤柒段小 | 佐川貳段小 |
| 波頂(須カ)谷佰捌拾歩 | 田中谷壹段 | 梅本脇佰貳拾歩 | 下塩谷参段貳佰歩 |
| 於山田壹段捌拾歩 | 坂本肆段 | 坂小田壹段貳拾歩 | 塩本参段参⊓ |
| 中山玖段貳佰肆拾歩 | 箕原伍段貳佰陸拾歩 | 下桶(橋カ)爪壹段佰歩 | 窪田陸段佰□拾歩 |

石井壹段　東川原参段大　西川原壹段貳拾歩　下池田壹段
中津宮捌段佰陸拾歩　荷生谷佰歩　薦生伍段貳佰伍拾歩　上温伍段佰陸拾歩
椋姉貳段　堅狩参段佰柒拾歩　堪本参段　中温貳段参佰歩
下温参段貳拾歩　下梅本壹段小　柏本参段参佰歩　神許佰歩
袴谷佰捌拾歩　郡田肆段肆拾歩　廁所伍段貳拾歩　大蒲生壹町貳段
小蒲生伍段佰歩　小池新開佰歩　大椎谷貳段　同谷九佰捌拾歩
蟶(蝦カ)町壹段　土毛利貳段　倉町貳段　橋爪壹段
久志良谷壹段　塩谷参段　八仁谷貳佰肆拾歩　菜爪柒段
端利壹段佰歩　鳥屋尻壹段　河邊貳佰陸拾歩　傾田壹段
難苅貳段　水谷貳段佰捌拾歩　八仁野田貳段　椋本貳段半
梧和貳段　荒前貳段　株下参佰歩　桑原壹段半
小吹栗毛壹段半　櫛造貳段　在賀松谷流　一新開貳段
二切貳段小　三切参段肆拾歩　四切貳段小　長坂北脇二段大
池内壹段大　池尻貳段大　川原田一開貳段　二開玖段
胡麻谷壹段小　葛根谷壹段　(栂)梅過谷壹段　仁勝谷壹段
呪師谷佰歩　西谷池尻壹段　次二新開貳段大　小野新開参町
限北櫻田

凡寺所領山地参佰町

四至　限東檜山領境　限南手懸山領　従河西並大椎桂峯
　　　限西黒田山領白大河　限北坂折小野田

一、塩山（里カ）参佰伍拾町海浦等在家人
在和泉国日根郡四支　南限多河
　　　　　　　　　　北限郡境
一、山地壹所
在古市郡石川両郡　科長郷
字壺井山　在寺一院　如意寺
四至　限東　春毛谷　南限比女御墓
　　　限西　山口小河　北限斎馬谷
右谷々水田　度々女（太口大カ）　木谷仁賀谷　宮（赤カ）毛谷
　　　　　　麻尾谷　葛根谷　九理谷
一、紺口庄水田玖町貳段百捌拾歩
陸田里貳坪参段百捌拾歩　拾壹坪肆段　拾伍坪壹町　参坪陸段佰歩
肆坪伍段　玖坪伍段　拾坪捌段佰捌拾歩　拾陸坪伍段
拾漆坪漆段　貳拾壹坪壹町　貳拾貳坪壹町　貳拾玖坪漆段
木屋戸里伍坪陸段　覺西（下來カ）太尾壹尾　南北拾町
右氏人等謹検案内件龍泉寺者是諱孝元年天皇四土従胤大臣宗我宿祢小治（田、脱）宮御宇世丙
辰冬十一月為天（皇）王鎮護國所建立也仍以處處領田施入寺家矣自以（爾、脱カ）来為官省符田敢
無他妨、依本願起請、為次々氏人領掌既経二百余歳矣、而宗岡公重任公験相傳之理、田地
領掌勤行寺務、加寺家修造并四毎月佛聖燈油之勤元懈怠、而間以去廿一日夜不慮之外、公

重私宅強盗数多来入殺害已畢、随住宅燒失日、件龍泉寺調度本公験并次第文書等、皆悉以
被燒失已畢、仍為後代、郡内在地司刀祢（刀祢司）証判謹所請如件早任正道被加暑（署）判以解

承和拾壹年拾壹月貮拾陸日

氏人宗岡

従七位上 宗岡朝臣 在判
従七位上 宗岡朝臣 在判
陰（藤）子正六位上 宗岡朝臣 在判
陰子正六位上 宗岡朝臣 在判
散位 宗岡朝臣 在判
視文散位 宗岡朝臣 在判

件龍泉寺氏人公重年来之間及寺領田地領掌謹修寺務明白也而間被強盗殺害住宅燒失顕然也但残氏人等所觸
訴申調度公験次第文書等如解状實正也仍郡内在地刀祢司等加證判

保證刀祢

陰（藤）孫藤原朝臣 在判
无位河内國 在判
従八位下宇治 在判
従八位下出雲連 在判
大祖出曇（雲）連 在判
正六位上河内守 在判
正六位上紀朝臣 在判

件氏人等之訴申所々領地自往古令寺領由有其聞仍在廳官人等證判加之

惣判官代河内　在判
前介菅野　在判
散位高屋宿祢　在判
散位源朝臣　在判
散位源朝臣　在判
目代平朝臣　在判

依有在廳官人等證判加国判可寺領也
守藤原朝臣

## (二) 文書の構成と成立

これら文書の成立事情については、各文書の中に見られる「去承和十一年比、氏長者公重不慮之外為強盗殺害、住宅焼亡之次、調度文書等同焼失畢、因之當初残氏人等僧等注子細」【『春日大社文書』四五二ノ(1)】(なお四五二号文書は『河内國東條龍泉寺重書案』として四通が示されている。それらを掲載順に(1)、(2)……、とし、これらのみを以下に記述する。)「去廿一日夜不慮之外公重私宅強盗数多来入殺害已畢随住宅焼失日件龍泉寺調度本公験并次第文書等皆悉以被焼失已畢」、【四五二ノ(4)】、而不慮之外、以去十一月廿一日夜、氏之長者宗岡公重為強盗殺害私宅焼亡之、件調度文書等皆悉焼失明白也【四五二ノ(2)】、而以去承和十一年之比、氏長者公重不慮之外、為強盗被殺害、住宅焼失之次、佛件寺調度文同焼失畢了【四五二ノ(3)】とあり、これらから事情が明らかになる。

すなわちそれらを要約すると「氏長者の宗岡公重の私宅が、強盗に襲われて殺害され、さらに居宅も焼失し、家財調度すべてが失われた」という不幸な事件の発生を記録したもので、それぞれの内容は、ほぼ一致している。

この事件によって龍泉寺の維持経営に当たってきた宗岡氏の氏長者公重が殺害されたばかりでなく、その居宅にあった、すべての文書や什物が失われた。このため、この事件が発生した十一月二十一日からまもなくの二十六日には、【四五二ノ（4）】の文書が作成され、氏人六名の連署、在判や関係官人らの署名、在判の上、国守である藤原朝臣に提出されている。すなわち亡失文書の紛失状を提出することによって寺領安堵をはかったのではないかと考えられる。従ってこの最初に作成された文書には藤原朝臣の在判は認められない。

この他「因之當初残氏人等僧等注子細」【四五二ノ（1）】、あるいは「残氏人寺院常住所司三綱等於堂前為集會、開堂舎之門戸口等、寶蔵開封、而見在可有之数躰佛像經論等財寶物等、為代可令於注安置記如件」【四五二ノ（2）】と、失われた文書の復元・対応を図っていることが分かる。

ただしこの文書【四五二ノ（2）】から見る限り、寺の堂舎や宝蔵などの建物自体には被害が及んでいないことを示しており、居宅と寺に一定の距離があったことをしのばせている。

それらの文書の成立年代について、大きな示唆を与える文書がある。すなわちこれらの文書を一括して記載している文書の存在である。

それは『春日大社文書』大東家文書、河内龍泉寺所司愁状案【三二一】⑤である。これによると「興福寺末寺河内國石川東條郡龍泉寺所司等謹解　申請長者宣□」の副進文書として副えられているものである。先の例に従って、煩をいとわず全文を掲げると以下の如くである（図10・11・12）。

・興福寺末寺河内國石川東條郡龍泉寺所司等謹解　申請長者宣□（事カ）

請被殊蒙鴻恩。任流記公験並　度度宣旨・院宣等状、甘南備上郷十六町停止造酒司便補　如本被返付龍泉寺　塔當寺燈油佛聖並本寺(興福寺)所役等無懈怠可令謹任由、裁許子細状

副進

承和十一年十一月廿六日　紛失状案一通
同年十二月八日　流記案一通
寛平六年三月五日　國司免判案一通
天喜五年四月三日　國司免判案一通
嘉保三年五月十二日　官宣旨案一通
永長二年十月三十日　官宣旨案一通
太治四年六月十八日　院宣案一通
同年十月二十二日　院宣案一通
　已上龍泉寺證文案

一　造酒司便補　宣旨案二通内、康和五年六月廿四日 長寛二年十月廿九日

右謹検案内　當寺者宗我大臣草創之靈地、興福寺往古末寺也、而経多星霜之間、寺塔破壊、住僧減少、漸及淩遅之剋、證文焼失之間、承和十一年十一月廿六日立紛失状國司以下在郡司氏人等加判、至寛平六年國司始天致妨之日、以承和紛失状等觸子細之刻、國司重加證判畢、次天喜五年又有國衙妨之日、重請證判畢、已上四百餘歳無異論之間、延久年中國司平重通又致妨之間、応徳年中始天被下　官符宣、如元寺領畢白河院御時、又嘉保三年國司致妨之時、重被下　宣旨畢、堀川院御時同御時永長二年重被下宣旨畢、而其後七箇年至

康和五年、被下造酒使補宣旨、雖経廿七年、依寺家訴訟、大治四年如元可為寺領之由
被下院宣旨畢、(崇德天皇)讃岐院御時 國司猶雖致妨、同年重被下　院宣畢、其後経卅五箇年至長寛二年
又依國司司訴訟、被下便補、宣旨之後、且為遷替所、且依為最少事、干今無指嚴酷御沙汰、
自然送年月、宗我大臣建立以後至御時六百所帯證文者之間、寺家領掌前後都合五百餘歳也、
所帯證文者國判三通、宣旨五通、造酒司所帯證文者便補、宣旨二通許也、計其年序者僅九十餘歳歟
去寛喜元會年之比、自故菩提山(大乗院實尊)御寺務之御時、雖致訴訟、干今不蒙御成敗、已及多年畢、
以前三代寺家満寺集會并衆徒令執申給之處、問答数度程是非顯然、而僧綱御烈參之
時、上仰云、四至内造酒司便補保可進坪付之由被仰出云云、已上九條殿御時御沙汰、雖然云上云御寺
御物忩之間、自然送年月、無極之訴訟也者、望請鴻恩、早任度度　宣下状、如元被返
付龍泉寺、造営寺塔並可令謹仕本寺課役、於造酒米者、任先規可為國司弁備之由、欲
被　仰下、仍粗注進言上如件、

嘉禎四年十一月　日　　龍泉寺所司等

この文書によると、承和十一年十一月廿六日付け紛失状案一通、同年十二月八日付け流記案一通、寛平六年三月五日付け國司免判状案一通、天喜五年四月三日付け國司免判状案一通、嘉保三年五月十二日官宣旨案一通、永長二年十月三十日官宣旨案一通、太治四年六月十八日院宣案一通、同年十月二十二日院宣案一通の八通の案文が残されていたことが判る。

このうちの前半の四通は、既に見た如く案文が残されているが、後半の官宣など四通については、管見を得ないので、検討することは出来ない。

なお当該文書の成立は「嘉禎四年十一月　日」とあり、これをもって全文書の成立年次の下限とするこ

とが出来る。しかし各文書の内容から見て、この時期まで全ての文書に見る記述内容が時期的にこの頃まで下る事はないと考えてよいのではないだろう。

また紺口庄水田等氏人私領家地についてみると、寛平六年（八九四）三月五日付け文書には

紺口庄水田等氏人稱領家地
在陸多里貳坪肆段　参坪漆段　肆坪伍段　玖坪伍段　拾坪捌段　拾壹坪貳段
拾伍坪壹段（町カ）　拾陸坪伍段　拾漆坪漆段　弐拾壹坪壱町　貳拾貳坪壹町　貳拾玖坪漆段
木屋戸里伍坪漆段　拾貳坪肆段　拾参坪伍段
下尻社里拾玖坪佰捌拾歩　参拾坪貳段　参拾壹坪五段大　下來堂太尻（太尾カ）南北拾町

とある。

さらに、天喜五年（一〇五三）四月三日付け文書には

在陸田里貳坪肆段　参坪漆段　肆坪伍段　玖坪伍段　拾坪捌段　拾壹坪貳段
拾伍坪壱町　拾陸坪伍段　拾漆坪漆段　弐拾壹坪壹町　貳拾貳坪壹町　弐拾玖（坪、脱）漆段
木屋戸里伍坪漆段　拾弐坪肆段　拾壹坪（ママ）伍段

とあり、この間の移動は見られない。

とくに不幸な事件発生後まもなく紛失状が作成されたはずであり、さらに続く文書の作成もそれぞれの作成の背景があったと考える。とくに「応徳年中始天被下　官符宣、如元寺領畢、白川院御時」とある記事内容は、「如元寺領畢」とあり、寺領は元の如く安堵されたと考えられる。

ともあれ当該文書は、前半で不幸な事件発生後まもなく紛失状が作成され、以来紆余曲折があったと考えられるが、応徳年中（一〇八四～一〇八七）にはすべて元通りの解決を見たようである。

後半は、興福寺の末寺となっていた龍泉寺がかつて所有していた河内甘南備上郷一六町について造酒司

便補としていたものを停止して、元の龍泉寺領に返し、それを灯油佛料にし、また興福寺の諸役を謹仕させるというものである。

従って、嘉保三年五月十二日　官宣旨案一通、永長二年十月三十日　官宣旨案一通、太治四年六月十八日　院宣案一通、同年十月二十二日　院宣案一通のそれぞれ院宣については、造酒司便補保に関するものと見られる。

ただし文中に見られる文言に「任道理」【四五二ノ（1）】、や「仁道理」【四五二ノ（3）】あるいは「任正道」【四五二ノ（4）】とあり、前二者の「道理」の文言は、鎌倉時代の法令関係の文書に多く用いられている特徴的な表現である。

ここでみられる「道理」の文言の使用は、例えば北條泰時が叔父の重時に当てた貞永元年九月十一日付け消息⑥に「御成敗候べき条々の事注されし候条を、目録となづくべきにて候を、さすがに政の躰をも注載られ候ゆえに、……（略）、…たゞ道理のおすところを被記候者也。……（以下略）」とある⑥。

さらに「関東御成敗式目」⑦第六、三一条、およびその起請文にも「道理」の二字が見られる。

それらの表記文言の問題は別としても、文書そのものに見られる内容の多くはこれら文書が一定の事実の内容の記述を元本として作成、あるいは過去の事実を反映していると考えて大過ないだろう。なお「仁道理」【四五二ノ（3）】とある「仁」は「任」の誤記の可能性もある。ともあれそれらの表記された文言の問題は別としても、文書そのものに見られる内容の多くは、既述の如く一定の事実の内容の記述を元本として作成、あるいは反映していると考えて大過ないだろう。

また『春日大社文書』二三〇の「権大僧都璋園書状」に以下の記載が見られる（図14）。

當寺末寺龍泉寺顚倒領事、

寺家令執孟子御候也、此事不目

令申入給、如元可被返付彼寺
由可被下國司候、昨日上洛候、今
明日可經廻候、其聞必可令申
達給候、恐々謹言
十二月八日　　　　権大僧都璋園
謹上　右中辯殿

とある。内容は末寺龍泉寺の顚倒寺領の回復を氏長者に請うているというものである。作成された年は記されていないが、権大僧都璋園は、貞應二年（一二二三）で五〇歳、維摩會講師となっており、恐らくこの前後頃と見られる。

これによって龍泉寺が大和興福寺の末寺であったことは疑えないが、この後、江戸時代初期の天和四年（一六八三）二月付けの『春日大社文書』一一〇二「興福寺書上」に「惣寺之末寺」として「龍泉寺」の名前が見られる（図15・16・17）。

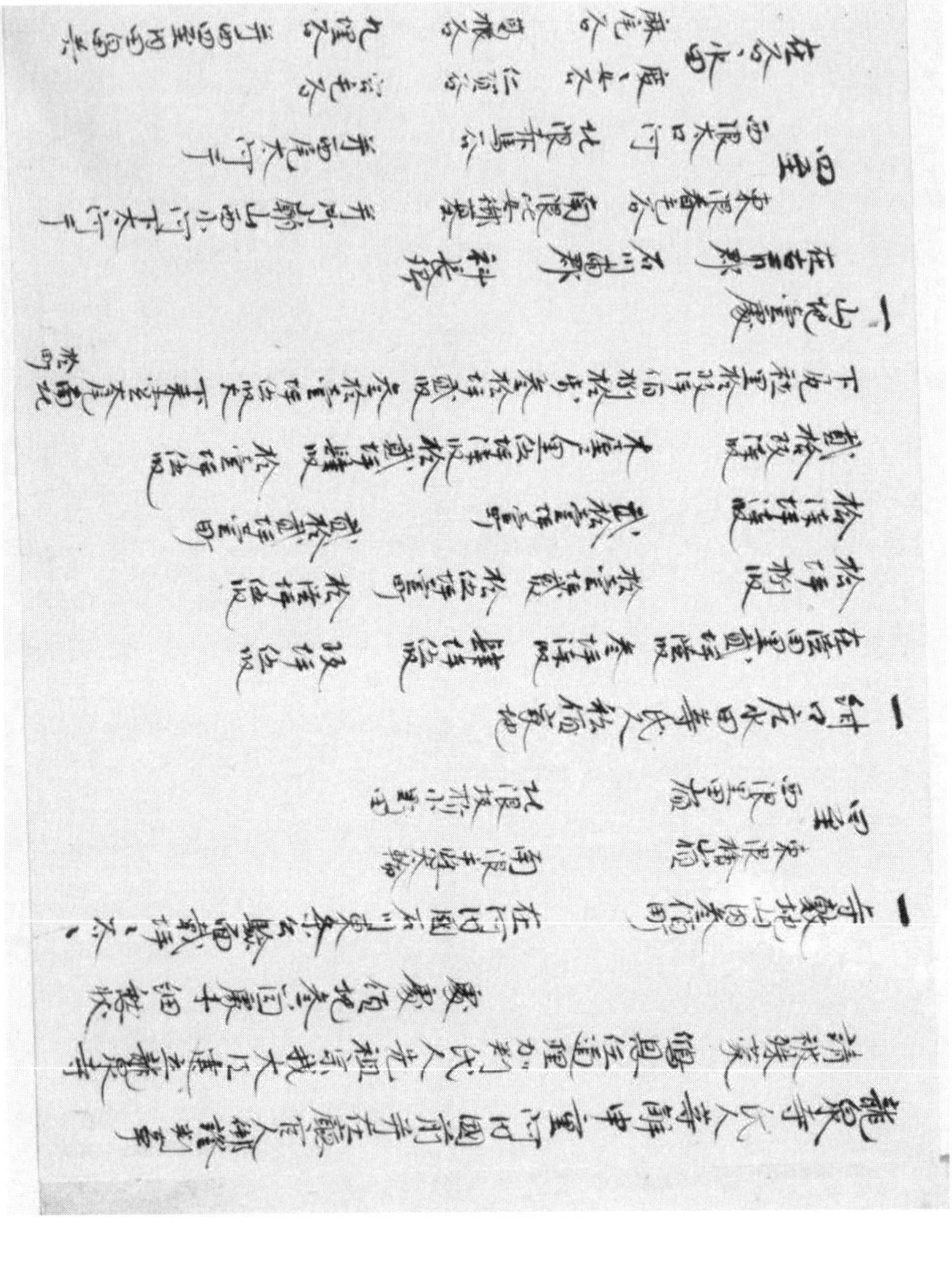

図1 龍泉寺氏人等解申重河内國前並在廳官人御證判事
(『春日大社文書』452－(1)－①)

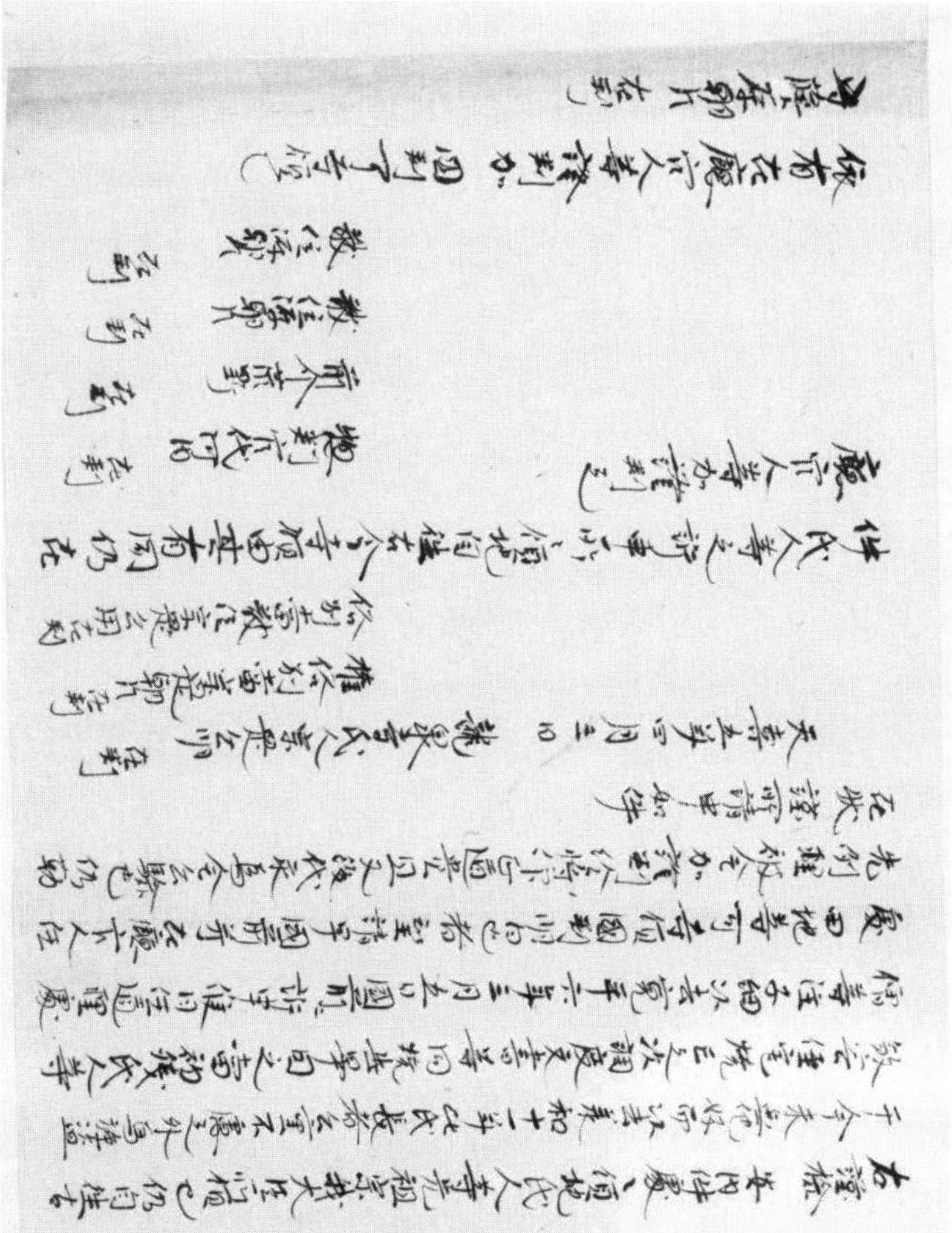

図2 龍泉寺氏人等解申重河内國前並在廳官人御證判事
(『春日大社文書』452－(1)－②)

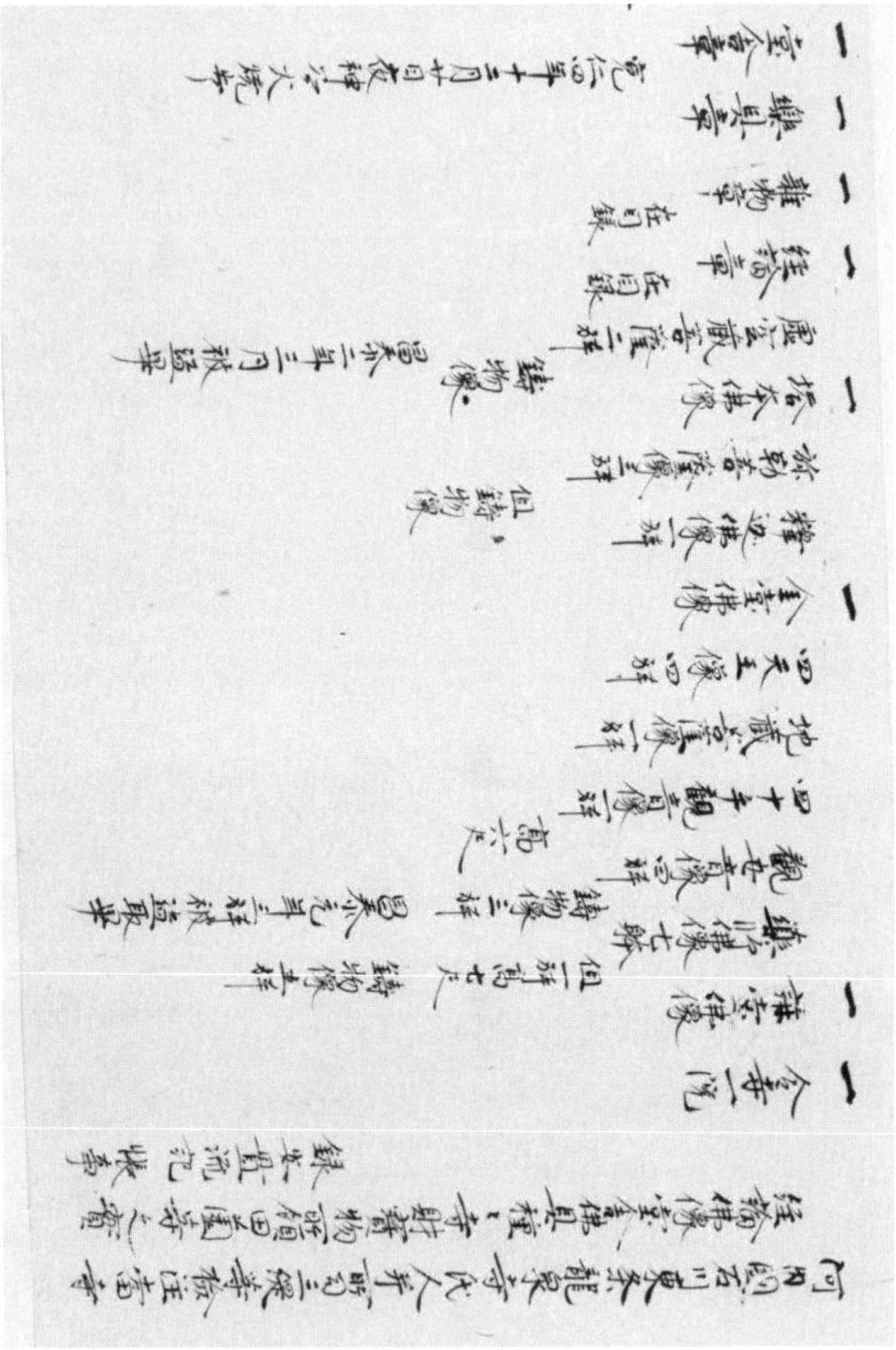

図3 河内國石川東條龍泉寺氏人并司三綱等検注當寺經論佛像堂舎佛具種々寺財寶物所領田薗等之実録、安置流記帳事（『春日大社文書』452－（2）－①）

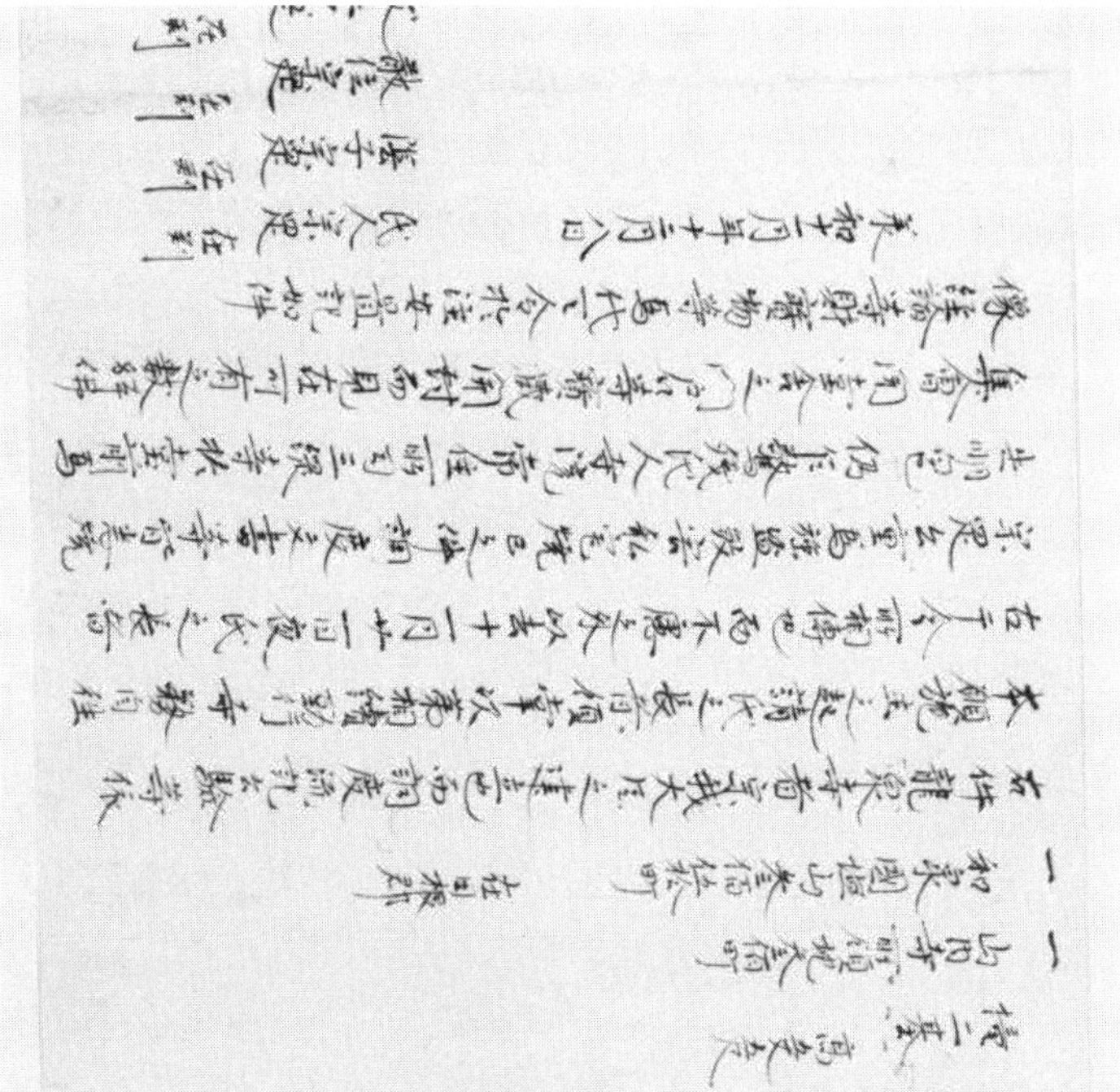

図4 河内國石川東條龍泉寺氏人并司三綱等檢注當寺經論佛像堂舎佛具種々寺財寶物所領田薗等之実録、安置流記帳事
(『春日大社文書』452－(2)－②)

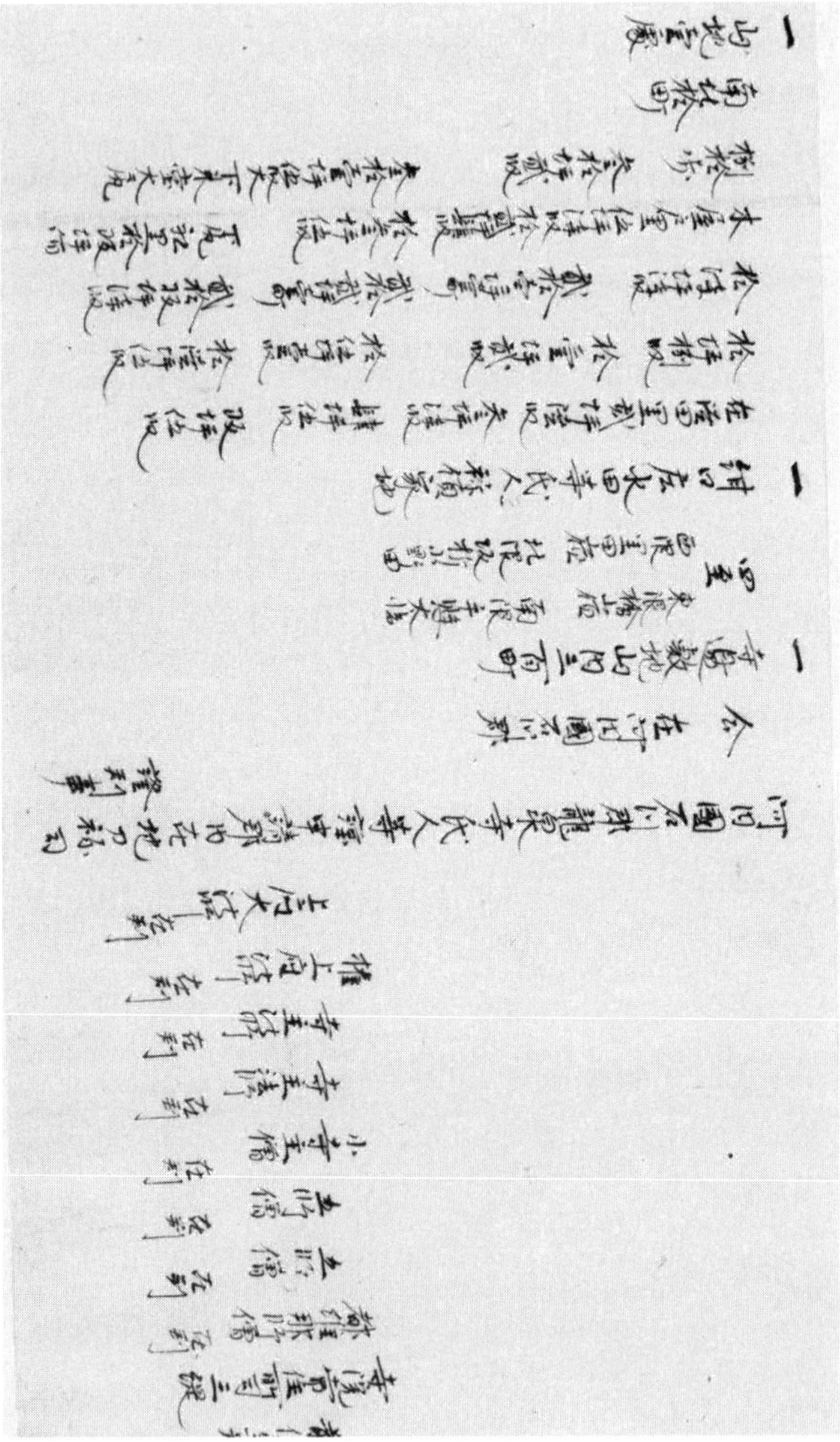

図5 河内國石川東條龍泉寺氏人并司三綱等檢注當寺經論佛像堂舎佛具種々寺財寶物所領田薗等之実録、安置流記帳(『春日大社文書』452−(2)−③)、河内國石川郡龍泉寺氏人等謹申請郡内在地刀祢司證判事(『春日大社文書』452−(3)−①)

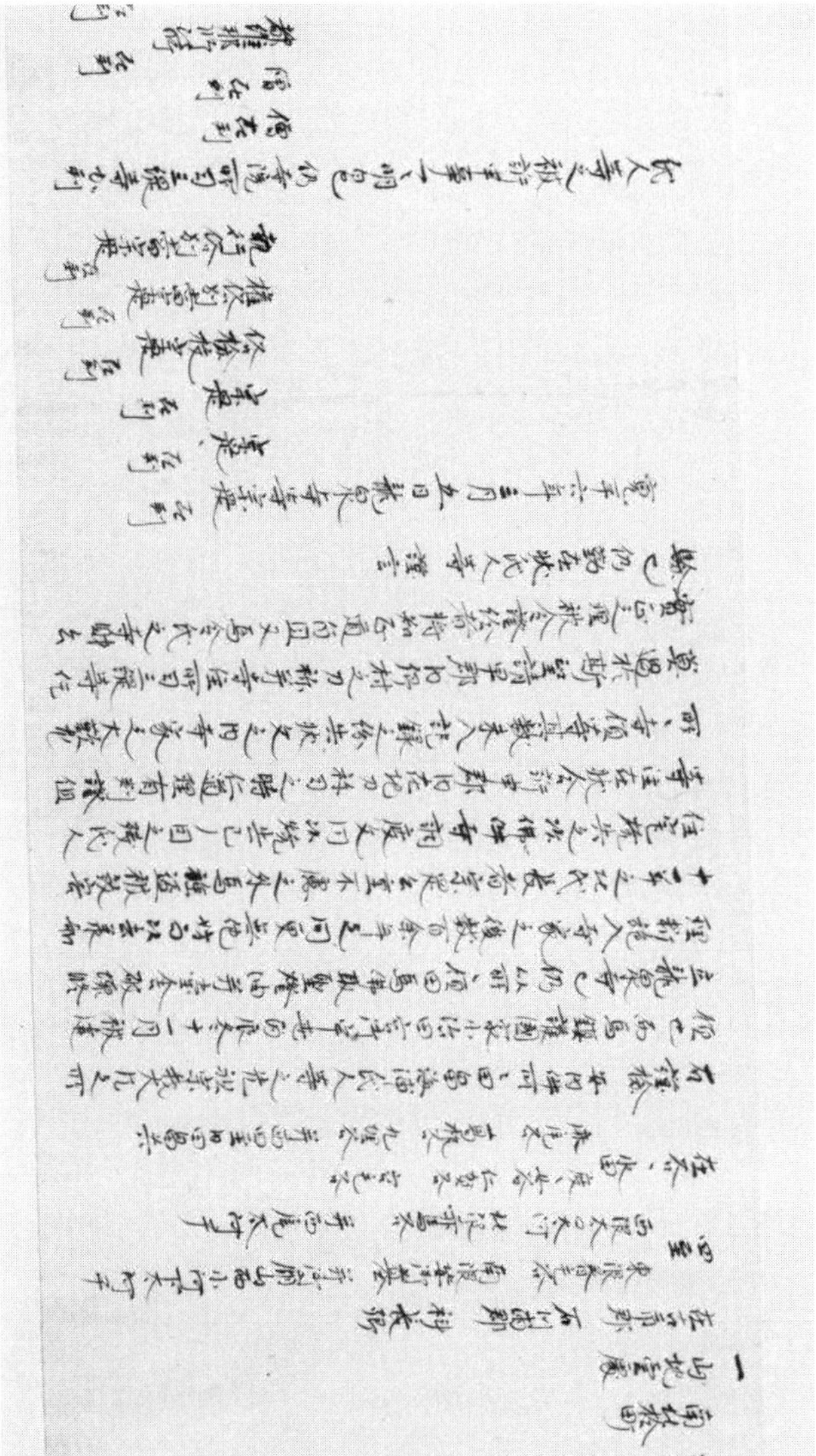

図6 河内國石川東條龍泉寺氏人并司三綱等検注當寺經論佛像堂舎佛具種々寺財寳物所領田薗等之実録、安置流記帳事
（『春日大社文書』452－(3)－②）

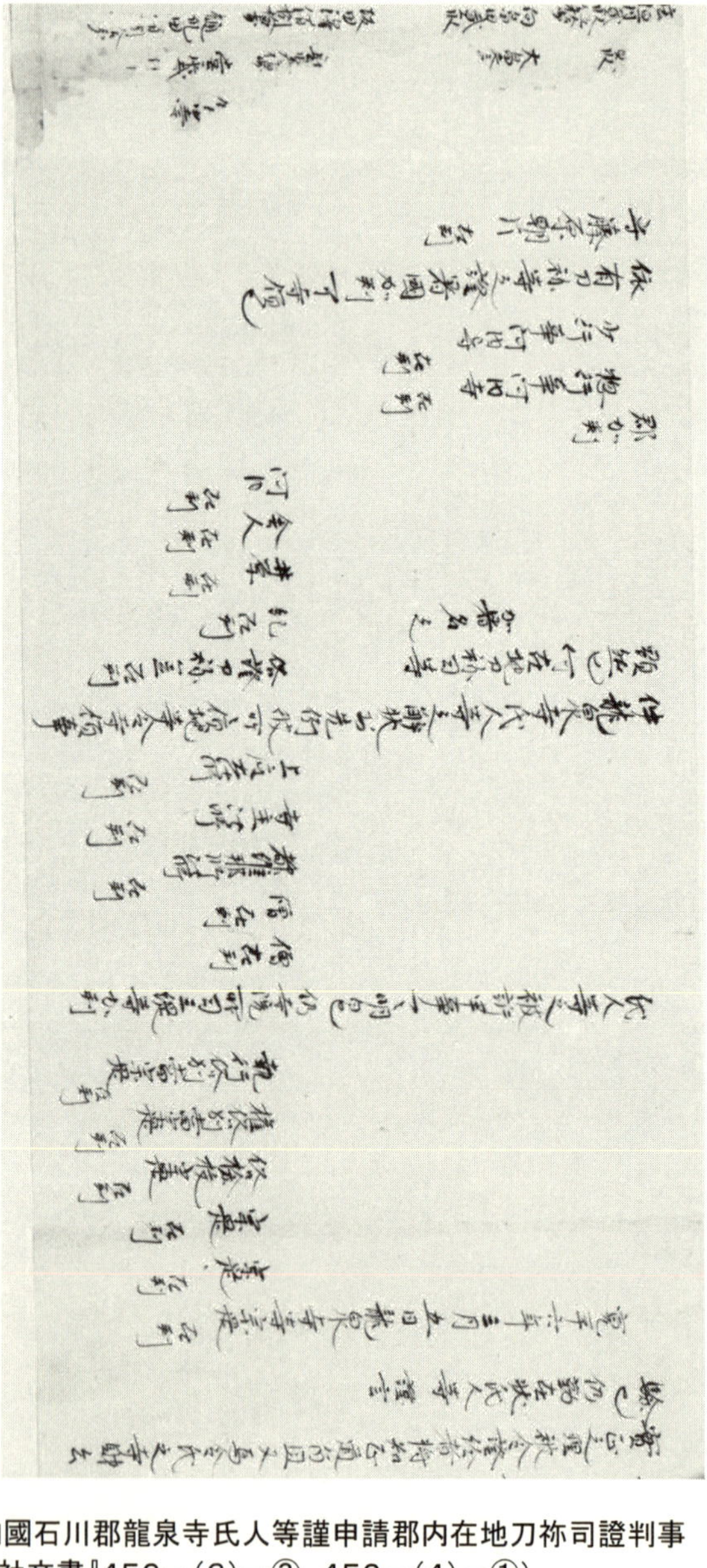

図7　河内國石川郡龍泉寺氏人等謹申請郡内在地刀祢司證判事
(『春日大社文書』452－(3)－③、452－(4)－①)

図8 龍泉寺田坪付(『春日大社文書』452－(4)－②)

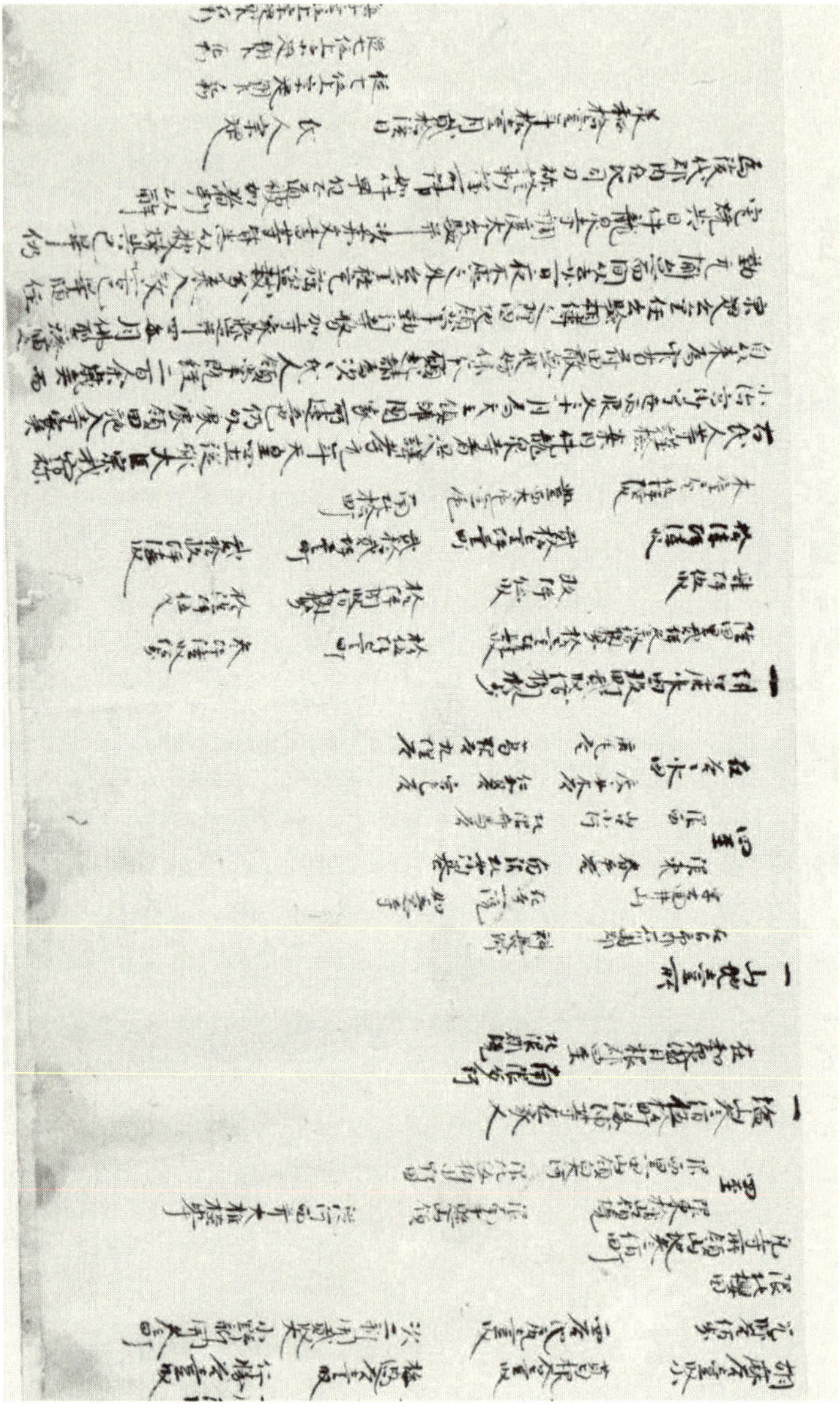

図9　龍泉寺田坪付（『春日大社文書』452－（4）－③）

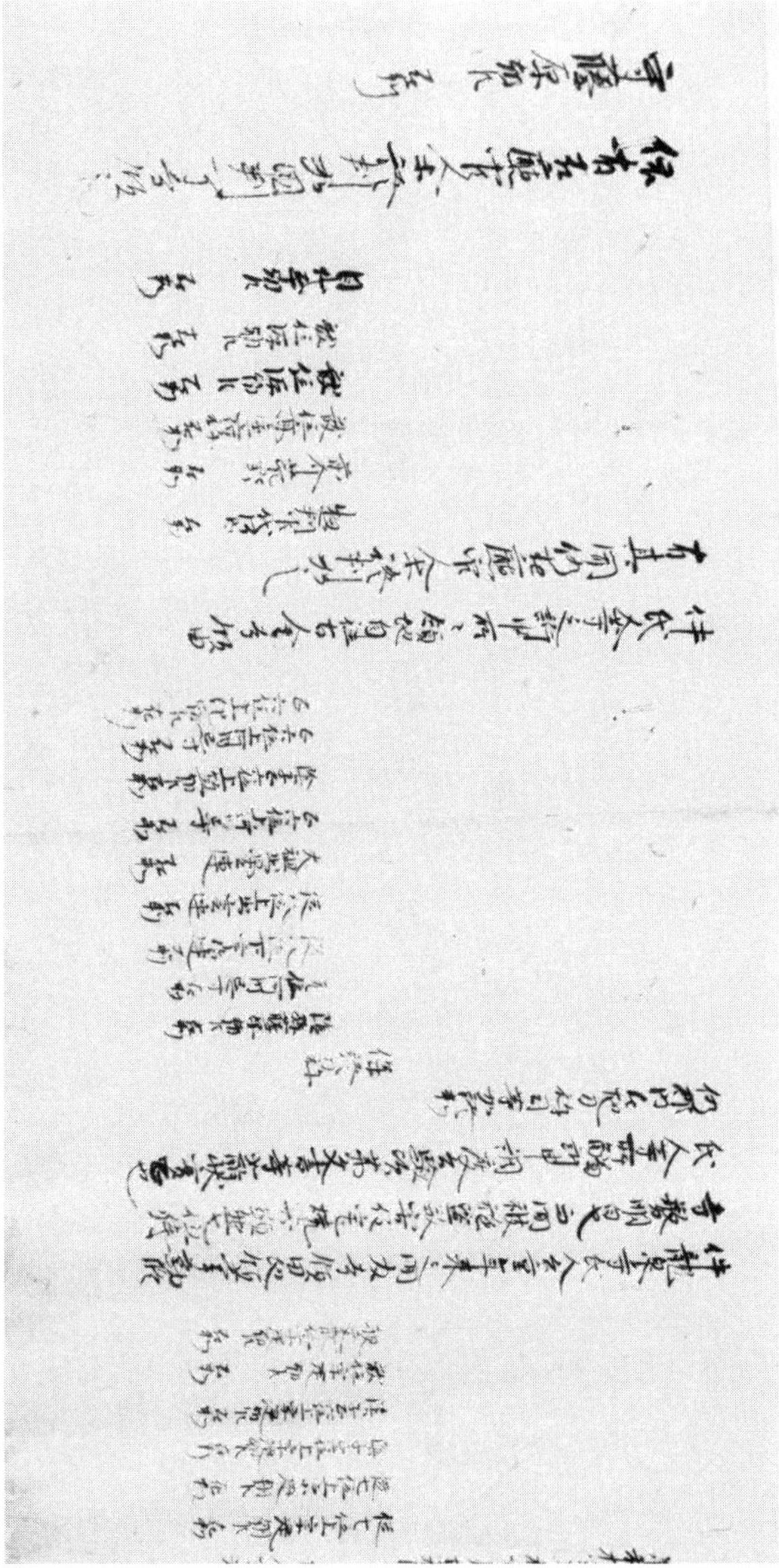

図10 龍泉寺田坪付（『春日大社文書』452－(4)－④）

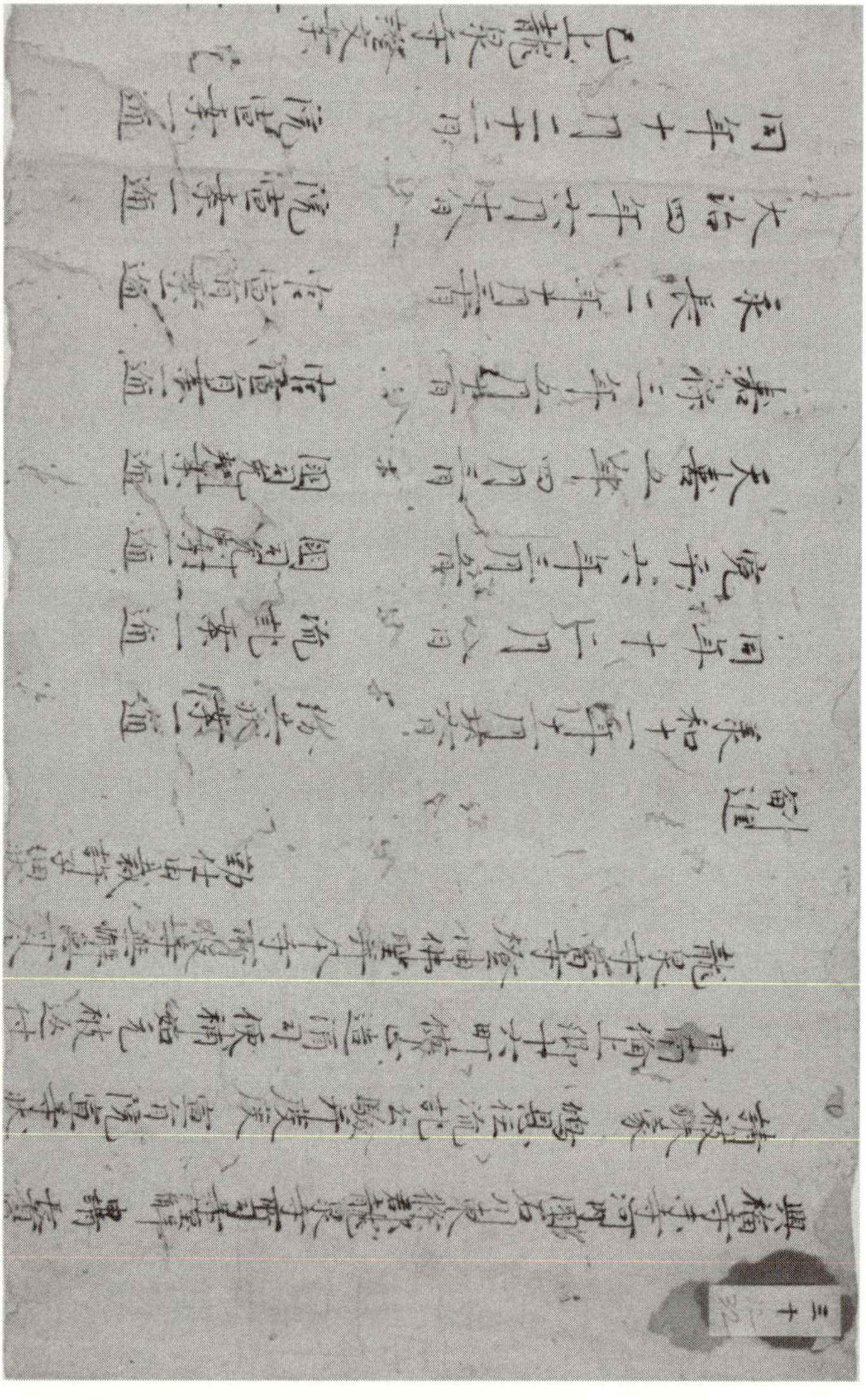

図11 興福寺末寺河内國石川東條郡龍泉寺所司等謹解
(『大東家文書』32－①)

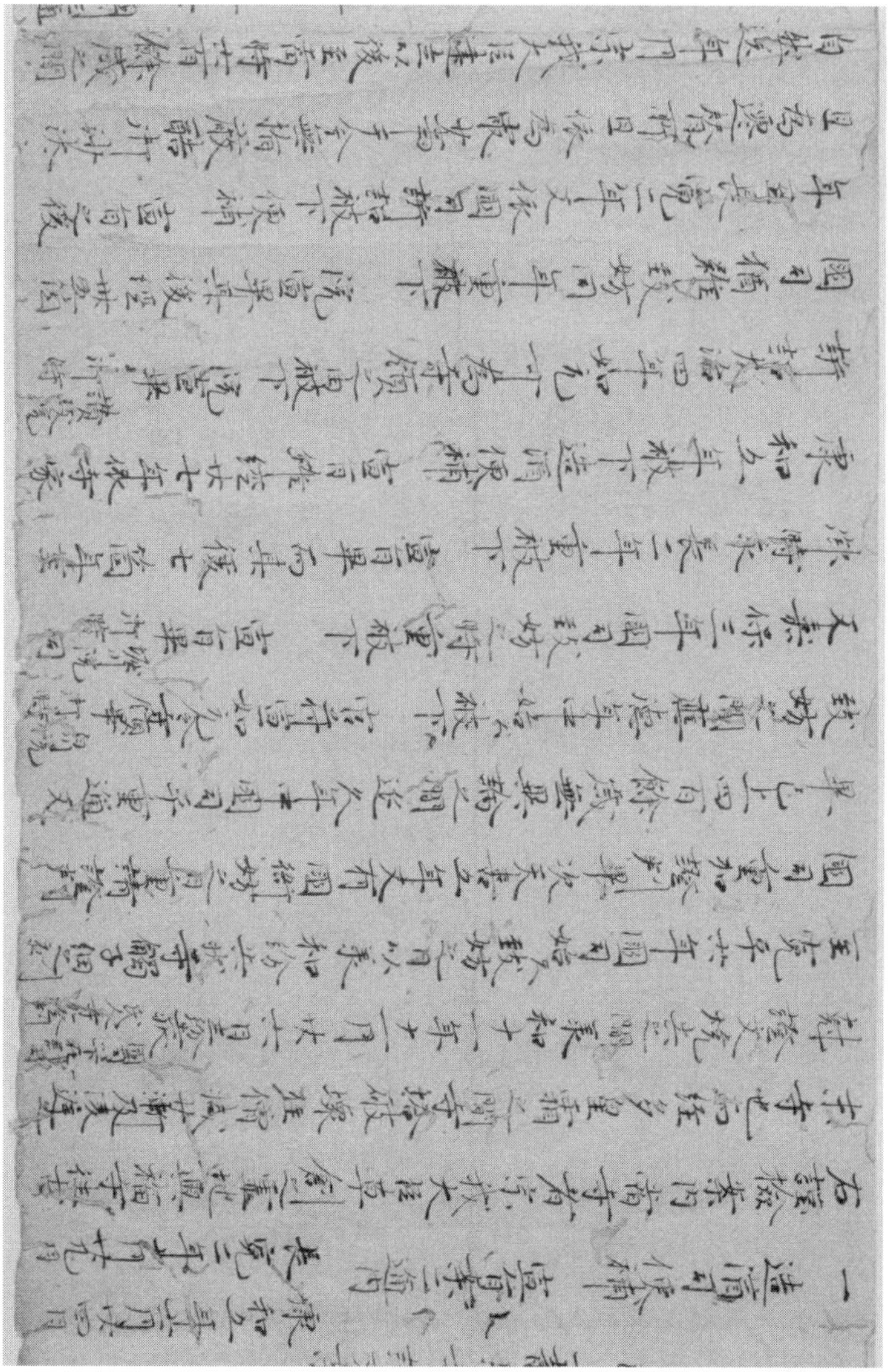

図12 興福寺末寺河内國石川東條郡龍泉寺所司等謹解
(『大東家文書』32－②)

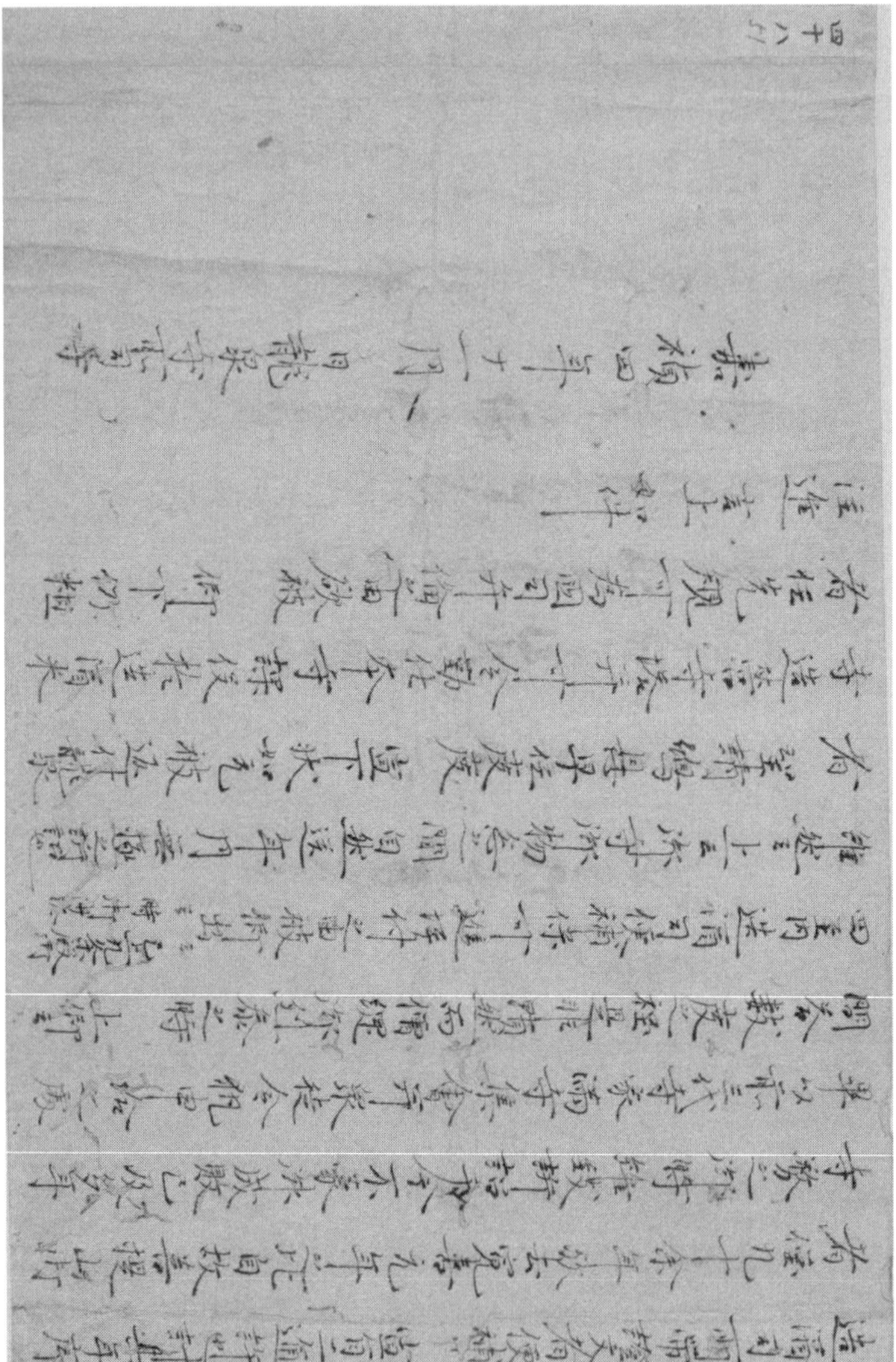

図13 興福寺末寺河内國石川東條郡龍泉寺所司等謹解
(『大東家文書』32－③)

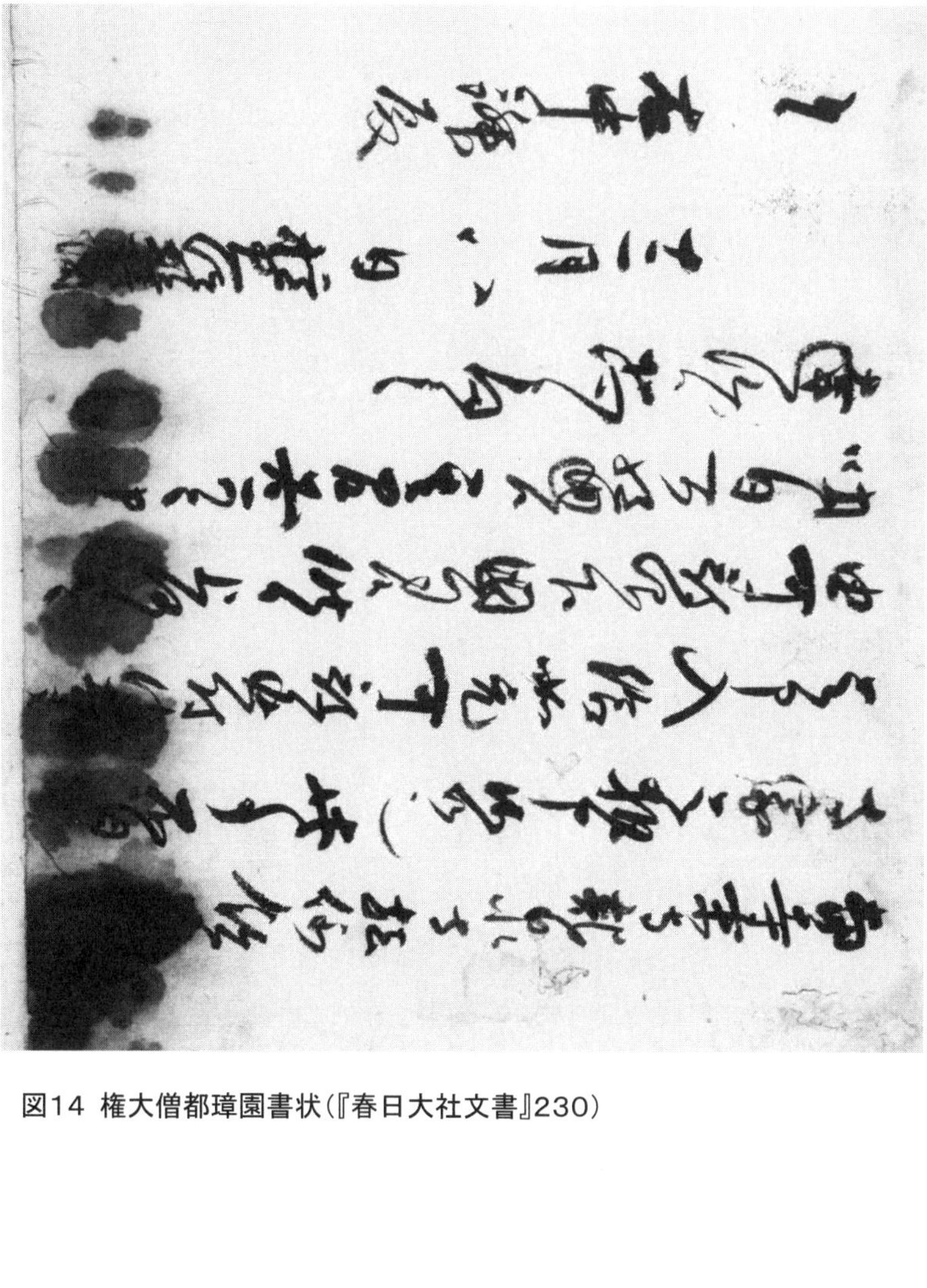

図14 権大僧都璋園書状（『春日大社文書』230）

## 二、河内龍泉寺の伽藍堂舎の状況

『春日大社文書』四五二ノ（2）河内國石川東條龍泉寺氏人并司三綱等檢注當寺經論佛像堂舎佛具種々寺財寶物所領田薗等之實録、安置流記帳事が龍泉寺の現状を記した流記案一通に該当する文書である。

ともあれ、現在内容の全容を知ることが可能な四通についてさらに見ていくことにする。【四五二ノ（1）】に「寛平六年三月五日、國前ニ訴申候」とあり、その際に提出された文書が【四五二ノ（2）】である。これに続いて「件氏人等之訴申所々領地、自往古今寺領由其有聞、仍在廳官人等加證判之」、さらに「依有在廳官人等證判、加　國判、可寺領也」【四五二ノ（1）】として藤原朝臣の在判が認められる。この文書の作成年次として記名されているのが天喜五年四月三日である。

また四五二ノ（2）文書内に、伽藍堂舎について、その倒壊あるいは焼失の原因と年次が記載されている。それらは「薬師佛像七躰鑄物像三躰 昌泰元年三躰被盗取畢」（傍線筆者、以下同じ）」、「虚空蔵菩薩二躰鋳物像、昌泰二年三月被盗畢」、「堂舎章 寛仁四年十二月廿日夜神谷火焼失」、「檜皮葺方鐘堂一宇 天禄元年七月三日大風倒之」、「檜皮葺三間經蔵一宇 天禄元年二月八日大風吹倒之」である。この文書の最後に記名されている作成年次は承和十一月年十二月八日であり、文書内に見られる追記年次はこれより明らかに後出年次であり、本来の文書ではこのような事は生じないはずである。しかし書体から見て明らかに別筆による追記とは見られないことが観察される。

ちなみに伽藍堂舎に発生した追補された出来事を年代順に示すと、昌泰元年（八九八）、昌泰二年三月（八九九）、寛仁四年十二月廿日（一〇九〇）、天禄元年二月八日（九七〇）、天禄元年七月三日（九七〇）となる。このうち天禄元年二月八日の日付について、問題がある。

すなわち『帝王編年記』⑦によると、「天禄三年。安和三年三月廿五日改元。依即位也」とある。この天禄という年号に改元された月日が三月二十五日であり、この元号には天禄元年二月八日は実在しない。すなわちこの年次については後世の作為、あるいは月の部分が四月以降であればまったく問題はない。この場合「二」を「七」などと誤写された可能性もあろう。

いずれにしても、当該部分が原本の文書に追記された部分であり、前後関係から偽文書とするより、後世に何らかの事情により筆写された可能性が高いと考えておきたい。

例えばこの記事内容は年次しか知られていなかったか、あるいは先に見たような書写文字を読み違えた可能性もある。これら追記の筆跡が同じということから、追記年次以降に当該文書が作成されたことは明らかであろう。しかしその元となった文書の制作年代はあくまで、後半に記載されている年次であり、それに当該案文が筆写された時点で明らかになっていた事件とその年次を追記したものが当該文書であると見て大過ないだろう。

これらの一連の文書は、副進文書として付されていることから、案文あるいは原文書の写しと見られる。しかしそれらは私的ないわゆる手控えとしての性格を持つ以上のものではないだろうか。すなわち、いわば準公式文書と考えてよいとのではないだろうか。

福島氏は【四五二ノ（2）】について原文書と思われる承和十一年の資材帳の原型をまったく失ったものでないとされ、その理由として「文書の成立を示す承和十一年の日付を本文末に明記し、各所にその変動を付記追加した」ことをあげられている。さらに「流記資材帳は永久保存の性格を持ち、しかも定額寺等の基本台帳となるものであるから、龍泉寺の場合も、より正確に保存されたもの」と考えられている⑧。

## 三、河内国における龍泉寺領の検討

『観心寺文書』⑨によると龍泉寺に関する記録が以下の如く見られる。

観心寺縁起実録帳

寺壹院　在河内國錦部石川両郡南山中

合　山地千五百町

錦部郡以山中一千町地名仁深野

四至　東限横峯　南限小月見谷

西限紀伊道川並公田　北限龍泉寺地並石川郡堺

石川郡以南山中五百町地名東坂野

四至　東限国見岑　南限上瀧

西限岑　北限石川家井堰

承和三年閏三月十三日　官符

（以下略）

ここでの四至に見る北限に龍泉寺の寺領があり、且つそれが石川・錦部郡を境とある。即ち石川郡と錦部郡の境界が両寺の寺領の境界であることが分かる。また東坂は東阪、国見は国見峠、として現在地名で確認できる地域に比定される。また石川郡東坂領の北限とあるのは地理的な状況からも、その復元が可能である。

さらに「観心寺勘録縁起資材録帳」には次の記載が見られる。

観心寺縁起実録帳

合

寺壹院　在河内國錦部郡南山中

敷地十五町許

四至　東限犬尾瀧　南限谷
　　　西限小仁深谷　北限龍泉寺山

承和三年潤三月十三日官符

（以下略）

先の例に従って現地名と比較すると、小仁深谷は小仁染（鬼住）である。四至の「北限龍泉寺山」とあり、当該文書から観心寺と龍泉寺が隣接していたことがわかる。これらはいずれも承和三年閏三月十三日官符の記載によったもので、石川郡、錦部郡の地域を両寺の寺領が複雑に分布していたことを物語っている。

ところで【四五二ノ（1）】には「河内國石川郡東條龍泉寺」、【四五二ノ（3）】には「河内國石川郡龍泉寺」、【四五二ノ（4）】には「河内國石川郡東條龍泉寺」、【四五二ノ（2）】に「河内國石川東條龍泉寺」、【四五二ノ（4）】には「在古市郡石川両郡」といずれも石川郡についての記述がある。さらに河内龍泉寺所司悠状案【三二二】には「興福寺末寺河内郁國石川東條郡龍泉寺」とある。すなわち既述の文書に見られる東條は、石川郡に属する地名として見られるが、ここでは郡名の一部とされている。『観心寺文書』永万元年十一月二十九日下文案に「下　石川東條御稲田供御人等」とあり、この頃には東條という呼称が用いられている。しかし保元二年二月十三日後白河天皇綸旨案に「石川郡東坂庄、任承和縁起之旨」とあり、ここには東條の文字は見られない。

ところで元慶七年九月十五日付けの『観心寺勘録縁起資材帳』には「石川郡庄八處」として郡内の地名があげられている。それによると「佐備庄、大友庄、新開庄、田舎庄、仲村庄、杜屋庄、切庄山、東坂庄」である。

また『倭名類従抄』⑩では石川郡に「佐備・紺口・新居・雑・大國」の五郷が見られる。このほか先の【四五二ノ（1）】、【四五二ノ（3）】、【四五二ノ（4）】によると石川郡に「山代・波多・科長・餘戸」、錦織郡には「錦部」の地名(郷名)の存在が確認される。

さて『春日大社文書』の龍泉寺関係文書には伽藍堂舎や寺領に関する情報が含まれているが、とりわけ寺領に関しての記録は重要である。

ここに記載されている地名と現在残された地名との比較検討によって、その所在の想定も可能である。河内国石川、錦織両郡における寺領地名から見ることにする。

【四五二ノ(1)】によると「寺敷地山内參百町　在河内國石川郡東條」「紺口庄水田等氏人私領家地」「山地壱處　拾町　在古市郡　石川両郡　科長郷」とある。

同様の記事が【四五二ノ(3)】に見られる。さらに【四五二ノ(4)】の文書に記載された地名と面積は、【四五二ノ(1)(2)】の詳細な内容を示していると考えられる。すなわち【四五二ノ(1)】「紺口庄水田等氏人私領家地」とある部分の坪付け帳が【四五二ノ(4)】に見られる地名であるとみてよいだろう。ここで見る「紺口庄」は、石川郡に属し、現在の富田林市、南河内郡河南町、千早赤阪村の地域に該当する。

『春日大社文書』【四五二ノ(4)】「寺田坪付帳」の地名を抜書きすると次のようになる。これらは既述のごとく紺口庄水田等氏人私領家地である。

これらのうち現在残された地名と対照可能な地名を挙げると、現在の富田林市、河南町に現在見られる地名と照合可能な例が比較的多いということが分かる。

このうち「胡麻谷」は「馬谷」、「庄垣内・同垣内」は「垣内」、「高田溝口」「高田口」「高田」は「高田」、「小山畠」は「神山」、「長坂」は「長坂」はいずれも河南町、「河邊」は「川辺」、「中津宮」は「中津原」、「小吹栗毛」は「小吹」はいずれも現在千早赤阪村、「北脇」は「キタワキ」、「中山」は「中山」、「窪田」は「クボタ」はいずれも現在富田林市にそれぞれ同一の地名が見られる⑪。

一方「薦生谷、薦生」あるいは「荷生谷」は「芹生谷、芹生」の可能性が高いと考えられる。なお現存する文書は写本（案文）であり、「薦」「荷」と「芹」はともに部首が近似しており、誤写の可能性が十分ある。とくに芹生谷地域に隣接する馬谷はコマタニすなわち胡麻谷であることは注目される。

ところで「芹生」については『荘園誌料』⑫の河内国石川郡に所在する荘園の一つとして、次のような指摘がある。「芹生荘　嘉保二年の記文に見えて、勝林院領なり、今郡中に芹生谷村あり、蓋し是なり、」とある。即ち『中右記』⑬に「嘉保二年七月十二日、午時許参大殿、云々、被仰云、勝林院領芹生荘、在大原中□、近日□事。……（略）」とあることを徴証としてあげられる。しかしそれには「在大原中□とあり、明らかに河内には所在しない。なお「芹生谷」には全国的に見ても希少な双円墳の金山古墳⑱が所在しており、地域の名称に白木（シラキ）がみられる。

また「墓谷」は文字通り、墳墓のある谷という意味と考えて大過ないだろう。

さらに憶測をたくましくすると、その墓谷は龍泉寺を支えた氏族に関連する墳墓の集中する谷と考えるのが自然である。同じ石川郡に所在する新堂廃寺とお亀石古墳の関係⑭を見るまでもなく、両者が地理的にも大きく離れているものではなく、指呼の距離あるいは眺望が十分になされる関係にあることが必要である。とくに石川東岸地域で、かつ寺の位置する嶽山東斜面から望める地域もその条件に入れて考える必要があろう。

以上の条件を考慮してみると、近年、大阪府教育委員会によって本格的な調査が行われた近接地域に位置する平石古墳群⑮は、まさにその条件に合致するものであり、先にみた芹生谷に位置する金山古墳⑯もその範疇に入るものである。

なお龍泉寺が大和興福寺の末寺となっていたことは『興福寺末寺帳』⑯に見るばかりではなく、『春日大社文書』一一〇二、「興福寺書上」天和四年（一六八四）にも記載がある（図15・16・17）⑰。

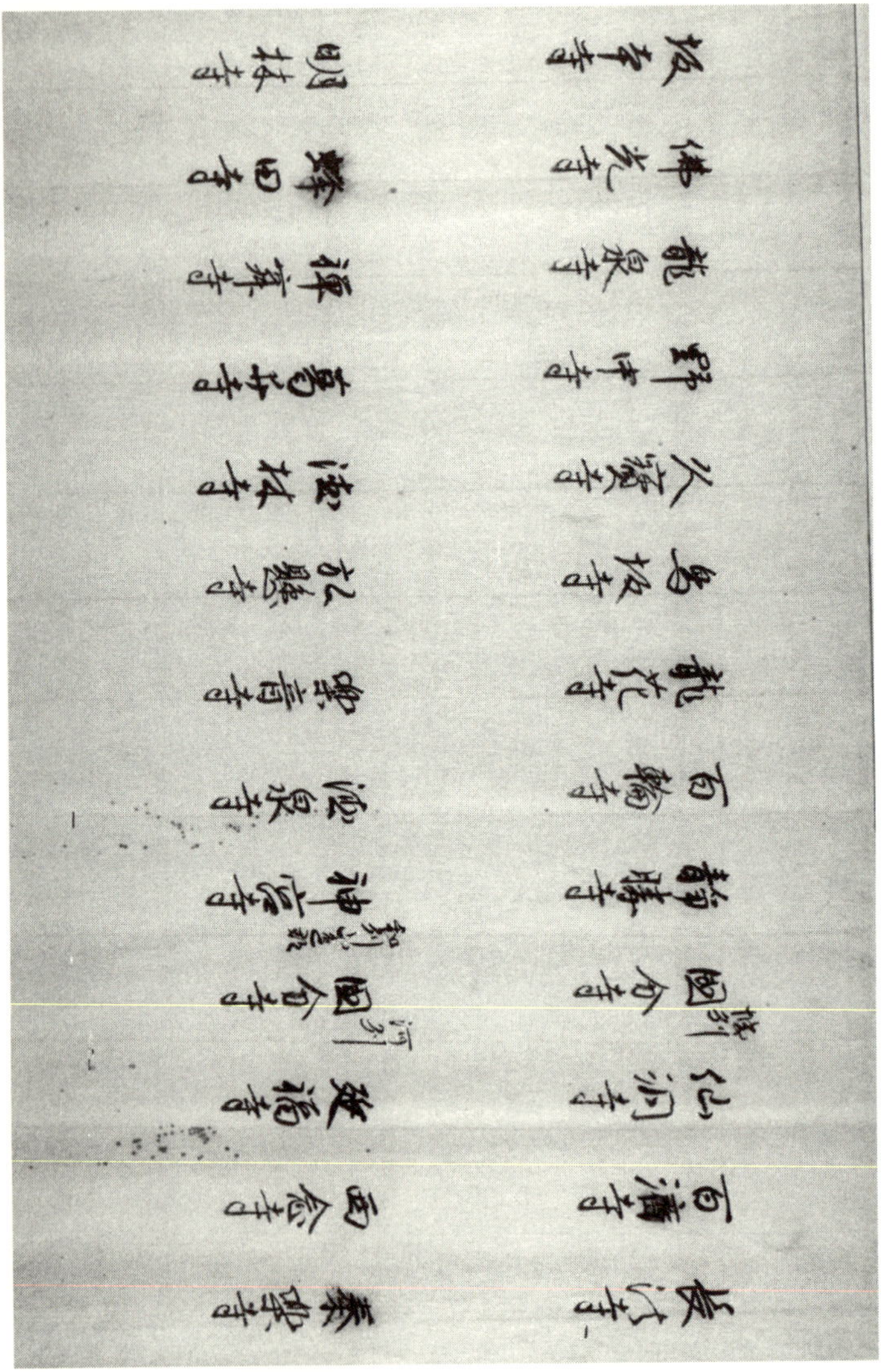

図15 興福寺書上（部分）（『春日大社文書』1102）

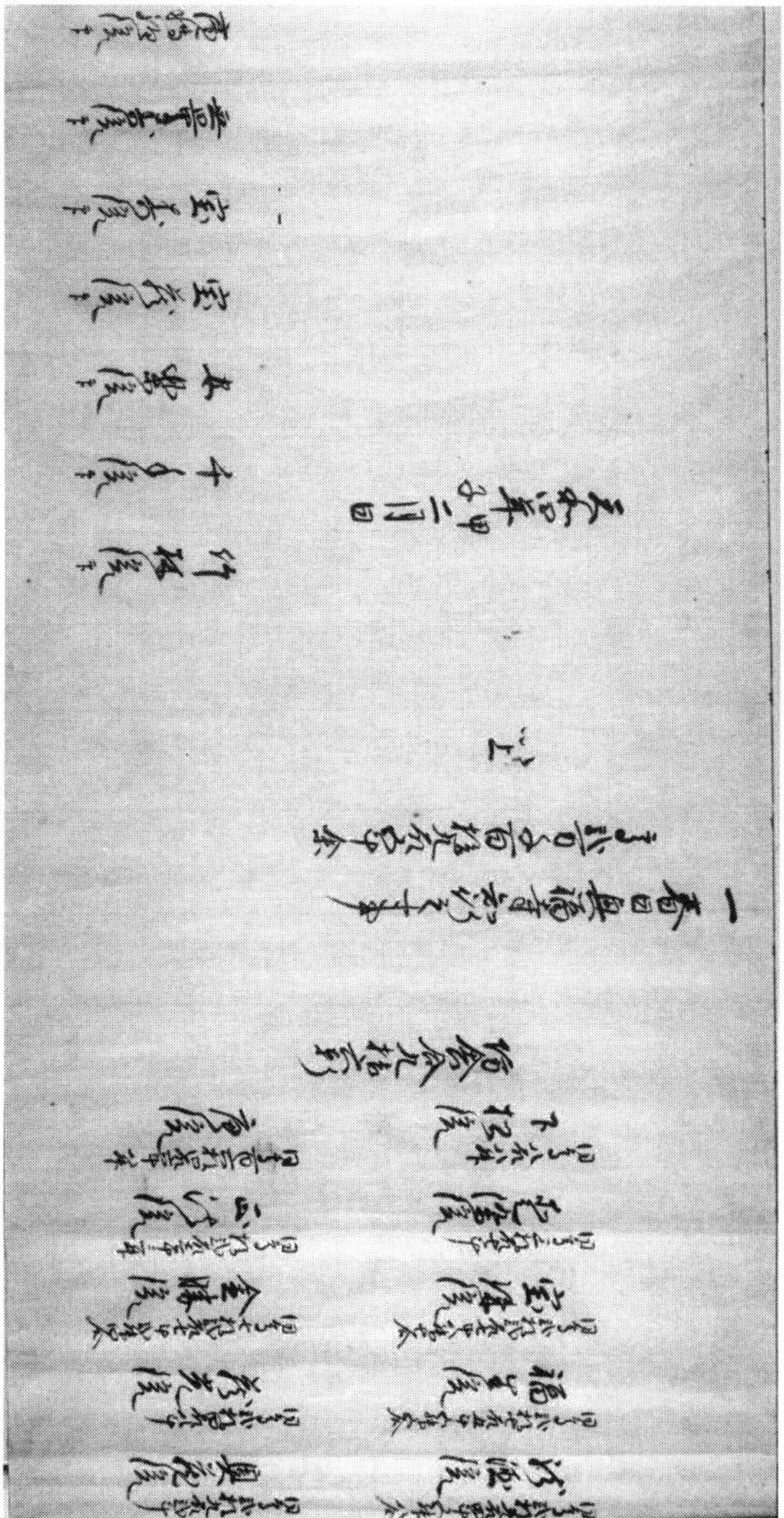

図16 興福寺書上(部分)(『春日大社文書』1102)

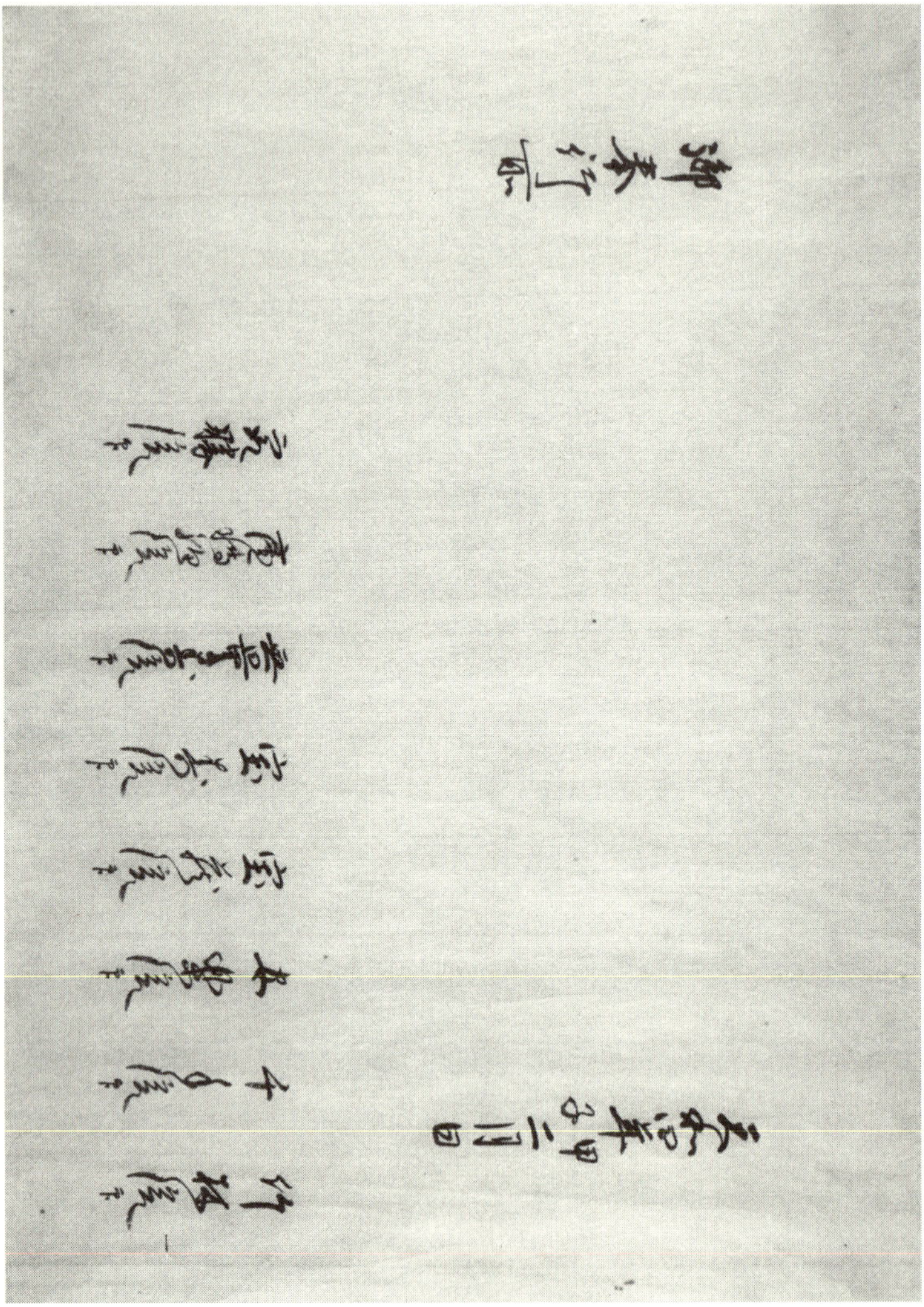

図17 興福寺書上（部分）（『春日大社文書』1102）

（補注・参考文献）

① 中村浩『龍泉寺 - 坊院跡および瓦窯跡の発掘調査報告書―』宗教法人龍泉寺、一九八一年。
中村浩『龍泉寺Ⅱ - 坊院跡および修法跡の発掘調査報告書―』宗教法人龍泉寺、一九八二年。

中村浩『龍泉寺 - 坊院跡および瓦窯跡の発掘調査報告書―』宗教法人龍泉寺、一九九三年。
② 永島福太郎ほか『春日大社文書』第一～五巻、（財）春日顕彰会、一九八〇～一九八五年。
③ 竹内理三『平安遺文』古文書編第三巻、東京堂出版、一九六八年。
④ 福島好和「河内竜泉寺について」『関西学院史学』第十一号、一九六七年。
⑤「河内竜泉寺所司等愁状案」、大東家文書【三三】、永島福太郎ほか『春日大社文書』第五巻、（財）春日顕彰会、一九八五年。
⑥『中世政治思想』上、日本思想大系21、岩波書店、一九七二年。
⑦『帝王編年記』、『国史大系』12、吉川弘文館、一九六五年。
⑧ 福島好和『前掲④書』。
⑨ 東京大学史料編纂所『大日本古文書』家わけ第六、観心寺文書、東京大学出版会一九七〇年。
⑩ 池辺彌『倭名類聚抄郷寝名考証』吉川弘文館、一九八一年。
⑪ 当該文書に見える地名を現在の各地域に残されている地名を比較対照すると次の後藤となる。河南町域に見られる地名としては、「薦生谷、薦生」＝「芹生谷、芹生」、「胡麻谷」＝「馬谷」＝「高麗谷」、「庄垣内・同垣内」＝「垣内」、「高田溝口」「高田口」「高田」＝「高田」、「小山畠」＝「神山」、「長坂」＝「長坂」、千早赤阪村地域の地名として、「河邊」＝「川辺」、「中津宮」＝「中津原」、「小吹栗毛」＝「小吹」、富田林市域では、「北脇」＝「キタワキ」、「中山」＝「中山」、「窪田」＝「クボタ」などで、いずれも龍泉寺に近接する地域である。
⑫ 清水正雄『荘園誌料』角川書店、一九六五年。
⑬『中右記』一、『続史料大成』九、臨川書店、二〇〇一年。
⑭ 富田林市教育委員会『新堂廃寺跡オガンジ池窯跡、お亀石古墳』、文化財調査報告書15、二〇〇三年。

⑮ 枡本哲也編『加納古墳群・平石古墳群』、大阪府教育委員会、二〇〇九年。
⑯『大日本仏教全書』八五巻、寺誌部2、鈴木学術財団、講談社、一九七二年。
⑰『春日大社文書』一一〇二、『春日大社文書』第五巻、（財）春日顕彰会、一九八五年。

# 『龍泉寺縁起絵巻』について

## ―「河内名所図会」との比較検討を通じて―

### はじめに

現在、龍泉寺縁起で寺に所蔵されているのは、奥書に「右龍泉寺縁起者自古所傳来而今新作之其筆者者正三位資順卿繪者中務権大輔康致朝臣、外題大納言隆長卿也寶積院法印亮快所媒酌者也亮快請述其事之始末依茲筆茲、正徳四年冬十月既望　従三位公緒書」とある「龍泉寺縁起絵巻」一巻のみであり、ほかに同書のうちの詞書のみを書写した『牛頭山龍泉寺医王院縁起』（昭和二十年三月奉納）があるのみである。

その構成は、四点の挿図と詞書からなっており、大きく蘇我大臣（第一段）と弘法大師関連の内容（第二段から第四段）再建後の状況、後日譚（第五段）から形成されている。各挿図よって、一段から五段に区分して、各段について検討を加える。

## 一、第一段について

第一段の概要は、「古池があり、そこに悪い龍が住み人々に被害を与えていた。蘇我馬子は人々を救うため修法を行ったところ、悪龍は仏法の力にはかなわないとして飛び去った。やがて馬子は聖徳太子とともにこの地に寺を建て仏法の興隆に努めた。その後池の水は枯れ果て、付近にも水がわかずついに寺も衰退した」というものである。

この伝承については、寛治二年（一〇八八）撰の『大師御行状集記』①に「河内龍泉寺條第七十七」として「件寺本願大臣欲建立伽藍尋求勝地而此所従往古池於悪龍山内之池……（中略）其後池枯山内無水流渋之潤……」と合致しており、少なくともこの段階には伝承として存在していたと考えられる。

さらに文献史料からの寺史解明についての手掛かりは、奈良春日大社に伝来する龍泉寺関連文書（『春日大社文書』四五二号文書）②がある。すなわち「龍泉寺氏人等解申重河内國前並在廳官人御證判事」（以下四五二ノ（1）と略記する。以下同）、「河内國石川東條龍泉寺

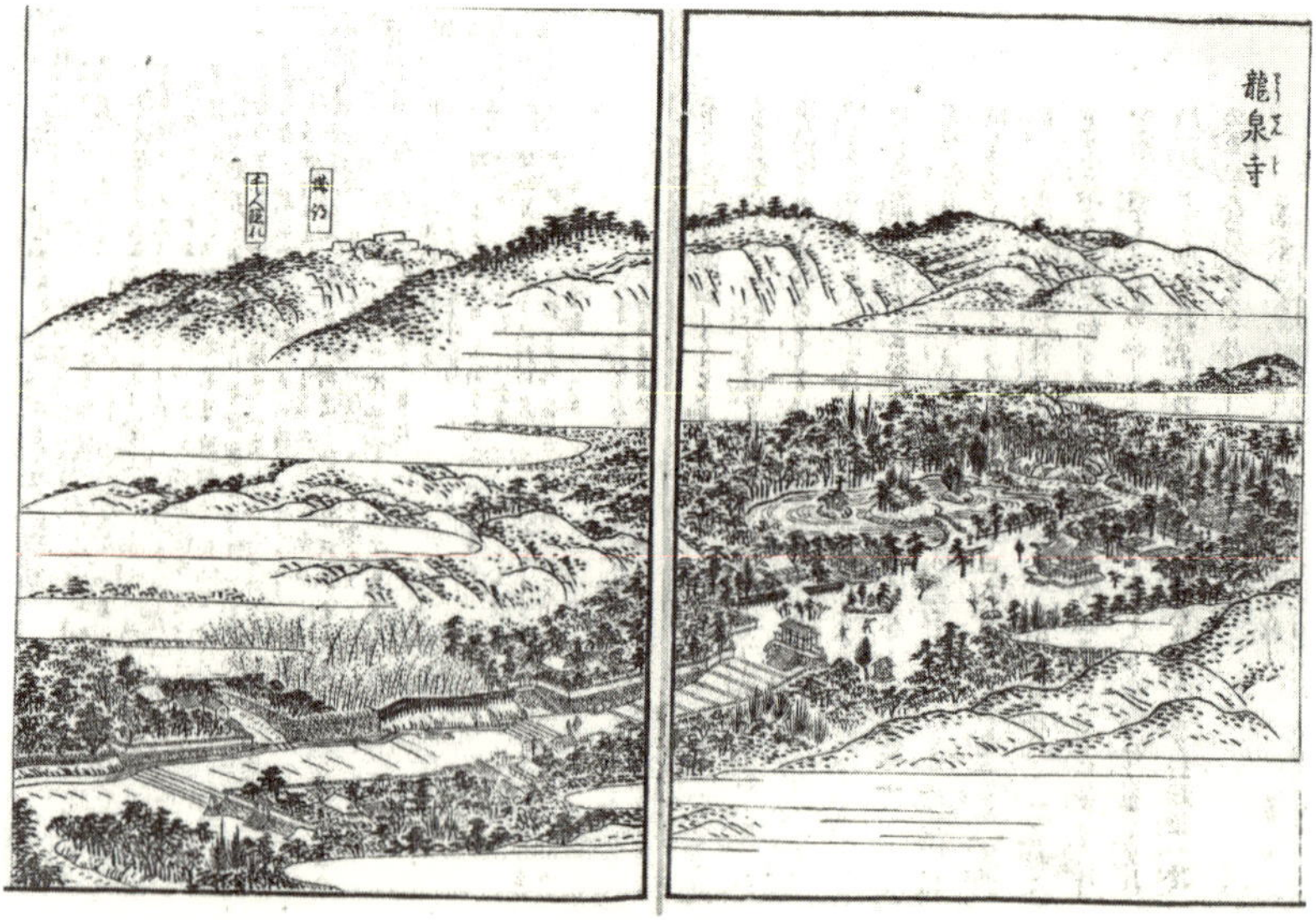


「河内名所図会」

氏人并司三綱等検注當寺經論佛像堂舎佛具種々寺財寶物所領田薗等之實録、安置流記帳事」(四五二ノ(2))、「河内國石川郡龍泉寺氏人等謹申請郡内在地刀祢司證判事」(四五二ノ(3))の各案文あるいは写しと、「寺田坪付帳断簡」(四五二ノ(4))の四通である。これらについては、いずれも『春日大社文書』として公刊されている。さらに四五二ノ(1)については『平安遺文』③に八五五号文書「龍泉寺氏人等解案」として収録されている。

それによると、「氏人先祖宗我大臣建立龍泉寺」、「氏人等之先祖宗我大臣所領也、而為鎮護國家、被建立龍泉寺也」、「件龍泉寺者是諱孝元年天皇四土従胤大臣宗我宿祢小治宮御宇世丙辰冬十一月為天王鎮護國所建立也」、さらに「當寺者宗我大臣草創之靈地」とある。いずれも龍泉寺が宗我大臣による創建であることを伝えており、その年次として「小治田宮御宇世丙辰冬十一月」ということも併せて伝承されている。

また『河内名所図会』④巻之石川郡の項にある「龍泉寺」の記述はほぼ当該縁起絵巻に従っている

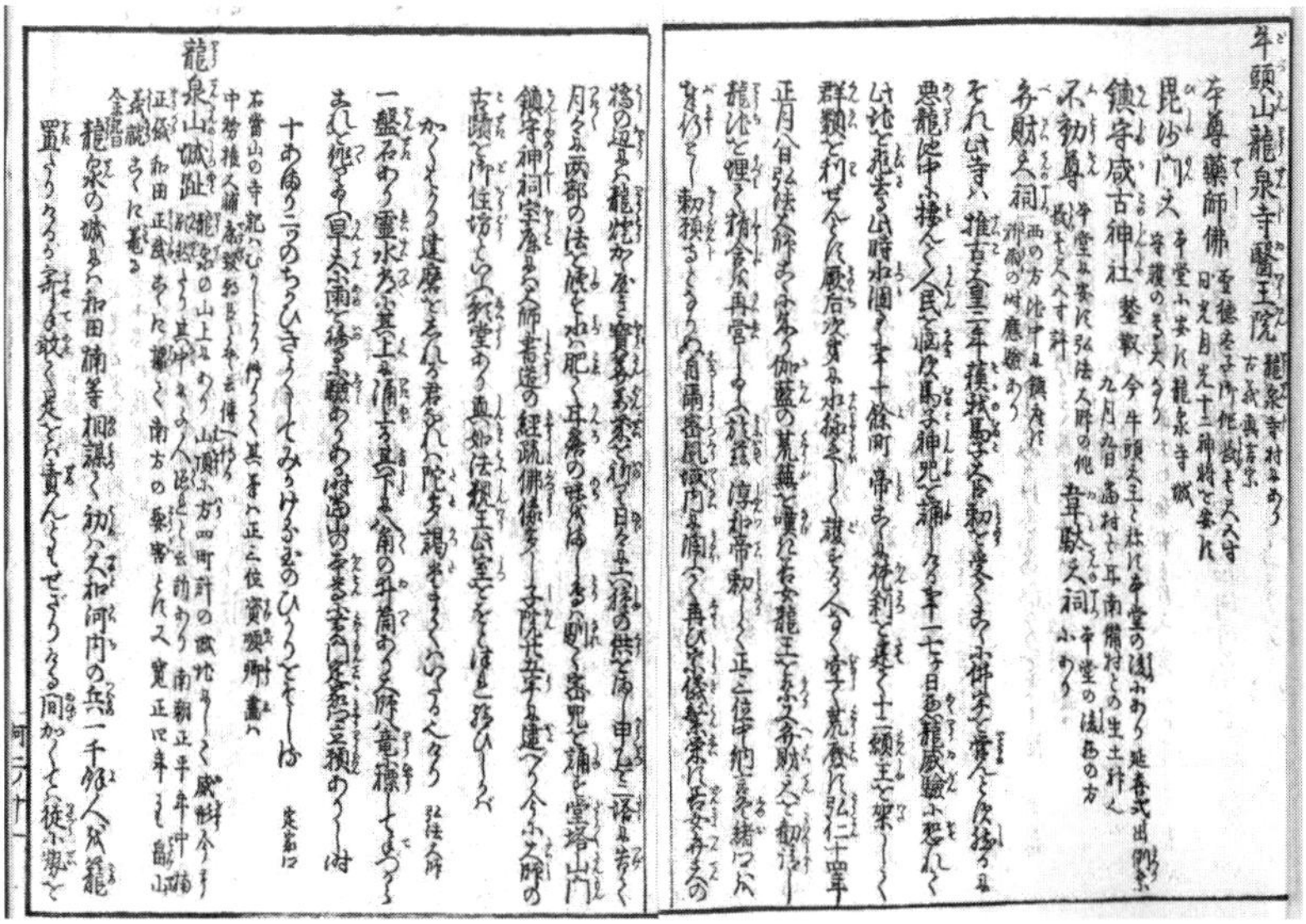
牛頭山龍泉寺

龍泉山城趾

「河内名所図会」本文

が、一部に異なる部分もみられる。以下に見る『名所図会』の文と『縁起絵巻』を比較対照してみたいと思う。

| 『龍泉寺縁起絵巻』 | 『河内名所図会』 |
| --- | --- |
| 河内国牛頭山龍泉寺醫王院は三十四代推古天皇二年の穐、蘇我公、王命をふくミ、此山に佛宇を構へむことを欲す、しかるに、悪龍池にすみて人を害しものをそこなふ公の子馬子大臣に命して、悪龍を降さむことをはかり玉ふ、大臣衣冠厳麗にして、杳に此山にいりはなをわけ霞をふミて、池頭につひて命をのべ、呪を誦すること一七箇日、悪龍威におそれ、法に復してさる、此時水かるゝことすでに十余町、帝粤に梵刹を作り、十二願王を架して、品類を利せんことを欲す、しかあれど水なきに堪ずして | 推古天皇二年、蘇我馬子、勅命を受く、ここに仏宇を営んとす然るに、悪龍池中に棲んで、人民を悩ます。馬子神呪を誦しけること一七ケ日、悪龍、威厳を恐れて、此地を飛去る。此時、水涸る事十余町、帝、ここに梵刹を建て、十二願主を架して、群類を利せんとす。厥后、次第に水脈乏しく、護する人なく、空しく荒廃す。 |

護するに人なく、霧やうやく朝の
香をたき、蛍むなしく夕の灯
をつく、畫棟ハ破れて葉のもとに
おち朱欄はくたけて露の底に
朽ぬ

〈挿絵其一〉

以上のごとくである。当初、此山に仏宇を構えることを欲したのは蘇我公である。また公の子馬子とあることから、公とは蘇我稲目であると考えられる。従って、当初龍泉寺を創建したのは蘇我公である蘇我稲目の可能性がある。

## 二、第二、三、四段について

次に弘仁十四年（八二三）正月八日弘法大師がこの地を訪れ、里の老人に水を乞うたところ湧水がなく困っていることを語った。大師がさらに尋ねると老人は、自分はここの地主の牛頭天王である。汝が来ることを待っていた。ここにしばらくとどまり霊地を再興せよ。自分も亦助けようと言い、忽然と姿を消した。大師は、七日間加持祈祷を行ったところ、七日目の夜半に雨が滝のように降り始め、再び龍が現れ、やがて夜が明ける。第二段は、以下のごとくである。

| 『龍泉寺縁起絵巻』 | 『河内名所図会』 |
| --- | --- |

爰に弘仁十四正月八日、弘法大師、阿婆
の地をたづねめぐり此所に来り
麓の里にいこひ、老翁に水をこひたま
ふに、水ともしうして、鉢をすゝぐに
たらず、大師いかんと問ひたまへば、翁
ふるきをかたりて師をいさめていふ
汝しばらく錫を此地にとゝめて霊
場をおこせ、我も又汝が願を輔けんと
大師のゝたまハく、翁は何人ぞや、曰く
吾ハ此山の地主牛頭天王なり、久
しく汝が来るをまつと、大師おどろき
合掌黙座したまへば、翁忽うせ
て唯一帯の奇雲のミゆく、大師
荊棘をかりわけ、峻巌を攀のぼり
て、奇雲のとゞまる所に至り
玉へば、礎石ふりて松生じ、池水尽て
霧ミてり、大師彼井におちいるものを
見て他人にゆづらざるごとくやおぼし
めしけむ、即無比の願をおこし若干の
経をかき、加持三昧にいらせ玉ふこと

弘仁十四年正月八日、弘法大師こゝに来り、
伽藍の荒廃を嘆き、
善女竜王を祭、又、弁財天を勧請し、龍池を埋て、
精舎を再営し給ふ。

一旬夜、夜半雨瀧をうつし、山鳴谷どよミ空中に聲ありて、龍王再来〳〵と三たびふるゝこと、雷車の轟くがごとくして明ぬ、〈挿絵其二〉

さらに第三段では、第二段に引き続く内容が綴られている。すなわち弘法大師の祈祷後、池には清水満々とたたえ三つの島が出来ていた。大師はそれらの島に聖天、弁財天、吒天（ダキニ天）を祀り、牛頭天王を鎮守とした。さらに淳和天皇の勅命による勅願寺として再興され、その奉行に藤原冬緒が当たったという内容が続く。さらに第四段には、二段以降、弘法大師との関連を記述している、とくに挿図3には再建の様子が描かれており、傍らに大師の姿が描かれている。

| 『龍泉寺縁起絵巻』 | 『河内名所図会』 |
|---|---|
| 大師御睇をひらきたまへば、八徳堪へたる中に一の龍穴見ゆ、そのくまに三の島なりいでゝ、松に楽ミの聲をきゝ、野に歓びの色を見る、時に一の樵夫俄然として来り大師を拝嘆して千がや三束を献ず、大師得てもて彼島に三祠を祭る、曰く | |

辨天韋駄天聖天也、夫又つ《(日カ)》くうしろ
の高きハ醫王善逝の旧礎なりと、
大師拝ミめぐり玉ふこと三十歩斗に
石壇石の華表あり、夫のいへらく是
こそ此山の地主すなハち我すむ
處よとて見えす、　〈挿絵其三〉
大師微笑してのたまハく、さきにまミへし
翁の我が願をたすけむと我もころ
なりし言の葉は今のちがやの穂に
いで侍りぬよと、これよりいよ〱
再興の御こゝろざしつのり、柏《(檜柴か)》なら
しはやうの日がくしのうちに、孜々として
しは〱日をおくりたまふ、
同卯月末つかた　淳和天皇の即位
を賀し表を綴り宮中にまう
のぼり玉へりしに正三位中納言冬緒卿
をして當寺再建の事をはからしむ、
人夫めさゞれども雲のごとく来り、瓦石
労セざれども山のごとく積る、真に是
聖主道善貸にこえ徳洪鑪に

於茲、淳和帝、勅して、正三位中納言冬緒を奉行
とし、勅願寺となりぬ。

ひとしと言がいたすところ歟、美
尽し善きハめて、いくばく年あらず
して成ぬ　帝辱く龍泉寺醫王院
の号をたまひて、大師恭く額に
鏤め澆季にのこしたまふ　〈挿絵其四〉

この龍泉伝承については、寛治二年（一〇八八）撰の『大師御行状集記』に「河内龍泉寺條第七十七」として「件寺本願大臣欲建立伽藍尋求勝地而此所従往古池於悪龍山内之池……（中略）其後池枯山内無水流渋之潤……（中略）大師點一所加持祈誓爰本龍住慈心帰來頓沸出飛泉千令絶改名號龍泉寺云々」とあり、第一段、および第二段以降の部分を含む内容が寺伝と一致しており、この伝承が『大師御行状集記』の編纂時の寛治二年まで遡ることが分かる。

また元亨二年（一三二二）、虎関師錬の撰になる『元亨釈書』⑤に、弘法大師の業績を紹介する項で、「内州有一寺、其池元龍池、龍移他處。池又涸。寺衆苦無水。海點一所加持。清水忽沸。因號龍泉寺」とあり、弘法大師と龍泉寺の関係に言及している。

## 三、第五段以降について

縁起では創建に続いて弘法大師の登場、祈祷、再建と段を追って進行している。第四段で再建工事の始まりがあり、挿絵では大工作業の様子が描かれている。第五段の挿絵は完成した伽藍堂舎が描かれている。それによると伽藍は、東西両塔を備えたものであるが、庭園の表現は見られない。

ここからは再建後の龍泉寺を記録した形となっている。藤原定家の和歌を加えるなど、平安時代後半までをその範囲としているが、その後のことは、両者ともに触れられていない。一部に坊院二十五宇を数えるという表記があるが、江戸時代寛文年間に作成された「境内絵図」によると、字名から類推される坊院は合計で二十三であり、遺跡調査の成果も一部に見られる。これらの坊院は平安時代後半に遡るものも見られるが、ほぼ鎌倉時代頃の創建で、室町時代ころまで存続したものが大半で、江戸時代には五坊程度になっていたようである。

| | |
|---|---|
| 『龍泉寺縁起絵巻』 | しかしより密風朝家にみち、霊泉國土を潤ほして其名四海に甲たり、醫王牛頭の殿の前にハ仙菓ありてふたゝびミのり、善女辨天の橋の辺に龍燈施てまた現す、寶算を万歳に祈りて日々に六種の供をまうけ、甲乙を二塔にはけて月々に両部の法を修す、水は肥て甘露味をまし、鳥はなれて秘密呪を誦す、堂塔山門庫蔵鎮守には大師書造の経疏佛像おほし、子院すでに |
| 『河内名所図会』 | 自余、蜜風域内宗儀繁栄。善女、弁天の橋の辺には、龍燈かゝやき、宝算万歳を祈り、日々に六種の供をまし、甲乙を二塔に告て、月々に両部の法を修す。水は肥て甘露の味をまし、鳥は馴て密呪を誦す。堂塔、山門、鎮守神祠、宝庫には、大師書造の経疏、仏像多し。<br>子院廿五宇に逮べり。 |

二十五宇、今に大師の室の蹟をば
御住坊と云影堂あり、梵鐘あり、
むかし真如親王此室にをとづれ
させたまひしかバ大師

　　かくはかりたるまをしれる
　　　君なれは
　　陀多謁たまては
　　　　いたる成けり

と御かへしありしと也、
古老のいはく、わきていつミの一方に
磐石あり、霊水常にその上にわきあ
がるを瑜伽者むすんで阿閦とす、其
下に八角の井筒あり、大師ハ龍に
標して手づからこれをつくり、上に磐
石をおほふて、雨蓋と号し真龍を
その内に秘しおさめて久住利益なら
しめむとふかく誓ひたまひしと也、
さればにや、いまも旱災に雩(窮カ)して世上に
功なき時は諸民爰にすゝめていの
らしむるに必利生あり、隣邑其雨を

---

今に愛し古蹟蹟を御住坊いふ影堂あり。
真如法親王、此室ををとつれ給ひしかば、
かくばかり達磨しれる君なれば陀多謁当まではいたる
也ける
　弘法大師一盤石、霊水、常に其上に湧上る。
其下に八角の井筒あり。大師八龍に標して、手づから
これを作り給ふ。
旱天に雨を祈るに験あり。

喜ぶものミな例にしたがひて年穀の上分
を捧てこゝろ〳〵の報恩を尽すとぞ、
又本尊十二願王の霊威あらたなることハ
いふもさら也、或時藤原定家卿立願
のことありしにそのしるしまさし
とて、

十あまり二のちかひ
きよくしてみがける玉の
ひかりをぞしる

とよミておさめたまへりしとなん、
此外人口にあまねくいひ傳ふる事おほ
しといへども勝計にいとまあらず、
唯古記の趣を畧しるし侍る
ことしかり

（奥書）
右龍泉寺縁起者自古所傳
来而今新作之其筆者者正三位
資順卿繪者中務権大輔康致朝臣
外題大納言隆長卿也實積院法印
亮快所媒酌者也亮快請述其

---

ある時、当山の本尊に黄門定家卿立願ありし時
十あまり二ツのちかひきよくしてみかゑる玉のかり
をそしる　　　定家卿

右、当山の［寺記］、むかしより侍りて、
其筆は、正三位資順卿、画は中務権大輔康致朝臣とぞ
云伝へ侍る。

事之始末依茲筆茲
正徳四年冬十月既望　従三位公緒書

## むすびにかえて

以上、龍泉寺蔵の『縁起絵巻』と「河内名所図会」の詞書部分を比較対照してみた。これによって、「河内名所図会」の詞書が大半『縁起絵巻』の詞書に拠っていることが明らかとなった。著者の取材があったのかどうかは明らかにできないが、少なくとも『縁起絵巻』の存在は承知していたものと見られる。ともあれ「名所図会」にはほかにも多くの寺社の歴史が綴られており、それらも各寺社の縁起書から引用したものと考えられるだろう。

『龍泉寺縁起絵巻』の翻刻に際しては、大阪府立大学名誉教授山中浩之氏、富田林市文化財課桑木彰子氏の協力を頂いた。ここに記して感謝する。


（参考文献）
①『大師御行状集記』『史籍集覧』巻一二、別記類所収、臨川書店、一九八四年。
②『春日大社文書』四五二二号文書。
③『平安遺文』八五五号文書。
④秋里籬嶌『河内名所図会』一八〇一（享和元年）、堀口康生校訂『河内名所図会』柳原書店、一九七五年。
⑤虎関師錬撰『元亨釈書』、『新訂増補国史大系』巻三一所収、吉川弘文館、一九六五年。

［史料］龍泉寺縁起絵巻

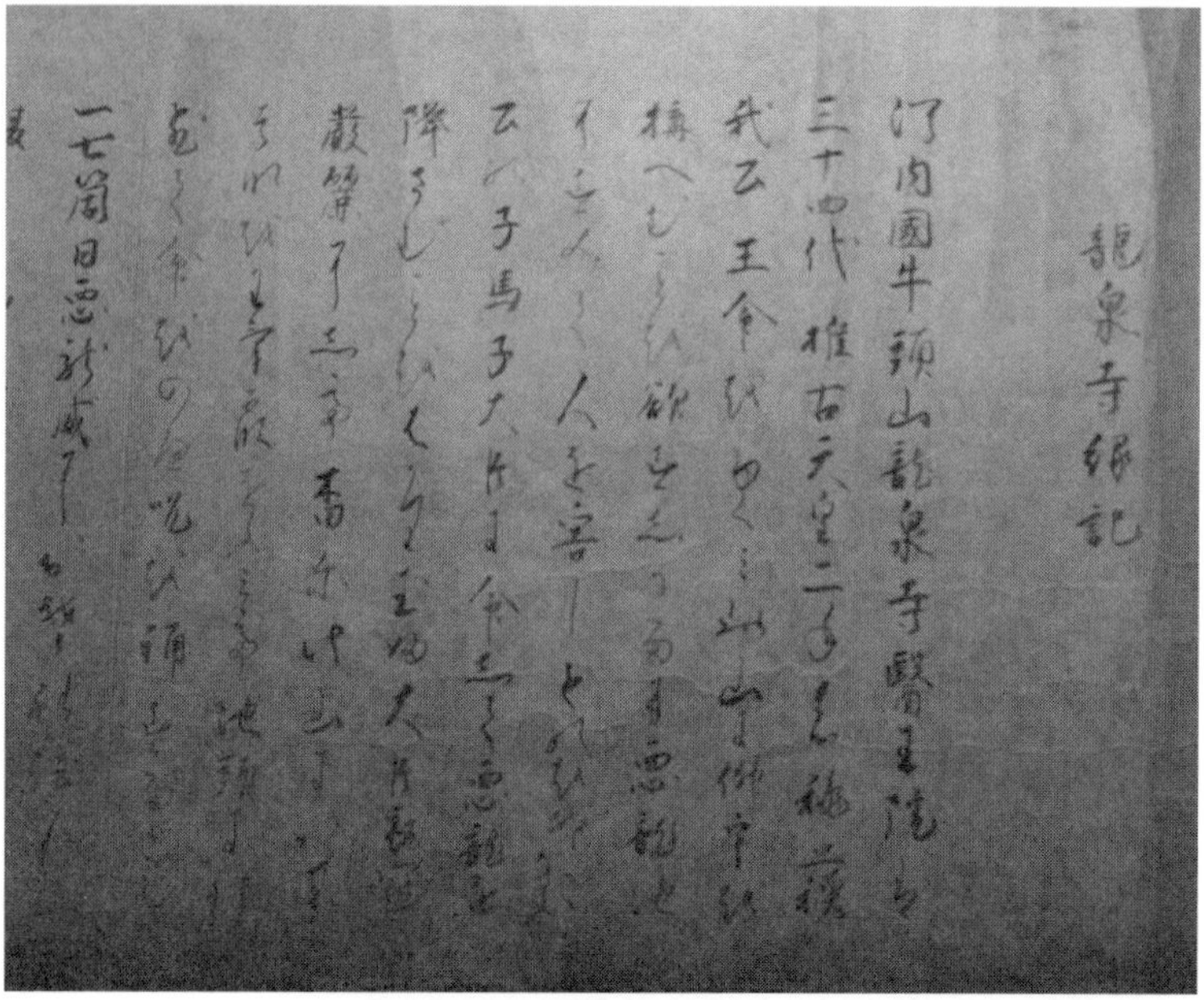

龍泉寺縁起

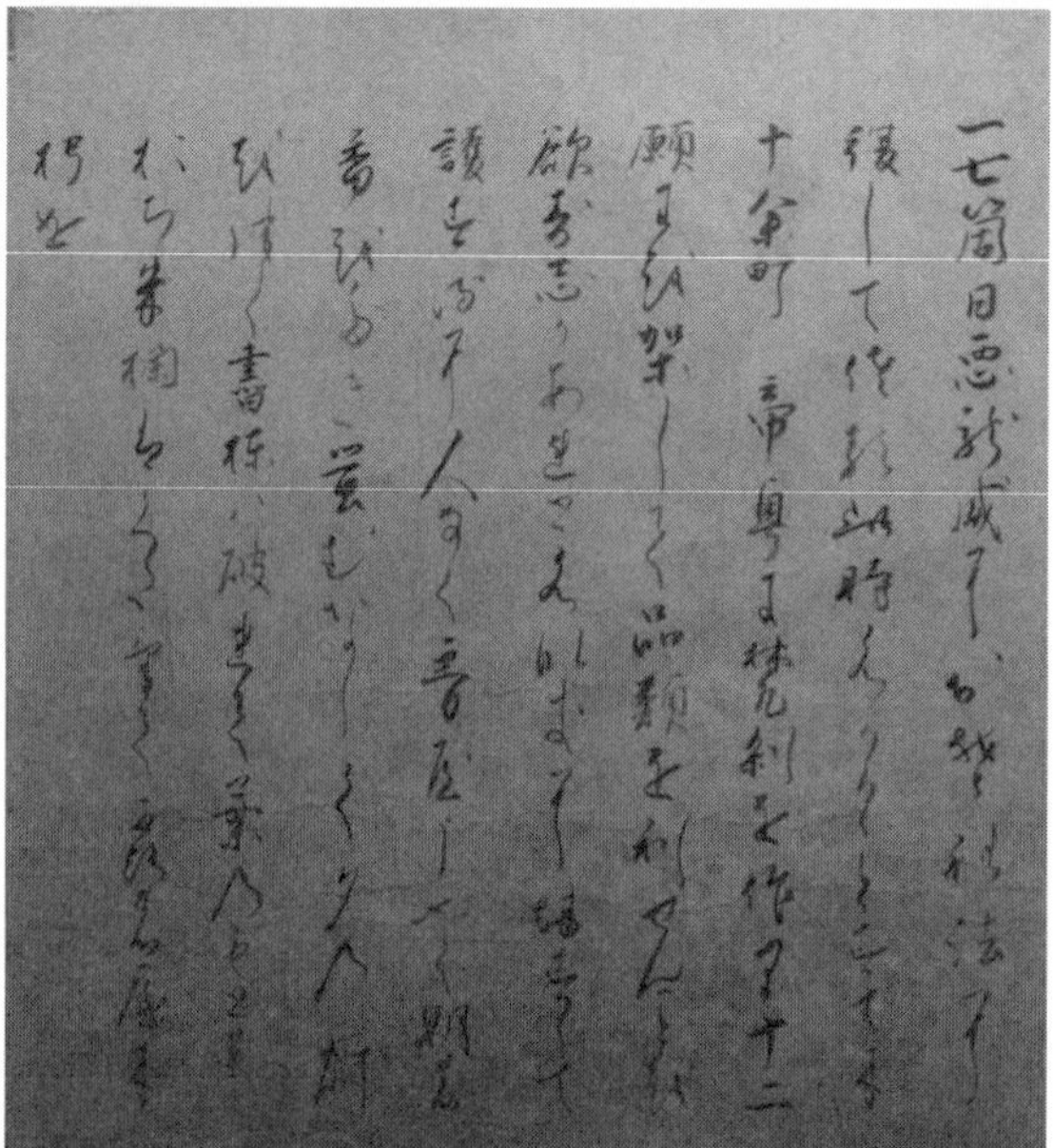

挿絵其一①　蘇我馬子池を眺める

挿絵其一②　蘇我馬子池を眺める

挿絵其一③　蘇我馬子と龍の登場

挿絵其一④　蘇我馬子と龍の登場

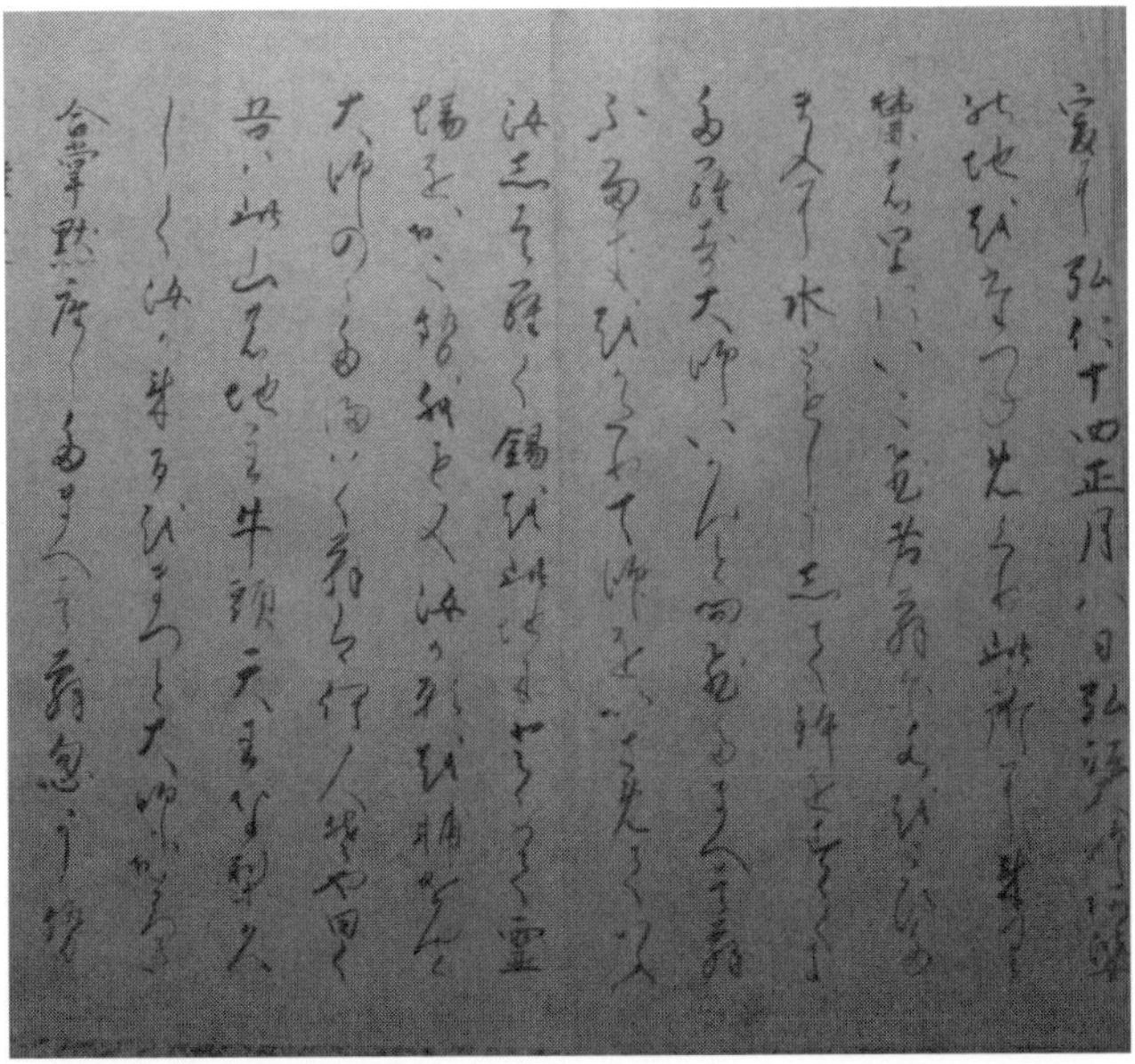

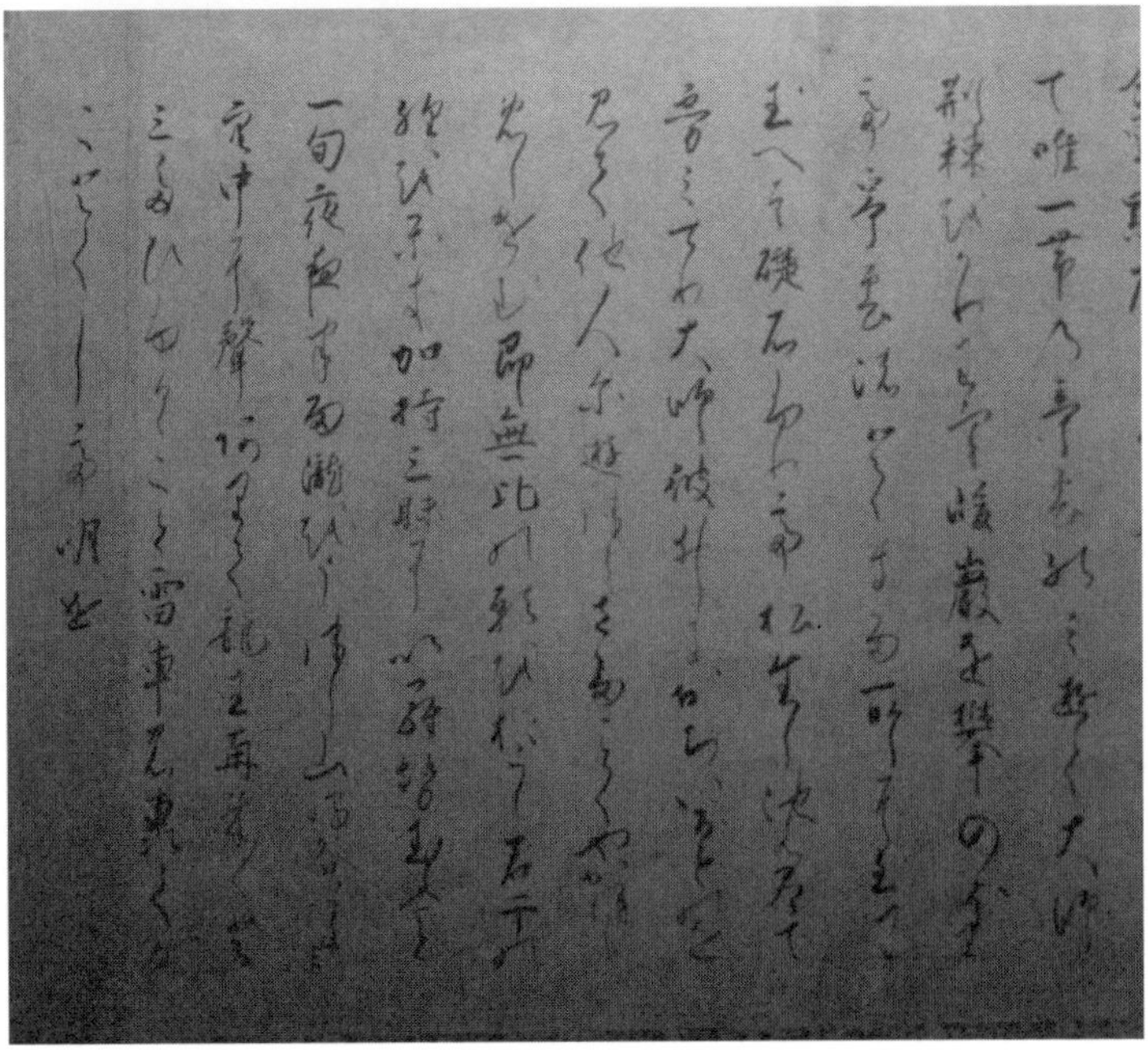

挿絵其二①　弘法大師の登場

挿絵其二②　弘法大師の登場、池を眺める

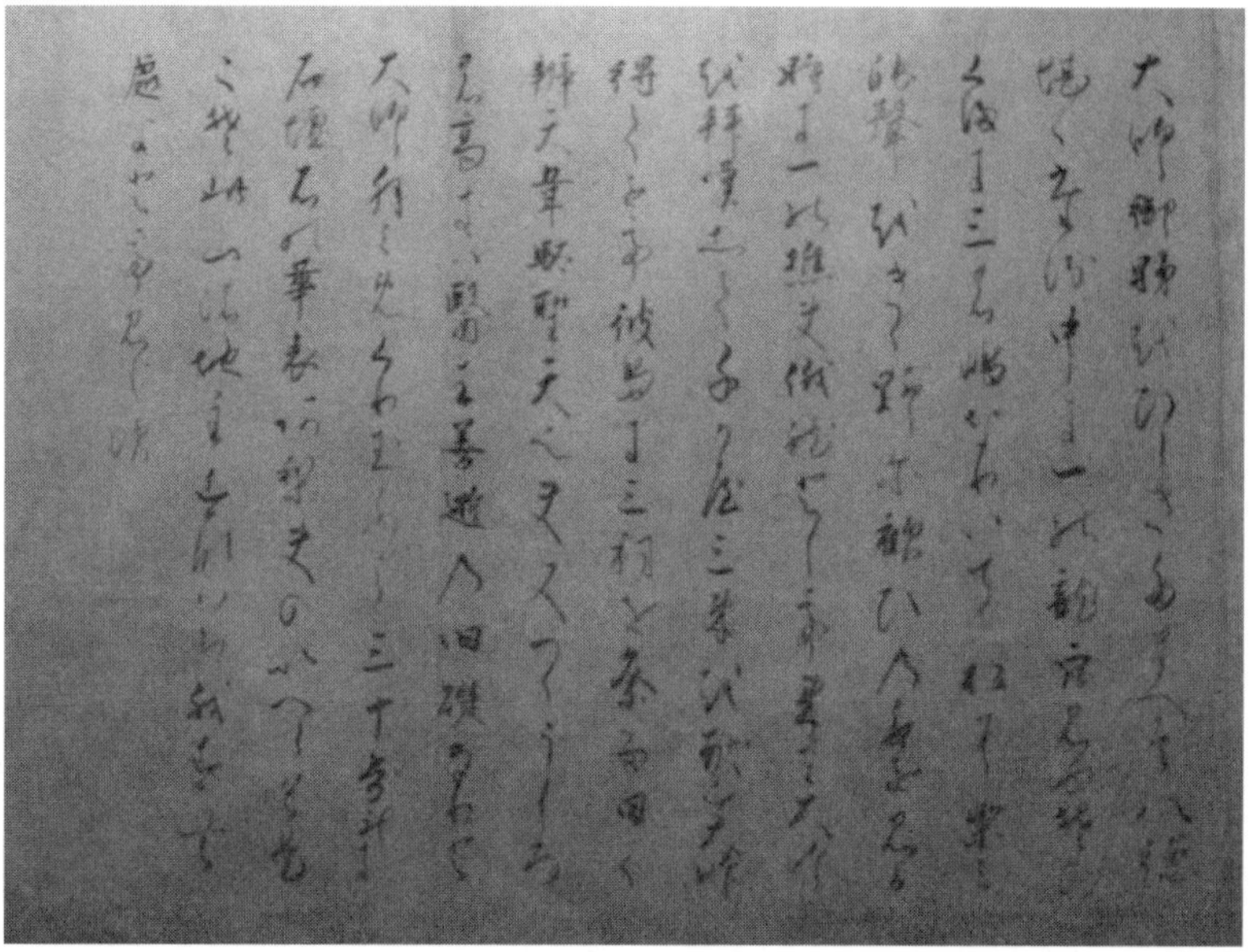

挿絵其三① 村人と弘法大師

挿絵其三②　村人と弘法大師

挿絵其三③　弘法大師の祈禱

挿絵其三④　弘法大師の祈禱、龍の登場

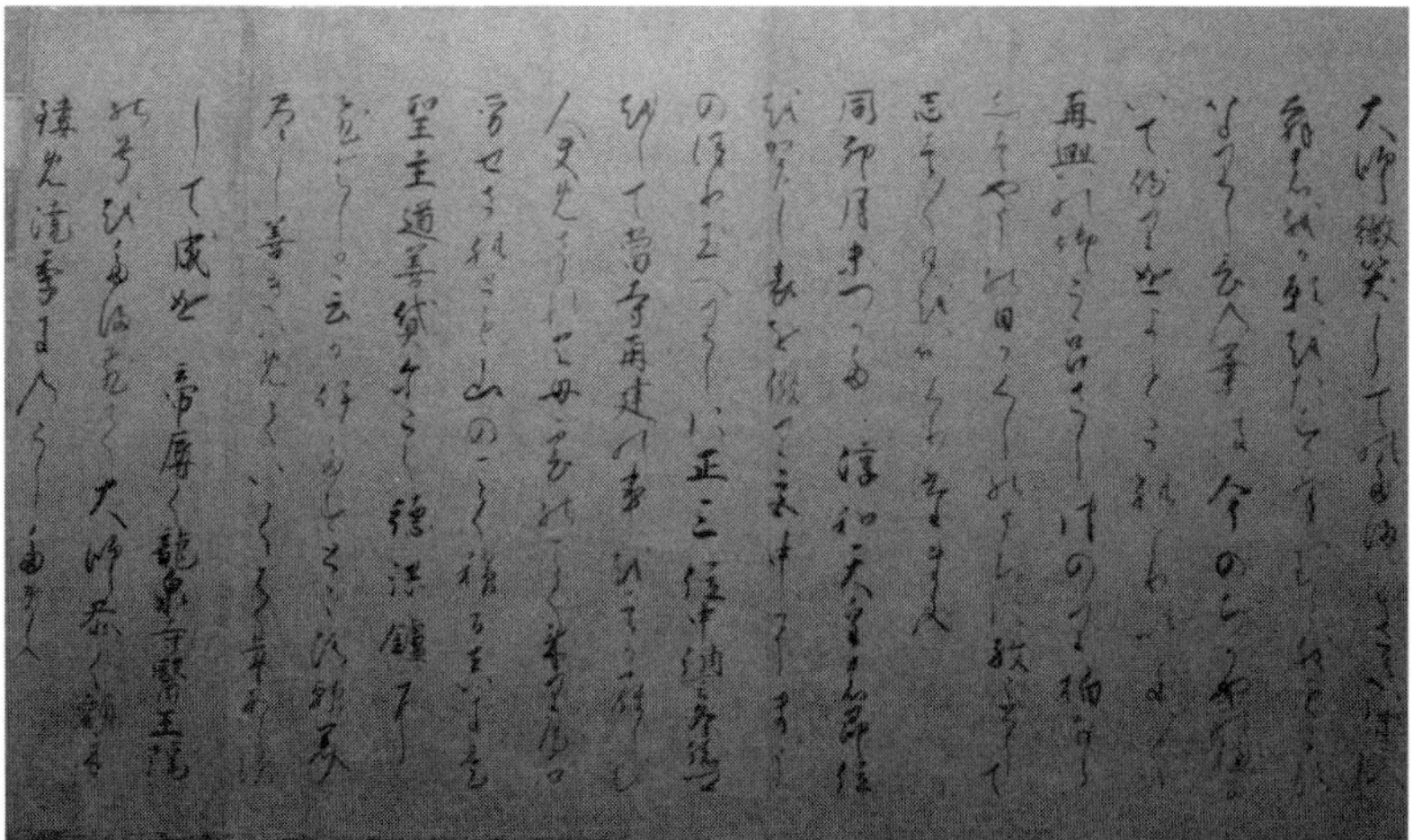

挿絵其四①　伽藍の建立工事と弘法大師

挿絵其四②　伽藍の建立工事と弘法大師

挿絵其四③　龍泉寺門前の風景

挿絵其四④　龍泉寺門前の風景

挿絵其四⑤　龍泉寺伽藍建物

挿絵其四⑥　龍泉寺伽藍建物

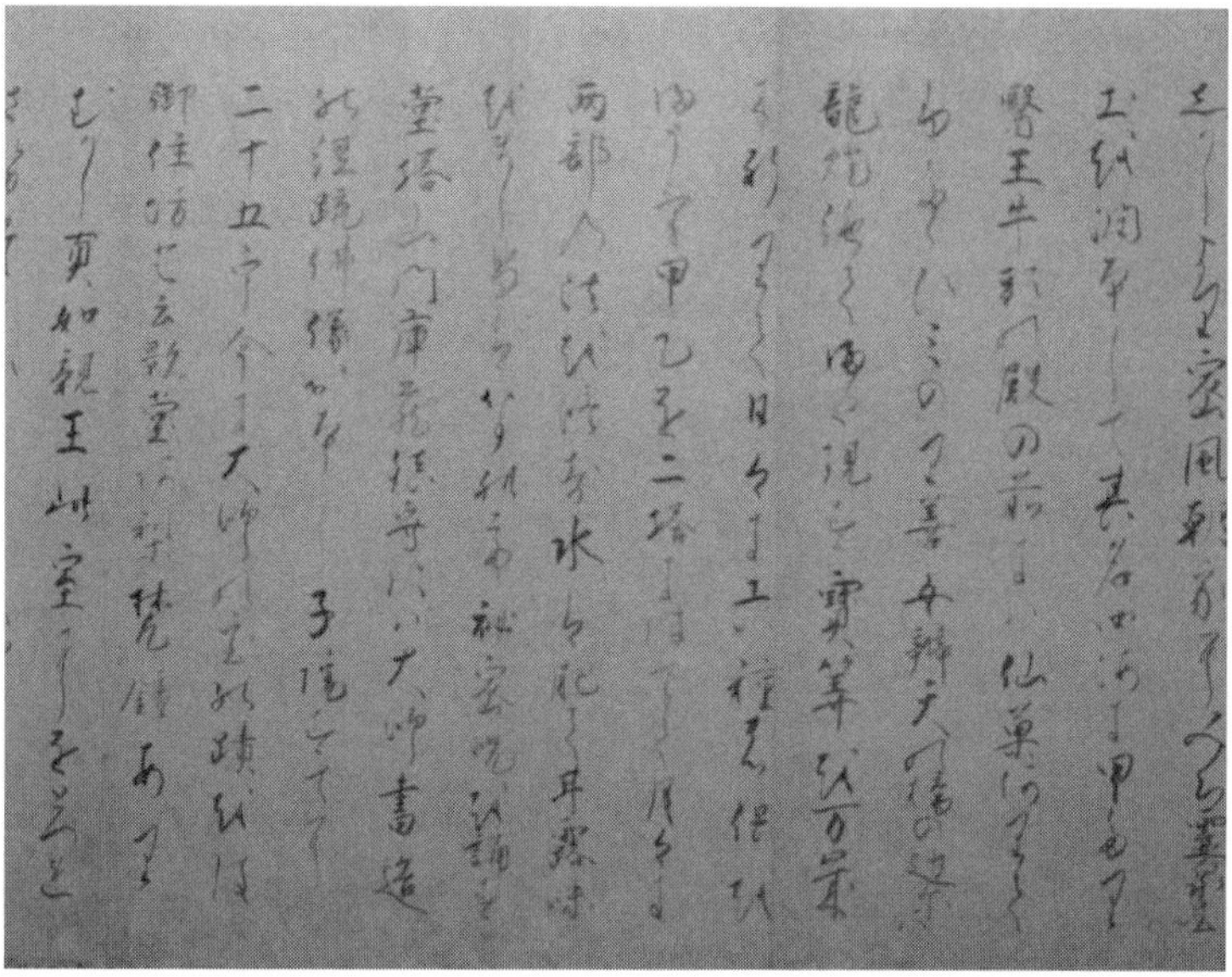

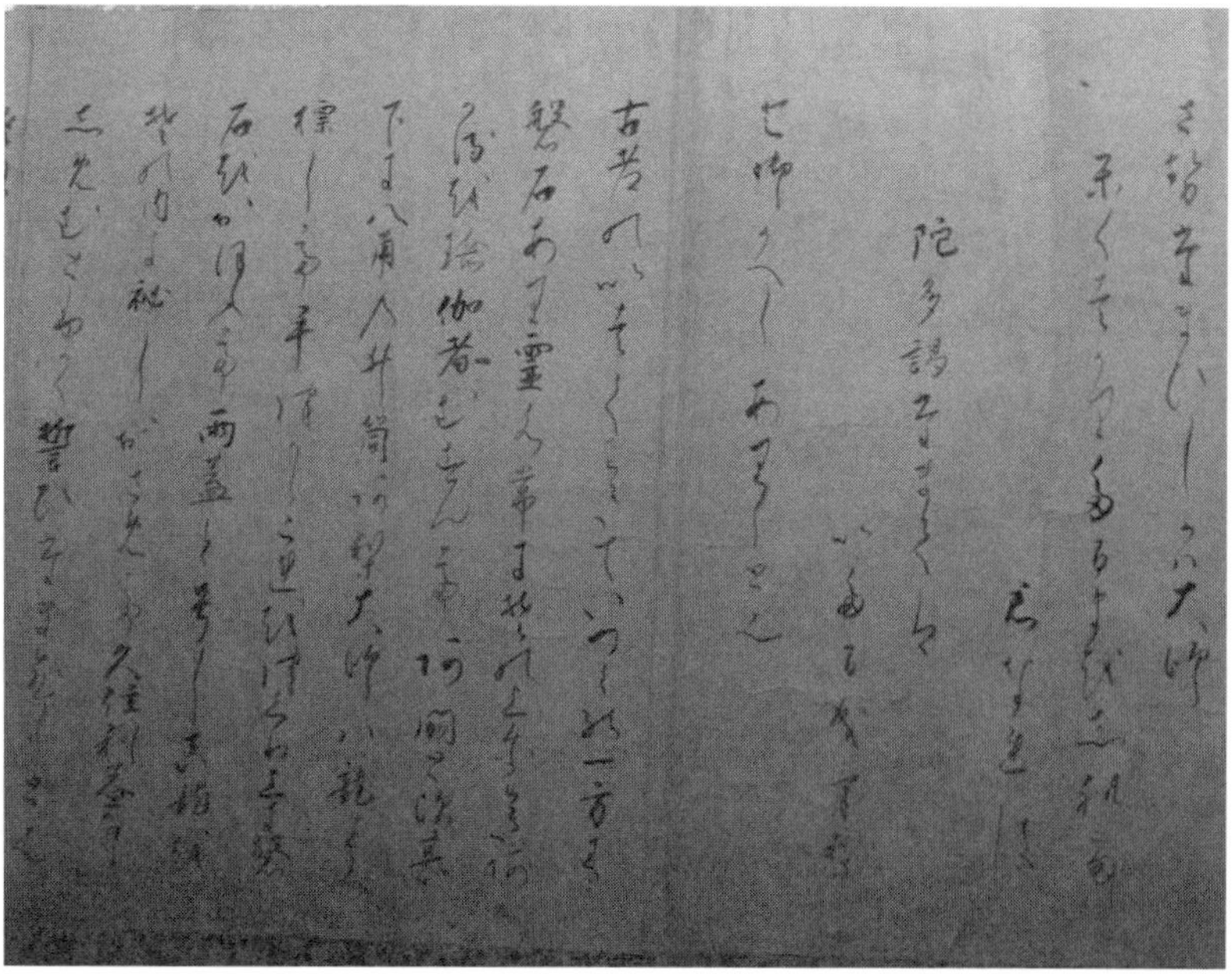

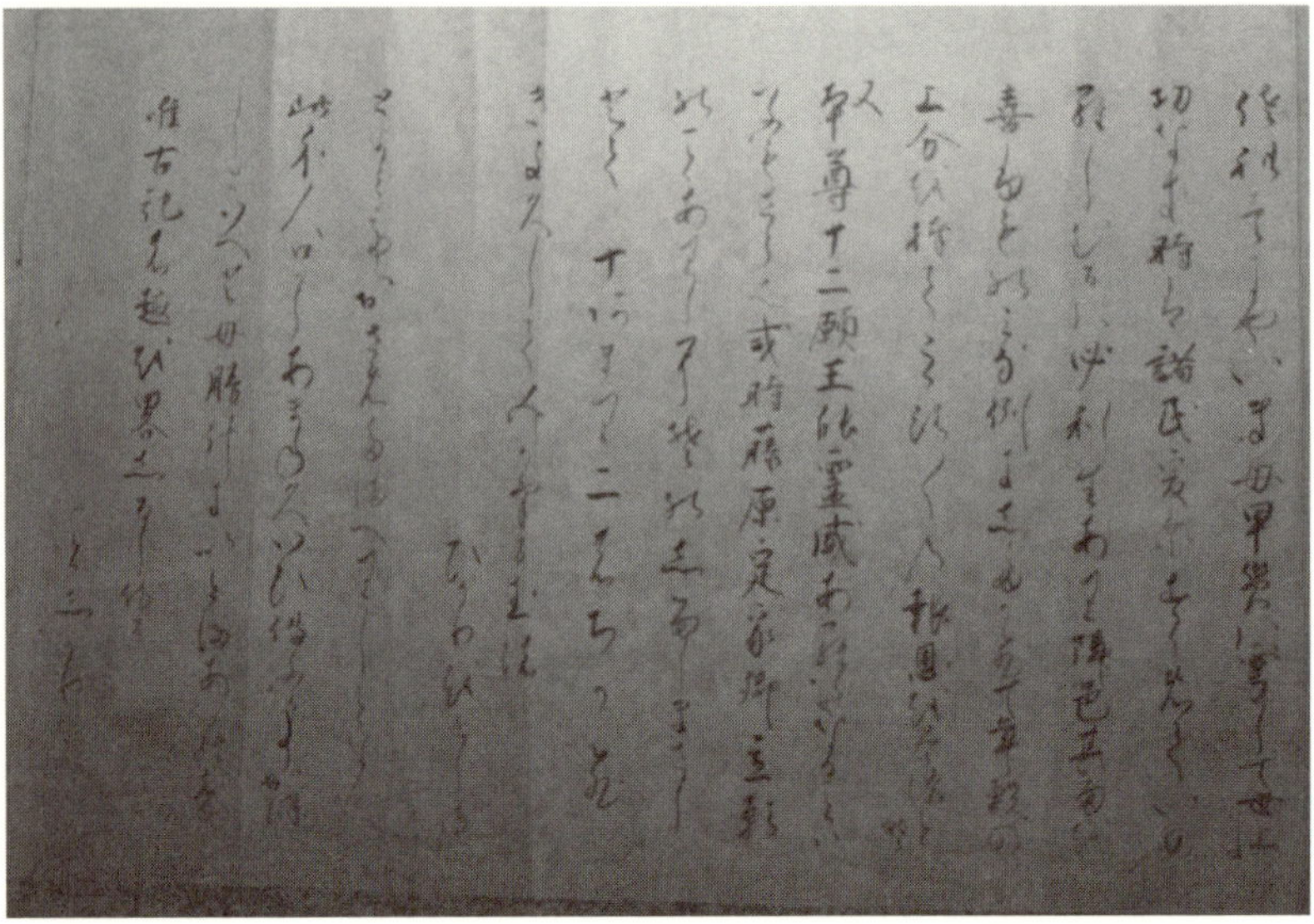

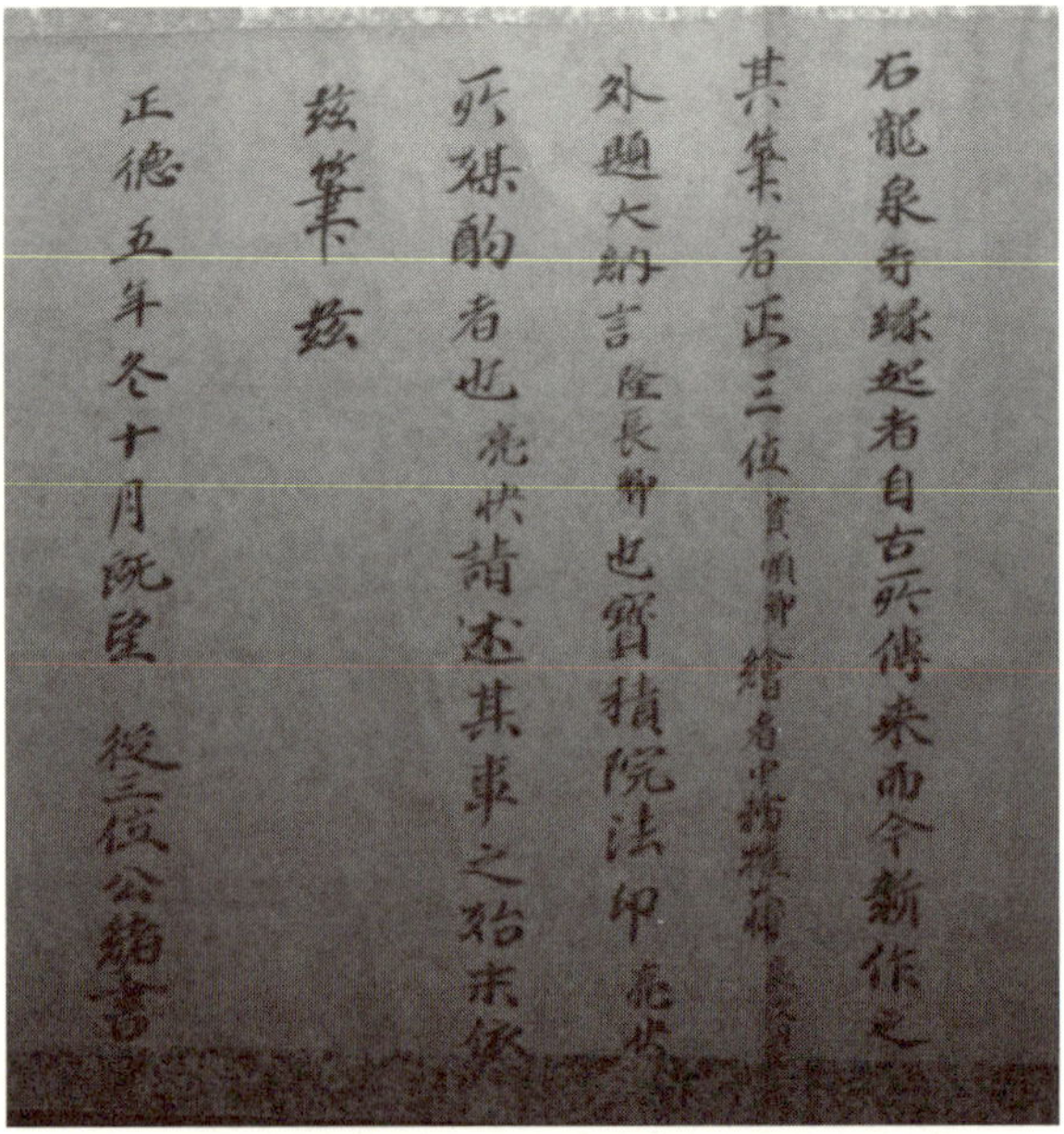

右龍泉寺縁起者自古所傳來而今新作之
其筆者正三位實顕卿 繪者中務權輔
外題大納言隆長卿也寶積院法印亮快
所謀酌者也亮快請述其事之始末欲
染筆然
正徳五年冬十月既望　從三位公緒書

# 第二部

# 蘇我氏と仏教

# 仏教伝来年代の再検討

## はじめに

我が国古代における仏教の伝来は、歴史上きわめて重要な事件であり、その後の日本文化に与えた影響は多大である。

その伝来については『元興寺伽藍縁起并流記資財帳』（以下元興寺縁起と略す）、『上宮聖徳法王帝説』など南都仏寺関係の伝承に源を発する「欽明七戊午年伝来」と、『日本書紀』（以下書紀と略す）などによる「欽明十三壬申年伝来」の二説がある「公伝」①と、それに先行すると考えられる渡来者による私的な伝来「私伝」とが考えられる。

前者については、単に仏教伝来という文化的事象ばかりではなく、その年代決定に際して、「壬申年」指定の背景に継体・欽明朝における二朝対立の矛盾の露呈を防ぐなど、極めて政治的な問題が介在しているとされ、「戊午年」伝来説の方が作為性に乏しく、公伝年代としては、大方に認められているようである②。

一方、後者の「私伝」については、「公伝」が即初伝ではないという視点に立って漠然とではあるが、渡来者との関係で、その存在が説かれている③。

ともあれ「公伝」は、少なくとも、それに先行すると考えられる「私伝」に関して史料的限界があり、またその確実な存在を証する方法が提示されない限り、我が国における仏教伝来の上限年代が「公伝」が最も確実性の高いものとなり、仏教史上看過し難い問題である。

ところで仏教伝来に関する諸先学の研究は、それぞれの国内情勢、および文献史料の分析からのアプローチの精緻さにもかかわらず、仏教本来の「外来宗教」であるという観点に立って、仏教を伝えた国である中国、および朝鮮三国（とくに百済）の状況などを考慮したものはほとんど見当たらず④、仏教伝来を国内問題としてのみ把握しようとされるのは遺憾である④。

したがって本論は、仏教伝播に関連した国との関係をかんがえあわせて、その年代などについて再検討を行ったものである。

## 一、中国・朝鮮三国の仏教事情

### （一）高句麗の場合

中国への仏教伝播は道端良秀氏⑤によると、前漢哀帝の元寿元年（BC二）、後漢明帝永平十年（AD六七）の二説に集約することが可能である。さらに後者は、その内容から少なくとも、それ以前に仏教の伝来が考えられるとし、前者陳寿撰『三国志』魏志西戎伝に引用される前漢哀帝の元寿元年仏教伝来説が最も妥当な見解であろうとされている。

一方、朝鮮半島における仏教は『三国史記』⑥巻十八高句麗本紀巻六小獣林王二年夏六月条に「秦王符堅遣使及浮屠順道。送仏像経文。王遣使廻謝。以貢方物」とあるのが初見である。

ところで、高句麗と前秦との関係は、『三国史記』巻十八高句麗本紀巻十八故国原王四十年条に「秦王猛代燕太伝慕容評来奔、王執送於秦」とあるのが最初で同一記事、『晋書』⑦巻百十三載記第十三符堅上に「……慕容評奔千高句麗。應追至遼海、句麗縛評送之。……」とある。

ちなみに当時の中国にあっては、五胡十六国と称されるごとく五胡乱闘の世であった⑧。とくに氏の前秦は、鮮卑の燕と戦闘状態にあり、慕容評は、その燕の大傅であった。従って故国原王九年以来、燕と通じてきた高句麗にとって、その大傅たる慕容評を捕らえて燕の敵国である秦に送った。この高句麗のとった行動は意外であった。逆にこの事件により、前秦と高句麗の接近が開始されたと見ることができる⑧。

すなわち、この事件の二年後の小獣林王二年に高句麗に対し、秦王符堅が仏像、経文を贈ったとあるのは、その答礼であったと考えられる。また符堅は、仏教の大檀越であり、その仏教は治世を目的として確固たる地位を与えられており、前記仏教文物の送付はきわめて蓋然性に富むものであった。

一方、五胡十六国時代の仏教、とくに前秦の道安らが輩出した頃は、老荘思想との妥協をはなれ、次第に着実な仏教研究が行われ、宗派が成立するなど画期的な発展が認められ、この影響を高句麗が被ることは十分に考えられる。さらに小獣林王五年には、肖門寺、伊仏蘭寺の二寺が創建されたと『三国史記』に見られ、既述のことと考えあわせれば、その背後に前秦王符堅の援助があったと推定される。

ともあれ小獣林王治世は、『三国史記』巻十八高句麗本紀小獣林王二年条に「立大学教育子弟」同三年条に「始頒律令」などに見るように、高句麗が三世紀以来急速に外部勢力を排除し、ようやく国土統一の気運の隆盛が感じられる頃⑨であり、その治世に伝えられ、流布しようとした仏教の果たす役割も自ずから明らかであろう。

ついで小獣林王の弟で、次帝の故国壌王は、九年に仏教興隆詔を公布、さらに次帝広開土王は、平壌に九か寺を創（建）したとある。

これら一連の仏教関係記事、単に王族一部上流階層が仏教に帰依したにとどまらず、記述のごとく、その仏教が国家的に受容されたのである。言い換えれば国家仏教としての位置を占めつつあったことを示すと考えて大過ないだろう。

ところでその初期仏教については、『三国史記』巻十八高句麗本紀記巻六故国壌王九年三月条に「下教。崇信仏法求福。命有司立国社。修宗廟」とあり、仏法興隆詔公布と同時に国社を建て、宗廟を修理させている。

また『海東高僧伝』⑩巻一流通条に「釈順道……（中略）、神僧阿道……（略）」とあり、此の「釈…」の名称については、前秦の道安によって僧制が作成され、従来出家の姓が生国または師匠のそれによっていたのを、すべて釈尊の「釈」に姓を統一したことに起因している。これに対し「神僧」とあるのは、のちに阿道が伊仏蘭寺に入ったことを考えれば⑪、特異な名称であり、仏教関係の僧侶と断じるには躊躇する。従ってそれらから憶測すると、少なくとも高句麗の初期仏教は、従来の固有信仰との融合、とくに道荘的なものとの融合も考えられ、その伝えた国たる北朝系仏教の性格に類似しているようである。

やがて『三国史記』巻十八長寿王十三年条に「遣使如魏貢」、『魏書』⑦巻四上世紀第四上に「太延元年六月丙午。高麗・鄯国竝遣使献」と、それぞれの史料に認められる如く、北魏との交渉が開始され、東西分裂まで六五回に及ぶ、度々の交渉が行われた。

北魏は、寺院数三万、僧侶二百万といわれ、大同時代には雲崗の石窟の造営、さらに龍門石窟など、その仏教文化は目を見張るものがある。とくに後述する我が国へも半島を経由して、あるいは直接に、仏教美術に与えた影響の最も強い様式の一つに北魏様式が掲げられているのも、その仏教文化の盛大さを示すものであろう。地理的にも、政治的にも中国北朝系諸国の影響下に甘んじてきた高句麗にあって、北魏の諸様式が伝えられ、大きく影響していたと考えられる。

『海東高僧伝』巻一流通条に「……神僧阿道至自魏。存古文。……」とあり、『三国遺事』⑥巻三順道肇麗条で「……僧伝二道来自魏云者。誤矣。実自前秦而来」と前出記事を否定してはいるが、『海東高僧伝』の「至自魏」とあるのは、高句麗の仏教が、魏（北魏）の影響が強かった結果、生じたものとも理解することができよう。

## （二）百済の場合

百済における仏教関係記事は、「三国史記」巻二十四百済本紀巻二枕流王元年九月条に「胡僧摩羅難陁自晋至。王迎之致宮内礼敬焉。仏法始於此」とあるのが初見であり、高句麗に遅れること十二年である。次いでその翌年（枕流王二年）二月には「創仏寺於漢山度僧十人」とある。しかし漢山仏寺創建は、仏教伝来（僧侶の渡来）後、わずか五か月しか経ておらず、また漢山地域の故地から発見される仏教関係遺物も、管見による限り、この時期までさかのぼるものが確認されていないことから、その信ぴょう性は薄いものと考えられる⑫。

ところで、これより先、近肖古王は、二十六年に都を漢山に移し、翌二十七年には晋に使者を送って朝貢している。これは晋太宗咸安二年に該当し、『晋書』九帝紀第九簡文帝咸安二年春正月辛丑条に「百済林邑王、各遣使貢方物」、同書同年六月条に「遣使拝百済王余句、為鎮東将軍領楽浪太守」とある。晋太康八年馬韓の朝貢以来、中国側史料から姿を消していた百済が、再度現れたものである。この記録によって、伯済（百済）が近肖古（林邑、余句）王によって統一されたことを知る好資料ともなっている。

この近肖古王二十七年朝貢記事をはじめとして、毗有王治世に対宋交渉が開始されるまで。比較的頻繁に、晋との交渉が行われていた。

また馬韓時代交渉のあった西晋は老荘思想が盛んで、仏教との融合も行われ、その伝統が、やがて北朝及び東晋に受け継がれていったのである。

従って既述のごとくその交渉関係から枕流王治世に晋から仏教を伝えられた可能性もあるように見えるが、あくまでもそれらは私的な接触と呼ばれるものであり、高句麗のように国家的な受容は行われていなかったと考えられる。

なお『三国遺事』巻三興法項に「阿莘王即位太元十七年二月、下教崇信仏法求福」とあり、この記事を以て、百済における国家仏教の成立と見る見解がある⑬。

しかし、阿莘王の即位年月について、その前帝たる辰斯王の死去に伴うものとするならば、前出記事は検討を要する。

すなわち『三国史記』巻二十五百済本紀巻三辰斯王八年十一月条に「薨於狗原行宮。阿莘王或云阿芳。枕流王之元子。……(略)。故叔父辰斯継位。八年薨。即位」とあり、少なくとも即位年次は、死去年次たる辰斯王八年一一月、いいかえれば太元十七年十一月以降とされなければならず、『三国遺事』に大元十七年二月とあり、両者に矛盾を生じる。

また「三国史記」巻二十五百済本紀巻三阿莘王二年春正月条に「謁東明廟。又祭天地於南壇。……」、同所三十二志一祭祀の項に「古記云、阿莘王二年春正月条に「設壇祀天地」とあり、そこに仏教興隆詔の存在の証跡見られるとは言えない。すなわち阿莘王以後、仏教が国家的に受容され、国家仏教となったとする見解には賛同できない。

やがて百済は文周王元年十月に都を漢山から熊津へ移している⑭。さらに度重なる戦乱によって、わずかに六十三年後の聖明王十六年にはふたたび都を泗沘(一名所夫里)へ移すことを余儀なくされている⑮。

ところで『三国史記』巻二十六百済本紀四、聖明王十九年条に「王遣使入梁朝貢、兼表請毛詩博士、涅槃経等経義、並工匠画師等、従之」とあり、南梁から経典などの仏教文物及び技術者を輸入、招致している。

これらの記事は『梁書』⑦巻三帝紀第三、武帝下大同七年三月条に「高麗・百済・済国、核遣使献方物」、同書巻五四列伝第四八諸夷百済、大同七年条に「累遣使献方物、並請涅槃経経義・毛詩博士。並工匠画師等。敕並給之」と、それぞれ中国側史料にも認められる。これらから百済における仏教の存在を確実に知りうる好資料である。

すなわち、この記事から推して、少なくともこれ以前に仏教が伝えられ、一部においては受容されていたと考えて大過ないだろう。

『弥勒寺事績』によると聖明王四年に沙門謙益がインド求法から帰済し、それにより百済律宗が完成されたという伝承もある⑯。

既に述べてきたように聖明王以前の仏教文化の流布について、文献上明らかにすることは困難であり、少々見方を変えてみる必要がある。それは、百済の故地に数多く散在する遺蹟、遺物の検討、すなわち考古学資料の検討を通じて当該問題を考えてみたいと思う。

朝鮮半島における仏教関係遺蹟は、かつて朝鮮総督府時代に一部調査が行われ、戦後は韓国、北朝鮮それぞれで学術調査が実施され、成果を示しつつある⑰。しかし本稿で検討を行う朝鮮三国時代の百済、とくに聖明王時代に比定されるものについては必ずしも多くはなく、非常に制約されている。

一方、遺跡の性格を知るための多くの遺物のうち仏像、仏具の発見例は少なく、さらにそれらが容易に移動できることもあって、これらから性格を云々するのは避けなくてはならないが、わずかに屋瓦の存在は、これらの検討を行える唯一の手段となる。

屋瓦は、仏寺の屋根に主として使用されたものであり、ほかの建造物や彫刻作品が火災などで失われたのに対し、材質的にあるいは数量的にその散逸を逃れてきたものである。しかし、その仏教の内容までも追求するのは難しいといわざるをえないが、その表面に施された文様などによって美術史的見地から、それらの系譜を知ることは可能である。

従来百済の故地からは大量の屋瓦が検出されており、藤沢一夫氏は、それらを検討した結果、それらの表面に見られる文様に注目した。すなわちこれらの文様が大きく二系列に分類できることを明らかにしたのである⑱。

それは楽浪屋瓦の系譜を引く高句麗様式と、中国南朝南梁屋瓦の流れを引く南梁様式の二系統であり、それらの特徴を簡単記述すれば、前者文様はたくましく、北方民族委の気性を表す鋭さがあり、後者は、それらとは対照的に温雅で優美な柔らかな様相を示している。

また前者は楽浪期の「ワラビ手文」に代わって、蓮華文らしさを加えた「四葉文」さらに「六弁文」「八弁文」、弁端に殊粒を配置することが特徴とされている。

後者は、「八弁素弁文」で、前後二様式に細分することが可能で、先行様式のもののうちに「丁巳」の刻印を有する平瓦を伴うものがあり、その年代を威徳王四年に求められることから、ほぼ南梁様式の盛行年代が明らかになっている。さらに藤沢氏は、南梁様式の開始は扶余遷都以後に求められ、その導入の画期となったのは既述の聖明王十九年条を掲げられており、漢山時代に屋瓦の使用が考えられるとすると楽浪様式である。しかし扶余期に直接連なる熊津時代の故地からはいずれも南梁様式の扶余期よりさかのぼる例は確認されていないとされる。

ところで梁との交渉は『三国史記』巻二十六百済本紀四武寧王十二年夏四月条に「遣使入梁朝貢」とあるのが初見で、同一内容の記事が『梁書』にも認められる⑲。

武寧王十二年は、泗沘遷都まで二十六年あり、その間、梁から何らかの影響を蒙ることは十分考えられるにもかかわらず、その顕著な遺蹟、遺物の存在が認められないことは注目される。すなわち熊津期以前において屋瓦が存在するとすれば、北朝（高句麗）系のものであり、それを伴う大規模な仏教遺蹟が百済にあっては扶余期まで見られなかった。また扶余期以前に存在したとしても、それらは北朝（高句麗）系遺物が検出されることになろう。とくに扶余期以降、南朝（梁）系のものが主流となることから仏教文化についても同様の状況と見てよいだろう。

いずれにしてもこのような表面的事象を以て、その内面まで類推するのはいささか乱暴かもしれないが、初期屋瓦の使用は、仏寺の建築物で主として用いられ両者には密接な関連を認めることから考えれば、百済の初期仏教は、隣国高句麗を介して北朝系仏教の伝播、流布が考えられ、扶余期以降、南梁の影響下に南朝系仏教が本格的に受容されたと考えられる。

ともあれ、度重なる高句麗など隣国との交戦により、人々の不安は、はかり難く、都の移動はその緩和策の一つでもあった。さらにそれらの不安解消に積極的な手段を持たない民衆の多くは神祇あるいは仏教に救いを求めていった。

それら民衆の仏教受容一端を知る資料として『東史綱目』巻一がある。

すなわち「麗人好祠鬼神社稷零星及日以十月祭天大会名日寒盟其國東有大穴号隧神亦以十月王自祭又有神廟二所曰扶余神社始祖余神之子蓋河伯女朱蒙伝並置官司守護又有箕子可汗等神事仏以後尤敬信其法旧俗常以三月三日余猟楽浪之丘獲猪鹿祭天及山川」とあり、松林弘之氏⑯は、本資料を用いて高句麗の模様とされているが、おそらく百済においても同様の現象を呈していたと考えられる。

先述の聖明王の一連の仏教興隆記事の背景には、それら民衆の仏教信仰があり、これによって国家の統一を思想面から期待したものであろう。ちなみに聖明王が、仏典、工匠などの派遣を要請した南梁は、崇仏者として著名な武帝によって、北魏のそれに対比される華美な仏教文化が盛行しており、前述聖明王十九年条は、百済における伽藍仏教の開始と南朝系仏教の本格的受容を示し、同時に国家祭祀として仏教を採用した所謂国家仏教成立位の萌芽を、そこに見る。

『書紀』欽明六年乙丑条「是月、百済造丈六仏像、製願文曰、蓋聞、造丈六仏、功徳甚大、今敬造。以此功徳、願天皇所用、弥移福祐。又願、普天之下一切衆生、皆蒙解脱。故造之矣」とある「丈六仏」は、先の聖明王十九年以降に渡来した工匠らによって作られた最初のものであったと考えられる。少なくともこの欽明六年乙丑条記事が百済側の所伝によるものである。山尾幸久氏⑳は、願文などの用字法からこの記事は百済側の所伝によっており、さらに願文には、この仏像が倭国の大王に献上する目的で製作されたものであるとされる⑳。またこの仏像が公伝時に百済から我が国へ献上されたとされている。

しかし『書紀』欽明十三年条に見る所謂仏教公伝記事中に「釈迦仏の金銅像」とあるが、必ずしもそれが「丈六仏」であるとは限定されていない。また当時の航海技術から見ても丈六仏程の大型品を運搬することができたかどうかも疑問である。

従って、聖明王二十三年条に対応する欽明六年条条の記事は既述のごとく、百済における南梁系造仏の開始を物語る典型的な例とされ、それが日本側にも伝えられ『日本書紀』に載録されたものであろう。この結果として扶余地域を中心して南梁様式の仏教関連遺物が多く見つかることにつながっている。癸未銘㉑、丙辰銘㉒を有する金銅三尊仏像は、それぞれ威徳王十年、四十三年に比定されており、先帝聖明王によって興隆された仏教が、次帝治世には広く流布していたことを示している。

威徳王は、同王二十四年、我が国の敏達六年に「経論、僧侶、工匠らを我が国に派遣し㉓、さらに崇仏抗争（丁未の変）㉔では、蘇我氏側が支配権を獲得するや、ただちに仏舎利・僧侶、造寺工、瓦工、画工などを崇峻元年、威徳王三十五年に送っている㉕。

また百済への仏教伝来年代について『日本書紀』推古三十二年夏四月丙午朔戊申条に「有一僧、執斧殴祖父、時天皇聞之召大臣、詔之曰、夫出家者頓帰三宝、具懐戒法、何無懺忌、輙犯悪逆。今朕聞、有僧以殴祖父。故悉聚諸寺僧尼、以推問之。若事実者、重罪之。於是、集諸僧尼而推之。則悪逆僧及諸僧尼、並将罪。於是、百済僧観勒、表上以言、夫仏法、自西至于漢、経三百歳、及伝之至於百済国、而僅勿一百年矣。然我王聞曰日本天皇之賢哲、而貢上仏像及内典、未満百歳。故当今時、以僧尼未習法律、輙犯悪逆、是以、諸僧尼惶懼、以不知所如。仰願、其願、其除悪逆者以外僧尼、悉赦而勿罪。是大功徳也。天皇及聴之」と百済僧観勒の上表文にあるところから、推古三十二年から逆算して、聖明王頃の伝来とする見解である㉖。

この上表文の存在そのものの信ぴょう性も検討が必要かもしれないが、前後の関係からその存在の可能性は高いように思われる。既述のごとく百済における本格的な仏教興隆は、聖明王治世頃からであったと考えられることから一応この見解と一致する。

ちなみに僧観勒は、『日本書紀』推古十年冬十月条に「百済僧観勒来之、仍貢暦本及天文地理書、並遁甲方術之書也」とその渡来事実が記載されており、また前述三十二年夏四月丙午朔戊申条に続いて、同年壬戌条には「僧上」に任じられたことが知られる。ちなみに「僧上、僧都」の名称は、南朝の僧制であり、北朝には存在しないという井上光貞氏の指摘がある㉗。これにより僧観勒の故国たる百済の仏教が南朝系であることが一層明らかとなり、既述の上表文と併せて考えると、百済仏教の開始が当時聖明王治世と考えられており、南朝系すなわち中国梁からの伝播であったことが分かる。

一方、先述百済阿莘王仏教興隆記事については、高句麗故国壌王九年にあたり、同年三月に「下教。崇信仏法求福」とあり、あえて憶測すればそれら高句麗の仏教興隆に対抗する百済側が後に作為したという可能性もあろう。

## （三）新羅の場合

朝鮮三国の内で最も新しく仏教を受容したのは新羅であり、その伝来記事は『三国史記』巻四新羅本紀四法興王十五年条に一括記載されている。

すなわち「肇行仏法、初訥祇王時、沙門墨胡子、自高句麗至一善郡、郡人毛礼於家中作窟室安置。於時梁遣使賜衣着香物、群臣不知其香名与其所用。遣人賫香徧問。墨胡子見之。称其名曰く。此焚之則香気芬馥。所以達誠於神聖。所謂神聖。未有過於三宝。一曰仏陀。二曰達摩。三曰僧伽。若焼此発願。則必有霊応。時王女病革。王、使胡子焚香表誓。王女病尋癒。王甚喜。餽贈尤厚。胡子出毛礼。以所得物贈之。因語曰。吾今所帰。請辞。俄而不知所帰」と、その初伝を伝えている。

さらに「至毗処王時。有阿道（一作我道）和尚。与従者三人。亦毛礼家。儀表似墨胡子。住数年。無病而死。其時従者三人留住。講読経律。往々有信者。至是王亦欲興仏教。群臣不信。喋々騰口舌。王難之。近臣異次頓（或云処道）奉曰。請斬小臣。以定衆議。王曰。本欲興道。而殺不辜非也。答曰。若道之得行。臣雖死無憾。王於是召群臣問之。僉曰。今見僧徒。童頭異服。議論奇詭而非常道。今若縦之。恐有後悔。臣等雖即重罪。不敢奉詔。異次頓独曰。今群臣之言非也。夫有非常之人。然後有非常之事。今聞仏教淵奥。恐不可不信。王曰。衆之言。牢不可破。汝独異言。不能両従。遂下吏将誅之。異次頓臨死曰。我為法就刑。仏若有神。吾死必有異事。及斬之。血従断処湧。色白如乳。衆怪之。不復非毀仏事」とあり、仏教受容に関して論争があったのだが、殉教者異次頓によって受容の方向に向かったと伝えている。

一方『三国遺事』には、その撰者である一然によって否定されているが、味鄒王二年仏教初伝という伝承もある。

ところで先の訥祇王治世伝来とするは、「梁」より伝えられた香物とあることなどから、時代的に問題がある。さらに毗処王治世の阿道については高句麗経由で渡来とあり、彼の高句麗在留期間に問題が残るが、少なくとも新羅の仏教が高句麗から伝えられた可能性が高いことは明らかである。

いずれにしても殉教者異次頓に見る崇仏排仏論争の存在は、高句麗、百済王国にあっても、それぞれの固有の信仰の存在が考えられるにもかかわらず、新羅のような葛藤や論争の存在自体が伝えられていない。ちなみに新羅における固有信仰とは、炤知麻立千王十七年春正月条以後、比較的頻繁に認められる「王親祀神宮」が考えられるが、その実態は明らかではない。

『三国史記』法興王十五年条をはじめとして、同王十六年条の「令禁殺生」さらに次帝真興王五年春二月条「興輪寺成」、同年三月条「許入出家為僧尼奉仏」、同王十年条「梁遣使与入学僧徳逸、与仏舍利、王使百官奉迎興輪寺前路」などの関係記事から新羅仏教の交流を物語っており、少なくとも法興王以降の仏教は、南朝系であったことが分かる。

また国王自らの崇仏、帰依を示すものとして『三国史記』真興王十四年条「王命諸司築新宮於月城東。黄竜見其地。王疑之。改仏寺。号曰皇竜寺」および『真興王巡狩碑』㉘文中に沙門道人法蔵慧忍等を竜で従わせたことなどが掲げられ、王自身もその受容があったと考えられる。さらに国家儀式にも仏教が採用されている。言い換えれば国家仏教として容認されていることを示すものとして、『三国史記』真興王二十三年十月条に「為戦士卒。設八関筵会於外寺。七日罷」とある。以後も真興王による仏教興隆政策は続けられ、三十五年には皇龍寺丈六仏像の鋳造、三十七年安弘法師の入隋求法などがある。

新羅仏教について記述してきたが、とくに注目されるのは、その伝来当初の文物が高句麗を介在した北朝系のものであり、やがて百済あるいは中国南朝の梁から直接南朝系仏教を受容したと考えられることである。すでに百済の項でも述べたが、南朝系の影響は、時代的に見て新しいように思える。

以上、朝鮮半島における仏教の伝播を見てきたが、朝鮮三国の仏教受容は高句麗に始まり、やがて百済、新羅へと伝播していった。その受容された仏教は中国南北朝系に大別され、既述のように三国時代初期に、北朝系要素が強く、漸次南朝系要素が加味されていったと考えられる。

## 二、日本の仏教事情

### （一）仏教私伝について

我が国への仏教の伝播は、私的交流によって伝播した「私伝」と、外交ルートを通じて政治的な要素を多分に含む伝播「公伝」の二者が考えられる。

「私伝」の受容層としては「地方族長層」「帰化人（渡来者）」の二者が考えられる。『扶桑略記』所載の司馬達止仏像礼拝記事に着目した林屋辰三郎氏は「この事実を通じて、村主といわれるような族長層に、仏教の弘通する兆候のあったことが考えられる」とされ、さらに飛鳥時代における伽藍を伴う所謂伽藍仏教の開始に先立って、「草堂」的な地盤の存在を説かれた。一方、「古代社会において、よりすぐれた呪術儀礼を行い得るものが王者たり得、宗儀こそ古代社会における宗教的権威の根源であり、それがまた政治権力ともなりえる」という見地に立って堅田修氏は「宗教的に祭祀権を確保、権力を保持している支配者がその祭政権の根元である在来の祭祀儀礼を捨て、新しく伝わった仏教を受容するということは考えられない」とし、「仏教伝来後の最初の受容層は、（地方）族長層ではありえなかった」と、さらにその最初の受容層は「帰化人達であった」と説かれた。

また巫部連の祖先伝承を引いて五世紀後半の雄略期に九州の一角に仏教が伝わっていた可能性があるとする見解が中井真孝氏によって提示されている㉙。この北九州地方への仏教の早期伝播について林屋氏も説かれたものであるが、両氏の論については半島に地理的に近接しているという点で蓋然性が感じられるが、中井氏が傍証資料として示された石人像を弥勒像とする考えやほかの後世に作成されたと見られる二次的資料を用いての展開には躊躇せざるをえない。とくに『日本霊異記』所載の三谷の大領の先祖が軍旅に遣わされる時、仏力に一身の生還をかけ、やがて伽藍を興隆せんとした説話から「飛鳥に伽藍を営む地盤には、こうした族長らの「草堂」が存したことを推定するのである」とされる林屋氏の見解は、飛鳥、北九州以外の族長層にも仏教弘通の可能性を暗示されているようにも受け取られる。少なくとも先の『日本霊異記』の記事は天武朝頃を示している。従って、前述に地方以外の仏教弘通は時期的にやや降るものと考えられる。

一方、仏教伝来年次の上限は、それを伝えた側への伝播が前提となり、すなわち半島への仏教伝来の四世紀後半より遡ることは考えられない。しかし、仏教伝播の仲介者として渡来者（帰化人）を挙げるべきは論を俟たない。

ともあれ、日本渡来後の彼らの多くは、大和政権の職業集団に組織され、それぞれの居住地も飛鳥地域をはじめとして地域的なまとまりを有していたと考えられる。このことから各々の地域共同体、氏族共同体で共通する何らかの祭祀の存在が考えられ、その祭祀の内には仏教も含まれていたとみてよいだろう。その存在を証明する積極的な資料に欠けるが、少なくとも仏教公伝記事以降、倭漢氏系氏族が仏教関係で多く見いだされるのは、単に蘇我氏配下であったばかりではなく、前提として仏教に通じていた、あるいは受容していたと考えられよう。

仏教公伝以前に遡る受容関係記事は、『扶桑略記』所載の鞍（案）部村主司馬達止の仏像礼拝記事がある。すなわち「即結草堂、於大和國高市郡坂田原、安置本尊。帰依礼拝」とあり、その「草堂」とは、少なくとも彼が鞍（案）部村主という階層から推して、単に司馬達止個人の信仰の場と考えるより、氏族祭祀の場所と考える方が妥当であろう。さらに「廿七代継体天皇即位十六年壬寅、大唐漢人鞍（案）部村司馬達止。此春二月入朝」とその渡来時期を示している。しかし『書紀』敏達十三年是歳条などに見える「鞍（案）部村主司馬達等」と『扶桑略記』所載の鞍（案）部村主司馬達止が同一人物とすると、年齢的に考えて関口亮仁氏㉚の論のごとく、その渡来年「壬寅」を敏達十一年壬寅と考えざるを得ない。

一方、渡来以来、伝統的に鞍部氏らが仏教を受容し、その氏族祭祀として仏教を信仰しており、「達止」(達等)という人物名にこだわらないとすれば、その干支「壬寅」を一巡繰り上げて雄略壬寅年渡来とすることも考えられる。ちなみに、その年は『書紀』雄略七年是年条に「由是、天皇詔大伴連室屋、命東漢直掬、以新漢陶部高貴、鞍部堅貴、……(略)、遷居千上桃原、下桃原、真神原三所」とあり、それら遷居に先立つ雄略壬寅年に鞍部氏の渡来があったとしても不思議はなく㉛、その伝承が後世、司馬達止(等)との関係で記録されたのが、『扶桑略記』の司馬達止渡来記事であったと考えられる。

ところで、達止仏像礼拝記事の見られる『扶桑略記』所載の「禅岑記」は平安時代前期頃の著とされ、その文中に「出縁起」とあることからその原資料が鞍部一族を中心として創建されたとする坂田寺縁起に拠っていることが福山敏男氏によって指摘されている㉜。その坂田寺跡とされる奈良県高市郡明日香村の故地からは、山田寺址から出土する古瓦とほぼ同時期軒丸瓦や、法隆寺などに認められる扁行唐草文軒平瓦の出土が確認されている。

ちなみに坂田寺は、『書紀』持統称制前紀十二月丁卯朔乙酉条に「奉為天渟中原瀛真人天皇無遮大会於五寺。大官。飛鳥。川原。小墾田豊浦。坂田」とあり、当時五大寺に数えられていることを考え併せると、その創建年代は、おそくとも大化前代(奈良前期)に求められるだろう㉝。

従って、その縁起も、坂田寺の創建とほぼ同時期に作られたものであり、その信ぴょう性は高いものと考えられる。また達止仏像礼拝記事のほかには『書紀』欽明十四年条の溝辺直、同敏達十三年条の池辺直氷田があり、いずれも倭漢氏系の氏族であることは注目されよう。とくに倭漢氏は、『書紀』では応神紀以来、高句麗との関係で見いだされることから、彼らが受容していた仏教は北朝系(高句麗系)であったとみられる。とくに敏達十三年是歳条に百済から弥勒石造二体がもたらされた際、「蘇我馬子宿祢、請其仏像二躰、乃遣鞍部村主司馬達等、得僧還俗者。名高麗恵便、大臣乃以為師。……(略)」とあり、偶然う。彼らが高麗僧還俗恵便を得たというより、むしろ両者の間に何らかの交流（交渉）があったと考えられよう。

一方、敏達十三年是歳条に「善信尼等、謂大臣曰、出家之途、以戒本、願百済学受戒法」とあり、翌年には百済へ留学している。これは彼ら（蘇我氏）が百済の仏教（南朝系仏教）を吸収しようとした態度のあらわれであり、後述する仏教公伝以降活発化してきた百済の仏教文物貢献に伴って導入せざるを得ない状況になったものと考えられる。

ともあれ我が国への仏教の伝播は、一回起的なものではなく、多回起的なものであったと考えられる。その性格も従来の氏族祭祀と対立するものではなくむしろ習合が行われたと考えられ、除災招福を意図する祭祀（宗教）として伝播、流布していったと考えられる。

## （二）仏教公伝について

既に見てきたように、百済の情勢は高句麗、新羅ばかりではなく、任那においてもその内部に反百済勢力の出現を生じ、聖明王治世は不穏な暗雲が立ち込めていた。この時期に行われた仏教公伝は、単に仏教文物の貢献にとどまらない、半島、とりわけ百済を巡る政情不安を微妙に反映したきわめて政治的事件であったことは論を俟たない。

『書紀』欽明八年夏四月条「百済、遣前部徳率真慕宣文。奈率奇麻等、乞救軍。仍貢下部東城子言、代徳率汶休麻那」、十五年二月条「百済遣下部杆率将軍三貴、上部奈率物部烏等、乞救與」などに見る軍事的、物質的支援の要請が頻繁に行われている。

一方、欽明元年八月条に「高麗、百済、新羅、任那、並遣使献、並脩貢献」とある一種の牽制を含むような儀礼的一斉貢献をはじめとして、同四年秋九月条「百済聖明王遣前部奈率真牟貴文、護徳己州己婁與物部施徳麻奇牟等、来献扶南財物與二口」、七年夏六月壬申朔癸未条「百済遣中部奈掠葉礼等貢調」、八年夏四月条「百済中部奈率皮久斤、下部施徳灼千那等、献狛虜十口」等、多くの貢納、さらに上蕃者の交代が先の要請に対する代償として行われた。我が国からも、要請に応じる形で、欽明九年春正月癸巳朔乙未条「……（略）所乞救軍必当遣救。宜速報王」や「十二年春三月条「以麦種一千斛賜百済王」、十四年六月条「遣内臣。闕名使於百済仍賜良馬二疋。同船二隻、弓五十張。箭五十具。勅云。所請軍者。随王所須」などの軍事的物質的援助が行われた。従って、百済側による代償貢献の一環として、既述のように百済で受容興隆されている仏教、とくにその文物、美術品などが聖明王によって貢献されたものが、いわゆる「公伝」であったと考えられる。

北山茂夫氏は、この仏教伝来「公伝」は蘇我氏側からの要請によって行われたものではないかと推測されている㉞。それを証明することはできないが、傾聴に値する見解であろう。

ともあれ蘇我氏の仏教受容は、『書紀』による限り、欽明十三年条が初見であり、記事に見る奉言等の内容はともかくとして、少なくとも蘇我氏が百済からもたらされた仏教文物を受け取った窓口であったと考えることはできるだろう。

また欽明十四年夏五月戊辰朔条「河内國言、泉郡茅渟海中梵音。震響若雷声。光彩晃曜如日色。天皇心異之。遣溝辺直入海求訪」、さらに同年是月条に「溝辺直人海果見樟木浮海玲瓏。遂取而献。天皇命画工造仏像二軀。今吉野寺放光樟像也」とある。これらと同内容の記事が『日本霊異記』では、敏達朝のこととし、さらにその献上先が蘇我稲目となっており、両者に相違がある。これらの記事は吉野寺（比蘇寺）阿弥陀像の由来を説くものである。その故地から出土する古瓦から少なくとも推古朝には創建されていたと見られ㉟、この伝承によって『日本書紀』が編纂された天武朝以前に造作されていたと考えられ、蘇我氏とその仏教受容の関係を知る資料として重要である。また『書紀』欽明一六年春二月条に「蘇我卿曰、……（略）頃聞、汝国輟轄而不祀。方今悛悔前過、修理神宮、奉祭神霊、国可昌盛、汝当莫忘」とある。

「蘇我卿」すなわち蘇我稲目が百済王弟恵に対して、旧来の祭祀の充実によって国家の繁栄があると説いている。それを受けて百済王弟恵（余昌）は、同八月条に「百済余昌謂諸臣等曰。少子今願奉為考王出家脩道。……」と出家しようとしたが臣下の反対にあって果たせず。「臣下遂用相議、為度百人、多造幡蓋、種々功徳、云々……」と彼の出家の代償としての行動が記録されており、「云々」という表記から見て当該記事が百済側史料に出典が求められる。

さらに『日本書紀』欽明二十三年条の大伴狭手彦高句麗出兵記事に「……、以七織帳、奉献於天皇。以甲二領、金飾刀二口、銅鏤鐘三口、五色幡二竿……（略）、送蘇我稲目大臣」とある。また『新撰姓氏録』㊱左京諸蕃下和楽使主の項に「天国排開広庭天皇御世、隋使大伴佐弖比古、持内外典、薬書、明堂図書等百六十巻、仏像一軀、伎楽調度一具等入朝」とあり、大伴狭手彦の高句麗出兵時に高句麗から仏教文物を持ち帰り、蘇我稲目に贈ったことがわかる。

以上、蘇我氏と仏教との関連を示す資料を掲げてみた。これらから欽明十三年公伝時には、蘇我氏の仏教受容あるいは強い関心を示していたと見ることができる。後の敏達六年冬十一月条に見える大別王帰国に伴う僧、造寺工などの渡来、同八年冬十一月条にみる新羅による仏像貢献などは明らかに仏教を受容している蘇我氏（蘇我勢力）に対してとられた政策と見られる。

ところで当時の政界にあって蘇我、物部二大勢力が台頭しており、後者が半島外交、前者は内政面で勢力を保持していた。すでに見た如く、百済による多くの救兵、救軍、物資援助要請に伴う貢献貢納は、明らかに蘇我勢力に対してのものであると考えられるものがあった。その一つが仏教公伝であったと考えられる。

仏教公伝年代について多くの先学によって戊午年、壬申年両説の検討が行われてきた。

従来からその伝来については『元興寺伽藍縁起並流記資財帳』、『上宮聖徳法王帝説』など南都仏寺関係の伝承に源を発する「欽明七戊午年伝来」と、『書紀』などによる「欽明十三壬申年伝来」の二説がある。とくに後者については表に示しておく。

**表　仏教公伝に関する記録文献抄**

| 資料名 | 伝播年月 | 伝播物件 | 故国 | 伝播者 | 崇仏者 | その他 | 編著者 | 成立年代 | 出典 |
|---|---|---|---|---|---|---|---|---|---|
| 元興寺伽藍縁起并流記資財帳 | 欽明七戊午 十二月 | 太子像 灌仏器 説仏起書 | 百済 | 聖明王 | 蘇我稲目 | | | 天平19・2（奈良末頃） | 大日仏 85-692 |
| 元興寺伽藍縁起（仏本伝来記） | 欽明十三壬申 | 仏像 経教 | 百済 | 明王 | | 諸寺縁起帳に収められている | | 天平18・4・19 | 大日仏 83-598 |
| 上宮聖徳法王帝説 | 欽明戊午 十月十二日 | 仏像 経教（僧侶） | 百済 | 明王 | 蘇我稲目 | | | （奈良末期） | 大日仏 71-543 |
| 日本書紀 欽明十三年条 | 欽明十三壬申 十月 | 釈迦金銅仏 幡蓋 経論 | 百済 | 聖明王（聖王） | 蘇我稲目 | 別に上奏文あり | | | |
| 日本書紀 推古三十二年条 | 欽明朝 | 仏像 内典 | 百済 | 我王（聖明王） | | 僧観勒の上奏文 | | | |
| 日本書紀 | 欽明十三年 | 仏法 | 百済 | 明王 | 蘇我稲目 | | | | |

| | | | | | | | | | |
|---|---|---|---|---|---|---|---|---|---|
| 大化元年条 | | | | | | | | | |
| 顕戒論 | 欽明戊午 | 仏法 | 百済 | 王 | | 僧護命などの上奏文 | 最澄 | 弘仁10・5・19（八一九） | 大正蔵74―2376 |
| 日本国現報善徳霊異記 | 欽明朝 | 内典 | | | | 序文にみえる | 景戒 | 弘仁年間 | 日本古典全書 |
| 戒律伝来記 | 欽明十三壬申 | 仏法 | 百済 | 聖明王 | 蘇我稲目 | 百済許智部所引の年代記 | 豊安 | 天長7（八三〇） | 大正蔵74―2347 |
| 最勝王聊簡略集 | 欽明七年戊午十二月廿二日 | 仏像経教 | 百済 | 明王 | 蘇我稲目 | 伴信友「仮字本末追考」 | | 天平宝字五年（七六一） | 伴信友全集3 |
| 法隆寺東院御斎会表白 | 欽明十三年壬申 | 仏法 | 百済 | 明王 | | 斑鳩寺雑記 | | 平安前期 | |
| 元興寺露盤銘 | 欽明 | 仏法 | 百済 | 明王 | 蘇我稲目 | | | 福山敏男「飛鳥寺創立の研究」 | |
| 元興寺丈六光銘 | 欽明 | 仏像経教 | 百済 | 明王 | 蘇我稲目 | | | | |
| 三国仏法伝通縁起 | 宣化三年戊午十二月十二日 | 仏法 | 百済 | | | 大安寺審祥大徳記 | 審祥 | | |

| | | | | | | | | | |
|---|---|---|---|---|---|---|---|---|---|
| 三国仏法伝通縁起 | 欽明十三年 壬申 | 仏法 | | | | 華厳宗并因明章疏目録 | 円超 | 延喜14（九一四） | |
| 仏法伝来次第 | 欽明十三壬申 | 仏像 経論 幡蓋 | 百済 | | | | | | 大日仏 62-466 |
| 上宮太子平氏伝雑勘文 | 欽明十三 冬十月 | 仏像 経論 幡蓋 | 百済 | | | 皇代記云とある | | 正和3（一三一四） | 大日仏 71-547 |
| 扶桑略記 | 欽明十三壬申 冬十月十三日 | 金銅釈迦像 経論 幡蓋 | 百済 | 聖明王 | 蘇我稲目 | | 皇円 | | 国史大系12 |
| 帝王編年記 | 欽明十三壬申 十月 | 釈迦金銅像 | 百済 | 聖明王 | | | 永祐 | 貞治3〜康暦2以前 | 国史大系12 |
| 上宮太子拾遺記 | 欽明十三 冬十月 | 釈迦像 経論 | 百済 | | | 王代記云とある | | | 大日仏 71-548 |
| 上宮太子拾遺記 | 欽明十三十月 | 釈迦像 十論釈論 | 百済 | 聖明王 | | 箕面寺縁起によるとある | | | 大日仏 71-548 |
| 元亨釈書 | 欽明朝 | 仏法 | | | | | 虎関 | 元亨2 | 大日仏 |

| | | | | | | | | | |
|---|---|---|---|---|---|---|---|---|---|
| | | | | | | | 師錬 | （一三二二） | 62-470 |
| 巻尾山縁起証文等 | 欽明十三壬申 | 釈迦金銅像 | 百済 | 聖明王 | | | | 寛文2・1・28（一六六二） | 大日仏 85-759 |
| 本朝高僧伝 | 欽明朝 | 仏像 経論 | 百済 | | | 観勅上奏文に同じ | 師蛮 | 元禄15（一七〇二） | 大日仏 23-472 |
| 善光寺縁起集註 | 欽明十三壬申 日子刻 | 一光三尊 宝輦 釈迦銅像他 | 百済 | 聖明王 | | | 慈雲 | 享保18（一七三三） | 大日仏 87-801 |

※本表は、中井真孝「仏教公伝についての覚書」（『続日本紀研究』一四六・一四七合併号）のほか、諸先学の業績から引用作成した部分も多い。記して謝意を表する。（中村浩「仏教伝来の系譜」『論集日本仏教史』雄山閣出版、一九八九年）

ところで、欽明十三壬申年伝来説の成立については、継体・欽明朝の皇位継承問題があり、それを隠蔽するために採用されたとされ、その理由付けが種々考慮され、田村円澄氏は「壬申」が末法第一年に該当することからとされ、水野柳太郎氏は「五五百年思想」㊲によって潤色したとされた。このように潤色されたとしてもそこには何らかの正当性を主張できる理由があったはずである。それらの努力にもかかわらず、『書紀』には欽明十三壬申年伝来を潤色と疑わせる史料が散見するのである。

すなわち『書紀』欽明十五年二月条に「……（略）仍貢徳率東城莫古、代前蕃奈東城子……（略）僧曇慧等九人、代道深等七人。……（略）、皆依請代之」とあり、その「僧」とは仏教の僧侶あり、「依請代之」とあることから、欽明十四条に「今件色人、正当代年月。宜付遣使相代……」とあり、十五年に帰還した上番者（僧侶七人含む）は、少なくとも十四年六月にはその交代時期にあったことが分かる。さらに欽明十五年二月条に「前蕃奈東城子」は、欽明八年夏四月条に「仍貢下部東城子言、代徳率汶沐麻那」とあり、その上番期間が六年であることが分かる。また継体七年に渡来した「段楊爾」は、継体十年秋九月条に「…別貢五経博士漢高安茂、前代博士段楊爾。依請代之」とあり、その上番期間が三年である。このようにみると、僧侶たちの上番期間も三年から六年ということになり、少なくとも十五年に帰還した僧侶七人は、一四年からさかのぼる十一年か、もしくは八年に渡来したことになろう。

ともあれ、欽明七午戊午年伝来については、百済側がまだ仏教文物を送付できる段階には至っていないと考えられる。一方、欽明十三壬申年伝来についても、あくまで初伝としている以上、その前の段階に僧侶が上番していることは不自然である。

ところで笠井倭人氏は、『三国遺事』聖明王即位干支と『三国遺事』聖明王治世年数の両者間で認め得られる十四年の差などの検証により仏教伝来の年とされている、「戊午」と「壬申」両年、本来は、同一年と考えられるものであり、前記両史料を日本側が参酌した際に前者史料を採用したものが「戊午」、後者史料を採用したものが「壬申」年伝来説であったことを明らかにされた㊳。さらに本来同一に帰すべき年次は聖明王二十六年（五四九）であったのではとされた。従来注意されていなかった朝鮮側史料の検討によって出された蓋然性に富む注目される見解であろう。

一方、『書紀』『元興寺縁起』などの諸資料には仏教公伝即初伝という扱いではあるが、すでに見てきたようにそれが単に仏教文物の貢献にあったと考えるならば、「欽明七丙寅年」にその年次を措定することも可能であろう。その前年に百済は丈六仏を作り、翌年には僧侶七人を上番させている。このことを考えあわせるならば、「戊午」「壬申」に加えて「丙寅」年伝来説があってもよいのではと考える。

## むすびにかえて

以上、我が国への仏教伝来について、それを伝えた地域、朝鮮半島での仏教について検討して考えてきた。その結果明らかになったことは、我が国の『書紀』所載の仏教公伝以前に伝播していたのは北朝系仏教であり、公伝後に百済方南朝系仏教が伝えられた。さらに公伝に先行する仏教伝播及び需要は渡来者(帰化人)集団で認められ、その上限は雄略朝後半にまで遡る。とくに公伝時にはすでに蘇我氏勢力には仏教の受容基盤が完成していたとみられ、公伝というのは仏教文物の貢献であり、それらは百済による軍事支援に対する答礼的なものと見ることができる。

(注・参考文献)

① 本稿でいう「公伝」とは、正式の外交ルートを経て中央に伝えられたものを示す。

② 益田宗「欽明天皇十三年仏教渡来説の成立」『日本古代史論集』上、坂本太郎博士還暦記念会、吉川弘文館、一九六二年。北条文彦「日本仏教王殿年代の問題」『書陵部紀要』九、宮内庁書陵部、一九五七年。田村円澄「欽明天皇十三年仏教渡来説と末法思想」『日本歴史』一七八、一九六九年。田村円澄「欽明天皇十三年仏教渡来説の成立」『飛鳥仏教史研究』塙書房、一九七二年。

③ 林屋辰三郎「継体・欽明朝の内乱」『立命館文学』八八、一九五二年。「ふたたび「継体・欽明朝の内乱について」『歴史学研究』一六四、両論ともに『古代国家の解体』、東京大学出版会、一九五五年に所収。松本解雄「仏教の受容」『史林』二五-三、一九四〇年。堅田修「飛鳥仏教新考」『大谷学報』四一-三、一九六二年。堅田修「仏教受容の実態」『日本仏教史』古代編、法蔵館、一九六七年など。

④ わずかに『三国史記』等の記事を引用して触れられているに過ぎず、とくに我が国の初期仏教関係論文には少ない。前掲②・③書では、林屋氏が新羅との関係で触れられているのみである。

⑤ 道端良秀『中国仏教史』法蔵館、一九六一年。
⑥ 学習院東洋文化研究所刊本を使用。
⑦ 朝鮮史編修会編『中国史料』朝鮮史第一編第三巻、一九三三年、後に復刻、国書刊行会、一九七二年。
⑧ 鈴木俊『東洋史要説』吉川弘文館、一九六〇年。
⑨ 三上次男「東亜諸民族の交渉」『日本歴史講座』2、河出書房、一九五三年。三品彰英「対外関係と日本文化の形成」『京大日本史1日本の黎明』、創元社、一九五三年。
⑩ 朝鮮史編修会編『朝鮮史料』朝鮮史第一編第一巻、一九三二年、後に復刻、国書刊行会、一九七二年。
⑪ 『三国史記』小獣林王五年二月条に「又創伊弗蘭寺。以置阿道」とある。
⑫ 今西竜『百済史研究』国書刊行会、一九七〇年。
⑬ 安井良三「物部氏と仏教」『日本書紀研究』第三巻、塙書房、一九六八年。
⑭ 『三国史記』文周王元年冬十月条「移都於熊津」。
⑮ 『三国史記』聖明十六年十月条「移都於泗沘、一名所夫里。国号扶余」。
⑯ 松林弘之「朝鮮三国鼎立代の仏教」『仏教史学研究』一四‐一、一九六八年。
⑰ 斎藤忠『朝鮮古代文化の源流』などがある。
⑱ 藤沢一夫「日鮮古代屋瓦の系譜」『世界美術全集』2、集英社、一九七九年。
⑲ 『梁書』巻二帝紀第二武帝「天監十一年四月。百済・扶南・林邑国。並遣使献方物」。
⑳ 山尾幸久「日本古代国家の形成過程について」(上)、『立命館文学』二七八、一九六八年。
㉑ 考古美術同人会編『金石遺文』三三、癸未銘金銅三尊仏
「癸未年十一月一日
宝華為亡父趙□人造」
㉒ 考古美術同人会編『金石遺文』三一、丙辰銘金銅三尊仏
「建興五年歳在丙辰

仏弟子清信女上部
兒奄造釈迦文像
願生生世値仏聞
法一切衆生同此願

㉓『書紀』敏達六年冬十一月庚午朔条参照。
㉔山尾幸久「大化改新論序説（上）」『思想』五二九、一九六八年。
㉕『書紀』崇峻元年是歳条に見える。
㉖末松保和『新羅史の諸問題』東洋文庫論叢36、東洋文庫、一九五四年。
㉗井上光貞「隋唐以前の中国法と古代日本」『岩波講座日本歴史』月報5、一九七〇年。後に「日本における仏教統制機関の確立過程」『日本古代国家の研究』岩波書店、一九六五年所収。
㉘考古美術同人会編『金石遺文』二、真興王磨雲嶺碑

「……（略）…
千時隋駕沙門道人法蔵慧忍
……（略）」

㉙中井真孝「仏容公伝に関する覚書」『続日本紀研究』一四六・一四七合併号、一九六九年。
㉚関口亮仁「扶桑略記の所謂継体天皇十六年仏教伝来説に就いて」『歴史地理』七七‐一、一九四一年。
㉛渡来後すぐには、その居住地が決まらぬならば、その間数年の隔たりがあっても矛盾は生じない。
㉜福山敏男「飛鳥寺創立に関する研究」『史学雑誌』四五‐一〇、一九三四年。
㉝奈良国立博物館昭和四十三年度春期特別展『飛鳥白鳳の古瓦展』パンフレット、一九六八年。
㉞北山茂夫「飛鳥朝」『国民の歴史』2、文英堂、一九六八年。
㉟石田茂作『総説飛鳥時代寺院址の研究』第一書房、一九八一年。
㊱佐伯有清『新撰姓氏録の研究』（本文編）、吉川弘文館、一九七〇年。

㊲ 水野柳太郎「日本書紀仏教伝来年代の成立について」『続日本紀研究』一二一、一九六四年。
㊳ 笠井倭人「三国遺事王暦と日本書紀」『朝鮮学報』二四、一九六二年。

# 崇仏抗争（丁未の変）について

## はじめに

仏教の公伝以後、用明崩御後、丁未の変によって物部氏が滅亡するまで間、『日本書紀』には、欽明十三年冬十月条、敏達十四年三月丁巳朔条、用明二年夏四月乙巳朔丙午上に各々物部、蘇我両勢力委の仏教可否をめぐる争いが記載されている。しかし両勢力の抗争の原因について崇仏排仏にのみ求めるべきではないことは従来から説かれていたが、必ずしも明確にされたわけではない。

従って、本稿では両勢力の動向についてまず検討し、その上で崇仏排仏問題について考えてみたいと思う。

## 一、両勢力の政治的基盤について

### （一）蘇我氏の勢力基盤

『古語拾遺』①雄略天皇条に「更に大蔵を立てて、蘇我麻智宿祢をして三蔵（斎蔵・内蔵・大蔵）を検校しめ、秦氏をして其の物を出納せしめ、東・西の文氏をして其の簿を録さしむ」とある。吉村武彦氏②は、ここには大蔵の設置と管理、配下の秦氏と東・西文氏という渡来系移民を使って三蔵を管理するシステムの開始が叙述されているとされる。さらにこれらは秦氏に伝わった伝承によるとされ、蘇我氏については何らかの事実を伝える可能性があるとした。韓子については、『日本書紀』③雄略九年三月条に「天皇親ら」新羅を伐たむと欲す。神、天皇に戒めて曰はく「な往しそ」とのたまふ。天皇、是に由りて、果たして行せたまはず。乃ち紀小弓宿祢・蘇我韓子宿祢・大伴談連談、此箇陀利と云う。小鹿火宿祢等に勅して曰く、「新羅、自より西土に居里。……（略）。汝四の卿を以て、拝して大将とす。……（略）」とある。蘇我韓子と同一人物と考えられるとされるが、この父が雄略朝に活躍したとすれば、その子の韓子が将軍として活躍することは年齢的に考えて不可能であり、何らかの作為が加わっていると考えられるが、韓子とその父親の年齢が定かでないことから、必ずしも不可能と断じるわけにはいかないと考える。

高麗であるが、『紀氏家牒』④には「系図に伝へて曰く、蘇我稲目宿祢は、蘇我石河宿祢の玄孫、満智宿祢の曽孫、馬背宿祢（亦高麗宿祢と云う）の子」とある。

ところで『尊卑分脈』⑤には、「満智―韓子―高麗―稲目―馬子―蝦夷―入鹿」とあり、満智の曽孫が馬子に該当する。『公卿補任』⑥には、蘇我氏系図には蘇我石河宿祢や、蘇我馬背宿祢の記載は認められない。

一方、『古事記』⑦孝元天皇段に建内宿祢の系譜が記載されている。すなわち「……（略）、建内の宿祢。この建内の宿祢の子、合わせて九たりぞ。（男七たり、女二たり。……（略）。蘇我の石河宿祢は、（蘇我の臣・川辺の臣・田中の臣・高向の臣・小治田の臣・桜井の臣・岸田の臣等が祖ぞ。）次に、平群の都久の宿祢は……（以下略）」とある。そこに示された蘇我・川辺・田中・高向・小治田・桜井・岸田臣は、それぞれ居住地からつけられた氏族名であるとされたが、その多くが大和飛鳥地域周辺に故地が求められており、わずかに高向、櫻井が河内に求められているに過ぎない。しかし川邊、田中についても河内に由来するとみてよいのではと考える。

『日本三代実録』⑧元慶元年十二月廿七日癸巳条に「右京人前長門守従五位下石川朝臣木村、散位正六位上箭口朝臣岑業、改石川箭口、並賜姓宗岳朝臣、木村言、始祖大臣武内宿祢男宗我石川生於河内國石川別業。故以石川爲名。賜宗我大家爲居、因賜姓宗我宿祢。浄御原天皇十三年賜姓。以先祖之名爲子孫之姓。不避諱。詔許之」とある。

すなわち石川朝臣木村の始祖宗我石川（蘇我石河）は、河内石川の別業に生まれたのでその居住地から氏名をとったという。その後、別業から宗我の大家を与えられてそこに居住したので、宗我宿祢を与えられ、名乗ったというものである。

この経緯から、蘇我氏が河内石川の地から大和曽我へ移住したという考えが成り立つのではないかと考えられる。この状況は、時の政権の所在地が大和飛鳥であれば、当然大和飛鳥地域に有力氏族が居住地を移し、また都が山城に移転すれば、再度山城に移転居住地を求めて移動する。しかし彼らの移動に伴って本来の出身地（本貫地）については、旧来のまま、あるいは引き払ってしまった例もあろう。例えば、紀氏についてみよう。紀氏は、紀州地域に居住する氏族で、紀朝臣系と紀直系に大別され、前者は比較的早い時期に大和へ進出し、後者は紀伊に残り、岩橋千塚を形成したとされる。

しかし吉村氏らは、「実際はその逆であろう。歴史的に言えば、蘇我氏から石川氏へと改姓が行われ、石川の名称の説明と権威付けのために、蘇我への改姓が持ち出されたのだろう」とされ、さらに「石川朝臣の出自が石川にあることは事実だが、本来の蘇我氏の本拠地を主張するものではない。吉村氏のように先の移転が逆であるようには思えないのである。しかも、「蘇我石川宿祢が実在した確かな証拠もない。

この石川は、蘇我のなかでも蘇我倉麻呂（雄当）を祖とする蘇我倉氏族が、七世紀末に石川に改姓する。

『尊卑分脈』は、石川氏を中心に書かれており、すでに没落した蘇我本流は傍系の位置に置かれている」

とされる。

なお『書紀』敏達二十三年是歳条に「馬子宿祢、また石川の宅にて仏殿を修治る。仏法の初、ここより作れり」とある。この石川は河内ではなく、大和高市郡と考えるのが妥当であると多くの先学が記述されている。しかしその確たる根拠は示されていないのである。この石川の仏殿は馬子の私寺と考えるべきものである。『上宮太子拾遺記』⑨に引く「元興寺縁起」には「元興寺縁起云、四年丙辰。冬十一月。法興寺造竟。則大臣男善徳信豊浦大臣是也。拝寺司是日恵聰二僧。始住於法興寺。是年島大臣私起龍泉寺神名傍山為禅行之院」とある当該龍泉寺と見ることができよう。

すなわち蘇我石川宿祢の本来の居住地は河内に求められ、時の政権の移動に伴って、大和飛鳥地域に居住地を移したとみるのが妥当であると考える。

とすれば河内における勢力基盤は一体何に求めるべきなのか？　それは当時の経済が農耕社会にあったことから農業生産に求めるべきではないだろうか。これについて、石川家がどのような位置にあることを示す資料が残されている。

すなわち「観心寺縁起実録帳」⑩に見える記載である。

寺壹院　在河内國錦部石川両郡南山中

合　山地千五百町

錦部郡以山中一千町地名仁深野

四至

東限横峯　　　　南限小月見谷

西限紀伊道川並公田　北限龍泉寺地並石川郡堺
石川郡以南山中五百町地名東坂野
　東限国見岑　　　　　南限上瀧
四至
　西限岑　　　　　　　北限石川家井堰
承和三年閏三月十三日　　　　官符
（以下略）

ここで「北限石川家井堰」とある部分に注目する。これは石川家が私的に井堰を管理していたことになり、水系の管理掌握が行われていたことにもなる。

従来上流で水利権を持つ氏族が下流域の農耕民に対して優位性を持つのは当然の事であり、この部分に石川氏が居住していたことは疑えないのである。

ともあれ、石川水利を利用しての勢力基盤を保持していた石川氏の中央での失脚などはほとんど影響がなかったと考えられる。

## 二、物部氏の勢力基盤

蘇我氏が内政面で勢力を拡大していったのに対し、物部氏は、軍事氏族という性格から対百済、任那外交で、その勢力を維持しており、蘇我氏と両者の均衡が保たれていた。

ところで物部氏は直木幸次郎氏⑪の研究によると、物部という部を中央において管理統率することを任務とする氏族であるから、部の成立以後でなければ存在しえないとし、同じ連姓の所謂伴造系氏族でも大伴連や中臣連は部の制度が成立以前から存在することができるが、物部連は伊福部連、軽部連などとともに部制成立後の氏族と言わざるを得ない。さらに連姓でなくとも刑部造、穴穂部造、門部直などウジに部を含む氏族はすべて同様に考えてよかろうとされた。物部連の歴史を物語る資料は、『書紀』崇神七年八月条に「……(略)、すなわち物部連の祖先である伊香色雄を神斑物者としたいと占ったところ「吉」と出た。……(略)」とあるのをはじめ、同年十一月条、垂仁二十五年条、同二十六年条、同八十七年条、仲哀九年春二月条に「……(略)。その時皇后は、大臣および中臣為賊津連・大三輪大友主君・物部胆咋連に詔して、……(略)」とある。これらの記事は物部氏が祭祀と強い関係を持っていたことがわかり、氏の性格を考える上で重要な伝承である。なおいずれも四世紀以前に遡る所伝であり、何らかの背後の事実があるにせよいずれも後世に作られた記事とせざるを得ないのも事実である。とくに垂仁二年条、仲哀九年条に見える「五大夫、六大夫」などの語句が見られることから直木氏は、当該記事が推古以降に造作されたとみる。さらに政治上新しい時代が始まると考えられる応神、仁徳期には物部氏の姿は見えず、五世紀中葉ころとされる履中期ころから物部氏に関する記事が見え始める。丁度、この頃から「部」制の成立があり、この頃から物部という部が設定され、これを管理する氏族として物部連が成立したとされる。

本来は祭祀氏族であった物部氏が、のちに軍事氏族に転じたと見られるのが、『書紀』の記事から想定できるが、祭祀氏族に関する記事は垂仁紀以前であり、既述のごとく推古以降の作為の可能性が高いとされる。しかも多少の史実性を認める履中期以降の記事から物部氏が政治、軍事、後宮の事に関与することは確認されるが、祭祀関係は全く見られない。また六世紀代の物部氏に関する『書紀』の記載を見ても祭祀と関係した氏族であるということは確認されない。従って物部連は、軍事・警察の事を本務とする氏族であると判断される。

ともあれ「書紀」垂仁紀以前に見られるような物部氏の宗教的所伝は、既述のごとく推古期以降の造作記事である可能性が高いとみられる。これらの宗教的所伝は、六世紀末に物部氏が没落して政治の中枢から締め出され、氏族の性格の変化を生じた後に作られたものであるとした直木説に賛意を表する。

すなわち物部氏の勢力基盤は、軍事、警察に由来するものであり、五世紀中、後期に起こり、六世紀において全盛期を迎えて、六世紀末に一旦衰えて後、天武朝に復活するという経過をたどったのである。

## 三、崇仏排仏論争の経過

### （一）蘇我大臣稲目と物部大連尾輿・中臣連鎌子

『書紀』欽明十三年冬十月条に「百済聖明王、西部姫氏達率無怒唎斯致契等遣して、釈迦佛の金銅像一躯・幡蓋若干・経論若干巻を献る。別に表して、流通し礼拝む功徳を讃めて云さく、「是の法は諸の法の中に、最も殊勝れています。解り難く入り難し。……（中略）。是の日に天皇聞し巳りて、歓喜に踊躍りたまひて、使者に詔して云はく、「朕、昔より来、未だ會て是の如き微妙しき法を聞くことを得ず。然れども朕、自ら決むまじ」とのたまふ。乃ち群臣に歴問して曰く、「西蕃の献れる像の相貌端厳し。全ら未だ會て有ず。禮ふべきや不や」とのたまふ」とあり、これ以降に崇仏廃仏論争が起されるのである。『書紀』には続いて「蘇我大臣稲目宿祢奏して曰さく、「西蕃の諸国、一に皆禮ふ。豊秋日本、豈獨り背かむや」とまうす。物部大連尾輿・中臣連鎌子、同じく奏して曰さく、「我が国家の、天下に主とましますは、恒に天地社稷の百八十神を以て、春夏秋冬、祭拝りたまふことを事とす。方に今改めて蕃神を拝いたまはば、恐らくは国神の怒を致したまはむ」とまうす。天皇曰はく、「情願ふ人稲目宿祢に付けて、試に禮ひ拝あしむべし」とのたまふ」とあり、ここでは、とくに崇仏排仏の論争があったとはいえない状況がある。さらにこれを受けて稲目は「大臣跪きて受けたまはりて忻悦ぶ。小懇田の家に安置せまつる。懇に、世出づる業を修めて因とす。向原の家を浄め捨ひて寺とす」とあり、稲目による宅捨寺院の成立と見ることができよう。

『書紀』にはさらに「後に、国に疫気行りて、民天残を致す。久にして、愈多し。治め療すこと能はず。物部大連尾輿・中臣連鎌子、同じく奏して曰く「昔日臣が計を須ゐたまはずして、斯の病死を致す。今遠からずして復らば、必ず當に慶有るべし。早く投げ棄て、懇に後の福を求めたまへ」とまうす。天皇曰はく、「奏す依に」とのたまふ。有司、乃ち仏殿を以て難波の堀江に流し棄つ。復火を伽藍に縦く。焼き燼きて更餘無し。是に、天に風雲無くして、忽に大殿に災あり」とある。仏教公伝とそれに伴う礼拝可否の論争、さらにその後の後日譚が見られる。ただし、これらの記事は時間的な経過や寺院縁起をもとに潤色された可能性があるなど問題が多い。

ともあれ欽明朝では、十四年夏五月戊辰朔条に「河内国司言さく「泉郡茅渟海の中に梵音す。……(略)、溝辺直を遣わして海に入りて求訪めしむ」。さらに是時条に「溝辺直、に入りて、果して樟木の、海に浮びて玲輝くを見つ。遂に取りて天皇に献る。畫工に命じて、仏像二躯を作らしめたまふ。吉野寺に、光を放ちす樟の像なり」とある。この前後の記事は、いずれも吉野寺縁起によるものであろう。いずれにしてもこの後、『書紀』には敏達紀まで仏教に関連する記事は認められない。

### (二) 蘇我大臣馬子と物部大連守屋・中臣勝海連

次に『書紀』に仏教関連記事が見られるのは、欽明三十一年春三月に見える蘇我稲目の死去後の敏達十三年秋九月条である。すなわち「百済より来る鹿深臣、名を闕せり。弥勒の石像一躯有てり。佐伯連、名を闕せり。仏像一躯有てり。」これらを受けて同年是歳条に「蘇我馬子宿祢、其の仏像二躯を請せて、鞍部村主司馬達等・池辺直氷田を遣して、四方に使して、修行者を訪ひ覓めしむ。是に、唯播磨国にして、僧還俗の者を得。名は高麗の恵便といふ。大臣、乃ち以て師にす。司馬達等の女嶋を度せしむ。善信尼と曰ふ。

年十二歳・又、善信尼の弟子二人を度せしむ。其の一は、漢人夜菩が女豊女、名を禅蔵尼と曰ふ。其の二は、錦織壺が女石女、名を恵善尼と曰ふ。壺、此をば都符と云ふ。馬子独り佛法に依りて、三つの尼を崇ち敬ぶ。乃ち三の尼を以て氷田直と達等とに付けて、衣食を供らしむ。……（略）。馬子宿祢・溝辺直氷田・司馬達等、佛法を深信けて、修行惰らず。馬子宿祢、亦、石川の宅にして、佛殿を修治る。仏法の初、茲より作れり」とあり、蘇我馬子の仏法信奉についての記述がある。とくに「石川の宅にして、佛殿を修治る」とあるのは所謂宅捨寺院呼ばれるもので後に見る本格的な瓦葺きの伽藍建物を整備したものではない。

『書紀』敏達十四年春二月戊子の朔壬寅条に「蘇我大臣馬子宿祢、塔を大野の丘の北に起てて、大会の設斎す。即ち達等が前に獲りたる舎利を以て、塔の柱頭に蔵む。辛亥に、蘇我大臣、患疾す。卜者に問ふ。卜者対へて言はく、「父の時の祭りし佛神の心に祟れり」といふ。大臣、即ち子弟を遣して、其の占状を奏す。詔して曰はく、「卜者の言に依りて、父の神を祭ひ祀れ」とのたまふ。大臣、詔を奉りて、石像を礼び拝みて、寿命延べまへと乞ふ。是の時に、国に疫病行りて、民死ぬ者衆し」とある。この疫病流行を捉えて排仏勢力が動き始める。

同年三月丁未の朔に「物部弓削守屋大連と、中臣勝海大夫と、奏して曰く、「何故にか臣が言を用ゐ肯へたまはざる。考天皇より、陛下に及るまでに、疫病流く行りて、国の民絶ゆべし。豈専蘇我臣が佛法を興し行ふに由れるに非ずや。」とまうす。詔して曰はく、「灼然なれば、佛法を断めよ」とのたまふ」とあり、これに続いて「丙戌にに物部弓削守屋大連、自から寺に詣りて、胡坐に踞げ坐り。其の塔を斫り倒して、火を縦けて焼く。併せて佛像と佛殿とを焼く。既にして焼く所の餘の佛像を取りて、難波の堀江に棄てしむ。」とあり、守屋の行状が記録されているが、そこに描かれている寺のイメージは明らかに伽藍堂舎が整備された以降の寺院形態であり、事実を反映していないと見られる。

さらに続けて「是の日に、雲無くして風吹き雨ふる。大連、被雨衣り。馬子宿祢と、従ひて行へる法の侶とを訶責めて、毀り辱むる心を生さしむ。乃ち佐伯造御室更の名は、於閭礙。を遣して、馬子宿祢の供る善信尼等の尼を喚ぶ。是に由りて、馬子宿祢、敢へて命に違はずして、惻愴き啼泣ちつつ、尼等を喚び出して、御室に付す。有司、便に尼等の三衣を奪ひて、禁錮へて、海石榴市の亭に楚撻ちき」とあり、排佛行動は一応収まったかに見える。これに対して反応が以下に展開する。すなわち「天皇任那を建てむとを思ひて、坂田耳子王を差して使とす。此の時に属りて、天皇と大連と卒に瘡患みたまふ。故果して遣さず。橘豊日皇子に詔して曰はく、「考天皇の勅に違ひ背くべからず。任那の政を勤め修むべし」とのたまふ。又瘡発でて死る者、国に充盈照り。其瘡を患む者言はく、「身、焼かれ、打たれ、摧れるが如し」といひて、啼泣ちつつ死る。老も少も竊に相語りて曰はく、「是、佛像焼きまつる罪か」といふ」とあり、排佛行動の実行とそのたたりとしての反発が記述されている。これに対して蘇我馬子は傍観していたわけではなかった。

『書紀』敏達十四年夏六月条に「馬子宿祢、奏して曰く、「臣の疾病りて」、今に至るまでに癒えず。三宝の力を蒙らずば、救ひ治むべきこと難し」ともうす。是に、馬子宿祢に詔して曰はく、「汝獨り佛法を行ふべし。餘人を断めよ」とのたまふ。乃ち三の尼を以て、馬子宿祢に還し付く。馬子宿祢、受けて歓悦ぶ。未曽有と嘆きて、三の尼を頂禮む。新に精舎を営りて、迎へ入れて供養ふ。或本に云はく、物部弓削守屋大連・大三輪逆君・中臣磐余連、倶に佛法を滅さむと謀りて、寺塔を焼き、併て佛像を棄てむとす。馬子宿祢諍ひて従はずといふ」とあり、蘇我馬子自らの病気平癒のために仏教礼拝を許されている。やがて敏達十四年秋八月には敏達天皇が崩御、その殯宮での誄の行事での蘇我馬子と物部守屋の葛藤が記述されている。

やがて用明天皇の時代となる。『書紀』用明二年夏四月乙巳朔丙午、是日条に「天皇、得病ひたまひて、宮に還入します。群臣侍り。天皇、群臣に詔して曰はく、「朕、三宝に帰らむと思ふ。卿等議れ」とのたまふ。群臣、入朝して議る。物部守屋大連と中臣勝海連と、詔の議に違ひて曰く、「何ぞ国神を背きて、他神を敬うびむ。由来、斯の若き事を識らず」とまうす。蘇我馬子宿祢大臣、曰く、「詔に隋ひて助け奉るべし。詎ぞ異なる計を生さむ」とまうす。是に皇弟皇子、皇弟皇子といふは、穴穂部皇子、即ち天皇の庶弟なり。豊国法師、名を闕せり。を引て、内裏に入る。物部守屋大連、邪睨みて大きに怒る。是の時に、押坂部史毛屎、急て来て、蜜に大連に語りて曰はく、「今、群臣、卿を図る。復将に路を断ちてむ」といふ。大連聞きて、阿都に退きて、阿都は大連の別業の在る所の地の名也。人を集聚む。中臣勝海連、家に衆を集経て、大連を隋助く。遂に太子彦人皇子の像と竹田皇子の像を作りて厭ふ。俄ありて事の擠り難からむことを知りて、帰りて彦人皇子に水派宮に附く。水派、此をば美麻多といふ。舎人迹見赤梼、勝海連の彦人皇子所より退くを伺ひて、刀抜きて殺しつ。迹見は姓なり。赤梼は名なり。赤梼、此をば伊知毗と云ふ。大連阿都の家より、物部八坂・太市造小坂・漆部造兄を使して、馬子大臣に謂らしめて曰はく、「臣、群臣我を謀ると聞けり。我、故に退く」といふ。馬子大臣、乃ち土師八嶋連を大伴□羅夫連の所へ使して、具に大連の語を述べしむ。是に由りて、毗羅夫連手に弓箭・皮楯を執りて、槻曲の家に就きて、昼夜離らず。大臣を守護る。槻曲の家は、大臣の家なり。天皇瘡轉盛なり。終せたまひなむとする時に、鞍部多須奈、司馬達等の子なり。進みて奏して曰く、「臣、天皇の奉為に、出家して修道はむ。又丈六の仏像及び寺を造り奉らむ」とまうす。天皇、為に悲び慟ひたまふ。今南渕の坂田寺の木の丈六の仏像・挾侍の菩薩、是なり」とある。この記事のうち「鞍部多須奈、司馬達等の子なり。進みて奏して曰さ」以下は、南渕の坂田寺の縁起から引用されたものであろう。

　やがて「癸丑に天皇、大殿崩りましぬ」とあり、続いて『書紀』崇峻即位前紀五月条に「物部大連が軍衆、三度驚駭む。大連、元より餘皇子等を去てて、穴穂部皇子を立てて天皇せむとす。今に至るに及びて、遊獵するに因りて、替へ立つ謀らむと望ひて、密に人を穴穂部皇子のもとへ使にして曰さく、「願はくは皇子、将に淡路駆獵まうす。謀泄りぬ。」さらに六月甲辰朔庚戌条に「蘇我馬子宿祢等、炊屋姫尊を奉り、佐伯連丹経手・土師連磐邑・的臣真嚙に詔て曰はく、「汝等、兵を儼ひて速に往きて、穴穂部皇子と宅部皇子とを誅殺せ」とのたまふ。是の日の夜半に、佐伯連丹経手等、穴穂部皇子の宮を圍む。是に衛士、先ず楼の上に登りて、穴穂部皇子の肩を撃つ。皇子、楼の下に落ちて、偏の室に走げ入れり。衛士等、擧燭して誅す。辛亥に宅部皇子を誅す。宅部皇子は、檜隈天皇の子、上女王父なり。未だ詳ならず。穴穂部皇子に善し。故誅す」とあり、物部大連守屋が擁立しようとした穴穂部皇子と更に通じていたとみられる宅部皇子は、この段階で誅殺されたのである⑫。

『書紀』崇峻即位前紀甲子条に「善信尼等、大臣に謂りて曰はく、「出家の途は、戒むことを以て本とす。願はくは、百済に向りて戒むことの法を学ひ受けむ」といふ。是の月、百済の調使来朝。大臣使人に謂りて曰はく、「此の尼等を率て、汝が国に将て渡りて、戒むことの法を学はしめよ。了りなむ時に発て遣せ」といふ。使人答へて曰はく、「臣等、蕃に、先ず国王に導さむ。而る後に発て遣すとも、亦遅からじ」といふ。

一方、物部守屋勢力と対峙する蘇我馬子側勢力は、秋七月条に「蘇我馬子宿祢大臣、諸皇子と群臣とに勧めて、物部守屋大連を滅さむことを謀る。泊瀬部皇子・竹田皇子・難波皇子・春日皇子・蘇我馬子宿祢大臣・紀男麻呂宿祢・巨勢臣比良夫・膳臣賀拕夫・葛城臣烏那羅、倶に軍旅を率て、進みてを討つ。大伴連嚙・阿部臣人・平群臣神手・坂本臣糠手・春日臣、名字を闕せり。倶に軍旅を率て、志紀郡より、渋河の家に到る。大連、親ら子弟と奴軍率て、稲城を築きて戦ふ。是に、大連、衣揩の朴の枝間に昇りて、臨み射ると雨の如し。其の軍、強く盛にして、家に塡ち溢れたり。皇子等の軍と群臣の衆と、怯弱くして恐怖りて、三廻却退く」とある。さらに蘇我側の記事が続く。「是の時に、厩戸皇子、束髪於額して、古の俗、年少児の年、十五六の間は、束髪於額す。十七八の間は、分けて角子にす。今亦然り。軍の後に隋へり。自ら忖度て曰はく、「将、敗らるること無からむや。願に非ずは成し難けむ」とのたまふ。乃ち白膠木を斬り取りて、四天王の像に作りて、頂髪に置きて、誓を発てて言はく、白膠木、此をば農利泥といふ。「今若し我をして敵に勝たしめたまはば、必ず護世四王の奉為に、寺塔を起立てむ」とのたまふ。蘇我馬子大臣、又誓を発てて言はく、「凡そ諸天王・大神王等、我を助け衛りて利益つこと獲しめたまはば、願はくは當に諸天と大神王との奉為に、寺塔を起立てて、三宝を流通へむ」といふ。誓ひ已りて種々の兵を厳ひて、進みて討伐つ。爰に迹見首赤梼有りて、大連を枝の下に射堕して、大連併て其の子等を誅す。是に由りて、大連の軍、忽然に自づからに敗れぬ。軍合りて皁衣を被て、広瀬の勾原に馳獵して散れぬ。是の役に、大連の児息と眷族と、或いは葦原に逃げ匿れて、姓を改め名を換ふる者有り。或いは逃げ亡せて向にけむ所を知らざる者有り。時の人語りて曰はく、「蘇我大臣の妻は、是物部守屋大連の妹なり。大臣、妄に妻の計を用ゐて、大連を殺せり」といふ」とあり、物部守屋勢力はこの段階で壊滅するのである。

以下の記事は、それぞれの寺院縁起に由来するものと考えられる。すなわち「乱を平めて後に、摂津國にして、四天王寺を造る。大連の奴の半と宅とを分けて、大寺の奴・田荘とす。田一萬頃を以て、迹見首赤梼に賜ふ。蘇我大臣、亦本願の依に、飛鳥の地にして、法興寺を起つ」とある。

以上、欽明朝以来続いてきた崇仏廃仏論争は、抗争に発展した後、崇仏派の勝利によって決着する。しかしこの抗争の背景には、いくつかの要因が見られ、それが仏教の可否をめぐる問題のみでないことは明らかである。

## 四、抗争の背景と要因

すでに『書紀』に見る経過から明らかなように、物部守屋が推す皇子の皇位継承に起因する両者の対立が直接的な抗争を生じさせたとみてよいだろう。とくに『書紀』敏達十四年秋八月条に「……（略）、穴穂部皇子、天下を取らむとす。発憤りて称して曰はく「何の故にか死ぎたまひし王の庭に事へまつりて、生にます王の所に事へまつらざらむ」といふ」とあり、穴穂部皇子が皇位略奪を狙っていることを示す行動をとっている。

この表面に現れた背景とともに、蘇我、物部両勢力の間に、朝鮮半島をめぐる外交関係の葛藤が横たわっていたと考える。

とくに蘇我氏が内政面で勢力を拡大していったのに対し、物部氏は軍事氏族という性格から、対百済、対任那外交でその勢力を保持し、両者の均衡が保たれていた。ちなみに敏達朝以前、朝鮮派遣氏族についてみると、物部氏一〇、吉備氏八、紀氏八、河内氏六、大伴氏四件などとなり、蘇我氏は、わずかに雄略九年に見える蘇我韓子宿祢一例のみである。

さらに、継体から敏達朝における対百済、任那、新羅に限定すると、物部九、河内六、紀四、吉備三、大伴一件となり、百済官人となっているものでは、物部四、紀二件となり、物部氏の優位性が明らかである。さて、欽明末年からの蘇我氏と高句麗の接近は、蘇我氏が対外政策に進出し、両氏の均衡局面を打開すべく打たれた策であると考える。山尾幸久氏はこれらの状況を高句麗からの積極的な働きかけによるとされるが、筆者は、日本側（蘇我氏側）からの働きけがあったと考える。欽明二十五年条の大伴狭手彦高句麗出兵の翌二十六年夏五月に高句麗人頭霧唎耶陛等が筑紫に投化し、三十一年条には、越人江渟臣裙代の奉言により、高句麗の使者が到ったことが分かる。『書紀』には「高麗の使人。風浪に辛苦みて、迷ひて浦津を失へり。水の任に漂流ひて、忽に岸に到り着く。郡司隠匿せり。故、臣顕し奏す」とまうす。詔して曰はく、「朕、帝業を承けて、若干年也。高麗、路に迷ひて、始めて越の岸に到れり。漂ひ溺るるに苦ぶと雖も、尚性命を全くす。豈徽献広く被らしめて、至徳に、巍巍に、仁化傍く通せて、洪恩蕩に非ざるものならむや。有司、山城国の相楽郡にして、館を起てて浄め治ひて、厚く相資け養へ」とのたまふ。」とある。ここでは偶然の渡来ということになっているが、「高麗の使人」と記載されていることから考えると偶然の渡来（漂着）とは考え難い。

さらに「是の月に、乗輿、伯瀬の柴籬宮より至ります。東漢氏直糠子・葛城直難波を遣して、高麗の使人を迎へ召ばしむ。五月に、膳臣傾子を越に遣わて。高麗の使に饗たまふ。傾子、此をば舸拕部古と云ふ。大使、審に膳臣は是皇華の使といふことを知りぬ。乃ち道君に謂りて曰はく、「汝、天皇に非じと、果して我が疑ひつるが如し。汝既に伏して膳臣を拝めり。倍復百姓といふことを知るに足れり。而るを前に余を詐りて、調を取りて己に入れたり。速に還すべし。煩しくな飾り語ひそ」といふ。膳臣、聞きて、人をして其調を探り索めしめて、具に為與ふ。京に還でて復命す」とある。

さらに秋七月壬子朔条に「高麗使、近江に到る。是の月に、巨勢臣猿と吉士赤鳩とを遣わして、難波津より発ちて、船を狭狭波山に控き引して、飾船を装ひて、乃ち往きて近江の北山に迎へしむ。遂に山背の高麗館に引入れしめて、則ち東漢坂上直子麻呂・錦織首大石を遣して、守護とす。更、高麗の使者を相楽の館に饗たまふ。」とあるが、未だ高麗の使者の表疏と貢物は届けられていない。やがて敏達元年五月壬寅朔条に「天皇、皇子と大臣に問ひて曰はく、「高麗の使人、今何にかある」とのたまふ。大臣奉對して曰はく、「相楽の館に在り」とまうす。天皇聞して、傷惻みたまふこと極めて甚なり。愀然きたまひて嘆きて曰はく、「非しきかな、此の使人等、名既に先考天皇に奉聞せり」とのたまふ。乃ち群臣たちを相楽の館に遣わして。献るところの調物を検へ録して、京師に送らしめたまふ。丙辰に、天皇、高麗の表疏を執りたまひて、大臣に授けたまふ。諸の史を召し聚へて、読み解かしむ。是の時に、諸の史、三日の内に、皆読むこと能はず。爰に船史の祖王辰爾有りて、能く読み釈き奉る。是によりて、天皇と大臣と倶に為讃美めたまひて曰はく、「勤しきかな、辰爾懿きかな、辰爾。汝若し学ぶることを愛まざらましかば、誰か能く読み解かまし。今より始めて、殿の内に侍れ」とのたまふ。既にして、東西の諸の史に詔して曰はく「汝等習ふ業、何故か就らざる。汝等衆しと雖も、辰爾に及かず」とのたまふ。また高麗の上れる表疏、烏の羽に書けり。隋に、既に識る者無し。辰爾、乃ち羽を飯の気に蒸して、帛を以て羽に印して、悉に其の字を寫す。朝廷悉に異しがる」とあり、王辰爾が高麗の烏の羽に記した表疏を解読したことを讃えている。この事件は、辰爾の機知に富んだものと理解することができるが、一方ではこのような暗号的な要素があったということは、反高麗勢力に対する警戒があったとも考えて大過ないのかもしれない。関晃氏⑬は、この表疏が烏羽に書かれていたため、多くの使が解読できなかったという「書紀」の記事を従来、旧帰化人の知識の旧式化からくる潤色とされているが、氏は烏羽に限定しないが、その表疏に暗号が用いられていた可能性が十分に存したと考える。すなわち、この使者は蘇我氏側の働きかけに対応するものであり、その表疏の内容が、百済、新羅、任那および反蘇我（物部）勢力に知られることを恐れた配慮であったとみられる。これら一連の記事では、高麗使人の対応には、蘇我氏勢力の活動が見られる。秋七月には高麗の使人は帰国している。

これらに対し、敏達二年夏五月丙寅朔条に「高麗の使人、越海の岸に泊る。」とあり、高麗からの渡来への対応は大いに異なっている。すなわち、勅命によって高麗の使人を送り出すために任命された吉備海部直難波が、高麗の二人を殺害したのである。八月甲午朔丁未条に「送使難波、還り来て復命して曰はく、「海の裏に鯨魚大きなる有りて、船と檝櫂とを遮へ嚙ふ。難波等、魚の船呑まむことを恐りえ、入海ることを得ず」とまうす。天皇聞して、其の謾語を識る。官に駆使ひて、国に放還さず」とある。これに対し、冬十月戊子朔丙申に「蘇我馬子大臣を吉備国へ遣して、白猪屯倉と田部とを増益さしむ」と吉備に対する報復処置とも思われる行為がとられている。

ところで既述のように吉備氏は、物部氏と並んで対百済、任那外交で、その政治的基盤を保持していた氏族⑭である。蘇我氏の蘇我氏の高麗（高句麗）接近は、吉備氏にとっても大いに脅威であったと思われ、その結果として先述吉備海部直難波の行為として現れたのではないだろうか。

ちなみに敏達十二年是歳条の吉備海部直羽嶋の名を最後に、対朝鮮半島外交から吉備氏が姿を消している⑬。

一方、蘇我氏の高句麗接近にともなって対百済、新羅外交は微妙な方向に変化していった。百済、任那外交にその政治基盤をもつ物部氏にとっては、致命的な打撃となったはずである。加えて蘇我氏に近い用明天皇の即位によって、物部氏の中央政界における発言力の低下は、絶望的なものとなっていったと考えられる。

果たして両勢力の対立は皇位継承問題として、武力抗争として表面化するのである。

山尾幸久氏⑭は、この皇位継承をめぐる用明崩御後、崇峻即位前の皇太子彦人大兄皇子、物部守屋暗殺事件（丁未の変）の成功により、蘇我氏がほぼ完全に政治権力を掌握しえたとし、さらにこの丁未の変は、辛亥、乙巳、壬申の政変とならぶ国家成立史上重要な画期をなしたクーデターであるとされた。

ところで『書紀』には、蘇我と物部勢力の一連の対立を崇仏廃仏に起因する抗争として記述されている。その内容に疑義があることは、諸先学の指摘されたことである。すなわち、所謂崇仏排仏の記事とは、①欽明十三年条、②敏達十四年条、③用明二年四月条である。①は、井上薫氏⑮の指摘にある如く②と酷似しており、①の「於後、国行疫気」にある「於後」は、②の「是時、国行疫疾」の「是時」と同じである。さらに既述のごとく、公伝記事が百済側史料に依拠していることから、それらが作為された可能性は高いと考えられる。

また、先に述べた蘇我氏の仏教受容が欽明十三年前後では、まだ本格化していない時期であり、①の排

（廃）仏の存在は疑わしい。しかし②のそれについては、上田正昭氏⑰らの研究によって、欽明から敏達朝期に祭官制が整備されつつあることが明らかにされ、その長たる中臣氏と崇仏派との間に対立状態が生じるのは当然であり、その実在の可能性は高いと言える。『書紀』敏達十四年六月条「或本に云はく。物部弓削守屋大連・大三輪逆君・中臣磐余連、倶に佛法を滅さむと謀りて、寺塔を焼き、併せて佛像を棄てむとす。馬子宿祢、諍ひて従はずといふ」とあり、排仏側に大三輪逆君が加わっており、①の場合とは異なる。しかし大三輪逆君は、用明元年五月に物部守屋あるいは穴穂部皇子に誅殺されており、必ずしも排（廃）仏派とされる氏族が一枚岩でないことが分かる。

さらに③は、用明天皇自身の仏教受容表明であり、祭官制の成立と相まって宮廷内部に異論混乱が生じるのは当然かもしれない。田村圓澄氏⑱は、この用明の仏教私的受容表明が蘇我、物部勢力の激突を招いたとされるが、既に見たように、単にこれのみによるものでないことは明らかである。

ともあれ、従来保守的な祭祀面において、そこに新しいものが加わろうとする際には、摩擦が起こるのは当然であると考えられる。

『書紀』と同じく、仏教興隆の争いを記録するものに『新羅本紀』がある。すなわち『三国史記』巻四新羅本紀四法興王十五年条「……（略）、至是王亦欲興仏教。群臣不信。蝶々騰口舌。王難之。近臣異次頓或云処道奏曰。請斬小臣。以定衆議。王曰。本欲興道。而殺不喜非也。答曰。若道之得行。臣雖死無憾。王於是召群臣問之。僉曰。今見僧徒。童頭異服。議論奇詭而非常道。今若縦之。恐有後悔。臣等雖即重罪。不敢奉詔。異次頓独曰。今群臣之言非也。夫有非常之人。然後有非常之事。今聞仏教淵奥。恐不可不信。王曰。衆之言。牢不可破。汝独異言。不能両従。遂下吏将誅之。異次頓臨死曰。我為法就刑。仏若有神。吾死必有異事。及斬之。血従断処湧。色白如乳。衆怪之。不復非毀仏事」とある。ここでは法興王が群臣に仏教興隆の可否を問うたところ、意見がまとまらなかった。そこで異次頓なる人物が登場し、自分を斬って、もし何かの異事があると言って死に臨んだ。処断したところ切り口から血が湧き出たが、その血の色は乳の如くであったという。これを見た人々は、毀仏を主張しなくなった。新羅では「異次頓」の登場ですべてが解決している。

敏達朝以後の仏教を巡る抗争は、両勢力の政治抗争に一争点を加えたに過ぎなかったと考えられる。とくに『書紀』に見える記事内容は、佛家側の誇張した表現の所産であると考えられなくもないのである。

## むすびにかえて―推古朝仏教の展望―

丁未の変の成功によって、完全に政権を掌握した蘇我勢力は、その最初で最大の仏教政策として法興寺（飛鳥寺）造営に着手した。とくに法興寺造立の目的として、蘇我勢力の政治的拠点としてだけでなく、僧尼全般の授戒を行う法師寺としての役割があったと考えられる。またその造営に対して帰化工人の果した役割も多大である。発掘調査の成果⑲では、高句麗系、百済系の建築様式が混在しているという。これは単に様式のみに限らず、内容的にも百済僧、高麗僧の協力があったのである。とくに『書紀』推古四年冬十一月「是の日に慧慈・慧聰、二の僧、始めて法興寺に住り」とある。ちなみに慧慈は、三年五月に高麗から、慧聰は同年是歳に百済からそれぞれ来朝しており、南北両朝の仏教が同時に展開されることになったのである。すなわち、飛鳥寺に居住した僧侶は、高句麗系仏教の慧慈と、百済系仏教の慧聰であり、期せずして南北両朝系仏教が展開したとみられる。

『書紀』推古四年冬十一月条に「法興寺造竟りぬ。則ち大臣の男善徳を以て寺司に拝す」。この記事に関して黛弘道氏⑳は、「発願者の蘇我馬子の長男善徳が朝廷から寺司に任命されたとあるのは、一見不可解とおもわれないでもないが、これは中途から皇室や諸豪族もその造営に積極的に参加し、そのため法興寺の性格が蘇我氏の私寺から官寺へと転化していったことを示すと解釈することができる」とされ、一方、田村圓澄氏㉑は、大臣蘇我馬子の単独発願とされている。しかし蘇我氏が氏の崇仏のためにのみ発願建立したとするには問題がある。すなわち、宅捨寺院である石川精舎、宅東方佛殿などの存在があり、あえて私寺として法興寺を単独で発願し建立する必要はなかったのではないかと考える。ちなみに馬子は、『上宮太子拾遺記』に「是年島大臣私起、龍泉寺於石川神名傍山為禅行院」とある龍泉寺を私的に建立している。

推古十三年夏四月辛酉の朔に「天皇、皇太子・大臣及び諸王・諸臣に詔して、共に同じく請願ふことを発てて、初めて銅・繍の丈六の佛像、各一躯を造る。乃ち鞍作鳥に命せて、佛造りまつる匠とす」とあり、ここに見られる「天皇、皇太子・大臣及び諸王・諸臣」は、崇仏抗争（丁未の変）で、反物部勢力として結集した集団であった。従って、この詔は、官寺としての法興寺を象徴するものであると考えられる。

同時に、「高麗国の大興王、日本国の天皇佛像を造り玉符を聞きて、黄金三百両を貢上る」なども、官寺としての法興寺に対して行われたと考えてよいだろう。

（補注・参考文献）


① 斎部広成撰：西宮一民校注『古語拾遺』岩波書店、一九八七年。
② 吉村武彦「蘇我氏の古代」岩波新書、岩波書店、二〇一五年。
③ 坂本太郎・家永三郎・井上光貞・大野晋校注『日本書紀』上・下、岩波古典文学大系67・68、岩波書店、一九六五、一九六七年。
④「紀氏　家牒」『田中卓著作集』2、国書刊行会、一九八六年。
⑤『尊卑分脈』、新訂増補「国史大系」六〇-下、吉川弘文館、一九五八年。

⑥『公卿補任』新訂増補「国史大系」五三、吉川弘文館、一九六六年。
⑦西宮一民校注『古事記』、新潮日本古典集成、新潮社、一九七九年。
⑧『日本三代実録』新訂増補「国史大系」四、吉川弘文館、一九七一年。
⑨『上宮太子拾遺記』巻三、『大日本仏教全書』第七一巻、史伝部十、鈴木学術財団、一九七二年。
⑩「観心寺縁起実録帳」『大日本古文書』観心寺文書、東京大学出版会、一九七九年。
⑪直木幸次郎「物部連に関する二、三の考察」『日本書紀研究』第二冊、塙書房、一九六六年。
⑫物部大連守屋が擁立しようとした穴穂部皇子と更に通じていたとみられる宅部皇子は、この段階で誅殺されたのである。
⑬関晃『帰化人』至文堂、一九五六年。
⑭吉備氏は、物部氏と並んで対百済任那外交で、その政治的基盤を保持していた氏族である。
⑮山尾幸久「大化改新論序説」上、「思想」五二九、一九六八年。『日本古代王朝と内乱』学生社、一九六九年。
⑯井上薫『日本古代の政治と宗教』吉川弘文館、一九六一年。
⑰上田正昭「祭官制成立の意義」『日本書紀研究』第一冊、塙書房、一九六四年。
⑱田村圓澄「国家仏教の成立過程」『史淵』九〇、一九六三年。後に『飛鳥仏教史研究』塙書房、一九六九年に所収。
⑲奈良国立文化財研究所『飛鳥寺』奈良国立文化財研究所学報第五冊、奈良国立文化財研究所、一九五八年。
⑳黛弘道「推古朝の意義」『岩波講座日本歴史』古代2、岩波書店、一九六二年。
㉑田村圓澄『飛鳥仏教史研究』塙書房、一九六九年に所収。

# 第三部

# 龍泉寺に関する歴史および考古学的検討

# 龍泉寺の考古学的調査

## はじめに

龍泉寺の考古学的調査は以下の如く実施された。まず調査の経過について記述することにする。

一九五五年代から一九六五年代にかけては、当該地域周辺では、農業構造改善事業による農道建設などの大規模工事が行われ、徐々にではあるが開発の波が当該地にまで及んでくる気配があった。一九七四年には、千早赤阪村小吹台地区への上水道の送水計画が浮上し、これに伴う調圧水槽建設が龍泉寺域内で行われることになった。これに伴う事前調査が大阪府教育委員会によって、一九七四年二月に実施された①。当該対象地は『寛文九年龍泉寺境内図』②によると、千手院跡に該当する部分であり、最初の坊院跡調査であった。

これと前後して龍泉寺の一角に富田林市営青少年キャンプ場の利用が開始された。さらに市営青少年キャンプ場の移設に伴い、宗教法人龍泉寺では、文化財の維持管理の資とするため、キャンプ場跡地に霊園を建設することを計画し、大阪府、富田林市に対して計画の進展について協議を行った。その結果当該地域の発掘調査を実施することになった。

これを受けて一九七六年十月十五日から一九七七年一月三十一日まで第一・二次発掘調査を実施した③。この間、西方院跡、満福院跡二か所の坊院跡と、南北二群の瓦窯跡および伽藍東端部域の調査を行った。

また第三次発掘調査は一九八一年七月、大谷女子大学専任講師中村浩を担当者として東之坊跡について実施した④。

さらに、一九八一年夏には、嶽山について観光開発のため道路整備等が実施されることとなり、富田林市教育委員会内に調査団が設置された。調査団長の神戸商船大学北野耕平教授のもと、調査担当中村で、一九八一年八月十二日から九月二十日の間、発掘調査が行われた⑤。この調査では、坊院跡のうち、脇之坊、摩尼院、前之坊跡の調査が実施された。

やがて平成へと年号が変わり、龍泉寺周辺においても嶽山開発の余波を受け、観光客の訪れもちらほらと見られるようになってきた。この頃かねてから懸案であった、龍泉寺霊園の拡張計画が実施されることとなり、該当地の発掘調査が行われた。これらの調査につ

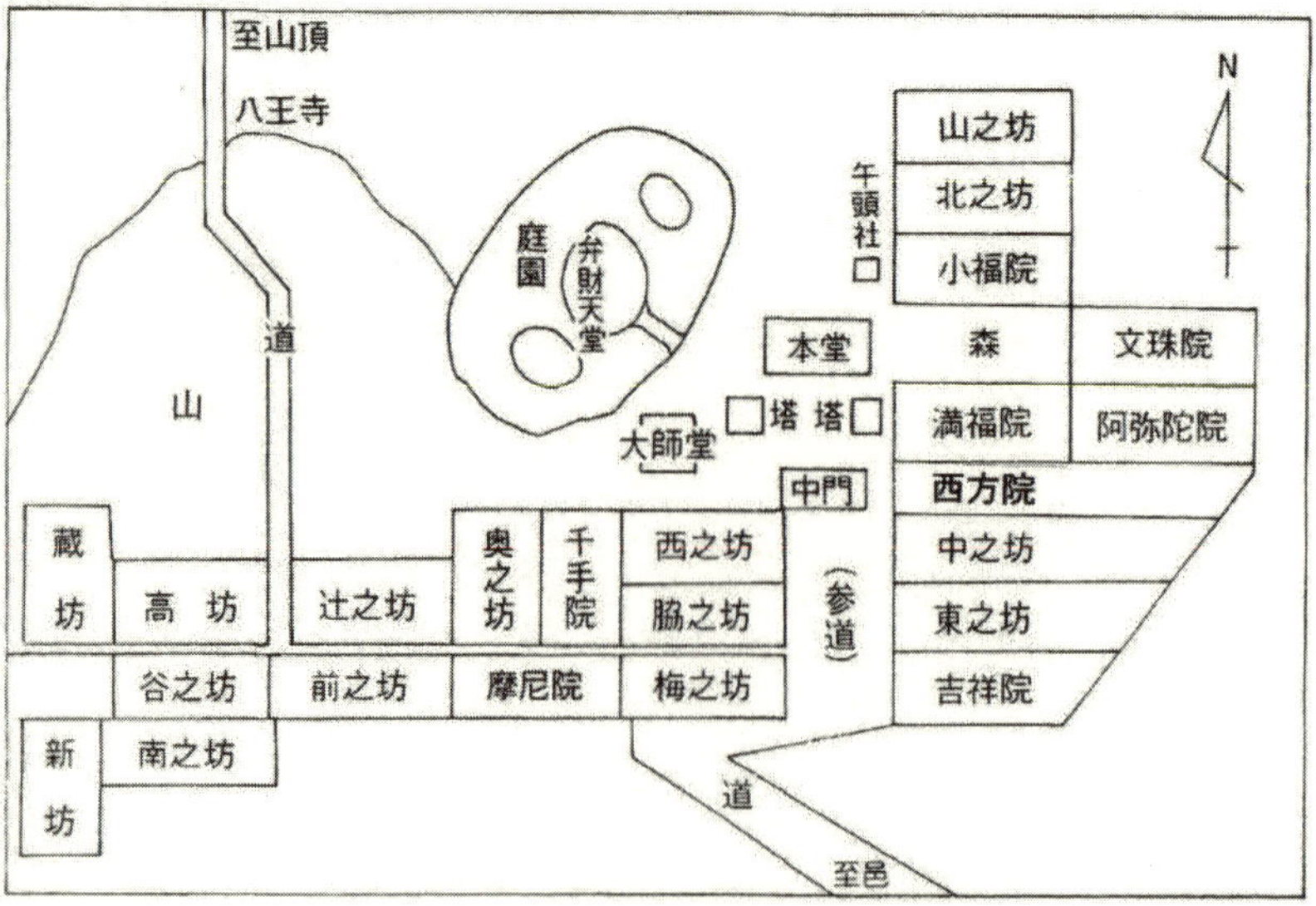


図1 寛文9年(1669)に見る坊院配置略図

いては大谷女子大学中村が担当し、平成元年二月十三日から三月末までの予定で実施した⑥。対象としたのは、山之坊跡、北之坊跡、小福院跡の三か所の坊院跡であった。これらの坊院跡の内、明確な建物遺構は確認されず、小福院跡でいくつかの建物遺構が確認された。なお山之坊跡、北之坊跡では複数の瓦窯跡、炭焼き窯のほか、大型の土抗などの遺構が検出された。

## 一、坊院跡の調査

### (一) 千手院跡 (図2)

坊院跡の一部の調査であったが、礎石を伴う建物三棟、柵列二、溝二、土坑一等の遺構と瓦器、土師器、陶磁器、銅銭、鉄釘などの遺物が出土した。

建物ＳＢ001は、主軸方向Ｎ—一九度—Ｅ、南北四間、東西二間以上の礎石を伴う建物で、西側部分が調査対象地外となる。南北の柱間は約二七〇㎝で、柱抜き穴は六〇〜八〇㎝、礎石は径二〇〜四〇㎝の花崗岩で、東西の柱間は、約二七〇㎝で、ほぼ南北に同じである。柵列ＳＡ007がほぼ平行し、北端部で直角に曲っている。

建物ＳＢ002は、建物ＳＢ001の東四ｍに位置し、わずかに主軸方向が異なる。東側部分は、かつての農道建設によって失われたものと思われる。柵列ＳＡ009が溝ＳＤ005に平行する。溝ＳＤ005と溝ＳＤ004によって西および南北を囲まれており、内部に一個礎石を伴う柱穴が確認されている。なお北側域に関連不明のピット群および、土坑ＳＸ010、土壙ＳＫ006がある。なお建物ＳＢ001は、建物ＳＢ002ともに瓦の出土が極めて少ないことから、屋根は草葺きあるいは柿葺きと見られ、当該坊の規模についても検出された建物のほかには施設を伴わないと考えられる。時期的には瓦器や陶磁器、宋銭などから鎌倉時代後半頃と考えられる。

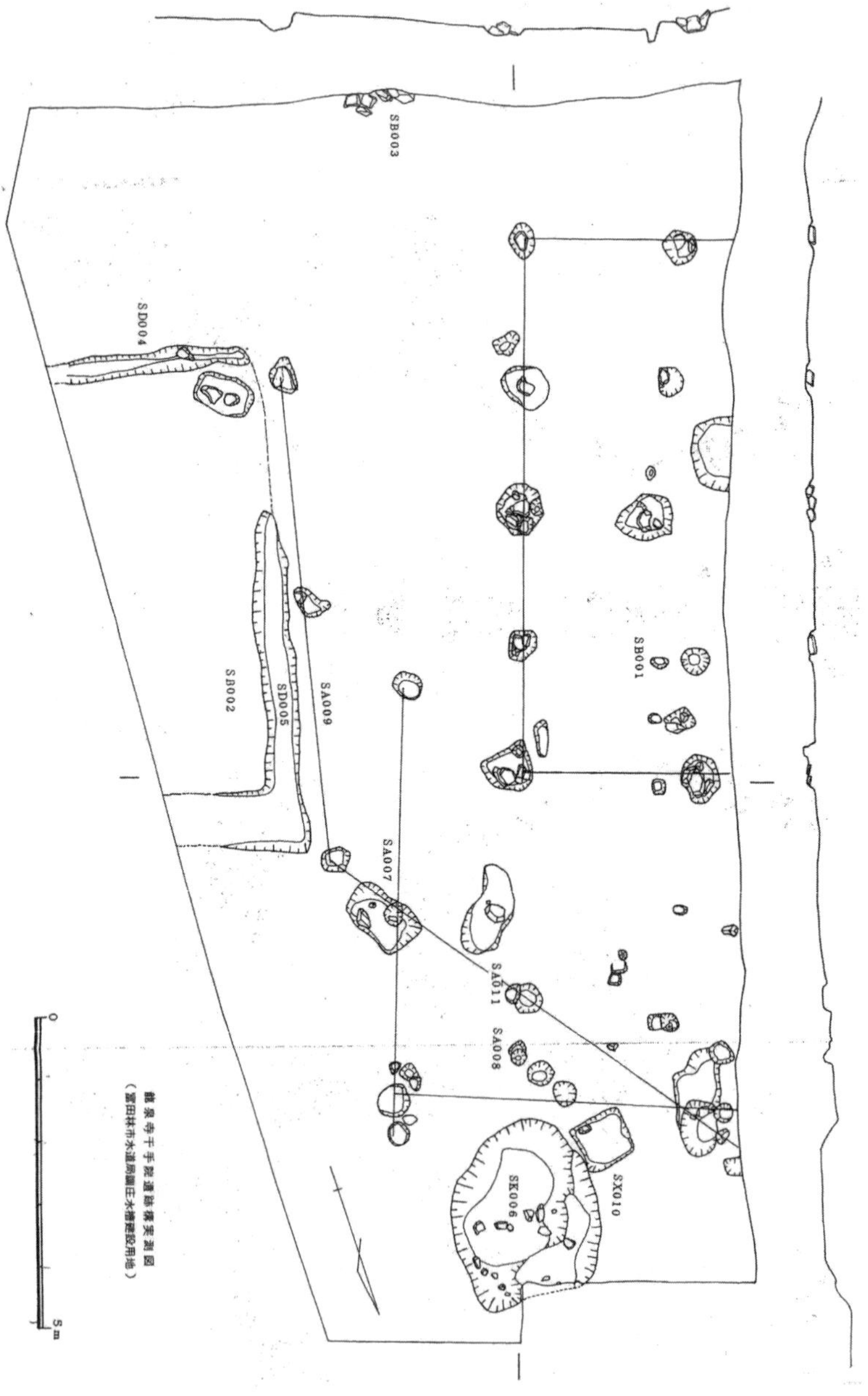


図2 千手院跡遺構実測図

## （二）脇之坊跡（図3）

一九九一年度の嶽山開発に伴う既設道路の拡幅部分に当たる。かつて調査した千手院跡の東側隣接地である。検出された遺構は建物跡七、溝二、土壙二で、そのほか不明ピットも多数見つかった。

建物ＳＢ001は、西側面のみが確認されたもので、三間×三間以上の柱間を有する。規模は西側で八・八m、柱間間隔は西側で三m、南側で一・五mをそれぞれ測る。主軸方向はほぼ南北をとる。

建物ＳＢ002は、建物ＳＢ001の内部に位置しており、両者が同時に使用されることはない。建物ＳＢ005と南北に溝ＳＤ010を挟んで南北に平行して位置しており、両者が同時に使用された可能性は高いと考えられる。

建物ＳＢ003は、建物ＳＢ001の内部に位置しており、両者が同時に使用された可能性が高いとみられる。恐らく内部の座敷などに使用された柱の痕跡と見られる。報告では別遺構としていたが、検討の結果同時並行の建物であることが明らかとなった。

建物ＳＢ004は、最も主軸方向が偏している建物である。西側の延長五・二mを測り、五間×四間以上の柱間を測る。建物ＳＢ001、建物ＳＢ002と重複しており、両者より後出段階と見られる。

建物ＳＢ005は、建物ＳＢ004と同様、主軸方向が他の建物と異なる。柱間は、四間×三間以上で、西側の延長六・一mを測る。柱間間隔は西側で一・五〜一・八m、南、北側ともに一・八mである。方向から見て、建物ＳＢ00と同様、後出段階のものと見てよいだろう。

建物ＳＢ006は、建物ＳＢ002の南に隣接する。四間×三間以上で、柱間間隔は西側で二・一m、南、北側ともに一・五mを測る。

建物ＳＢ007は、建物ＳＢ006と桁行方向が一致する建物である。西側の延長六・九m、柱間間隔は西側で二m、南で一・五m、北で二・一mを測るが、統一性がない。

溝ＳＤ10は、幅〇・三m、延長四mを測る東西方向のU字溝である。建物の雨落ち溝と考えられる。建

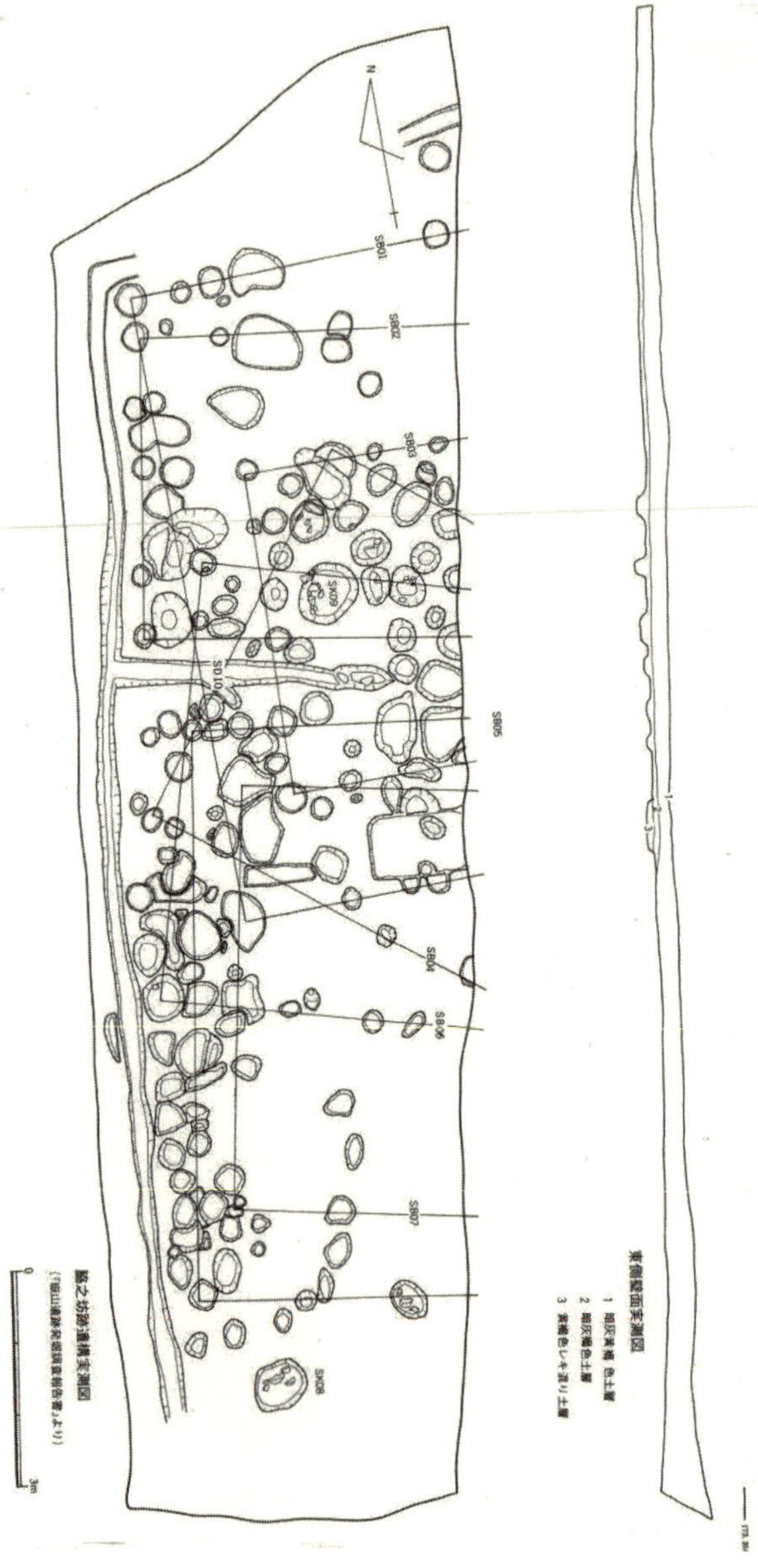

図3　脇之坊跡遺構実測図

物ＳＢ002と建物ＳＢ005（建物ＳＢ007）に伴う可能性が濃いと考えられる。

溝ＳＤ11は、溝ＳＤ10と同様雨落ち溝と考えられる南北方向の溝である。建物ＳＢ002と建物ＳＢ005（建物ＳＢ007）に伴う可能性が濃いと考えられる。

土壙ＳＸ08は、建物ＳＢ006の南に位置し、東西〇・八ｍ、南北〇・七ｍを測る楕円形の土壙である。内部から瓦の破片が出土している。

土壙ＳＸ09は、建物ＳＢ002の南に位置し、東西〇・九ｍ、南北〇・八ｍを測る楕円形の土壙である。内部から瓦の破片が出土している。

以上の如く当該坊院では、他の遺構には見られない多数の建物の重複状態が確認された。相当頻繁な利用があった施設であったことが推定される。また瓦の出土がほとんど見られないことから建物は草葺などの可能性が濃いと考えられる。

**（三）西方院跡**（図４）

龍泉寺境内の八脚門の東側に広がる平坦地の内、参道に近い西側部分が絵図による西方院の跡地となる。かつて富田林教育キャンプ場が設置されていたことから、平坦地であっても相当表面が削平、攪乱されていた。調査の結果、柵（杭）列、土壙、建物跡、溝などが検出された。

柵（杭）列ＳＡ001は、調査範囲の南側地域で確認された東西方向の柵（杭）列である。径五〇〜七〇㎝の円形のピット四個で形成されている。本来は調査範囲の南側を閉鎖する施設であったと思われるが、開墾などによっ

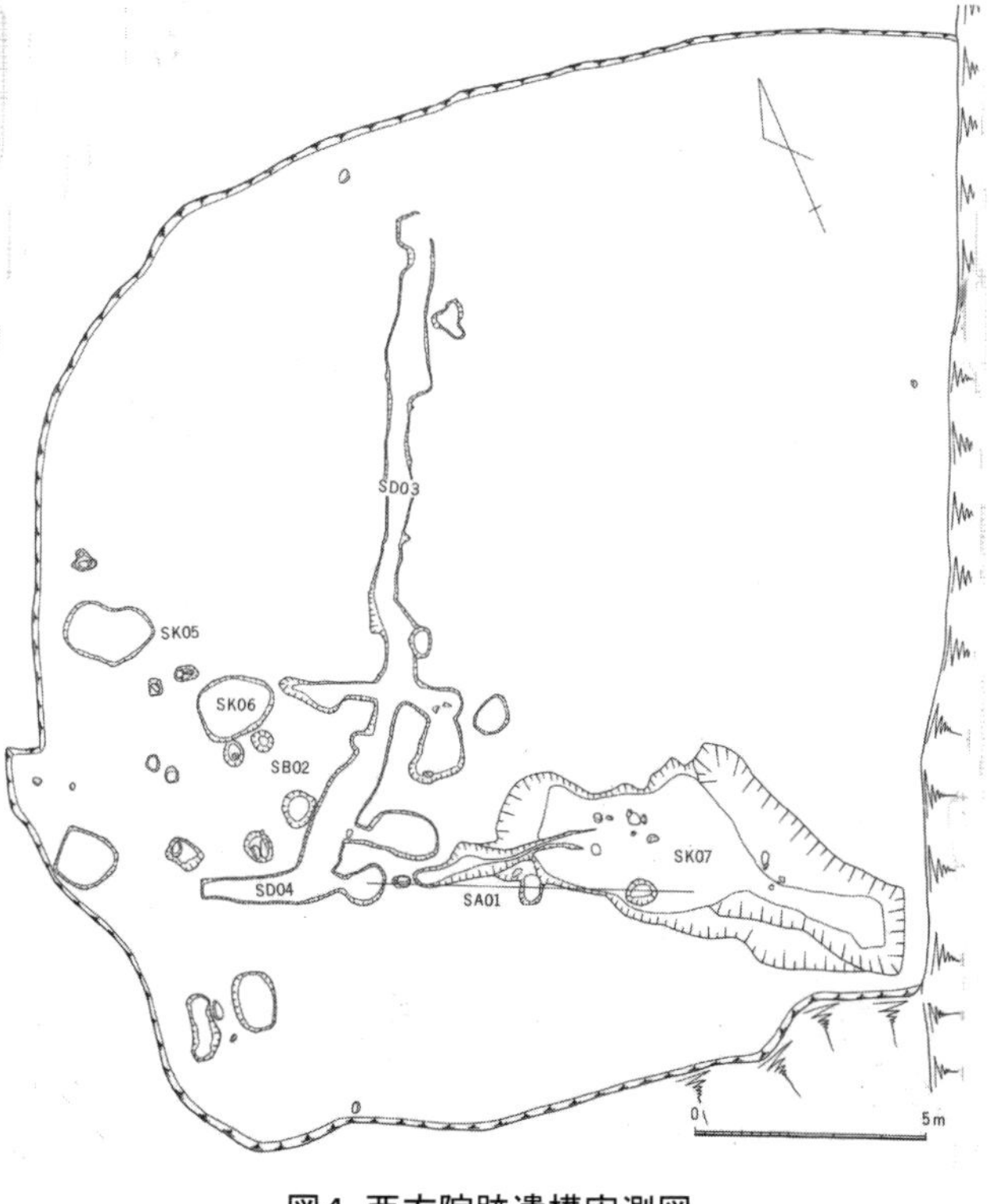


**図4 西方院跡遺構実測図**

てほかの部分が失われたとみられる。瓦や土塀を想定する資料の確認がないことから、板塀のような簡単な施設であったことが分かる。

建物ＳＢ002は、柵（杭）列ＳＡ001の西側に位置する建物跡である。確認された柱穴から二間×二間丁後の簡易な建物が想定される。なお柱穴の径は四〇～七〇㎝で、いずれも礎石の抜き跡とみられる。

建物ＳＢ008は、溝ＳＤ002、溝ＳＤ003を雨落ち溝として利用したと考えられる建物であるが、礎石抜き跡痕跡はわずかに三カ所見られたにすぎない。溝の規模から、南北一三ｍ、東西八ｍ以上の建物が所在したと考えられる。内部は開墾によって削平されており、詳細は明らかにできなかった。なお瓦の出土が見られないことから草葺きないしは茅葺きの建物と見られる。

溝ＳＤ003は、南北に走る幅五〇～九〇㎝の溝である。

溝ＳＤ004は、溝ＳＤ003の南端で交差する東西方向の幅五〇㎝前後の溝である。状況から両溝は排水を行う施設と見られるが、おそらくは、これらに囲まれた建物の雨落ち溝と考えられる。

土壙ＳＸ007は、溝ＳＤ004と結ばれているもので、土壙とするより、溝が広がったとみる方がよいのかもしれない。内部からは少量の瓦片二および土師器が出土している。

**（四）満福院跡**（図５）

主要伽藍のある平坦地から東へ約三〇ｍの平坦部で確認された遺構群である。

調査により、伽藍東端部分と坊院地域を区分する土塀痕跡と、両領域に約三ｍの段差があるため、階段状遺構が残されていた。なおこれに伴う門などの閉鎖施設は確認できなかった。ここから検出された遺構は、建物跡一、土壙四、階段状遺構一、瓦溜り一である。

土塀ＳＡ001は、伽藍東端部分と坊院地域を区分する土塀痕跡である。礎石抜き跡ピットが南北方向に延長約二〇ｍ並んでいる。

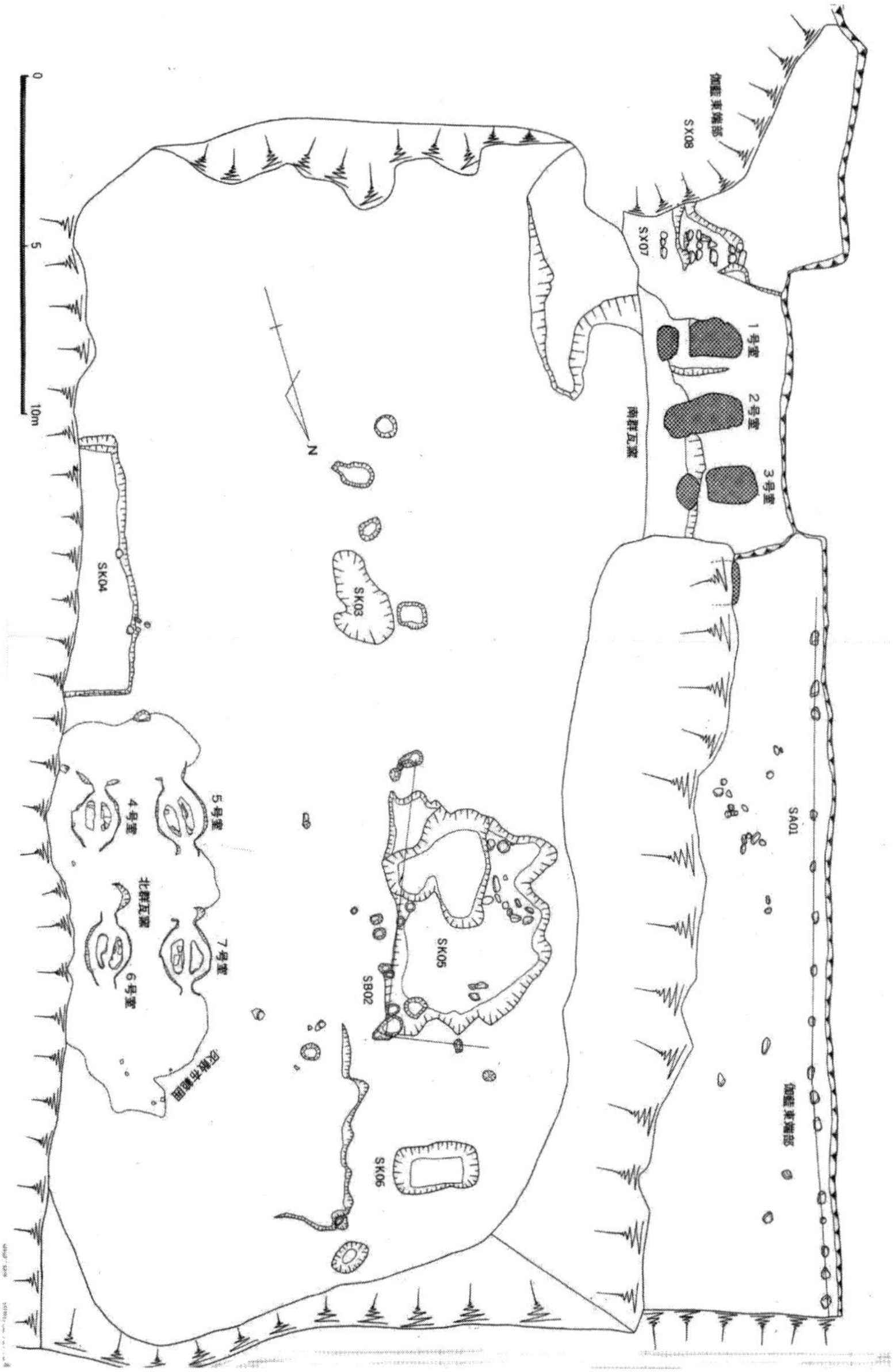


図5 満福院跡遺構実測図

建物ＳＢ002は、径三〇〜四〇㎝、深さ一〇㎝前後を測る礎石の抜き跡と見られるピットから想定される建物跡である。東西四・五ｍ、南北六ｍ以上の規模である。主軸方向Ｎ―一八度―Ｅを測る。出土遺物に瓦が少ないことから、恐らく瓦葺き以外の茅葺きあるいは草葺きなどの建物であろう。

土壙ＳＸ005は、建物ＳＢ002と重複する形で、南北七ｍ、東西五・四ｍ、深さ〇・二ｍを測る不整形な土壙である。用途は明らかではないが、南西隅から大型の須恵質皿、東南部では小型刀子、そのほか内部から土師器小皿、瓦器、瓦片などが出土している。出土遺物の状況から、瓦製作などの作業場の可能性が濃く、礼拝用あるいは日常生活に供された場所ではないと考えられる。

土壙ＳＸ006は、調査範囲の北側部分で確認された南北一・四ｍ、東西二・六ｍ、深さ一・二ｍを測る長方形の土壙である。側壁の立ち上がりが垂直に近いことから、明らかに人的に造られたものであることが分かる。底部は平らで、粘土層に達していることから、瓦の原料調達のために掘られた可能性が濃いとみられる。ただし当該部分からのみの供給では到底大きく不足することが考えられ、ほかにも同様な採集場所が必要となる。

階段状遺構ＳＸ007は、主要伽藍のある平坦地から約三ｍの段差をへて満福院跡に到る。この間を結ぶ部分に自然石で造られた階段状遺構がある。階段状の残存部は四〜五段である。

瓦溜りＳＸ008は、現在の鐘楼の東側部分になる。瓦が崖面に棄てられた状態で放置されていたものと考えられる。東塔が南東方向に崩落したとすれば、当該地域にこのような瓦溜りが形成されることになる。

**（五）満福院北坊跡**（図６）

満福院の北部に連なる平坦部は『寛文境内図』では「森」となっている部分である。満福院所在面との比高差は約〇・五ｍから一ｍを測る。西側部分に接する文殊院跡ででは比高差一ｍ以上になる。調査の結果、建物一、溝三、土壙三が検出された。

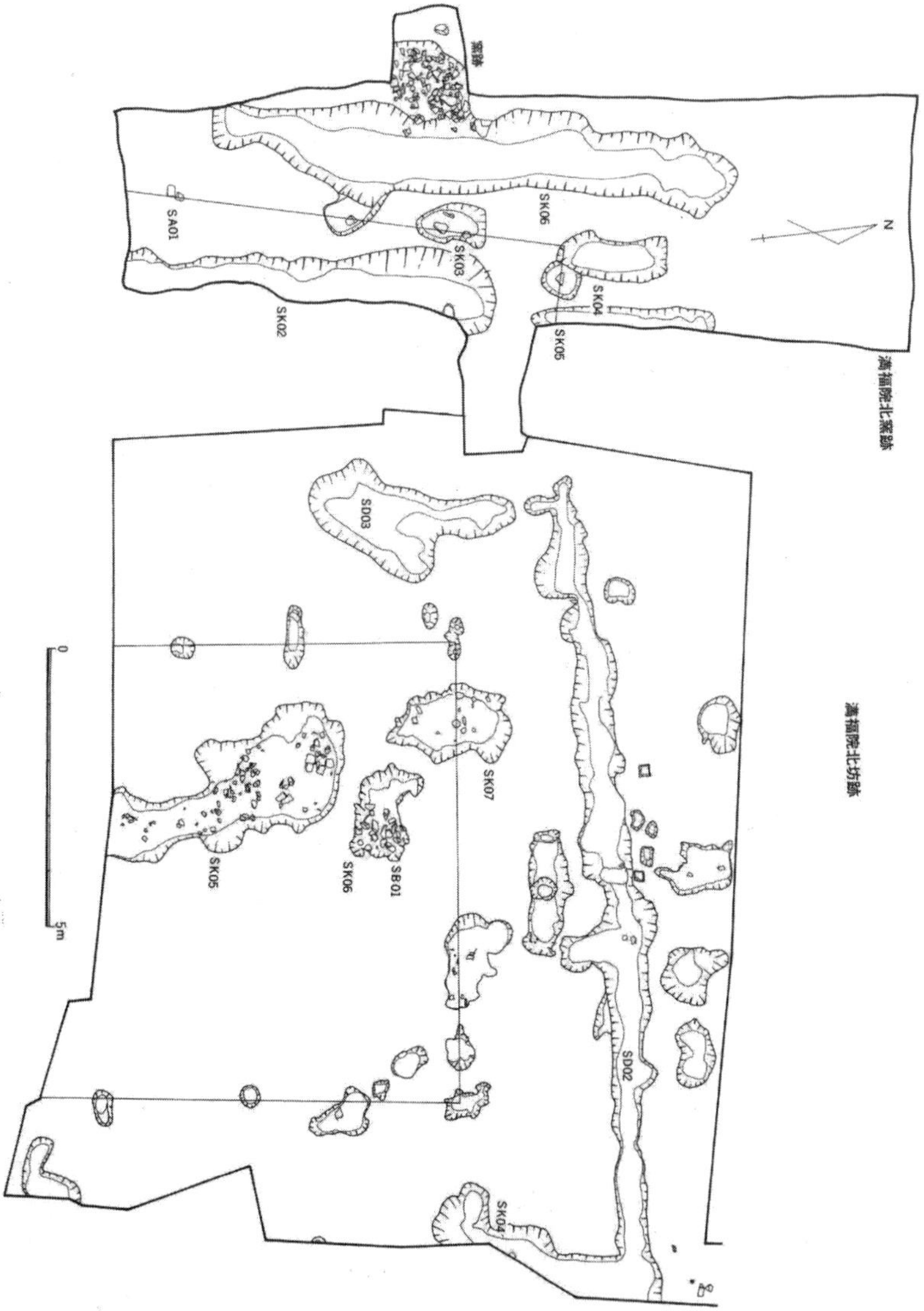


図6 満福院北坊跡遺構実測図

建物ＳＢ001は、東西三間、南北四間で北側に庇状の屋根を伴っている。また建物の周囲には少なくとも三方に溝がめぐらされている。

溝ＳＤ002は、建物ＳＢ001の前面に見られる幅七〇cm、深さ五～一〇cmを測る東西溝である。

溝ＳＤ003は、溝ＳＤ002から直角に延びるもので、建物ＳＢ001に付属すると考えられる。幅七〇cm、深さ一〇cm前後を測る。

溝ＳＤ004は、調査対象域の東部端でわずかにその痕跡が見えたことで拡張して検討の結果検出されたものである。溝ＳＤ002の東端で直角に交わっている南北溝である。

土壙ＳＸ005は、建物ＳＢ001の柱列の端に含まれるもので、南北二・二ｍ、東西四・八ｍを測る南北に長い不整形な土壙である。遺物に瓦、瓦器、土師器などが見られた。性格は不明であるが、建物ＳＢ001の廃絶後の遺構であろう。

土壙ＳＸ006は、建物ＳＢ001の柱列の端に含まれるもので、不整形な土壙である。遺物に瓦、瓦器、土師器などが見られ、とくに土師器の完形品などの出土が見られた。土壙ＳＸ005に同じでよいと考える。

土壙ＳＸ007は、今回の調査対象とした部分の端部へ続く最大幅（東西）二・三ｍ、検出全長（南北）五・三ｍを測る不整形な土壙である。出土遺物は瓦が大半を占め、瓦器、土師器などが見られた。

**（六）東之坊跡**（図７）

現在、龍泉寺事務所となっている部分を中心とする域はかつて東之坊が所持した部分であったと考えられる。今般、寺域文化財の活用を図るため、かつての土蔵を除去し、その跡地に史料館を建設することにした。これに先行して発掘調査を行った。その結果、溝三、土壙四を検出した。

溝ＳＤ001は、調査域の北西端で確認されたもので、その延長は南北約二・三ｍで、地山面の傾斜角が増すのに伴って消えている。参道と坊院を界する塀などの閉鎖施設に伴う雨落ち溝と見られる。

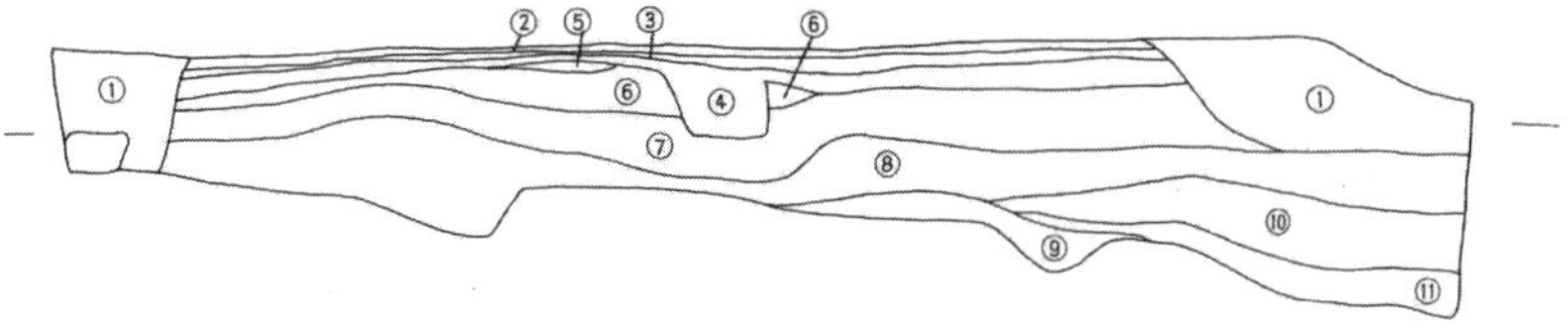




東之坊跡北側断面図

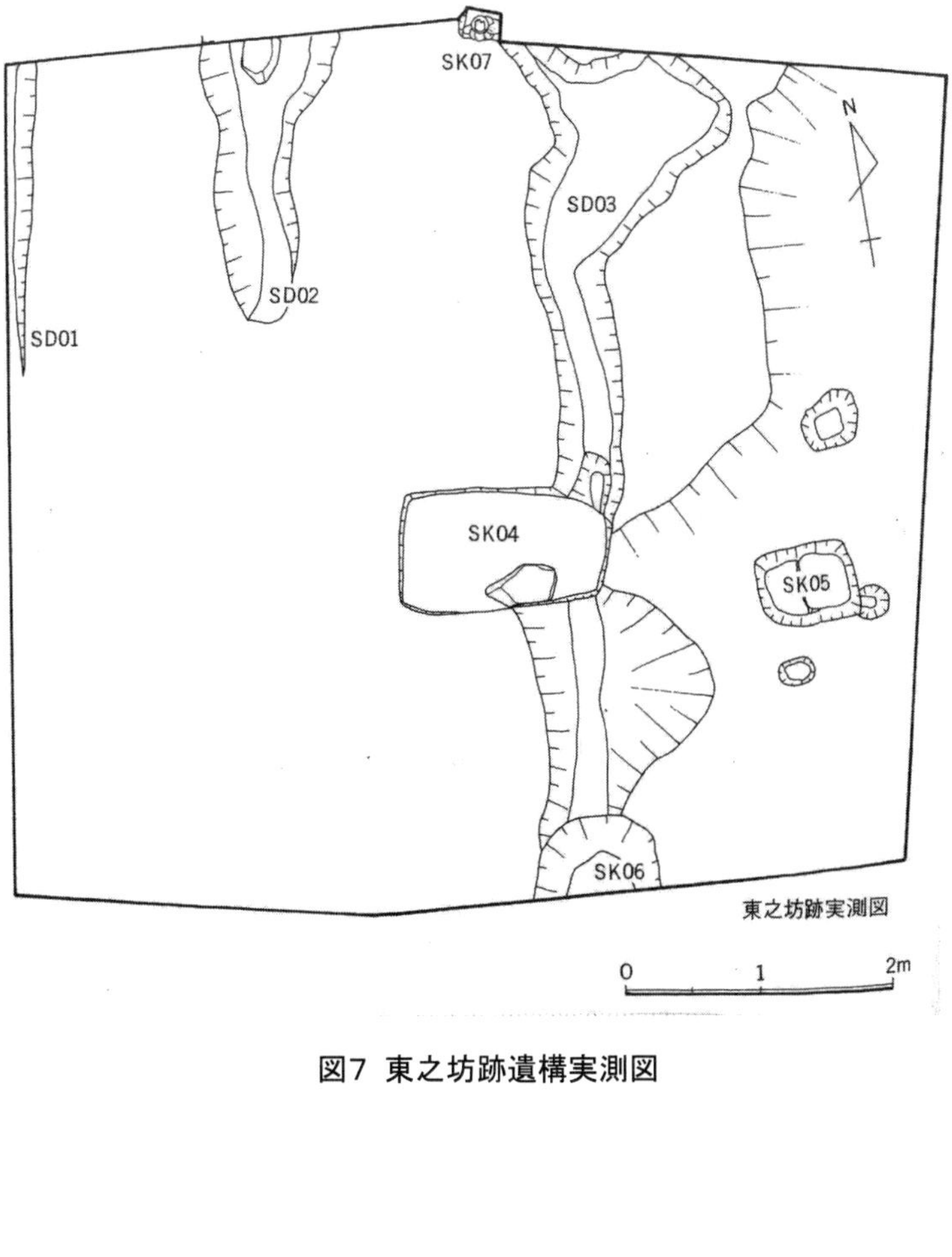


東之坊跡実測図

図7 東之坊跡遺構実測図

溝ＳＤ002は、北端部から南へ延びる不整形な溝で、南北約二m、幅〇・六～一mを測り、溝ＳＤ001と同様、地山面の傾斜角が増すのに伴って消えている。

溝ＳＤ003は、北端部から南へ延びる不整形な溝で、南北約六・二m、幅〇・五～一・四mを測り、土壙ＳＸ006によって攪乱されている。本来は幅〇・五m程度の素掘りの排水溝であったとみられる。

土壙ＳＸ004は、調査区域の中央部からやや南東よりで溝ＳＤ003を切る形で検出された径一・五×〇・八m、深さ〇・六mを測る長方形の土壙である。南端部に径〇・五m程度の礎石上の石が見られたが、これに対応する礎石が見当たらなかった。

土壙ＳＸ005は、土壙ＳＸ004の西一mに位置する、径〇・七×〇・六m、深さ〇・二mを測る不整形な土壙である。

土壙ＳＸ006は、溝ＳＤ003の南端を切る形で位置する不整形な土壙である。南半分が調査対象域から外れるため用途などは不明である。

土壙ＳＸ007は、調査区の北壁断面に認められたもので、幅〇・四m、深さ〇・三mを測る小抗状をなしており、その底部には整然と並べられた土師器小皿が認められた。恐らく地鎮用のものと見られる。

なお当該地域からは、瓦、瓦器、土師器、陶器などが出土している。

**（七）摩尼院跡**（図８）

現在の龍泉寺駐車場西のカーブ部分に該当する部分に位置する。道路工事に伴い一部の調査が行われた。調査の結果、建物四、溝二、土壙三ほかの遺構が確認された。

建物ＳＢ001は、建物の南東隅部分のみの確認である。主軸方向は、ほぼ南北で、建物ＳＢ002、建物ＳＢ003と重複する。

建物ＳＢ002は、わずかに主軸方向を西に偏しており、建物の南東隅部分のみの確認である。柱間の距離は、東西一m、南北一・二mを測る。

建物SB003は、建物SB002に比較して著しく東に偏っており、南東方向の建物である。八個の柱穴を確認しており、前二者よりも柱間も間隔は狭く、〇・七五mを測る。南、北側での間隔は等しい。また南東隅の柱穴は溝SD006により削平されたものと見られる。

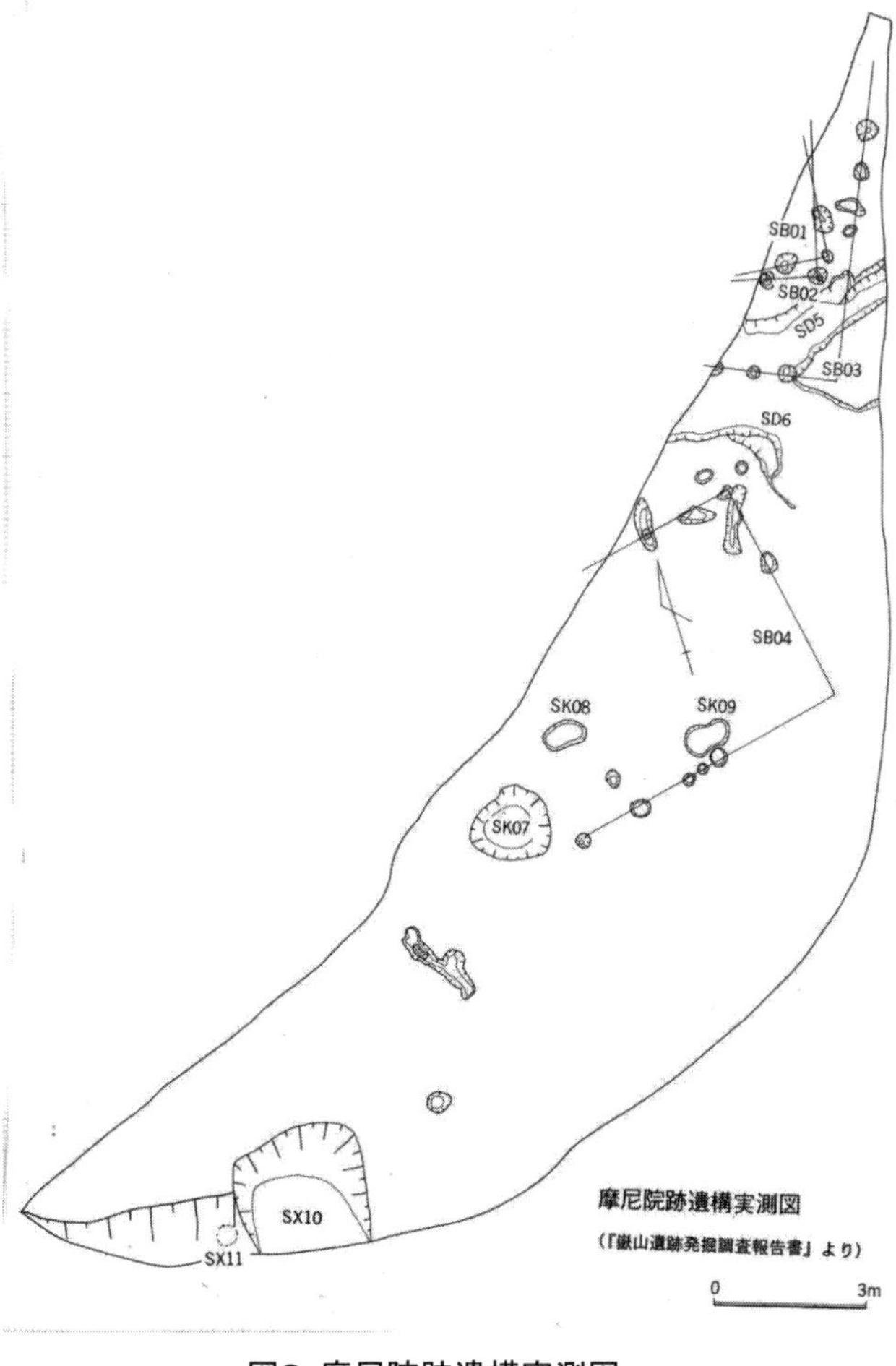


図8 摩尼院跡遺構実測図

建物ＳＢ004は、三間×三間の北東方向の建物である。柱間の距離は、南側で一・四ｍ、東側で一・八ｍを測る。

溝ＳＤ005は、幅一・四ｍ、深さ〇・一六ｍを測るＵ字溝である。検出状況から見て人為的な溝と考えられる。比高差から見て東へ流れる。

溝ＳＤ006は、幅二・二ｍ、深さ〇・一九ｍを測るＵ字溝である。溝ＳＤ005に比較して幅が一定しないことから、自然流水路の可能性がある。溝相互の関係は、溝ＳＤ006の上層に溝ＳＤ005が構築されたものである。従って両者は同時には存在しない。なお建物については、建物ＳＢ003が廃絶後、溝ＳＤ006が存在し、建物ＳＢ002が廃絶後、溝ＳＤ005が存在したとみられ、建物ＳＢ001と溝ＳＤ005の前後関係はとくに認められず、並行して存在した可能性もある。

土壙ＳＸ007は、南北一・二ｍ、東西一・五ｍ、深さ〇・三四ｍを測る不整形な土壙である。

土壙ＳＸ008は、南北〇・五ｍ、東西〇・九ｍ、深さ〇・一ｍを測る不整形な土壙である。

土壙ＳＸ009は、南北〇・五ｍ、東西〇・九ｍ、深さ〇・一二ｍを測る不整形な土壙である。

土壙ＳＸ010は、南北二・四ｍ、東西二・六ｍ、深さ〇・七三ｍを測る不整形な土壙である。

土壙ＳＸ011は、土壙ＳＸ010の西側に位置する溝条の遺構で、深さ〇・八ｍを測る土壙である。内部からわずかに焼土が検出されている。

出土遺物は、輸入陶磁器片、瓦器、陶器などがある、さらに土壙ＳＸ007からは、銅製の小型錫杖先端部が特筆すべきものとして挙げられる。おそらく仏像所持品の一部と見られる。小型錫杖先端部の出土によって、当該坊院が単なる居住場所ではなく礼拝施設であることが明らかとなった。

**（八）前之坊跡**

龍泉寺駐車場西南約一〇〇ｍに位置する。古字名を「コマンダ」と称する部分である。道路拡幅に伴って調査を行った。調査の結果、溝三、土壙二を確認したが、いずれも開墾に伴うものであり、坊院に関するものではなかった。遺物には瓦、瓦器、土師器などの細片がある。

## 二、宮東地区の調査（図9・10）

龍泉寺霊園第三次拡張工事に伴う調査は平成元年二月十三日から同年三月末日までを予定して調査に着手した。調査対象としたのは龍泉寺鎮守でもある咸古神社牛頭天王社の東側に隣接する宮東地区である。当該部分には「寛文境内絵図」によると小福院、北之坊、山之坊が所在しており、それらが検出される期待もあった。しかしこの地区での検出遺構は複数の瓦窯跡群と建物群から構成される遺構群となっており、坊院の区分をあえて行えば、小福院、北之坊については確認ができたが、最も奥にあったという山之坊については確認できなかった。

咸古神社の東側に隣接する地域から確認された建物跡を含む遺構群である。なお当該地区については大きく宮東地区として調査を行った。検出した遺構は、柵（杭）列跡四、建物跡四、溝跡三、井戸跡一、土壙四、不明ピットなどである。以下、個別に記述する。

柵（杭）列ＳＡ001は、調査域のほぼ通奥部付近で確認された南北方向に六個のピットから構成される柵（杭）列である。ピットの径は、〇・三〜〇・六ｍとまちまちであるが、南北に規則正しく並んでおり、建物ＳＢ007などと方向が一致しており、これらに伴う閉鎖施設と見られる。

柵（杭）列ＳＡ002は、調査地域の南西端で確認された南北方向の四個以上のピットで構成され、柵（杭）列ＳＡ001と平行する、ピットの径は〇・三ｍ前後で、深さは〇・一〜〇・四ｍ、間隔は一・八ｍ〜二・六ｍで不揃いである。しかし方向は、ほぼ南北で、建物ＳＢ007、建物ＳＢ008と一致する。また建物Ｓ

図9　宮東地区（南）遺構実測図

Ｂ009、建物ＳＢ0010とは重複している。時期的には柵（杭）列ＳＡ001と同じと考えたい。

柵（杭）列ＳＡ003は、調査区域の南西部分に位置する東西方向に近い柵（杭）列である。ピットの径は、ほぼ〇・五ｍ前後で、深さは〇・〇五～〇・二ｍ、間隔は二・五ｍ～三・五ｍで不揃いである。なおこれに近い方向を示すものに柵（杭）列ＳＡ005があり、両者とも南北を区分する閉鎖施設であったとみられる。

柵（杭）列ＳＡ004は、調査区域の中央部付近で検出された東西方向の柵（杭）列である。七個のピットから構成されている。ピットの径はほぼ〇・五ｍ前後で、深さは〇・〇九～〇・三ｍ、間隔はほぼ接している。溝ＳＤ014と平行しており、両者に何らかの関連があると見られる

柵（杭）列ＳＡ005は、調査地域の中央からやや北側部分で検出された柵（杭）列である。四個ピットから構成されており、ピットの径は〇・三～〇・五ｍ、深さは〇・一五ｍ、間隔は二・八ｍで、ほぼ等間隔である。中央部とは一段高くなった部分にあり、当該柵で南北地域を閉鎖する施設と考えられる。

柵（杭）列ＳＡ006は、調査区域の北西部分で確認された南北に方向をもつ柵（杭）列である。ピットの径は〇・二ｍ前後、深さは〇・一～〇・二ｍ、間隔は二・二～四ｍと不揃いである。丘陵裾部に検出されたものであり、それら地域との閉鎖施設の可能性が高いと考えられる。

建物ＳＢ007は、調査地域の南西部で検出された比較的輪郭が明瞭な一間×二間の掘立柱建物である。ほぼ東西に長軸が配置されており、延長六ｍ、短軸は四・五ｍを測る。西側二・二ｍにほぼ同じ規模の掘立柱建物（建物ＳＢ008）がある。一部を除いて、一辺〇・七ｍ前後の掘方を持ち、中央に柱を据えている。柱穴は径〇・三ｍ、深さは〇・三ｍ前後を測る。出土遺物の状況からこれらの建物は瓦葺きでなく、草葺きあるいは茅葺屋根であったと考えられる。

建物ＳＢ008は、調査地域の南西部で検出された比較的輪郭が明瞭な一間×一間以上の掘立柱建物である。ほぼ東西に長軸が配置されており、西側二・二ｍにほぼ同じ規模の掘立柱建物（建物ＳＢ007）がある。一

辺〇・七ｍ前後の掘方を持ち、中央に柱を据えている。柱穴は径〇・三ｍ、深さは〇・三ｍ前後を測る。出土遺物の状況からこれらの建物は瓦葺きでなく、草葺きあるいは茅葺屋根であったと考えられる。一辺〇・七ｍ前後の掘方を持ち、中央に柱を据えている。柱穴は径〇・三ｍ、深さは〇・三ｍ前後を測る。出土遺物の状況からこれらの建物は瓦葺きでなく、草葺きあるいは茅葺屋根であったと考えられる。

　建物ＳＢ009は、調査域の南西隅、建物ＳＢ008の南に隣接して位置する掘立柱建物である。一間×二間の柱間であるが、長軸は六ｍ、短軸は三・七ｍを測り、規模的にはやや小型の建物である。方向的に建物ＳＢ007、建物ＳＢ008と同じであり、ほぼ同時期と見られる。

　建物ＳＢ010は、調査域の南西部に位置する掘立柱建物である。主軸方向は、東西方向から長軸で四五度ずれている。二間×二間の柱間を持ち、中央に束柱を備えていることから、倉庫として利用された建物と見られる。とくに宮東三号窯跡に近く、また土壙ＳＸ020にも近接している。とくに宮東三号窯跡と主軸方向が近似しており、両者に何らかの関連があると思われる。従って当該建物は宮東三号窯跡の操業に伴って使用された作業小屋あるいは倉庫と考えてよいだろう。

　建物ＳＢ011は、調査域の中央部付近に位置する一間×二間の柱間を持つ掘立柱建物である。先の建物ＳＢ010と同様、宮東一・二号瓦窯跡および土壙ＳＸ016にも近接する。とくに、土壙ＳＸ016からは、大量の瓦が出土しており、両者の関連を考慮せざるを得ない。従って当該建物は宮東一・二号窯跡の操業に伴って使用された作業小屋の可能性が濃いと考えられる。

　溝ＳＤ012は、調査域の中央部西側に位置する南北方向の素掘りの溝である。南北の延長三・八ｍ、幅〇・三六ｍ、深さ〇・〇五ｍ前後を測る。建物に伴う雨落ち溝の可能性もあるが、当該地域にはそのような遺構は確認されていない。あるいは既に開墾によって削平されたのかもしれない。なお北端で溝ＳＤ013と直角に交差する。

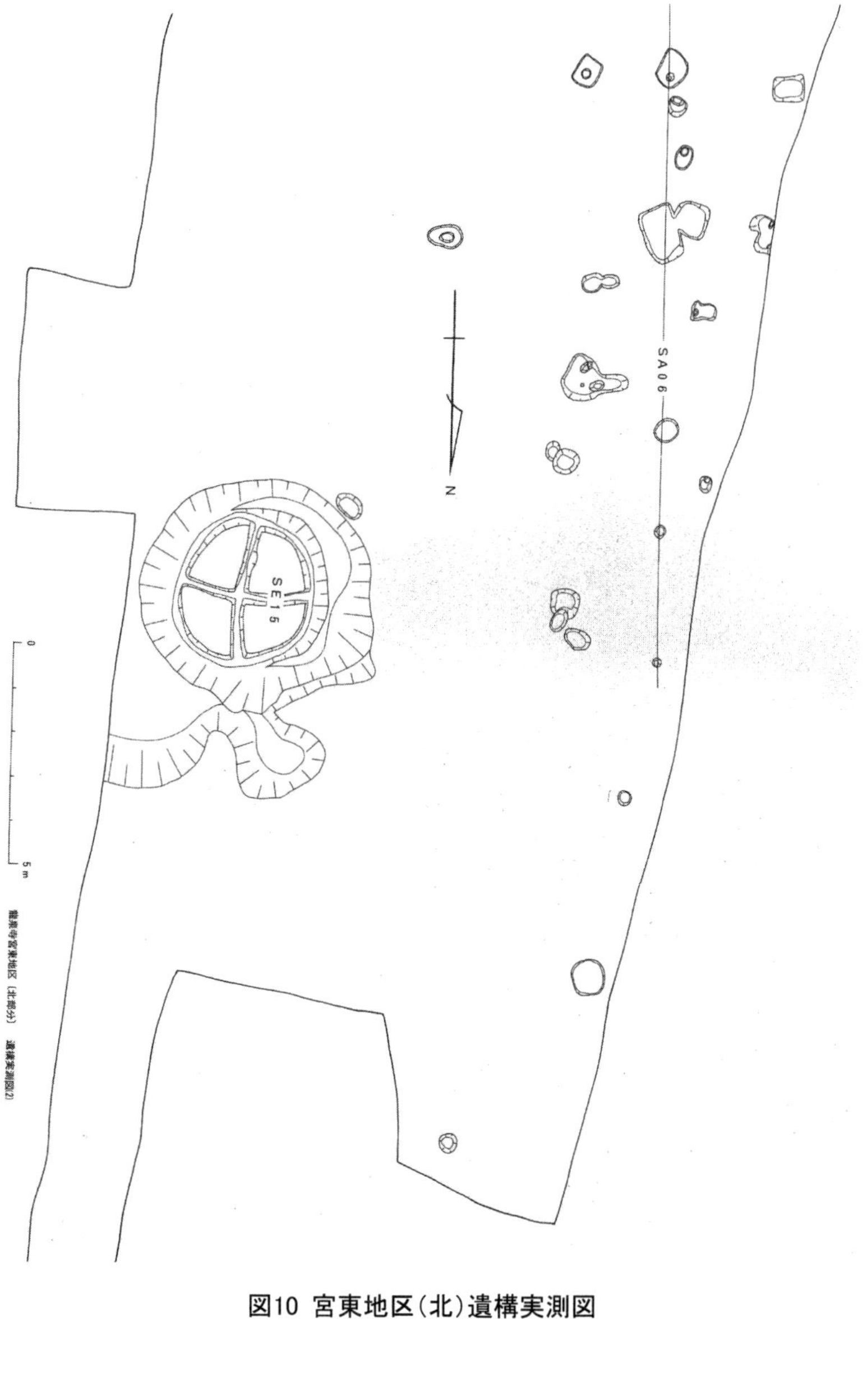


図10 宮東地区（北）遺構実測図

溝ＳＤ013は、調査域の中央部西側に位置する東西方向の素掘りの溝である。東西の延長三・一ｍ、幅〇・四ｍ、深さ〇・〇五ｍ前後を測る。建物に伴う雨落ち溝の可能性もあるが、当該地域にはそのような遺構は確認されていない。あるいは既に開墾によって削平されたのかもしれない。なお東端で溝ＳＤ012と直角に交差する。

溝ＳＤ014は、調査域の中央部西側に位置する東西方向の素掘りの溝である。東西の延長四ｍ、幅〇・三～〇・四ｍ、深さ〇・〇五ｍ前後を測る。柵（杭）列ＳＡ004に伴う雨落ち溝の可能性がある。

井戸ＳＥ015は、調査域の北東部で確認された規模の大きい井戸状の遺構である。径五・二～五・六ｍ、深さ一・五六ｍを測る。内部には湧水あるいは水が溜まっていたという痕跡は全く認められず、井戸としての機能は全く持っていない。底部には十字形に溝が掘られており、これが何を示すのか明らかではない。地盤が固く掘り進めるための工法上の問題と、暗渠としての設置とが考えられる。後者はこの施設が供養施設としてとらえるものである。とくに内部からは多くの須恵器、土師器、瓦などが出土しており、廃棄場所として利用したというような状況であった。時期的には中世頃と考えられる。

土壙ＳＸ016は、調査域の中央、東側で確認された素掘りの土壙というより、単なる自然のくぼみのようである。内部からは大量の瓦の破片、陶磁器片などが出土した。宮東一・二号窯跡に近接することから瓦生産と関連がある可能性が濃いと考えられる。

土壙ＳＸ017は、調査域の南東端で検出された土壙である。瓦の材料の粘土を採集した可能性がある。

土壙ＳＸ018は、調査域の南西側で検出された素掘りの土壙である。規模は径四×一・九ｍ、深さ〇・三ｍを測る。

土壙ＳＸ019は、調査域の南西側で検出された素掘りの土壙である。規模は径二・二×一・一ｍ、深さ〇・一ｍを測る。土壙ＳＸ018、土壙ＳＸ019は宮東一・二号窯跡に近接しており、その操業に関連した施設の可能性が濃いと考えられる。

## 三、坊院の成立と衰退

近年まで実施してきた坊院跡の発掘調査について記述してきた。これらから龍泉寺の坊院の成立から展開について推定することは必ずしも十分とは言えないかもしれない。

すでに見てきたように、確認された遺構、遺物から古代に遡ると考えられるものは宮東地区の建物群などごく限られたものである。これらは『春日大社文書』に見られる「龍泉寺流記資材帳案」に見られる建物群の一部と考えられ、「絵図」に見える小福院、山之坊の建物は上層部が開墾によって攪乱されており、明らかにできなかった。

しかし龍泉寺の周囲に点在したとされる二十三を数えた坊院の大半は、中世、鎌倉時代に構築され、ほぼ戦国時代の初頭である室町時代末には姿を消しているのである。この期間龍泉寺は大和興福寺の末寺となっており、中門（八脚門—重要文化財）の建築や金剛力士像の造立など財政的に多大な負担を強いられる事業も行っている。

この時期に二十三（二十五）宇を数えた坊院の多くが構築され維持されていたことになる。何故にこの時期にこれらの組織が拡大したのかは謎であり、ここでは解明できない問題である。十分な寺領や利権もなく、それらを養っていく経済的背景もみられない寺院にとっては、当然のことながら坊院の維持は困難であり、短期間に消滅していったのである。龍泉寺の場合も『涼蔭軒日録』寛治四年（一四六三）四月一日条に「依嶽山没落」とあることや、『多門院日記』永正四年（一五〇七）二月七日条に「嶽山之麓毎日大焼云々」などと史料に見られるように、嶽山城の落城に伴う被害の波及その規模の甚大さが坊院の消滅に拍車をかけたものと考えられる。考古学上の成果からも各坊院が火災によって姿を消したことがうかがえ、その後に再建されたとみられる坊院建物は極めて少ないことが分かる。

## 四、瓦窯跡などの調査

瓦は、寺院の伽藍建物の屋根に用いられる重要なものである。龍泉寺の発掘調査で注目された遺構の瓦窯跡がある。これらは各地域から見つかっており、奈良時代前期に遡るものから鎌倉時代後半に到るものまで、合計一五基の窯跡が確認され、調査され、うち一部は現地で埋め戻されて保存されている。ともあれ、伽藍建物が瓦葺きであるとすれば、そこに要求される必要量は相当なもので、規模にもよるが、数百枚から数千枚以上に及ぶものがある。とくに建物の建築の後半段階には一時的に確保されるべき資材であり、その確保ができなければ建物は完成しない。

大和飛鳥寺の場合は、近接した地域に専用の瓦窯を有し自らの生産によって大量の需要に対応していた。摂津四天王寺の場合は、初期の瓦を京都府八幡町、大阪府枚方丘陵上に位置したくずは（八幡山）瓦窯跡などから、さらに奈良時代後半には摂津三島地域の梶原寺所用の瓦窯から供給を受けていたことが『大日本古文書』などの文献史料や発掘調査の成果によって明らかにされている。

これら著名寺院の場合は、比較的容易にその供給が受けられたが、一方、龍泉寺のように豪族の帰依による私寺の場合は、いくつかの寺と共同で生産する場合や私的に窯を構築して対応するということが求められたのである。

龍泉寺の場合は、後者の対応方法、すなわち私的に窯を構築して需要に対応する方法がとられたのである。もちろんほかの寺院の窯からの供給も十分考えられ、近似する文様の瓦が見つかるのはそこに原因があると考えられる。

## 五、伽藍東端部地域

伽藍建物の所在する平坦部から東側に一段大きく下がる部分がある。既にふれてきた坊院の一つである満福院があったと考えられる部分でもある。この崖面に等間隔に三基の瓦窯跡が確認され、さらに北側に隣接してかろうじて焼土の痕跡を残す窯があった。調査順に、一、二、三、八号窯跡と命名して調査を進めた。

### (一) 南群一号窯跡(図11)

南群の中で最も南に位置するもので、伽藍東端部から満福院に降りる階段の北一・五mに接して所在する。焚口部を既に削平されており、残存する床と満福院所在面との比高差〇・五mを認める。

燃焼室はほぼ残されており、最大床幅は一・一m、その延長は主軸上で〇・七m、遺存部窯端の床幅は〇・九mを測る。燃焼室と焼成室の間で僅かに延長〇・四mの天井部の残存があったが、調査途上で崩落してしまった。

焼成室は三本のロストルによって形成されており、焔道の幅は〇・一〜〇・一五m、高さ〇・一五〜〇・二mを測る。焼成室はほぼ長方形をなし、幅〇・九m、長さ一・五mを測る。床面の基底面は約一二度の傾斜を持ち、奥壁側へ上っている。側壁は高さ一mで、ほぼ垂直に立ち上がる。いずれもスサを混じえた青灰色を呈する還元した貼壁が見られる。その重なりは二枚以内で、短期間の焼成であったと思われる。ロストル上に平瓦一七点が検出された。本来は横方向に三列並べられていたものと考えられる。

遺物は、ロストル上から出土した平瓦、瓦器などが採集されている。平瓦表面(内面)には布目を伴わ

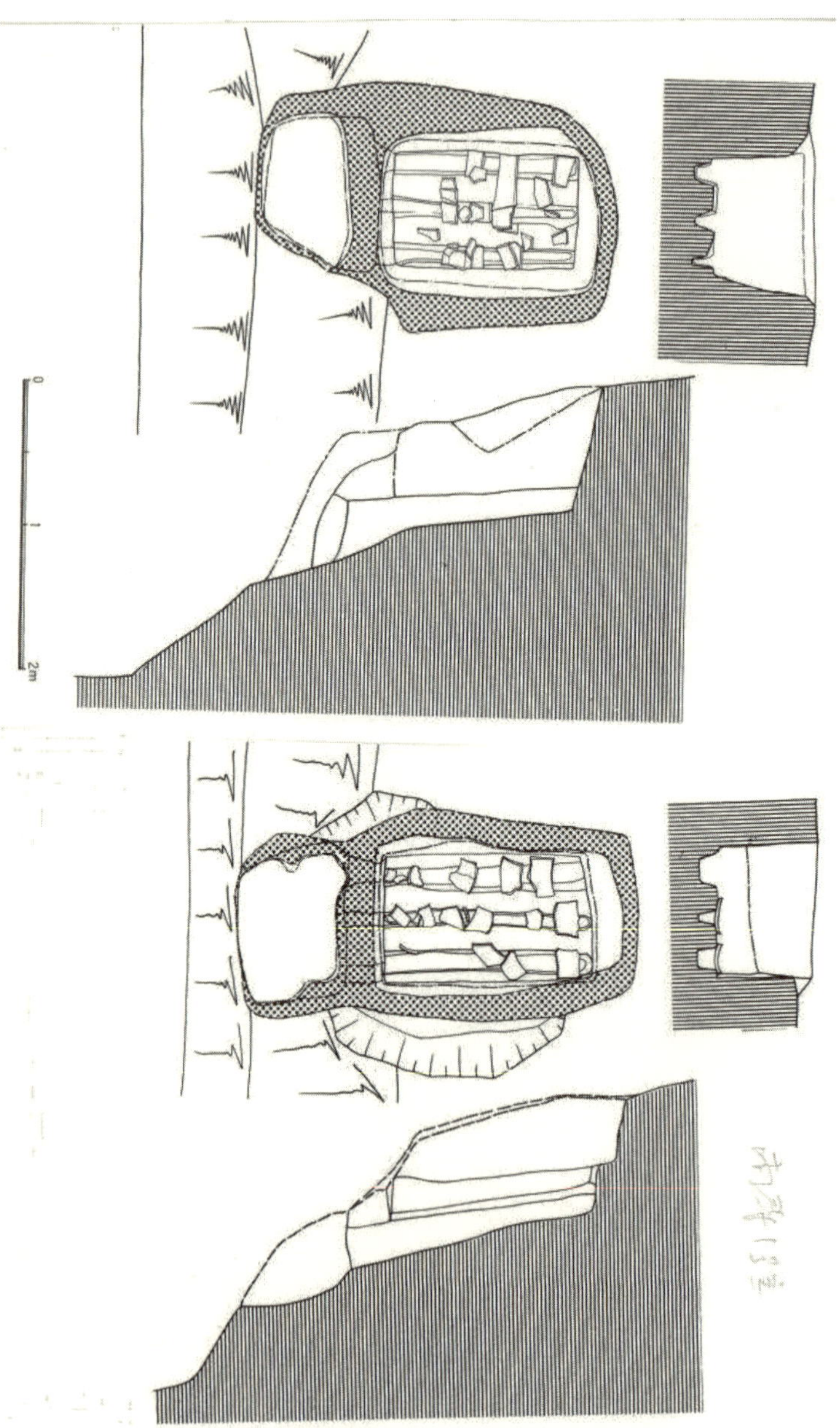


図11 南群一号窯跡(上)、三号窯跡(下)遺構実測図

ず、外面には隆線による斜格子文様を施している。このほか奈良時代と見られるこまかな格子叩きを施した平瓦も採集されているが、胎土、焼成などから見て本室までのものではなく、伽藍所用のものが後世に混入したものと見られる。

## (二) 南群二号窯跡

南群一号窯跡の北約一・五mに隣接して位置する瓦窯跡である。調査を行った窯では最も遺存度が悪かったものである。焚口が失われているのは一号窯跡と同じであるが、燃焼室と焼成室の間の天井部は当初はわずかながら残存していたが、調査途上に崩落してしまった。

燃焼室の主軸上の残存長は〇・六m、最大床幅〇・九五m、床面傾斜は〇〜九度を測る。残存する床と満福院所在面との比高差一・二mを測る。左右の側壁は、約〇・四m前後残っていたにすぎず、とくに左側壁及び床面の残りが悪い。

焼成室は三本の焔道と二本のロストルによって形成されており、床面全体の形状は長方形である。床幅〇・八六m、主軸上の延長一・六四m、側壁は左右ともに直立しており、最大高〇・六mを測る。

遺物は、いずれも焼成室に残されていた平瓦片である。一号窯と同時に焼成されていた可能性がある。

## (三) 南群三号窯跡 (図11)

南群窯跡の内、今回調査対象としたものの最も北側に位置し、最も遺存度が良好なものであった。

焚口床面の標高は一七九・三七mである。燃焼室の主軸上の延長は一・三m、最大床幅一・〇六m、床面の傾斜角四〇度である。焼成室から天井部が長さ〇・三m程度残っており、床面部の高さは約〇・七mである。左右の側壁床面では、左側の残存度が良く、右は燃焼室から焚口に向かって斜めに削られていた。床面には僅かな炭灰の堆積が見られたが、遺物の混入は見られなかった。

焼成室は三本の焔道と二本のロストルによって形成されており、一、二号窯と全く同じ構造であるが、前二者に比較すると、やや小型である。床面全体の形状は長方形で、床幅〇・八m、主軸上の延長一m、側壁は左右ともに上方に向かって広がっており、とくに右側壁の広がりが著しい。

遺物は、既述の二基の例と同じであるが、とくに本窯では、瓦器、瓦質土器が多く確認されている。とくに瓦質甕は、ほぼ完全に復元できるものであり、他所からの混入は考えられない。瓦器についても同様

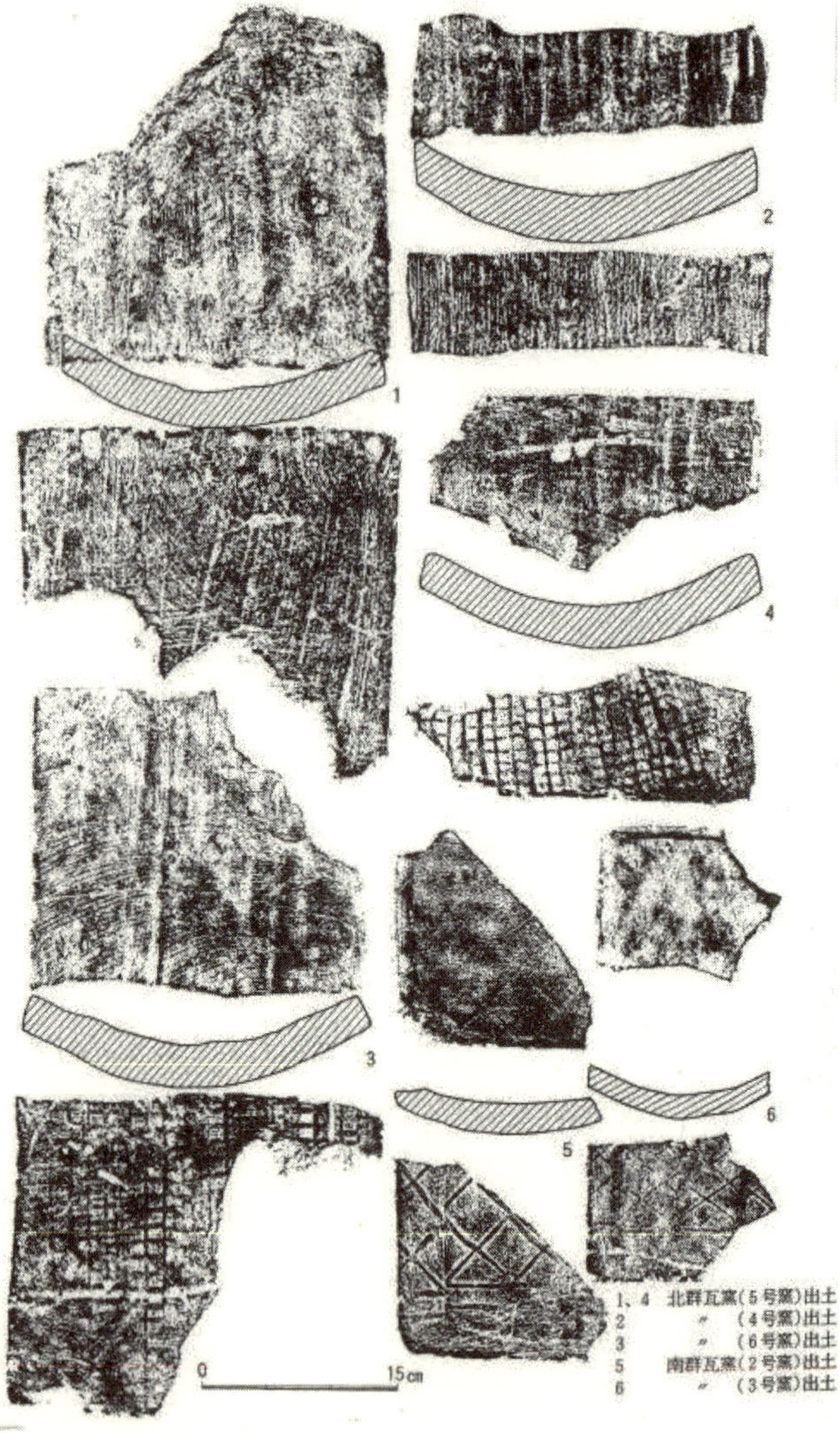


図12 北群、南群瓦窯跡出土遺物実測図

であり、当該窯で焼成された可能性が濃いとみられる。

**（四）南群八号窯跡**

南群窯跡の内、最も北側に位置するもので、三号窯跡の北約一・五ｍにある。窯の奥壁部分と見られる箇所が確認されたにすぎない。従って詳細は明らかにできない。

**（五）北群四号窯跡**（図13）

北群窯跡の内、東南部に位置していた平窯である。主軸上の延長二・一ｍ、最大幅一・五ｍ、軸方向Ｎ—一九度—Ｅをそれぞれ測る。床面はほぼ平らに近く、ほとんど傾斜を持たない。床面の標高は一七七・〇ｍである。

焚口の幅は、北が〇・四ｍ、南が〇・三ｍ、天井部などの残存は全く見られず、既に開墾などによって削平されていた。黒色炭灰の堆積が焚口と見られる狭小部分から約〇・二〜〇・三ｍ部分までおよんでいることから、この範囲が焚口・燃焼室に該当すると考えられる。なおこの状況は南北ともに見られることから両方に焚口が設備されていたことが分かる。

焼成室にはロストル二本が認められ、幅〇・三ｍ、長さ一ｍ、高さ〇・二ｍ前後を測る半月形を成し、焼成用の簡易な台という表現が合うような構造であった。側壁は青灰色、黄

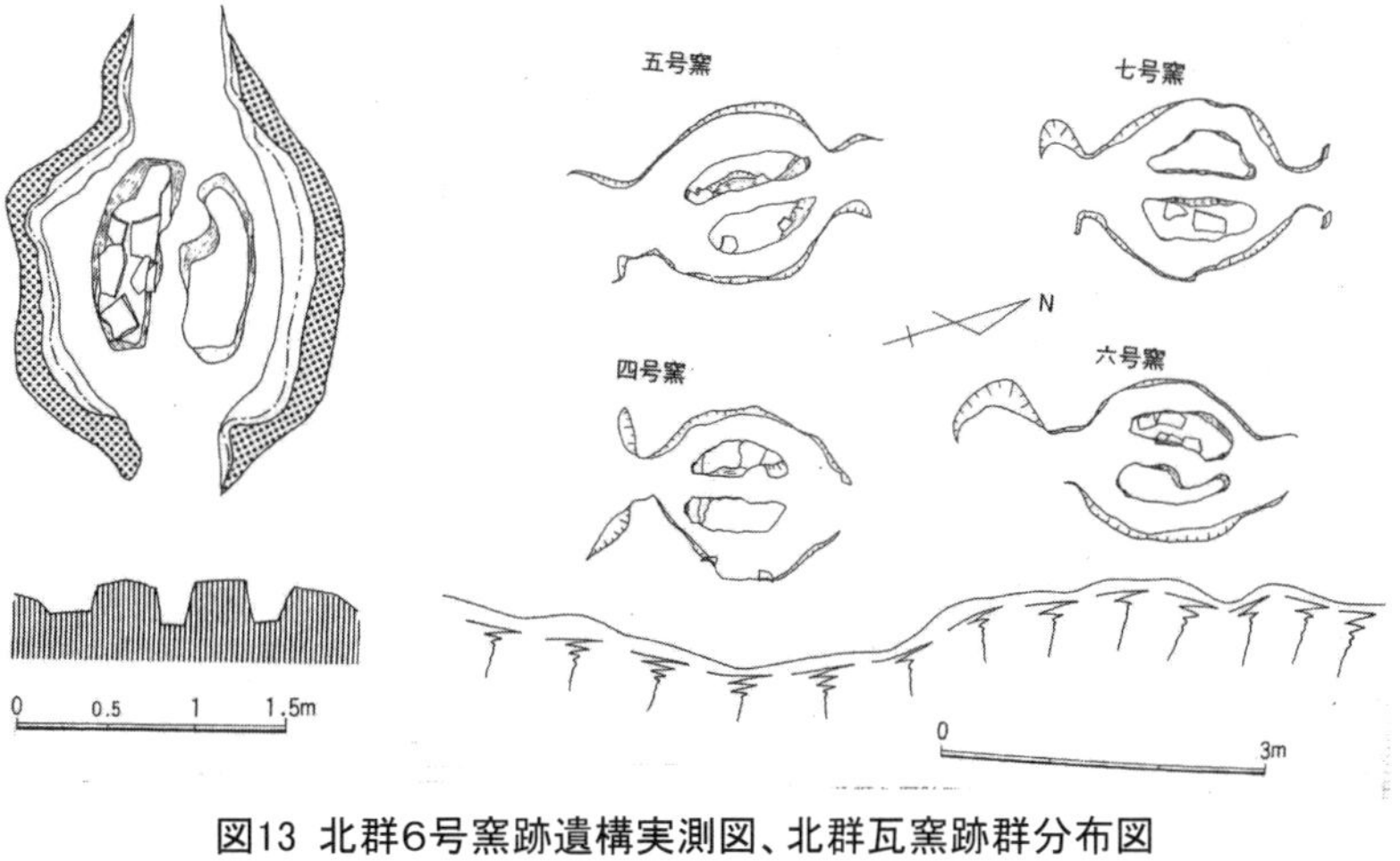


図13 北群6号窯跡遺構実測図、北群瓦窯跡群分布図

褐色、赤色にそれぞれ酸化、還元している。側壁の残存度は極めて不良で、立ち上がりの高さはわずかに〇・一五〜〇・三mを測るに過ぎない。

遺物は、ロストル上に残された平瓦、丸瓦片があるが、これらはロストルの補強用に用いられたものであり、当該窯での生産物ではない。焼成部および南北の灰層ともに遺物は少なく、いずれも瓦の破片である。

**(六) 北群五号窯跡** (図14)

北群窯跡群四号窯跡の西約一mに位置する平窯である。主軸上の延長二・一m、最大幅一・九五m、主軸方向N—〇度—Eをそれぞれ測る。床面はほぼ平らに近く、ほとんど傾斜を持たない。床面の標高は一七七・九mである。

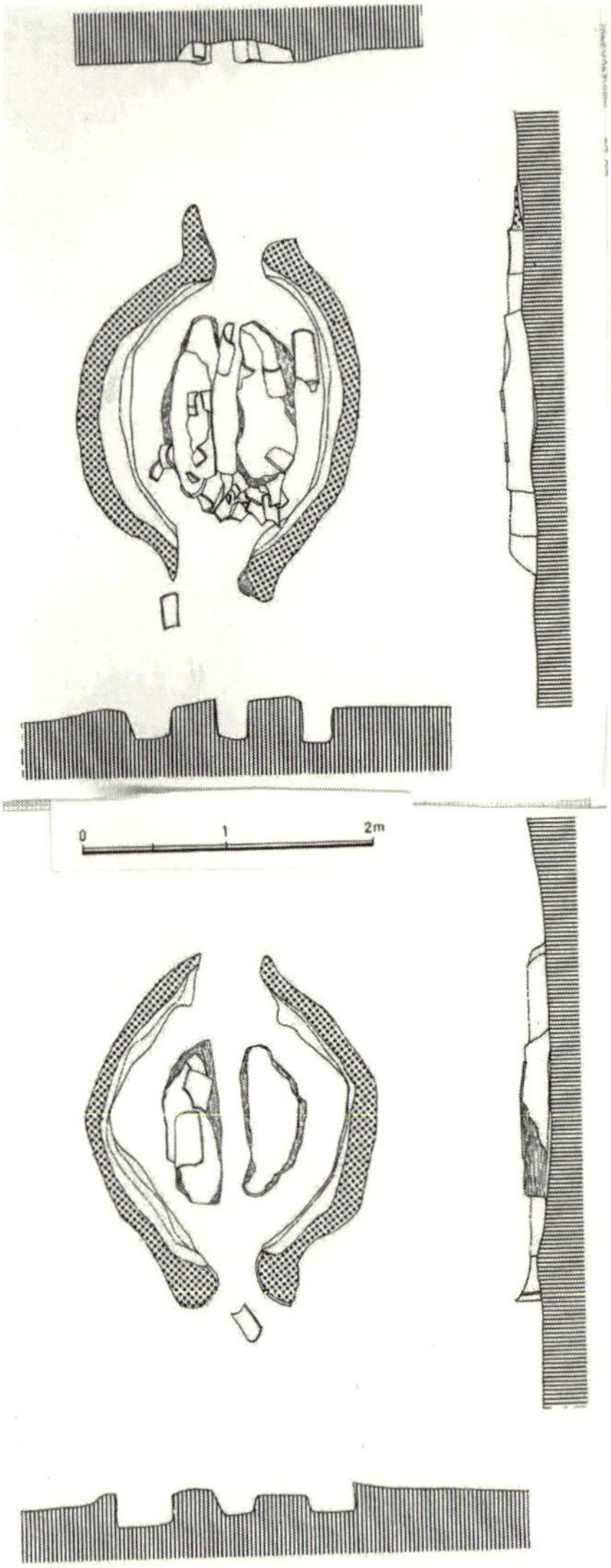


図14 北群瓦窯跡群5号窯跡(上)・7号窯跡(下)遺構実測図

焚口は南北いずれも八の字に開いている。その狭小部に幅は、北が〇・三m、南が〇・五mをそれぞれ測る。両者の焚口ともにそれを中心に黒色炭灰の堆積の広がりを認める。なお黒色炭灰の堆積は窯体内にも焚口から〇・三〜〇・四m前後まで見られる。燃焼室と焼成室の境界は明らかではなく、窯体内の黒色炭灰の堆積範囲をそれと見ることができよう。

焼成室は、長径二・四m、短径一・九mの楕円形をなし、三本の焔道と二本のロストルで構成されている。ロストルの規模は、東側が幅〇・四m、長さ一m、高さ〇・二五m、西側は幅〇・三m、長さ一・二m、高さ〇・二二mを測る。焔道の幅はいずれも〇・二m前後であるが、中央部の幅は最も狭い。側壁の残存はほとんど見られず、わずかに〇・二m前後を測ったに過ぎず、いずれもスサを混じえた貼壁であった。

遺物は、焔道内に丸瓦、平瓦片が見られ、それらが当該窯で焼成されたものであることが分かる。ロストルの燃焼室側には丸瓦が用いられていた。

### (七) 北群六号窯跡 (図13)

北群の北東隅にあり、四号窯の北一・八mに位置する。主軸上の延長二・五五m、最大幅一・九m、主軸方向N―一九度―Eをそれぞれ測る。床面はほぼ平らに近く、ほとんど傾斜を持たない。

焚口床面の標高は一七七・五mである。焚口は南北いずれも八の字に開いている。両者の焚口ともにそれを中心に黒色炭灰の堆積の広がりを認める。

焼成室は、長径一・五m、短径一・四mの楕円形に近い不整形なプランをなし、三本の焔道と二本のロストルで構成されている。ロストルの規模は、東側が幅〇・二〜〇・三m、長さ〇・九五m、高さ〇・二mを測り、北西部分を大きく欠損している。側壁の残存はほとんど見られず、わずかに〇・二m前後を測ったに過ぎず、いずれもスサを混じえた貼壁であった。東壁には瓦一点が見られ、西側ロストル上には平瓦が貼付された状態で確認されている。焔道は、中央がやや蛇行しており、わずかながら閉ざされた状況を呈しており、果たしてこの状況で十分に焼成が可能だったのか疑問である。しかし側壁などの状況から窯内の温度上昇は瓦焼成には十分であったことが明らかであった。また焼成室内や灰原内に残存遺物が少ないことから、瓦の焼成段階では比較的失敗が少なかったのではないかとも考えられる。

遺物は、ロストル上に残存していた平瓦五点のみであり、埋土内にもほとんど遺物は含まれていなかった。

## （八）北群七号窯跡（図14）

北群の西北隅にあり、五号窯の北二・一mに位置する。主軸上の延長二・四m、最大幅二・〇m、主軸方向N―一八度―Eをそれぞれ測る。床面はほぼ平らで、ほとんど傾斜を持たない。

焚口床面の標高は一七七・〇mである。焚口は南北に見られ、前者の幅は〇・三m、後者は〇・四mを測り、いずれも八の字に開いている。北側焚口の両側壁に平瓦を用いて補強している。

黒色炭灰の堆積の広がりは、北側では、焚口から〇・三m、南側では〇・六m地点まで及んでいる。

焼成室は、長径二・〇、短径一・七mの楕円形プランをなし、三本の焔道と二本のロストルで構成されている。ロストルの規模は、東側が幅〇・四五m、長さ一m、高さ〇・一mを測る。西側ロストル上面は既に開墾によって削平されたものと見られる。東側ロストル上には平瓦が溶着している。側壁の残存はわずかに〇・二五m前後を測ったに過ぎず、いずれもスサを混じえた貼壁であった。

遺物は、焼成室内のロストル上に溶着した瓦のほかには少量の瓦を採集したにすぎない。北側焚口前の灰原から丸瓦片が採集されている。

北群瓦窯跡群の形状は所謂達磨窯と称されているものである。調査例が少ないため比較できないが、兵庫県宝塚市旧清遺蹟、神戸市西区如意寺などで類例が見られるが、いずれも近世まで降るものである。

## (九) 満福院北窯跡（図6）

伽藍東端部で確認された柵（杭）列ＳＡ001の北への連なりを確認するために、トレンチを設定した。その結果、柵（杭）列ＳＡ001の延長と更に北端で東方向へ曲がって連なる柵（杭）列一、および土壙四を検出した。

柵（杭）列ＳＡ001は、径〇・二ｍ前後の礎石を伴うピットが南北方向に並んで検出された。伽藍東端部の柵（杭）列ＳＡ001の北に連なる土塀痕跡で、ピットの間隔は必ずしも一定ではない。とくに土壙ＳＸ004と、土壙ＳＸ006との間には全く瓦の堆積が見られない。

土壙ＳＸ002は、南北九・八ｍ、東西一・四ｍ、深さ〇・四ｍを測る南北に長い楕円形をなす土壙である。

柵（杭）列ＳＡ001に沿って位置することから、土塀に伴う雨落ち溝の可能性が濃いとみられる。

土壙ＳＸ003は、柵（杭）列ＳＡ001の礎石を含む長径一・三ｍ、短径〇・八ｍの楕円形に近い土壙である。単に土壙の礎石部分としての利用以外に現段階では考えが及ばないが、多数の瓦片が出土することは注目される。

土壙ＳＸ004は、土壙ＳＸ003の北、一・五ｍに位置する南北二ｍ、東西〇・九ｍを測る楕円形をなす土壙である。土壙ＳＸ001の延長線上にあるが、調査時点で礎石は確認されなかった。

土壙ＳＸ005は、土壙ＳＸ004の東、約一ｍに位置する南北三・三ｍ、東西残存長〇・四ｍを測る南北に長い溝状の土壙である。土壙ＳＸ004が土壙ＳＸ001の延長であるとすれば、本遺構も土壙ＳＸ002と同様塀に伴う雨落ち溝の可能性がある。

土壙ＳＸ006は、調査区域の東側で南北に長く延びる土壙である。全長（南北）九・八ｍ、幅（東西）一・五ｍ、深さ〇・四ｍを測る。当初は土壙ＳＸ002と同様柵（杭）列ＳＡ001に伴う雨落ち溝の可能性があると考えていたが、調査の進行に伴って、内部の瓦堆積が異様に多いことが明らかとなった。さらに中央部で黒色炭灰層の堆積と瓦の互層が確認され、瓦窯遺構の可能性があると考えるに至った。なお当該部分から焼土層の確認もあったが、調査範囲からずれることもあり、後日の調査をまつこととした。また土壙からは瓦の出土は多く見られたが、土器類は全く見られなかった。

## 六、宮東地区

### (一) 宮東一号瓦窯跡

調査地域の中央部東端で検出されたもので、上部を耕作で削平されており、底部の床面とわずかな側壁の立ち上がりの痕跡を確認したものである。確認当初は窯跡というより炉跡という印象が強かったが、床面などの状況から、上部を削平した瓦窯跡ということになった。

床の残存状態は一・五m×〇・九mの範囲の所謂赤色酸化層が確認された。灰原は周囲に痕跡程度確認されたが、製品の瓦も極めて細かな破片程度しか採集できなかった。上部構造は残存部分が少なく推定できなかったが、床面が青色還元層となっていたことから窯の床と判断した。

### (二) 宮東二号瓦窯跡

調査地域の中央部東端、宮東一号瓦窯跡の東一・八mで確認された赤色酸化層から推定したものである。調査段階では、床面の青色還元層がわずかに確認された。灰原は、東に延びており、灰の痕跡が帯状に確認された。

青色還元層の床の残存状態は〇・三m四方のブロック状に残っていたに過ぎない。また赤色酸化層の範囲は一・二m×一・七mの範囲で認められたが、全体の形状は不明である。床面の断ち割り観察の結果は、両窯ともに温度上昇は同じ程度であるとみられる。

## （三）宮東三号瓦窯跡（図15）

調査地域の南、東端に近い部分で確認されたロストルを伴う平窯の瓦窯跡である。位置していた部分はわずかに小高くなっており、ほかの遺構の存在を考えたほどである。燃焼室を大きく造り替えており、当該寺院に伴う瓦窯としては最も先行する可能性があることが明らかとなった。

焚口の幅は〇・六五m、両側壁には自然石を用いて、その上面に壁を塗って補強している。両側の壁の端は、右がやや短く、左が〇・一五m長い。焚口から両側に扇形に灰原が広がっている。灰原は、規模的に大きくはなく、焚口前方二m前後までである。とくに焚口閉塞の痕跡は認められず、焼成後製品を取り出した後放置された状態であったことが分かる。

燃焼室は、まず最終段階の補強された側壁が認められる。それは、焚口から徐々に幅を広げていき、焼成室との境部分の隔壁部で最大幅を測る。その幅は一・八m、主軸上の延長は一・五mである。なお当該部分から隔壁にかけて大きく傾斜を持つ。またこの段階の補修で左端のロストルが事実上使用できなくなっている。これは焔道とされる部分が補修によって完全に塞がれたため、ここを炎が通過せず、これにつながるロストル上の焼成ができなくなったためである。

焼成室は、六本の焔道と五本のロストルから構成されている。幅は奥側一・九五m、焚口側二・一五m、高さ〇・七mを測る長方形をなす。また焔道の幅は〇・一五～〇・二〇m、高さ〇・二～二五m、ロストルの幅〇・一～〇・二〇m、延長一・五m前後を測る。側壁には、わずかに貼壁が残されているが、補修の痕跡と見られる。ロストル上面には瓦が一部残されていたが、いずれも完全なものではなかった。さらに左側焔道の端に幅五㎝の平坦面を付属させており、当該部分への瓦の配置を考えたものである。

煙道は現状では検出されなかったが、恐らく焼成室の天井部に煙突が付属していたものと考えられる。

遺物は、平瓦、丸瓦のほか軒丸瓦、軒平瓦などが出土している。軒丸瓦ではⅠ期A類、Ⅰ期B類、軒平

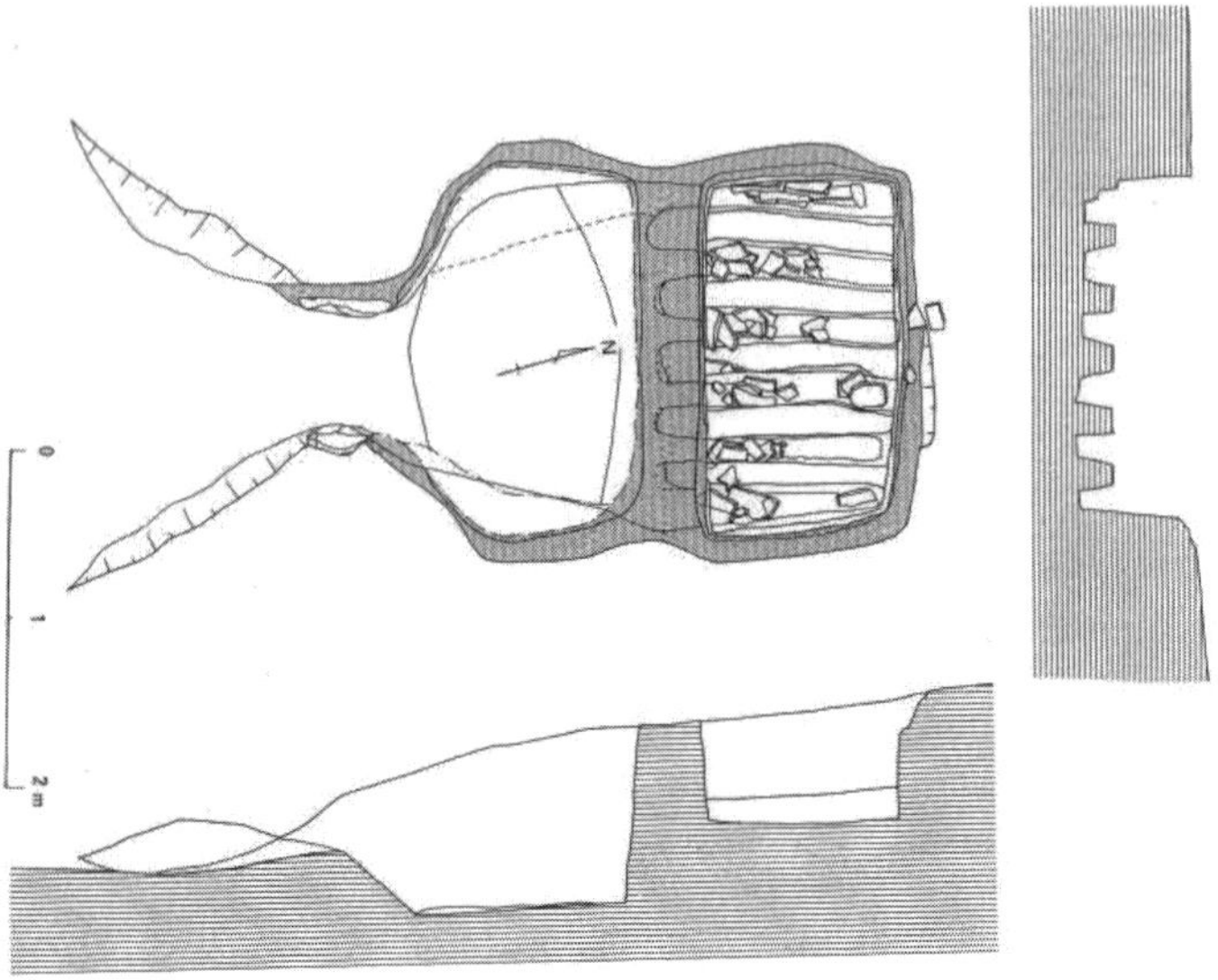

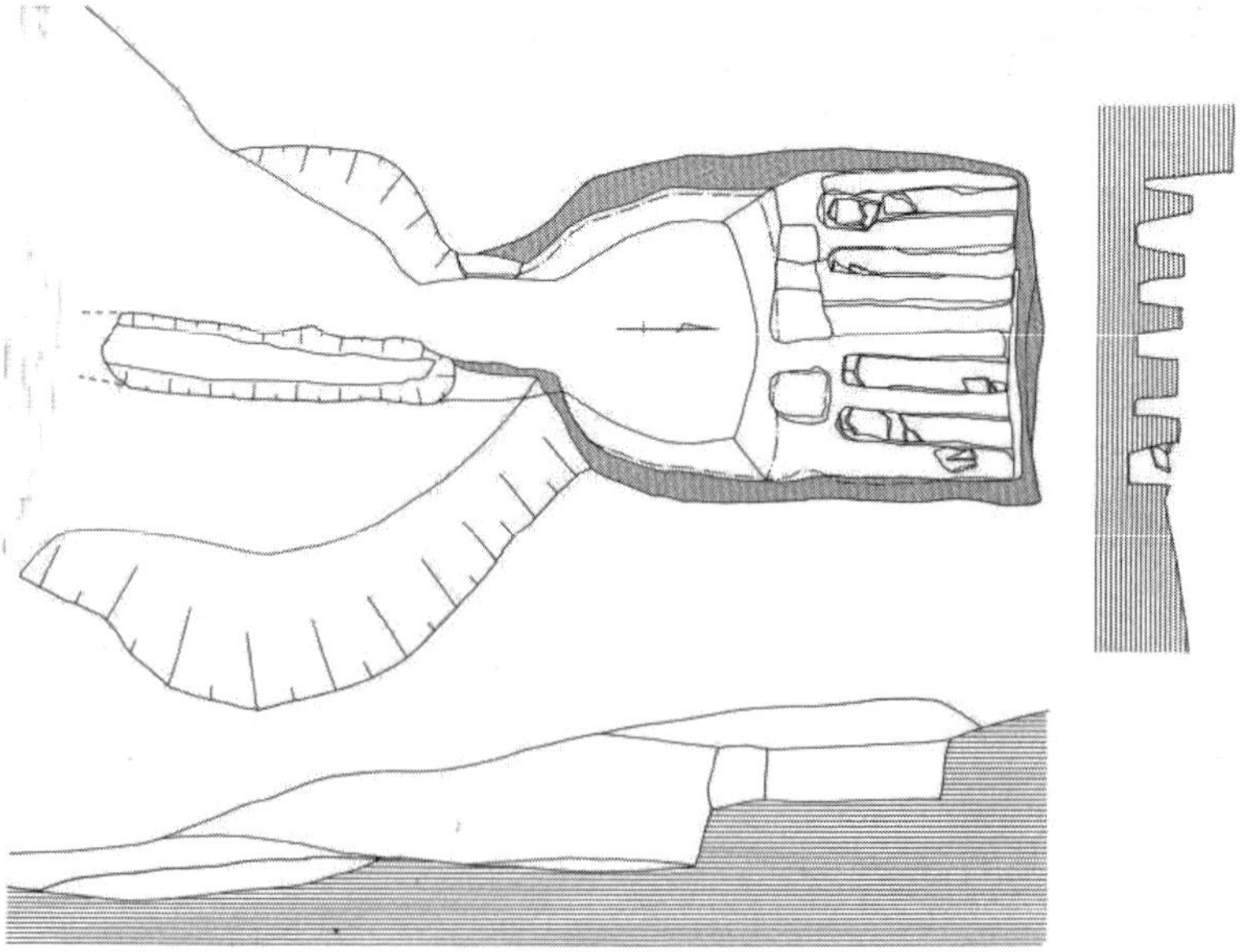

図15 宮東3号瓦窯跡(上)、宮東4号瓦窯跡(下)遺構実測図

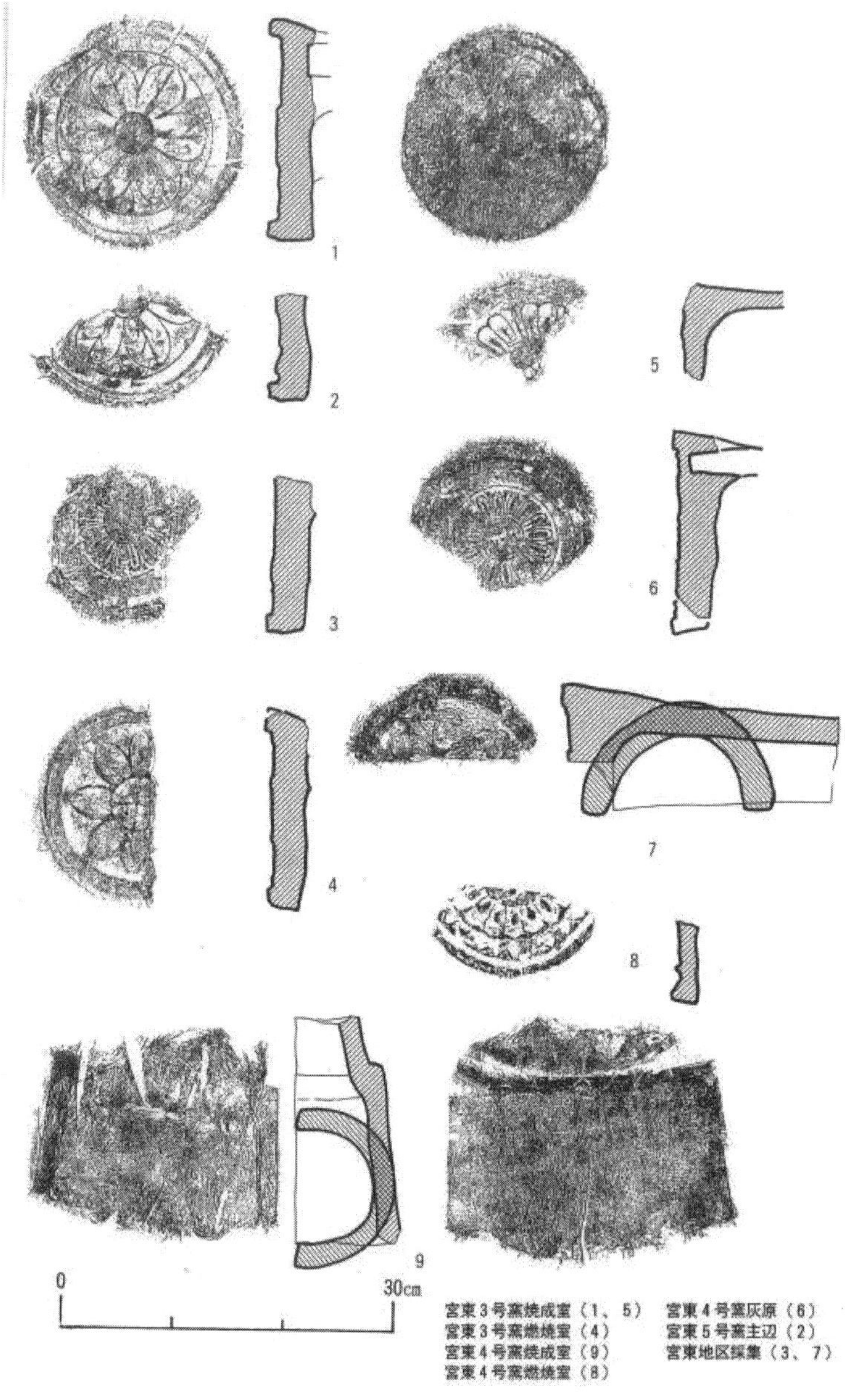


図16 宮東3号瓦窯跡、宮東4号瓦窯跡出土遺物実測図

図17　宮東3号瓦窯跡、宮東4号瓦窯跡出土遺物実測図

図18 宮東3号瓦窯跡、宮東4号瓦窯跡出土遺物実測図

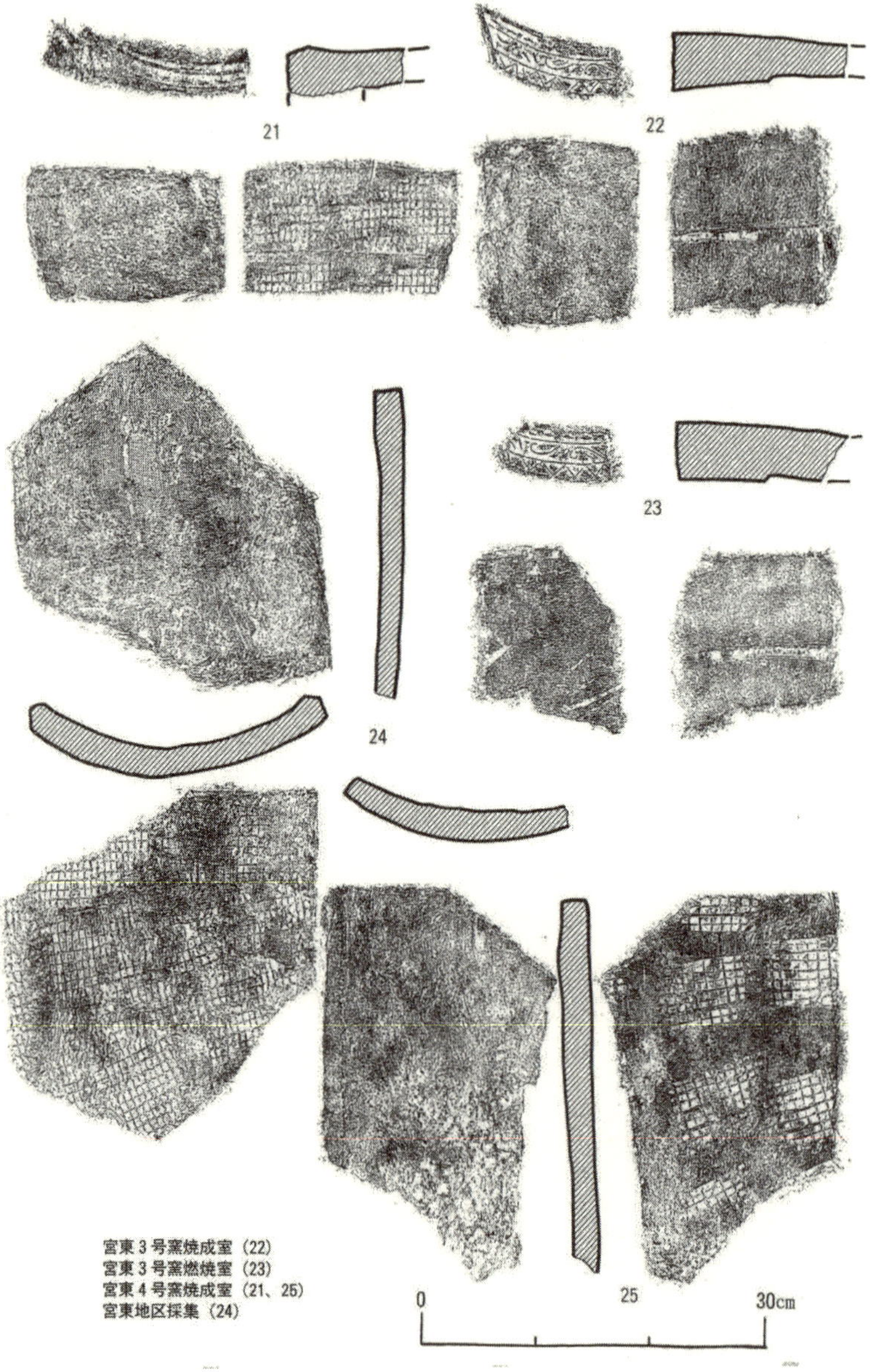


図19　宮東3号瓦窯跡、宮東4号瓦窯跡出土遺物実測図

瓦ではⅠ期B２類、１期D１類などの創建時代に遡るものと、軒丸瓦Ⅳ期A類、軒平瓦Ⅱ期A３類など少なくなくとも新旧二時期の瓦が出土している。

**（四）宮東四号瓦窯跡**（図15）

調査地域の西側中央部端部分で確認されたロストルを伴う平窯の瓦窯跡である。窯の左側に不明の小型窯跡が位置しており、これによって一部攪乱されたことが観察できる。しかし右側部分の耕作による削平よりは影響が少ない。

焚口の幅は〇・六五m、左側壁には自然石を用いている。しかし本来は右側側壁にも自然石を用いていたと見られ、とくにその部分が流失して失われたものと考えられる。焚口から灰原に向かって大きく広がっているが、右側については後世の攪乱によって旧状を損なっている。灰原は焚口から前方に広がっており、その最大幅は三・七m前後を測る。床面の延長は焚口から二・一m前後で、ほぼ平坦であるが、隔壁に向かって大きく下っている。隔壁部分は既に失われている。

焼成室は、六本の焔道と五本のロストルから構成されている。幅は奥側一・九五m、焚口側二・〇m、高さ〇・三五mを測る長方形をなす。また焔道の幅は、〇・二五〜〇・八m、高さ〇・二六〜〇・三五m、ロストルの幅〇・一〜〇・二四m、延長一・二m前後を測る。側壁には、わずかに貼壁が残されているが、補修の痕跡と見られる。側壁には貼壁の痕跡を認める。なお中央部のロストルの焚口側には焔道が設定されていない。他のロストルには焔道が設置されている。すなわち後者では、炎が左右に振り分けられるのに対し、前者では一方のみにしか炎が流れないことになる。

なお規模的には宮東三号瓦窯とほぼ同じであるが、はるかに宮東三号瓦窯の方が丁寧な造りとなっている。従って両者を比較すれば宮東三号瓦窯が先行して構築されたと考えられる。

煙道は現状では検出されなかったが、恐らく焼成室の天井部に煙突が付属していたものと考えられる。

遺物は、平瓦、丸瓦のほか軒丸瓦、軒平瓦などが出土している。軒丸瓦ではⅠ期C類、Ⅲ期A類、軒平瓦1期D類、Ⅱ期A類などが出土している。

（五）宮東五号瓦窯跡

宮東四号瓦窯跡と平行して調査地域の中央部市側端で検出された小型の窯跡である。従来は炭焼き窯とされているが、当該例については炭の痕跡が全く認められなかった。なお灰原と見られる部分から土師器の破片が多く確認されており、可能性として土師器焼成窯も十分考えられる。

左側部分についての残存状況は良好であったが、右側部分は製品の取り出しに伴って大きく破壊しており、正確な規模や構造の把握を困難にしている。なおこの種類の遺構に見られる複数の焚口（差し木口）は確認されていない。

焚口から続く床面の延長は一・九五m、幅は奥壁一・一m、中央部一・〇五mを測り、側壁の立ち上がりは左側壁〇・五mを測る。床面はほぼ水平であるが、わずかに焚口に向かって下がっている。側壁は床面に対し垂直にたちあがるが、わずかに内傾している。天井は失われており、高さなどは不明である。煙道は、奥壁の外側に径〇・二m前後の煙突が設備されている。内部と同様、高温のため、壁面は酸化、還元している。なお煙道は、奥壁基底面から〇・〇五mの高さから設置されている。

## 七、八王子地区

宮東地区の西北部に該当する地域を八王子と呼んでいる。かつて陶質土器などが採集された地域で、地元では窯の存在があるかもとされていた地域である。果樹園栽培が放棄され、龍泉寺に所有が戻されたのを機会にトレンチを設定して調査を行ったが、窯の確認はなく、わずかに炭焼き窯が一基確認されたに過ぎない。当該窯からの遺物の出土は見られない。また灰層の確認があったが、内部から瓦や土器などは出土していない。なお調査範囲が狭かったこともあり、今後に期待したいと思う。

## むすびにかえて―瓦窯跡出土の瓦について―

以上、龍泉寺および周辺地域の発掘調査について記述してきた。いずれも開発工事に伴って行われた事前調査であるが、そこで見つかった一部の瓦窯跡は設計変更によって現地で埋め戻され保存されている。出土瓦を図示したのが図12である。南群窯跡群では、鎌倉時代と考えられる軒瓦などが出土しており、北群瓦窯跡六号窯跡から出土した平瓦凸面に見られる格子叩きなどから、南群より時期的に遡ることが分かり、平安時代以前と見てよいだろう。また各群内でも、近接してはいるがわずかに時期差を認めるものもある。しかし南北両群の窯が並行して操業していたとは考え難い。

宮東窯跡群では、先の南北窯跡群のようなまとまりは見られない。しかし三号窯跡は注目される。本窯は、造り替えが認められ、少なくとも複数の生産操業があったと考えられる。とくに側壁内に塗りこめられていた忍冬文軒丸瓦は、創建期に関係するものである。さらに四号窯跡ではそれに続く時期の軒瓦が出土しており、両者が早い時期から生産操業していたと考えられる。

今回の調査では夏原信義、中島正志両氏によって各窯跡の考古地磁気測定が実施された⑧。表1～3に結果を示しておく。これらの結果はほぼ推定年代に近く妥当であると言えるだろう。

宮東地区窯跡のうち、三号窯と四号窯は同構造の平窯である。両窯共に奈良前期瓦が出土しているが、三号窯の方が古いと考えている。三号窯と四号窯両窯が同時に操業していた可能性は否定できないが、三号窯が改造されて使用されているのに対し、四号窯は短期間で使用されなくなっている。また一号窯と二

表1　考古地磁気測定結果

| 遺構名 | 試料数 n | Dm (° E) | Im (° ) | $\alpha_{95}$ (° ) | k | 平均磁化強度 $\times 10^{-2}$emu |
|---|---|---|---|---|---|---|
| ①宮東1号窯 | 9(11) | 5.4 | 42.8 | 2.8 | 345.6 | 3.50 |
| ②宮東2号窯 | 9 | 10.2 | 58.2 | 24.1 | 5.5 | 0.67 |
| ③宮東3号窯 | 13(15) | −7.2 | 53.7 | 4.1 | 104.0 | 2.26 |
| ④宮東4号窯 | 11 | −14.9 | 51.2 | 3.4 | 177.8 | 9.41 |
| ⑤宮東5号窯 | 10 | 3.2 | 55.8 | 2.0 | 593.4 | 11.79 |
| ⑥宮東6号窯 | 9(10) | −12.4 | 47.1 | 5.8 | 79.8 | 0.061 |

表2　考古地磁気年代測定結果

| 遺構名 | 考古地磁気推定年代(A.D.) |
|---|---|
| ①宮東1号窯 | 1480±30年 |
| ②宮東2号窯 | 推定不能（$\alpha_{95}$が大きすぎる） |
| ③宮東3号窯 | 750±75年または1050±75年 |
| ④宮東4号窯 | 800±30年 |
| ⑤宮東5号窯 | 1200±50年 |
| ⑥宮東6号窯 | 推定不能（$\alpha_{95}$が大きすぎる） |

表3　龍泉寺瓦窯(南群及北群)の測定結果と推定年代

| 遺構名 | Dm(° E) | Im(° ) | $\alpha_{95}$(° ) | k | 推定年代(A.D.) |
|---|---|---|---|---|---|
| 2号窯 | 3.9 | 57.2 | 2.9 | 423.5 | 1210±40年 |
| 4号窯 | 5.3 | 56.3 | 3.7 | 199.3 | 1090±100年 |

号窯は床面のみ残存であったが、ともに達摩窯のような構造を持っていたものと考えている。時期は中世以降であると考えている。

いずれにしても鎌倉時代後半は、興福寺傘下寺院として再建が図られており、瓦の自給もピークになっていたと考えられる。しかしこの頃に創建された多くの坊院は、瓦葺建物は少なく、多くは草葺きあるいは茅葺きであったと考古学上の調査から推定される。

（補注）

①　堀江門也・中村浩『龍泉寺千手院跡発掘調査概要』大阪府文化財調査概要一九七三‐一六、大阪府教育委員会、一九七四年。
②　「寛文九年（一六六九）「龍泉寺境内絵図」。
③　藤沢一夫・中村浩『龍泉寺―坊院跡および瓦窯跡群の発掘調査報告書』（宗）龍泉寺、一九八一年。
④　中村浩『龍泉寺Ⅱ―坊院跡および修法跡の発掘調査報告書』（宗）龍泉寺、一九八二年。
⑤　北野耕平・中村浩『嶽山遺跡群発掘調査報告書』富田林市教育委員会・嶽山遺跡群発掘調査会、一九八二年。
⑥　中村浩『龍泉寺―坊院跡および瓦窯跡群の発掘調査報告書』（宗）龍泉寺、一九九三年。
⑦　藤原学ほか『平成九年度特別展　達磨窯―瓦匠のわざ一〇〇年―』吹田市立博物館、一九九七年。
⑧　夏原信義、中島正志「龍泉寺瓦窯における考古地磁気測定結果について」『龍泉寺―坊院跡および瓦窯跡群の発掘調査報告書』、（宗）龍泉寺、一九八一年。
夏原信義、中島正志「龍泉寺窯跡における考古地磁気年代推定」『龍泉寺―坊院跡および瓦窯跡群の発掘調査報告書』（宗）龍泉寺、一九九三年。

# 龍泉寺出土軒瓦の編年的考察

## はじめに

龍泉寺の考古学的調査は都合三次にわたって行われてきた。そこで出土した瓦をはじめ、戦前戦後を通じて境内で出土したものなど多数を所蔵している。これらは屋根の端を飾った軒丸、軒平瓦のほかに丸瓦、平瓦、鬼瓦、道具瓦、鴟尾など多種多様の瓦製品である。

本稿ではこれらの内、軒丸瓦、軒平瓦について文様、手法の検討を行い、各組合せの関係、さらに各々の時代について、他所の出土例との比較から考えてみたいと思う。

## 一、分類とその方法

出土瓦の編年に当たって、まずその分類の基準としたものを提示する必要があろう。文様を伴う軒丸、軒平瓦について、先ず文様から分類し、同范文様、近似文様を抽出し、次に同文様、同范については、軒丸瓦では瓦当面と丸瓦の接合方法、接合部位の上下関係などによって細分を行い、軒平瓦では同文様、同范については、顎の形状平瓦との連続状態などによって細分した。

これらについてまず時期を示したⅠからⅦの各時期に区分し、さらに瓦当面の文様ごとにA類、B類、……と分類を行った（下表参照）。

以下、原則に従って龍泉寺出土古瓦について記述していくことにする。

## 二、各期の瓦とその特徴

### （一）Ⅰ期

◎A類

〈軒丸瓦〉内区には、1＋6の蓮子配列を持つ小型の中房を中心に、六弁の忍冬文を配する。忍冬文の外周は凸線で縁取りされ、外区には圏文を巡らせている。各弁間には短い間弁状の突起が内方へみられる。周縁は、幅狭く重圏文を巡らせている。接合手法は瓦当面上部に、丸瓦をほとんど食い込ませることなく接合している。接合部の補強粘土も少ない。同文例として藤井寺市野中寺出土例があるが、内区は同じであるが、外区に鋸歯文が見られる点が異なる。

〈軒平瓦〉瓦当面が無文のものがこれに対応するとみられる。顎は段顎で、幅広く、平瓦及び顎部共に内面には布目、外面には格子叩きが認められる。同文例は大阪市四天王寺出土例がある①。

◎B類

時期呼称と時代区分

| | | |
|---|---|---|
| 第Ⅰ期 | 奈良前期（飛鳥・白鳳） | 7〜8世紀 |
| 第Ⅱ期 | 奈良後期（天平） | 8〜9世紀 |
| 第Ⅲ期 | 平安前期（弘仁・貞観） | 9〜10世紀 |
| 第Ⅳ期 | 平安後期（藤原） | 10〜12世紀 |
| 第Ⅴ期 | 鎌倉（含南北朝） | 12〜14世紀 |
| 第Ⅵ期 | 室町（含安土・桃山） | 14〜17世紀 |
| 第Ⅶ期 | 江戸〜 | 17世紀〜 |

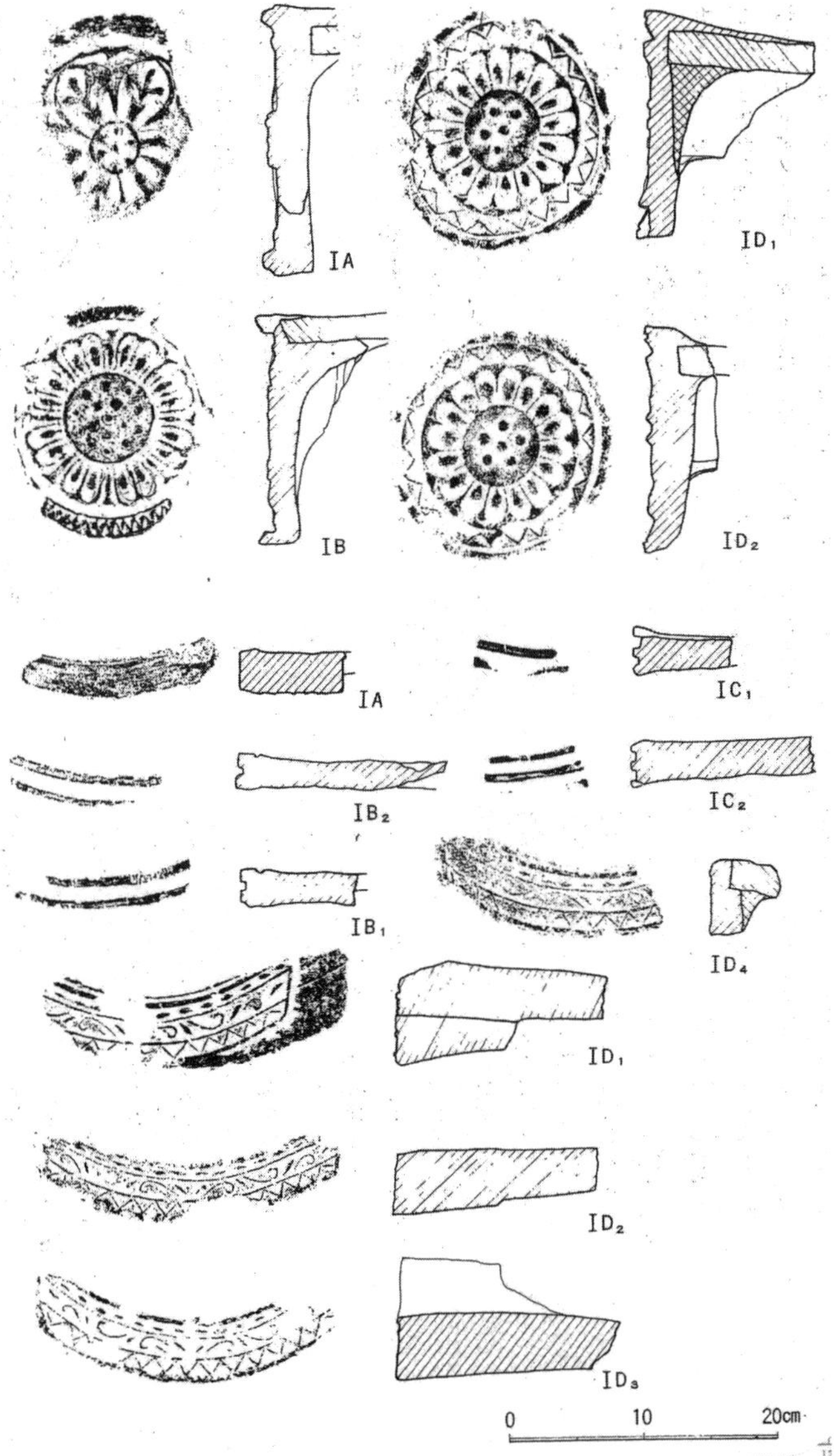


図1　Ⅰ期の軒丸瓦・軒平瓦

〈軒丸瓦〉内区には1＋5＋10の蓮子配列を持つ中房を中心に八弁の複子葉弁を配する。外区、周縁には鋸葉文が施されている。丸瓦との接合は、瓦当面上端に深く食い込ませるもの（B1）とほとんど食い込ませないものがある（B2）。所謂川原寺系とされる文様で、近接地域では富田林市新堂廃寺跡、細井廃寺跡などで出土している②。

〈軒平瓦〉二重弧文を瓦当面に施す、瓦当面端から九㎝のところで段をなす。顎が広い段顎である。平瓦および顎部分の上（内）面には布目、下（外）面には格子叩きが認められる（Ｂ１）。同文で顎の形状が異なるものがある。瓦当面から段を認めずに平瓦へと続くが、わずかに、下（外）面の格子叩き部分に無文帯が見られる（Ｂ２）。

◎Ｃ類

〈軒平瓦〉重弧文を施すものである。顎が広い段顎である。平瓦および顎部分の上（内）面には布目、下（外）面には格子叩きが認められる（Ｃ１）。これに対応する軒丸瓦はＢ類と見られる。

◎Ｄ類

〈軒丸瓦〉内区には１＋５の蓮子配列を持つ中房を中心に八弁の複子葉弁を配する。八弁の複子葉弁の間に間弁を伴っていないので十六弁の単弁文と見ることもできる。外区には内傾斜する斜面に線鋸歯文が施されている。周縁は比較的低く無文である。丸瓦との接合は、瓦当面上端から少し下方に溝を設定し、さらに裏面に刻みを入れて接合の強化をはかっている。なお接合部の粘土補強には大きな差を認める。瓦当面の文様のうち外区の鋸歯文上に范割れによる痕跡を認めるものと認めないものがある。後者の范割れがない方（Ｄ１）は焼成が良好で須恵質を呈するものが多く、前者の范割れがある方（Ｄ２）は、焼成が甘く、もろい印象を受ける。また接合部上面の粘土補強が少ないものが多い、なお稲垣晋也氏は当該瓦の編年位置を藤原宮時代初期まで下げるべきであろうとされている③。

〈軒平瓦〉内区には二回転半の均整唐草文、上外区には種子状の珠文、下外区には線鋸歯文を配置する。内区と外区とを境する凸線は比較的太く、脇区は認めない。文様が瓦当面より小さく、両脇に空白部分を認めるもの（Ｄ１）は顎が幅広い、段顎で、平瓦上面には布目、外面には格子叩きが施されている。外面の叩き目は、先のB類、C類で見たものと同じである。文様が瓦当面と同じで、脇区の空白部分を認めないものは、幅のある段顎のもの（D２）と曲顎のもの（D３）がある。両者ともに平瓦下面にはヘラ削り調整が行われている。さらに段顎の極端に幅の狭いもの（D４）は、瓦当面背面に平瓦を食い込ませる方法を採っている。なおD４類の平瓦は粗な格子叩きが見られる。さらに顎の幅にも若干の差が見られ、焼成も甘く他のものに比較して、雑な造りである。

## (二) Ⅱ期

◎A類

〈軒丸瓦〉内区には１＋６の蓮子配列を持つ中房を中心に十六弁の単子葉弁を配する。蓮弁はいずれも細い凸線で形成されており、内区外周は圏文が一条巡らされている。文様の凸は少なく、平板的な印象を受ける（A１）。周縁の幅は狭く低い。丸瓦との接合は、瓦当面に丸瓦部位を深く喰い込ませる方法をとっており、接合位置は中位に近くなっている。遺存例は大半が赤褐色を呈し、やや軟質となっているものが目立つ。火災に遭った可能性もあろう。同范例は羽曳野市善正寺廃寺、河南町弘川寺などで見られる。

〈軒平瓦〉内区には下方がふくらむ花頭形の文様を中心飾りとし、左右に三回転する均整唐草文、上下区、脇区は凸線二条を巡らせる。周縁は幅狭く低い。顎は曲顎で上面には布目、仮面には縄蓆文を施している（A１）。内区文様は同じで、上外区に凸線二条、下外区、脇区に凸線一条巡らせるもの（ⅡA）。さらに文様全体の幅が上下に狭くなっているものなどが同一系譜に見られる。

◎B類

〈軒丸瓦〉内区には１＋６の蓮子配列を持つ中房を中心に十六弁の単子葉弁を配する。蓮弁はいずれも細い凸線で形成されており、内区外周は圏文が一条巡らされている。外区には一六個からなる珠文帯がめぐらされており、さらにその外周を圏文が回る。周縁は比較的高く幅もある。丸瓦の接合は、瓦当面に深く

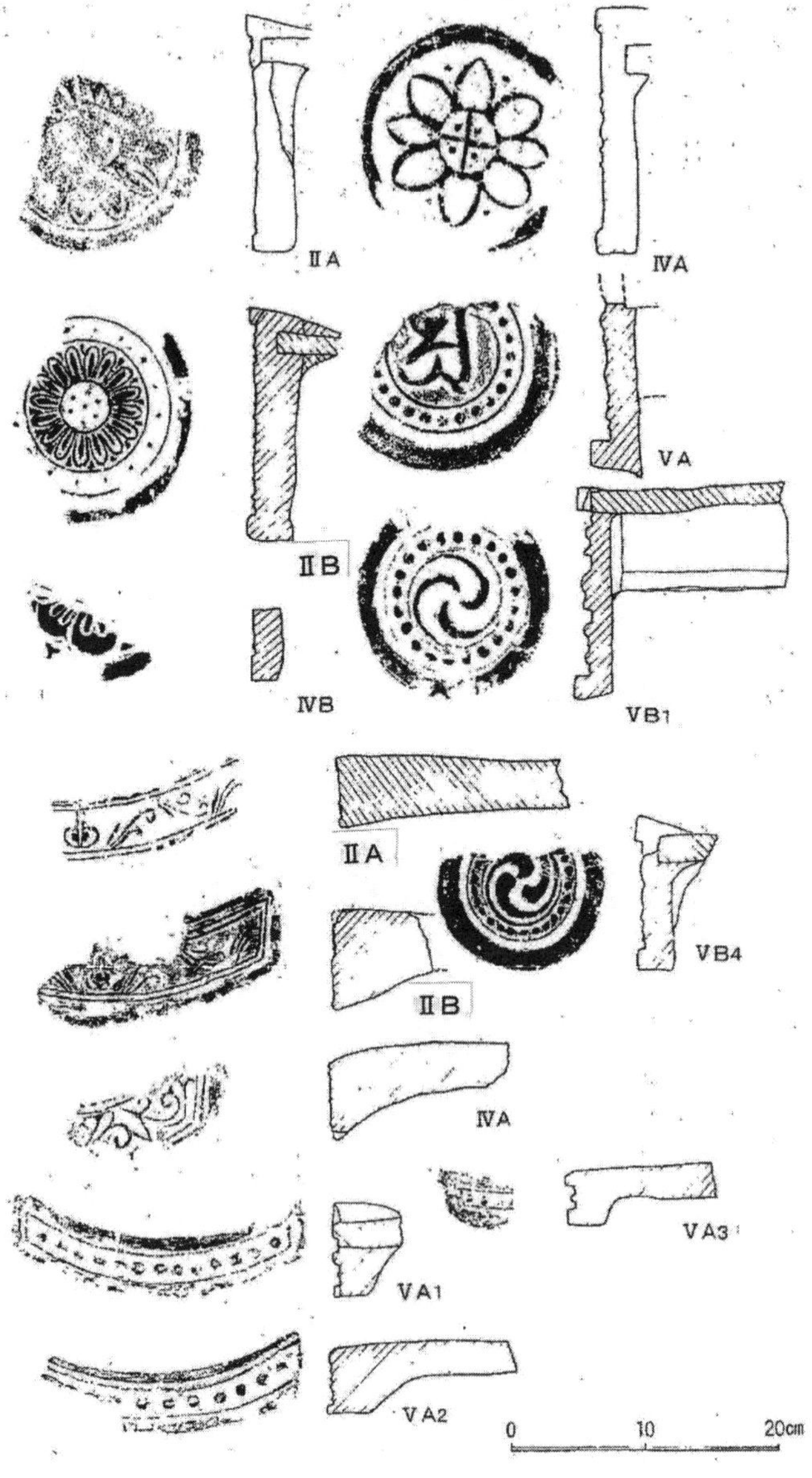


図2　Ⅱ期、Ⅲ期、Ⅳ期、Ⅴ期の軒丸瓦・軒平瓦

喰いこませる方法をとっており、その接合位置は上位である（ⅡB）。かつて藤沢一夫氏によって龍泉寺様式と紹介されたものである④。平城宮などで多く確認されている様式の亜流と見られる。近時例は新堂廃寺跡で出土したものにもみられる。

〈軒平瓦〉内区には下方がふくらむ花頭形の文様を中心飾りとし、左右に三回転する均整唐草文、上下区、脇国は凸線二条を巡らせる比較的大型の軒平瓦である。周縁は幅狭く低い。顎は曲顎で上面には縄蓆文を施している（ⅡＢ）。

## （三）Ⅲ期

当該時期に分類される軒瓦、平瓦は現状では確認されていない。奈良時代後期に建設された堂舎の補修程度に供給されたものがあるのかもしれないが、知見を得ていない。

## （四）Ⅳ期

◎Ａ類

〈軒丸瓦〉内区には中房の円形を十字に区分し、それぞれに一個の蓮子を都合四個配し、それを中心に八弁の凸線で表現されるいびつな幾何学文様の連弁、さらに弁間に一個の蓮子を都合四個配するという珍しい文様である。周縁は幅広く低い。丸瓦の接合は、瓦当面背面上位に喰い込ませるもので、接合部の粘土の補強や、接合部位に差を認める。なお当該文様を伴う遺物は北群瓦窯跡から採集されている（Ａ１、Ａ２）④。

〈軒平瓦〉内区文様は凸線で構成される偏行唐草文である。当初は均整唐草文を指向した可能性が文様面から伺える。上下外区、および脇区には凸線がめぐらされている。周縁は上下面にはほとんどみられないが、脇区で比較的幅のある低い縁が見られる。顎は、曲顎で、カーブが鋭いものと緩やかなものが見られる。上（内）面には布目、下面には縦方向のヘラ削りおよび縄蓆文が施されている。

◎Ｂ類

〈軒丸瓦〉極めて少量しか採取されていない文様の瓦である。内区文様は八複子葉弁文で、間弁を伴い、周縁は幅狭く低い。丸瓦部分は失っており、詳細は不明である。

## （五）Ｖ期

◎Ａ類

（軒丸瓦）内区中央に梵字の「ア」、外区には圏文二条に囲まれた珠文を配する。珠文の径〇・六㎝前後

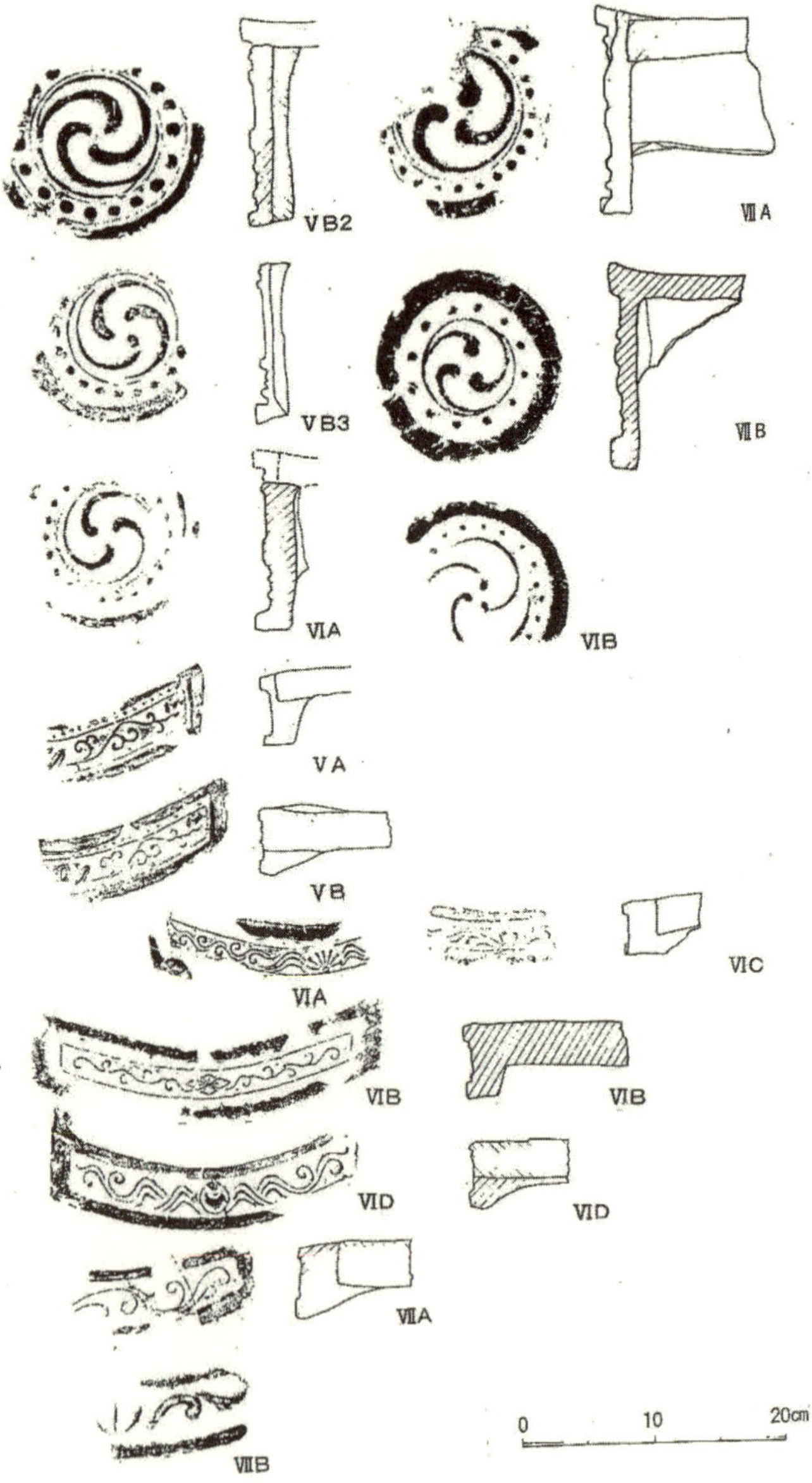


図3　Ｖ期、Ⅵ期、Ⅶ期の軒丸瓦・軒平瓦

で、間隔は狭く合計二四個を数える。丸瓦との接合は、瓦当面背面中位に食込ませるもので、丁寧な調整を行っている。

（軒平瓦）内区には連珠文十二個、それを取り囲む凸線を上下外区、脇区に配する。平瓦との接合では、平瓦先端部と瓦当面を含めて顎部を補う形態をとっている。平瓦上面には布目を認める。平瓦部分にはなれ砂を用いた痕跡が見られる（Ａ１）。内区の文様は同じで脇区にのみ凸線が見られないもの（Ａ２）、文様などの構成は同じであるが、珠文の径および瓦当面の厚さが著しく小さいもの（Ａ３）がある。

◎Ｂ類

（軒丸瓦）内区には、右回り（時計方向に順）方向の尾の長い巴文、外区に外区には圏文二条に囲まれた珠文を配する。周縁は比較的幅広く、高い。瓦当面は中央がやや反っている。丸瓦との接合は、瓦当面上端に丸瓦を喰い込ませるもので、丸瓦の先端が瓦当面まで及んでいる（Ｂ１）。文様はほぼ同じであるが、内区をとり囲む圏文が巴文の尾を利用したかの印象を与えるもの（Ｂ２）。この類の瓦当面はＢ１のような凸状面をなさない。珠文の径がわずかではあるが大きくなる。内区文様の巴が左回りのもの（Ｂ３）。瓦当面の径が一二㎝前後と最も小さいもの（Ｂ４）。さらに瓦当面の径が一六㎝前後と最も大きく、内区の巴が右回り、外区には圏文二条に囲まれた径の大きな珠文を十八個配するもの（Ｂ５）。これらは瓦当面の厚さも厚く四㎝前後を測る。なおＢ１については南群瓦窯跡一号窯跡、Ｂ５類は同じく三号窯跡および満福院北窯跡柵（杭）列ＳＡ001などで出土している。⑦

（軒平瓦）内区中央に蓮の花をデフォルメした中心飾りの左右に四回転する細い凸線によって構成される均整唐草文を配する。上外区には凸線で境して、こまかな珠文を施す。脇区、下外区には内区を囲む凸線が配される。周縁は幅狭く高い。平瓦とも接合はいずれも段顎で、瓦当面上端に喰い込ませており、その先端が瓦当面上面にまで及んでいるもの（Ｂ１）と及んでいないもの（Ｂ２）がある。

## （六）Ⅵ期

◎Ａ類

（軒丸瓦）内区文様の巴が左回りのもの。外区には珠文を配する。前段階で見られた外区の珠文を囲む圏線は見られない。丸瓦との接合は瓦当面の上端に喰い込ませる方法をとっており、丸瓦の先端は瓦当面にまで達している（Ａ１）。なお両者の巴の先端部分がわずかに鍵状をなす。

（軒平瓦）内区中央に蓮の花をデフォルメした中心飾りをさらに簡略化したものを中心に左右に四回転する細い凸線によって構成される均整唐草文を配する。上下外、脇区には内区を囲む凸線が配される外区には文様を伴わない。周縁は幅狭く高い（Ａ１）。平瓦との接合は、瓦当面の上端に平瓦を喰い込ませる方法をとっている。

（軒平瓦）内区中央に蓮の花をデフォルメした中心飾りをさらに簡略化したものを中心に左右に四回転する細い凸線によって構成される均整唐草文を配する。上下外、脇区には内区を囲む凸線が配される外区には文様を伴わない。周縁は幅狭く高い（Ａ２）。平瓦との接合は、前者と同様瓦当面の上端に平瓦を喰い込ませる方法をとっている。

◎Ｂ類

（軒丸瓦）内区文様の巴が右回りのもの。外区には珠文を配する。前段階で見られた外区の珠文を囲む圏線は見られない。丸瓦との接合は瓦当面の上端に喰い込ませる方法をとっており、丸瓦の先端は瓦当面にまで達している。なお両者の巴の先端部分がわずかに鍵状をなす。

（軒平瓦）内区中央に四菱文を中心飾りとし、それを中心に左右に四回転する細い凸線によって構成される均整唐草文を配する。上下外、脇区には内区を囲む凸線が配される外区には文様を伴わない。周縁は幅狭く高い。平瓦との接合は、瓦当面の上端に平瓦を喰い込ませる方法をとっており、段顎である。

◎C類

（軒丸瓦）内区文様の巴が右回りのもの。外区には細かな珠文を配する。前段階で見られた外区の珠文を囲む圏線は見られないし、巴の尾の部分がそれに代わることもない。丸瓦との接合は瓦当面の上端に喰い込ませる方法をとっており、丸瓦の先端は瓦当面にまで達している。なお巴文の表現は細く簡素になっており、先端部分がわずかに鍵状をなす。

（軒平瓦）内区の中心飾りは、蓮の花を大きくデフォルメしたもので扇の形をする。これを中心に左右に五回転する細い凸線によって構成される均整唐草文を配する。上下外、脇区には内区を囲む凸線が配されるが、外区には文様を伴わない。周縁は幅狭く高い。平瓦との接合は、瓦当面の上端に平瓦を喰い込ませる方法をとっている。段顎である。

◎D類

（軒平瓦）内区の中心飾りは宝珠で、それを中心に左右に四回転する細い凸線によって構成される均整唐草文を配する。上下外、脇区には文様を伴わない。周縁は幅比較的広く高い。平瓦との接合は、瓦当面の上端に平瓦を喰い込ませる方法をとっており、段顎である。

## （七）Ⅶ期

◎A類

（軒丸瓦）内区文様の巴が左回りで、外区には、比較的形の大きい珠文十二個を配する。巴の頭部は大きく形をなし、先端まで長く伸びており、尾が重なっている。周縁は幅が比較的高い。丸瓦との接合は瓦当面小の上端部に喰い込ませている。

（軒平瓦）内区の中心飾りは蓮の花を大きくデフォルメしたもので、下方に開く。そこには蓮の花の形は見られない。それを中心に左右に三回転する細い凸線によって構成される均整唐草文を配する。上下外、脇区には文様を伴わない。周縁は幅比較的広く高い。平瓦との接合は、瓦当面の上端に平瓦を喰い込ませる方法をとっている。段顎である。

◎B類

（軒平瓦）内区の中心飾りは蓮の花を大きくデフォルメしたもので、上方に開く。それを中心に左右に二回転する凸線によって構成される均整唐草文を配する。上下外、脇区には文様を伴わない。周縁は幅が比較的広く高いもの（B1）、とくに脇区の周縁は広くとられているもの（B2）、さらに中心飾りが省略化されたもの（B3）、桟瓦使用のもの（B4）などが見られる。その上に軒丸瓦部分が重なる。平瓦との接合は、瓦当面の上端に平瓦を喰い込ませる方法をとっており、段顎である。

## むすびにかえて—文様の系譜と年代—

現在までに龍泉寺境内および、その周辺から出土した軒丸、軒平瓦について記述してきた。とくに本稿では時代を奈良前期時代から江戸時代までをⅠ期からⅦ期と分類区分してみた。これら各期について時期を追って既述すると以下の通りとなる。

まずⅠ期は、瓦葺き建物の創建期に該当する時期である。同范例、同文例を挙げると野中寺、新堂廃寺などがある。これらは寺伝の創建年次とは、干支で一巡下げなければならないが、瓦葺き建物の構築がこの段階であると見れば致し方ないであろう。これらは遅くとも七世紀の第2四半期に相当する年代を充てざるを得ない。

とくにⅠ期C類としたものは、興福寺などの南都に系譜を持つ文様と考えられるが、同范例は現状で確認されていない。また出土量が圧倒的多くを占めていることから、当該軒瓦は、伽藍や建物の建立が本格化した段階で製作使用されたと考えて大過ないだろう。この年代は七世紀の第3四半期頃とするものである。

Ⅲ期の段階は、文献史料では平城京時代で、八世紀の第1四半期に相当するものと考えられる。『春日大社文書』で見る如く、八世紀の第4四半期の寺の状況は新たに堂舎を建設できるような状態ではなく、現状維持がやっとという状況であったと考えられる。従ってこの時期に新たな軒瓦の導入は見られなかったのである。やがてⅣ期の時代に入ると新たな文様の軒瓦が登場する。文様も独特なもので、類似例は少なく、龍泉寺オリジナルなものでもある。この瓦は北群瓦窯跡から出土しており、この地で製作されたものである。時期的には平安時代後半の十一世紀ころと考えている。またⅣ期B類の軒丸瓦は、細かな破片しか採集されていないが、京都六勝寺系の文様と見てよいだろう。

Ⅴ期は、既に調査例でも明らかなように、多くの坊院が創建された時期に相当する。とくに中門八脚門）の建造や、ほかに行われたであろう伽藍堂舎の整備に伴う瓦の消費に対応するために多くの瓦窯が設置運営されたのもこの時期である。時期的には鎌倉時代の十二、三世紀ころと考えている。

なおⅥ・Ⅶ期の文様の主流をなす巴文には巻方向が左右二方向あり、形状も微妙に変化している。さらに外区文様の珠文の径も大きいものが見られる。

軒平瓦では唐草文様の中心飾りの意匠の単純化、省略化などが見られ注目される。Ⅶ期後半で軒丸瓦、軒平瓦が一体となる桟瓦が出現している。

（補注・参考文献）

① 四天王寺文化財管理室編『四天王寺古瓦聚成』柏書房、一九八六年
② 『新堂廃寺跡・オガンジ池瓦窯跡・お亀石古墳』富田林市埋蔵文化財調査報告35、富田林市教育委員会、二〇〇三

年
③稲垣晋也『飛鳥白鳳の古瓦』奈良国立博物館、東京美術、一九七〇年
④藤沢一夫「摂河泉古瓦様式分類の一試企」『仏教考古学論叢』東京考古学会、一九四一年
⑤『龍泉寺—坊院跡および瓦窯跡群の発掘調査報告書—』（宗）龍泉寺、一九九三年
⑥満福院北坊跡出土例一点のみである。『龍泉寺Ⅱ—坊院跡および修法跡の発掘調査報告書—』（宗）龍泉寺、一九八二年
⑦『龍泉寺—坊院跡および瓦窯跡群の発掘調査報告書—』（宗）龍泉寺、一九八一年

# 富田林市竜泉硯石出土の蔵骨器について

## はじめに

ここに紹介する蔵骨器は、大阪府富田林市竜泉字硯石の山林で、昭和初期に果樹園造成に伴って偶然発見されたものである。出土地点は嶽山（標高二八一・六ｍ）から、金胎寺山（標高二九六・四ｍ）に向かって南西方向に派生した尾根の鞍部に近い東斜面、現在は果樹園となっている。

出土地点の東北眼下には龍泉寺があり、嶽山西側斜面は、嶽山古墳群、田中古墳群、さらに山裾には横山古墳群等が位置する。また北方二・五㎞の河岸段丘上には、彼方丸山古墳、さらに佐備川を隔てて北西部には、板持古墳群などが分布している①。

出土状況詳細については明らかではないが、当時の関係者よると、

図1　蔵骨器出土地点位置図

二重の甕に入れられた骨壺が地下二尺ばかりの所から出土し、炭灰が周囲に散乱していたとのことであり、それらの炭灰は甕の中に詰まっていたと考えられる。

ともあれ、このようにして発見された遺物も当時は南河内の楠氏関係の墓であろうとされ、人骨については村墓地に埋葬された。他の遺物は地主であるN氏の保管するところなり、現在に至っている。

近時筆者はこれら遺物を実見する機会を与えられ、さらに当時の関係者から出土状況も聴取することができたので、紹介と考察を加えたい。

## 一、遺物について

### (一) 有蓋短頸壺（蔵骨壺）

口径一三cm、胴径二五・三cm、高台径一三・六cm、高台の高さ二・三cmを測る短頸壺と、口径一四・八cm、高さ二・三cm、鈕径三・五cmを測る所謂擬宝珠様つまみを伴なう蓋とからなる須恵器の有蓋短頸壺で、総高二六・八cmを測る。

短頸壺の口頸部は短く直立し、口縁上端はほぼ平坦にナデられている②。口径部と胴部との接合面には、わずかながら沈線が認められ、当該部分が後補されたことを示している。

肩部は左右不均整ではあるが、やや張っており、全体に灰釉が見られ、肌は荒れている。一方、肩部上半に

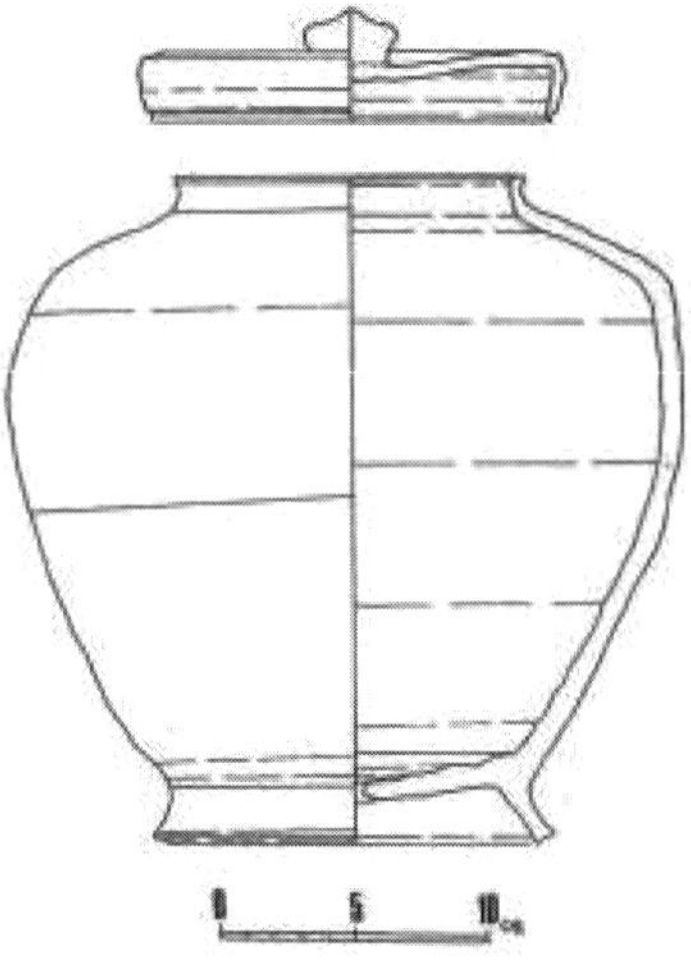


図2 有蓋短頸壺実測図

は、口頸部をめぐって灰を被っていない部分があり、蓋をかぶせた状態で焼成されたことを示している。さらに肩部には粘土紐の痕跡も認められ、マキアゲ手法によって成形されたことが分かる。高台部分から一〇cm上部付近まで、左回り（逆回転）の回転ヘラ削り調整を施している。なお胴部内面には、回転ナデ調整が見られる③。

底部には、やや高い外反する貼付高台を伴う。底部中央に焼成後、外側から径四mmの孔を穿っている。胎土にはわずかに砂粒が含まれており、焼成は良好堅緻、高台部を中心に僅かな歪がある。色調は暗緑灰色で、肩部付近には緑色自然釉が認められる。

蓋は合わせ蓋式で、短い側面がゆるやかに内傾し、天井面中央がやや窪んでおり、端部の稜線は鋭い。上面は左回り（逆回転）の回転ヘラ削り調整を施し、側面は回転ナデ調整が見られる。口縁端部は段をなし、先端は尖っている。

鈕は、擬宝珠様で、蓋本体とは別個に造られ貼付されたものである。胎土にはほとんど砂粒を含まず、焼成は良好堅緻で上面には自然釉が認められる。

## （二）外容器（甕）

◎甕A

口径五七・六cm、胴径六〇・八cm、器高四七・六cmを測る丸底の須恵器甕である。

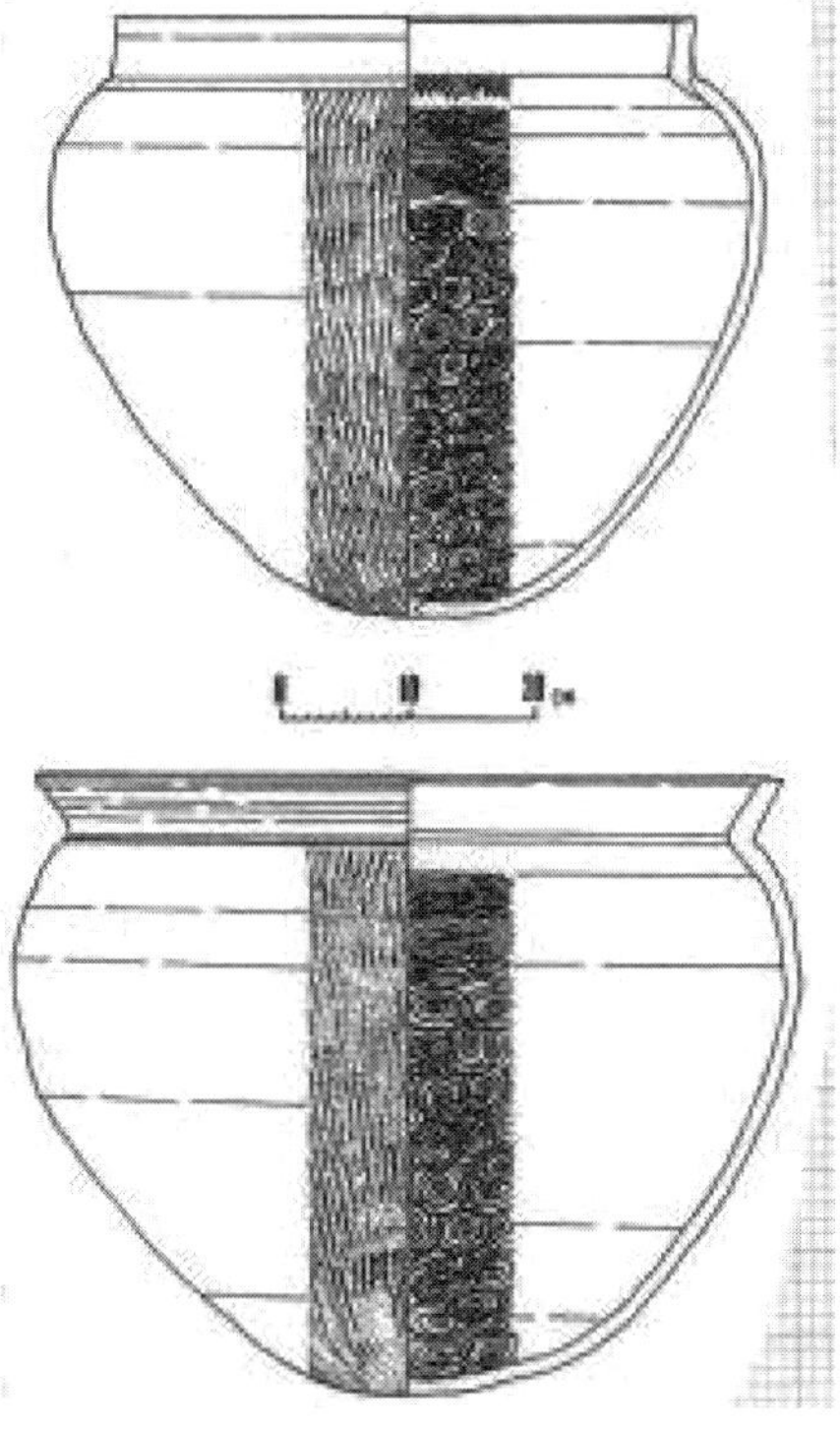

図3 外容器（甕）実測図

口頸部は短く直立し、上端部は平らにナデられ、内方へ緩やかに傾斜する面をなす。体部最大径は上部に求められ、下部に向かってなだらかに下がる。器壁は比較的薄く、外面にはほぼ放射状に約三㎝×六㎝の範囲で整然と叩きが全面に施されている。なおこの叩き目は、木目を直角に切刻して作られた叩き板を使用しており、木の軟質部分の摩耗によって格子状を呈する。内面には口縁部から下方には弧状文、さらに一二㎝から以下には径五㎝の同心円文叩きが見られる。底部は丸く外面には、先の平行叩きが認められる。またほぼ中央付近に焼成後外部から孔をあけている。その径は約一・一㎝を測る。この穴の存在により当該甕が下方に配置されていたものと考えられ、本来の用途から、仮器としたものと見られる。

胎土にはわずかに細かな砂粒が含まれており、焼成は良好堅緻、緑灰色の自然釉が、口頸部、肩部に見られ、全体として暗緑色を呈する。また底部付近に径約一五㎝、幅四㎝のドーナツ状の色調の変化と粘土の僅かな溶着が認められ、焼成時に置台を使用したものと見られる。

なお甕の内部壁面には炭、灰の付着が認められ、これらがかつて内部に充填されていたことを示す。このことは当事者の言と一致し、この甕が外容器として使用されたことが分かる。

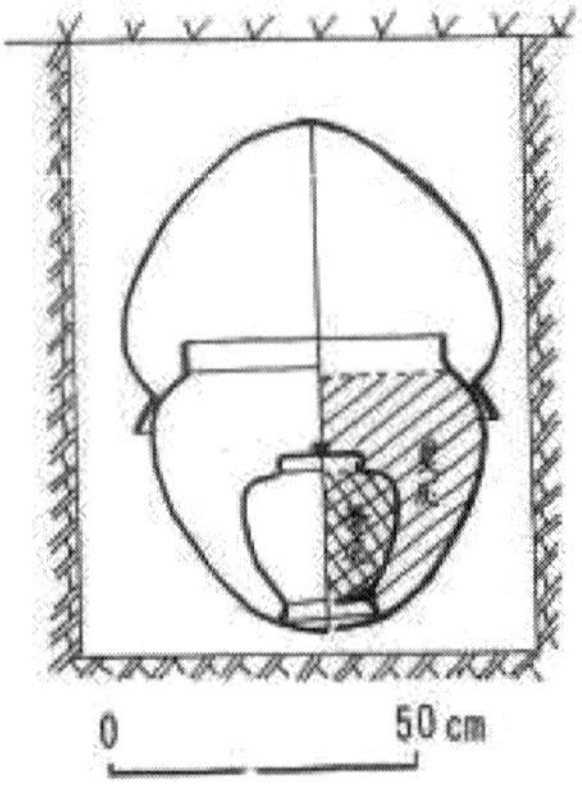

図4 概念図

◎甕B

口径五八・〇㎝、胴径六一・〇㎝、器高四六・七㎝を測る丸底の須恵器甕である。

口頸部は短く外反し、上端部は平らにナデ調整されている。体部最大径は上位に求められ、体部は下部に向かってなだらかに下がる。器壁はやや厚く、外面にはほぼ放射状に約三㎝×六㎝の範囲で整然と全面に叩きが施されている。なおこの叩き目も甕Aと同じ効果を狙っており、格子状を呈する。内面には口縁部から四・四㎝以下の下方には弧状文、さらに一二㎝から以下には径五㎝の同心円文叩きが見られる。底部は丸く外面には、放射状に平行叩きが認められる。またほぼ中央付近に径一三㎝、幅三㎝の置台の痕跡が見られる。

胎土には細かな砂粒が含まれており、焼成は良好堅緻、暗茶灰色の自然釉が一部に見られ、全体として灰白色を呈する。内面には一部に黄褐色粘質土の付着が認められたが、ほかには何らの痕跡も認められなかった。この甕が外容器として利用されていたとすれば、甕Aの上部に覆いかぶせた所謂蓋として用いられたものと考えられる。

## 二、埋納状況、および類似例の検討

以上、出土遺物について検討を加えてきた。以下に当該蔵骨器に関連してみるいくつかの問題について考えてみたい。まずその埋納状態である。既述のように甕A、Bともに短頸壺（以下壺と略記する）の外容器として存在したことは疑えない。

すなわち埋納状態を復元するならば、概念図に示したように、甕Aの中に壺を入れて、その周囲の間隙を炭灰を用いて充填している。最後に甕Bを合わせた状態で蓋をする。いわば甕棺に見るような形である。なお当該外容器を含んだ遺物を埋納するには、少なくとも径七〇㎝、深さ一〇〇㎝以上の土抗を用意しなければならないだろう③。

先の当事者の言によると、石室、盛土などは全く見られなかったということである。なお出土に際して多くの炭、灰を検出したというが、これが内側から漏れ出たものである可能性もあるが、藤沢一夫氏④、安井良三氏⑤らによると、火葬場所即墳墓を想像させるにたるものとも考えられるだろう。

ところで外容器として甕または大型容器を用い、その中に蔵骨器を収めて埋納した例としては以下のものがある。
①茨城県真壁郡関本町大字船玉出土⑥—かつては有蓋短頸壺であったが、発掘の際失われて壺のみ残存する。当事者によれば、この器はさらに甕に収められて埋没していたという。
②埼玉県川越市大字吉田鯨井新田出土⑦—前者と同じく、発掘の際失われたものかは不明であるが、蓋を欠いている。甕に内部に正位置で納められていたという。
③奈良県北葛城郡二上村穴虫出土⑧—威奈大村墓より出土した金銅製蔵骨器は、大甕の中に納められていたという。
④奈良県天理市櫟本町岩屋出土⑨—佐井寺僧道薬の銅製墓誌を伴った把手付有蓋短頸壺が、口を下にした甕によって外容器によって被せられていた。
⑤大阪府堺市高蔵寺高倉寺境内出土⑩—行基の開基と伝える高倉寺の境内から出土した有蓋短頸壺で、倒立した甕によって外容された状態で確認されたという。
管見に触れた例は本紹介例を含めて六例であるが、それらがいずれも偶然の発見であったことから、詳しい出土状態などが知られていない。いずれにしてもこれらの例が地域的に限定されていない。

さて本例の外容器に使用されていた甕について検討を加えたいと思う。

両者の成形手法などは大いに近似しており、産地が同じである可能性は高く、また胎土、焼成等の特徴から近接する和泉陶邑窯の製品の可能性が高い。

また甕Aについて内容量を計算すると⑪、約六四二四九 $cm^3$ となり、約三斗五升三合になる。Bについては計算していないが、口径、器高の近時点から大きな差はないと考えられる⑫。

『延喜式』⑬二十四主計には、全国各地の調納の記載がある。とくに陶器（須恵器）については、細かな器種別の規定が見られる。先の甕の容量に適応したものを見ると以下のごとくとなる。すなわち「凡そ左京、五畿内国調……（略）、陶器、八丁池由加、□各一口受五石。二丁瓼一口、受一石二斗、缶三口。受五斗。一丁由加一口、受一石。㼚瓮二口、受三斗。……（以下略）」とある、「缶」または「㼚瓮」とほぼ一致する。とくに「瓮」は、「一斗入りのもたい」という義であり⑭、両者が近似する器名であることを示している。さらに「缶」が「腹大、口小の一種の瓦器」という名称で呼ばれていることから両者のいずれかの名称であるとみてよいだろう。

つぎに壺、甕Aに見る底部穿孔についてでは、石田茂作氏は内部の水分除去のためとされ、桐原健氏らによる信仰的な用途の可能性を理由によるとする説、さらに日用品から祭祀品への移行を示すためとする説などがある⑮。しかし当該例を見ると、両者には炭灰が充填されており、穿孔されているものがいずれも身の底に該当するものであり、信仰的な理由や、日用品の骨容器への変更を示すとする考えはなじまない。従って本例については石田説に言う蔵骨器内部の水分排出のためと考えられる。

以上蔵骨器本体と外容器についてみてきたが、この蔵骨器に埋葬された人物、すなわち被葬者について考えておきたい。

既述のように出土地点は龍泉寺境内の西側丘陵であり、寛文九年作成の「境内絵図」によると「吉祥院年貢山」となっている。さらに周囲には五位山（ゴイヤマ）や硯石と呼ばれる地名が残されており、当該遺物もその周辺から見つかっている。ところで龍泉寺は春日大社所蔵の「龍泉寺氏人連署解状案」⑯によると、宗我（蘇我）馬子の創建になる古刹である。

とくに境内からは、奈良前期に遡るとされる大量の古瓦が出土しており、少なくともこの頃には伽藍が整備されていたと考えられる。従って当該墳墓は龍泉寺に関係した人物の墓地であるとしてほぼ間違いないと考えられる。ちなみに富田林市内には新堂廃寺とお亀石古墳という墳墓と寺院との密接な関係の遺蹟もみられ、当該例もその類似例の一つとして挙げられるだろう。

（注）

①『大阪府文化財分布図』大阪府教育委員会、一九六四年。
②ナデ、ミズビキなどの成形手法については『陶邑Ⅰ』に準ずる。
③現在は蜜柑山となっており、旧状は大きく損なわれている。
④藤沢一夫「墳墓と墓誌」『日本考古学講座』六、河出書房、一九五六年。
⑤安井良三「日本における古代火葬墓の分類」『日本古代史論集』六、吉川弘文館、一九八七年。
⑥奈良国立博物館『天平地宝』一九六〇年。
⑦石村喜英「外容器伴出の蔵骨器について」『歴史考古』1、一九五七年。
⑧「前掲⑥書」所収。
⑨堀池春峰「佐井寺僧道薬墓誌について」『日本歴史』一五三、一九六一年。
⑩「前掲④書」所収。
⑪一尺＝〇・三〇三㎝≒〇・三㎝として計算した。
⑫一リットル＝五・五合として計算した。
⑬『新訂・増補国史大系』26「交替式・弘仁式・延喜式」、吉川弘文館、一九六五年。
⑭上田万平ら『大字典』講談社、一九九三年による。
⑮石村喜英「火葬墓研究をめぐる諸問題」『日本歴史考古学論叢』2、雄山閣出版、一九六八年。
⑯『春日大社文書』第二巻、吉川弘文館、一九八一年。

# 龍泉寺庭園について

## はじめに

龍泉寺庭園については、昭和五六年五月十一日付けで名勝指定を受けた。

寺伝によると、昔この地に古池があり、そこに悪い龍が住み人々に被害を与えていた。蘇我馬子は人々を救うため修法を行ったところ、悪龍は仏法の力にはかなわないとして飛び去った。やがて馬子は聖徳太子とともにこの地に寺を建て仏法の興隆に努めた。その後池の水は枯れ果て、付近にも水がわかず、ついに寺も衰退した。

弘仁十四年（八二三）正月八日、弘法大師がこの地を訪れ、里の老人に水を乞うたところ、湧水がなく困っていることを語った。大師がさらに尋ねると、老人は「自分はここの地主の牛頭天王である。汝が来ることを待っていた。ここにしばらくとどまり霊地を再興せよ。自分も亦助けよう」と言い、忽然と姿を消した。大師が七日間加持祈祷を行ったところ、七日目の夜半に雨が滝のように降り始め、再び龍が現れ、やがて夜が明けると、池には清水満々とたたえ、三つの島が出来ていた。大師はそれらの島に聖天、弁財天、吒天（ダキニ天）を祀り、牛頭天王を鎮守とした。これが、寺伝にみられる庭園に関する記述である。

## 一、庭園に関する史料

寛治三年（一〇八九）撰の『大師御行状集記』①に「河内龍泉寺條第七十七」として、龍泉寺庭園に関する記述があり、この記述が現段階では最も時期的に遡る資料である。以下に史料を提示する。

件寺本願大臣、欲建立伽藍、尋求勝地、而此所従往古池、於悪龍山内之池、邊不寄人畜成害爰本願大臣着冠帯取爵目不暫瞬見池底、七日七夜其時龍王現人形大臣巳以猛利之心発請願吾不勝於佛法既移他所今也、頓復発響去畢、其後池枯山内無水流渋之潤雖建立伽藍去水流遂隔十有余里、因茲難住僧人而大師點一所加持祈誓爰本龍住慈心帰來頓沸出飛泉干令（今歟）絶改名號龍泉寺云々

これらは、寺伝にある如くの内容であり、先ず大臣蘇我馬子の登場で、馬子が寺の場所を求めてここに到達し、池の悪龍と対峙し、それに仏法によって勝利し、伽藍の創建にいたる。やがて池の水は枯れ果て、付近にも水がわかずついに寺も衰退した。そこで弘法大師が登場して、大師は、加持祈祷を行ったところ、再び池には清水

| 名勝龍泉寺を構成する要素 | | |
|---|---|---|
| 本質的価値を構成する諸要素 | 地割・地形 | 自然地形、造成地形（島） |
| | 水系 | 湧水、園池、給水路、排水路 |
| | 植物 | 地被類、低木、景観木、背景木 |
| | 庭園関連構造物 | 石橋、灯篭、石碑、石積、飛石、木杭 |
| | 建造物 | 弁財天社、聖社、吒天社、雨井戸、閼伽井戸、鳥居 |
| 本質的価値を構成する諸要素以外の諸要素 | 管理および活用施設 | 各種サイン、園路（土道、土橋）、橋脚 |
| 周辺環境を構成する要素 | | |
| 自然的要素 | 気象、地形、植生、水系 | |
| 歴史的文化的要素 | 本堂、仁王門、歓喜天、鐘楼、鳥居、参道 | |

図1　龍泉寺庭園の区分

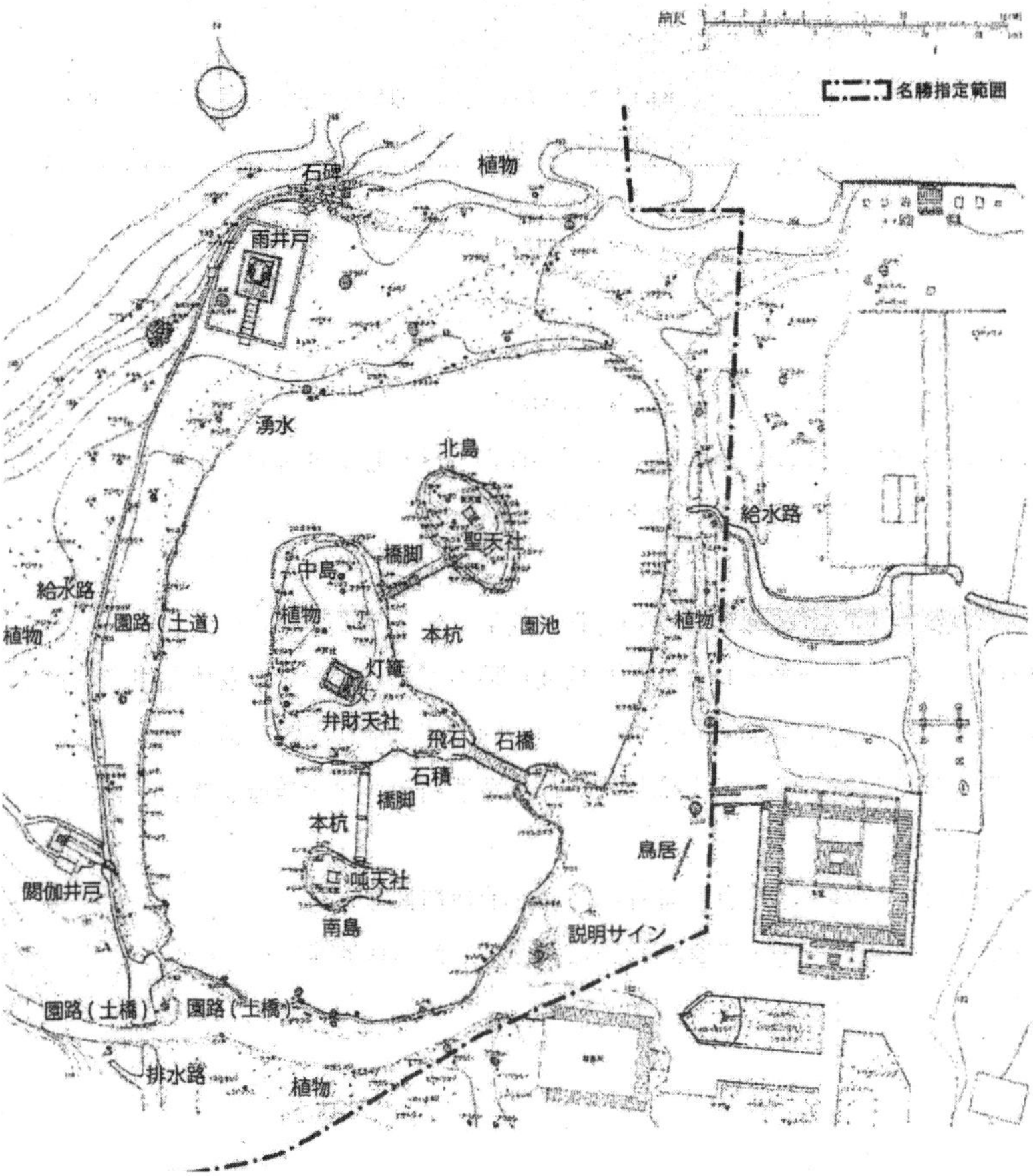


図2 名勝龍泉寺庭園を構成する要素分布
（『名勝龍泉寺庭園事業実績報告書』2014年、以下の図も同じ）

満々とたたえられた。そこで龍泉寺と号することにあらためられたという。

ところで『大師御行状集記』の著者経範は、長者経範法印とあり、長治元年（一一〇四）三月十七日化寿、七十四歳であった。すなわち著者経範が著作したのは、これ以前であることは明らかである。また寛治三年（一〇八九）撰とあることは、経範が存命中の刊行であったことが分かる。ちなみに経範は、長元四年生まれ、源経国の子。康平五年京都仁和寺の性信に灌頂をうけ、嘉保二年東寺別当となる。康和三年法印東寺長者法務となる。長治元年三月十七日死去。通称は木寺法印遍照寺法務。著作に「弘法大師行状集記」がある。

ともあれ、そこに示されている内容は寺伝と一致しており、この伝承が寛治三年まで遡ることが分かる。従って、少なくとも『大師御行状集記』の著者経範の時代には龍泉寺庭園が存在していたことになる。

元亨二年（一三二二）、虎関師錬の撰になる『元亨釈書』②に、弘法大師の業績を紹介する項で、「内州有一寺、其池元龍池、龍移他處。池又涸。寺衆苦無水。海點一所加持。清水忽沸。因號龍泉寺」とあり、弘法大師と龍泉寺の関係に言及している。この龍池こそ、現在の庭園（国指定名勝）の中心をなす池のことであり、庭園の造立年代が明らかとなる資料でもある。

## 二、庭園の実態

吉川需編著『日本の名勝　第一巻庭園Ⅰ』③によると、以下の記述がある。

本庭園は鑑賞の対象として造られた所謂寺院庭園ではなく、上古時代から伝えられた神池である。豪族の居館の庭が後世神社の庭となった例は、兵主神社庭園、北畠神社庭園などがあるが、この神池はむろんそれとも趣を異にするものである。

龍泉寺は蘇我馬子が創建し、弘法大師が再興したと伝えられるように、その成り立ちはきわめて古い。広大な長円形の深い池の中に大小三島を配しただけで、護岸その他に石組や景石のような作庭材料は一切ない。周囲も島上も植生は自然的で、特別な手入れは加えられない。神秘の沼の様相がある。

『河内名所鏡記』④は次のように書かれている。

「蘇我大臣の本願、古より此所龍池あり、悪龍住て災をなせしにより、大臣池の底を見る事七日七夜、其時龍王人の形を現じ、大臣の誓願貴し、我仏法に勝つべきやと、則もとの形になり飛び去りぬ。それより水涸して涸池と成、其かたはらに寺院建立有、其後大師（弘法）加持したまふ時、元の龍法味を感じ此池に帰り清水を出し、其流れ今にたえず。本堂南むき薬師如来牛頭天王の宮有、又池大小四つ有、此内大の池中に島三つ有、中は弁財天右は聖天左はいだてん也、小三つの内にそこのしれぬ龍池有、又東に龍穴一つ有、石のふたにして有、大ひでりの折此所にて雨をいのりて、石のふたをのければ、俄雨ふるとぞ、坊数廿五軒、二王門有、二王は弘法の御作、龍泉寺と書たる額は、東寺の長者大覚寺の筆なり寺書あり、龍泉寺の内馬頭観音坐像御長九寸五分、……。

祈雨雨乞いの修法道場としては史跡神泉苑が有名ではあるが、ここでも爾来祈雨の霊場として崇敬されるようになった。

このような神池は、磐境磐座とともに、日本庭園の源流の中に位置づけられる。磐境は、石組の技法の発端をなすものとして注目され、多くの神域に現存するのを目にすることができる。神池としては岡山の吉備津神社や滋賀県の阿自岐神社の池が著名である。

園池は、本堂の西側に位置し、ほぼ南北に六〇m、東西四五mで、南北にほぼ一列に三個の中島を配し、橋を架している。中央の島には春日造り（桃山時代）の建物に弁財天を祀り、他の中島にも小祠を建てており、その状況は、寛文九年（一六六九）寺所蔵古図とほとんど同じである。池は伽藍北西部から湧出する豊富な水を本堂の北背面に堰堤を築き堪えたので、古くは信仰の対象として、また灌漑用水として利用されていた。これを伽藍の整備に伴って、中島の数を増し祠堂を置き、相互間に橋を架けるなど、信仰と鑑賞を兼ね合わせるようになったものと考えられる。寺域を囲む樹林、北西に構える嶽山を含めて、静寂な景観を作り出しており、この地方にまれな鎌倉時代頃の庭園として貴重である。

## 三、建造物の調査　⑤

### （一）弁財天社

中島に位置する一間社隅木入春日造、銅板葺（もとは檜波葺）の社殿である。向拝は、面取角柱を立て、足元には浜縁を設け、本階五級を置いて昇降欄を据える。柱間は木鼻付の紅貼形頭貫を通す。柱上には連三斗を載せ、中備に蟇股を飾る。軒は二軒繫垂木である。向拝と身舎は海老紅梁でつなぐ。身舎は地覆上に円柱を立て、切目、内法長押を打つ。正面は引違格子戸とし、側面及び背面は横板による板壁とする。組物は、柱上に出三斗を置き、中備には蟇股を飾る。正面の蟇股には弁財天の種字「ソ」をあしらっている。なお身舎、庇の肘木や木鼻等には韞が付く。内部は中央にて前後に二分し、内陣、外陣をつくる。この内外陣境として、両端に隅柱、その内側に脇柱を立て、上下に長押を打って、桟唐戸を吊る。なお身舎正面および両側面の三方には高欄付きの縁を回し、見切りには竹の節付き脇障子を構える。脇障子の架木うえには無目と玉縁を渡し。格狭間をあしらう欄間を入れる。妻飾は、正面は木連格子、背面は紅梁大瓶束を用いる。また破風の拝みには蕪懸魚を、背面は、拝み、降りともに三つ花懸さかなを吊るす。また棟には銅板で包んだ箱棟、鬼板を載せる。彩色は、主要部は丹塗とするが、身舎切目長押より下部については黒塗としている。

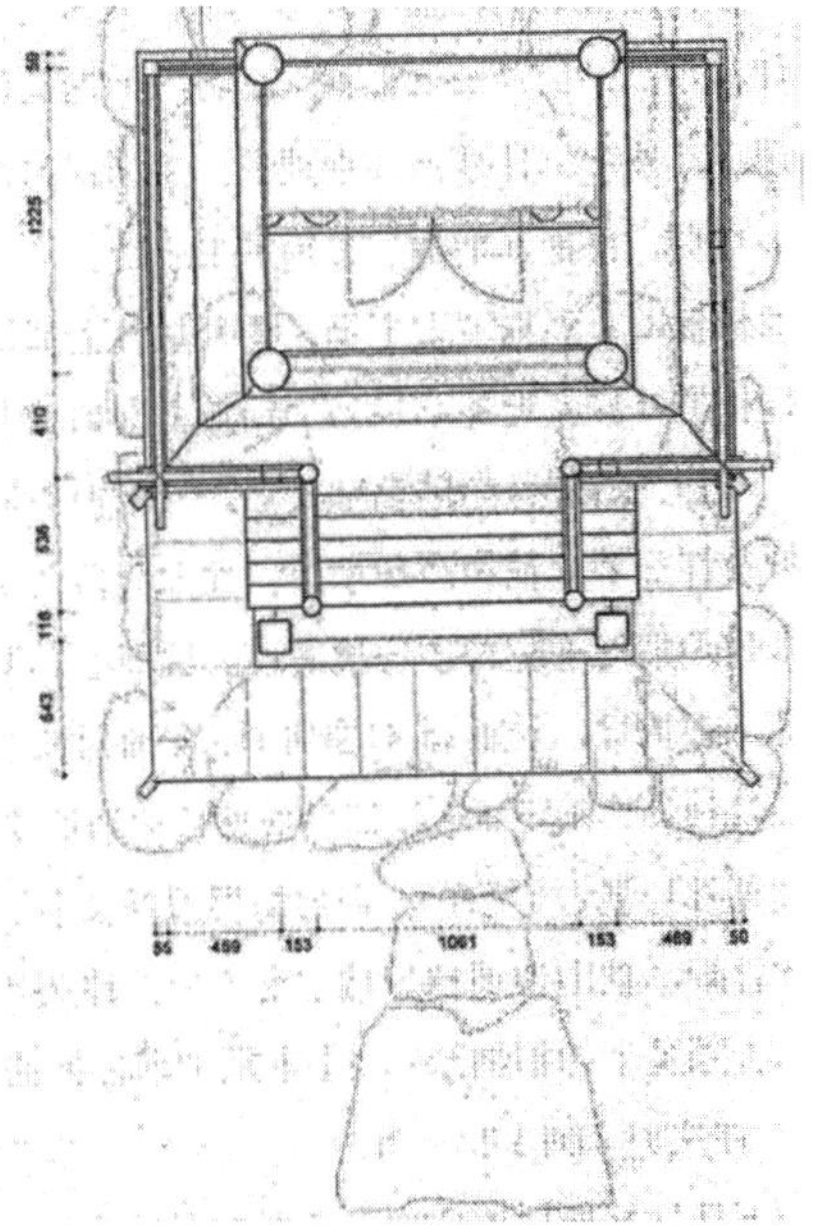

図4 弁財天社平面図

図3 弁財天社正面図

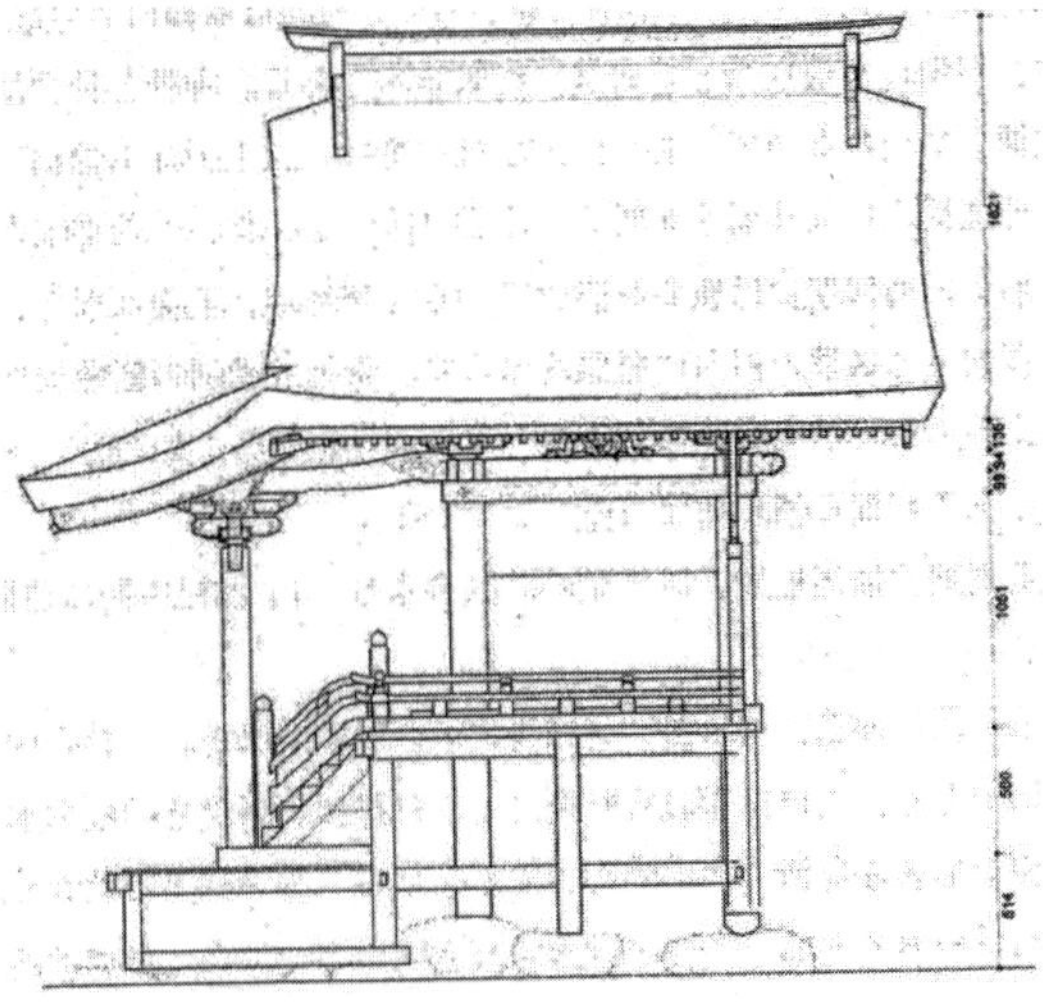

図5 弁財天社側面図

本社殿は、桃山の遺風を残すもので、建築年代は紅梁形頭貫等の絵様、肘木や木鼻等の鞾、背面妻飾りの大瓶束上の組物から十七世紀中期に位置づけられる。

## （二）吒天社

北島に鎮座する一間社春日造、檜波葺の社殿である。小規模な社殿であり、大床及び浜縁は設けられていない。向拝は、面取角柱を立て、木階五級を置く。柱間は象鼻付きの紅梁形頭貫を通す。柱上には大斗肘木を載せ、中備には、蟇股を飾る。軒は一軒繋垂木である。向拝と身舎は湾曲の強い海老梁でつなぐ。身舎は地覆上に円柱を立て、切目、内法長押を打つ。正面は引違格子戸とし、側面及び背面は板壁とする。組物は、柱上に大斗肘木を置く。中備は用いていない。内部は中央にて前後に二分し、内陣、外陣をつくる。内外陣境には、板扉を設けている。妻飾は、正面はなく、背面は紅梁大瓶束を用いる。また正面、背面ともに破風の拝みに懸魚を吊るす。背面は、通例の蕪懸魚だが、正面、特殊な形状で、後世の修理によるものだろう。なお大棟には木棟を載せる。彩色は、主要部は丹塗とするが、木階と引違格子戸、床下柱間の腰板壁は黒塗としている。

建築年代は、紅梁形頭貫等の絵様、肘木類の絵様等より、十七世紀中期に位置づけられる。

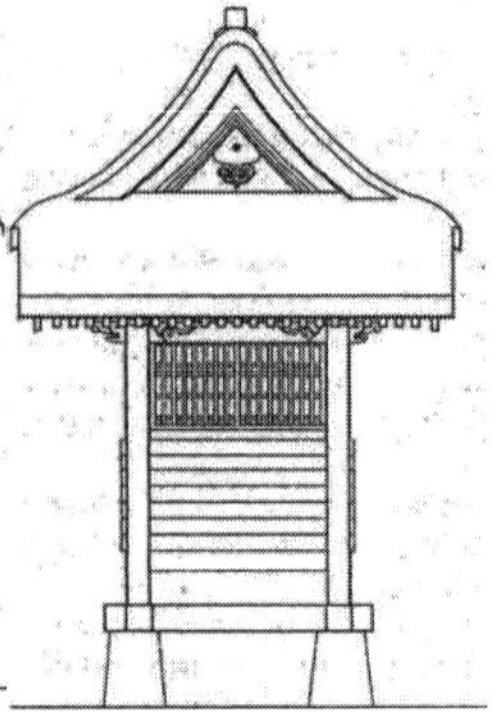
図6　吒天社正面図

図7　吒天社背面図

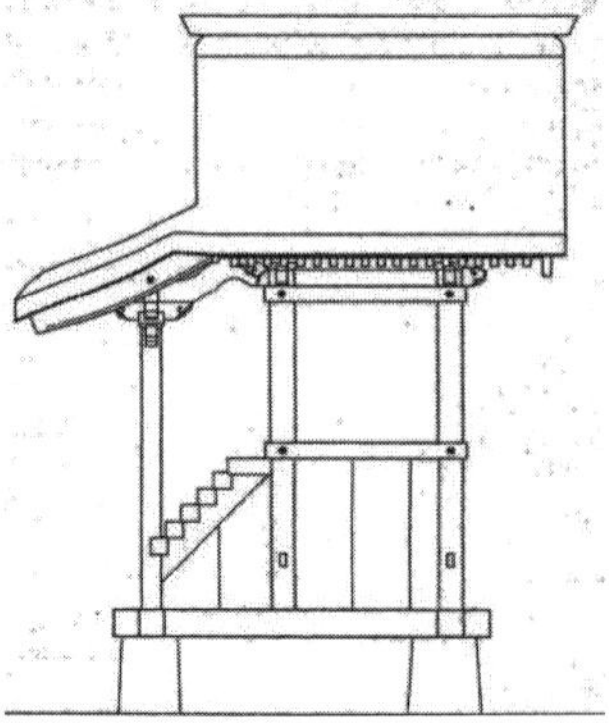
図8　吒天社側面図

## （三）聖天社

南島に鎮座する一間社流造、杉皮葺、見世棚形式の社殿である。三社の中では、最も小規模であり、造りも簡素な社殿である。向拝は面取り角柱を立て、柱間は木鼻付きの紅梁形頭貫を通す。紅梁形頭貫に絵様はなく、裏面も表面を滑らかに整えるにとどめる。向拝柱上には大斗肘木を載せ、中備に蟇股を飾る。軒は一軒繁垂木である。向拝と身舎は海老梁でつなぐ。身舎は地覆上に円柱を立て、切目、内法長押を打

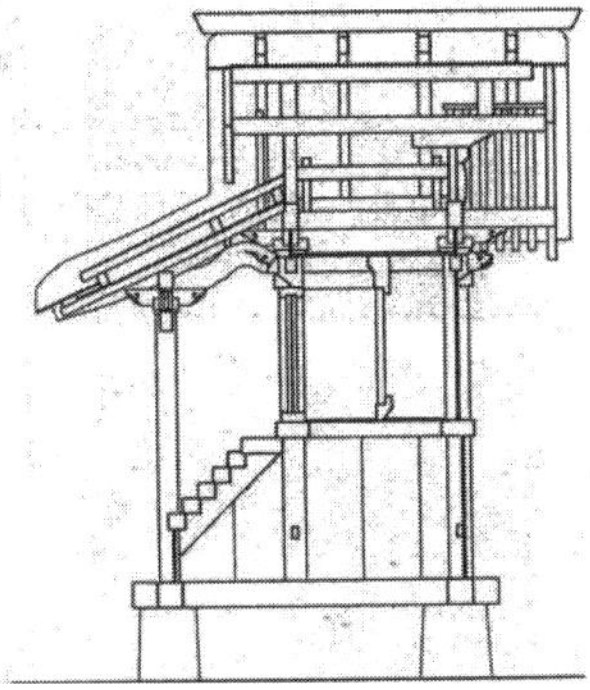

図9 吒天社断面図

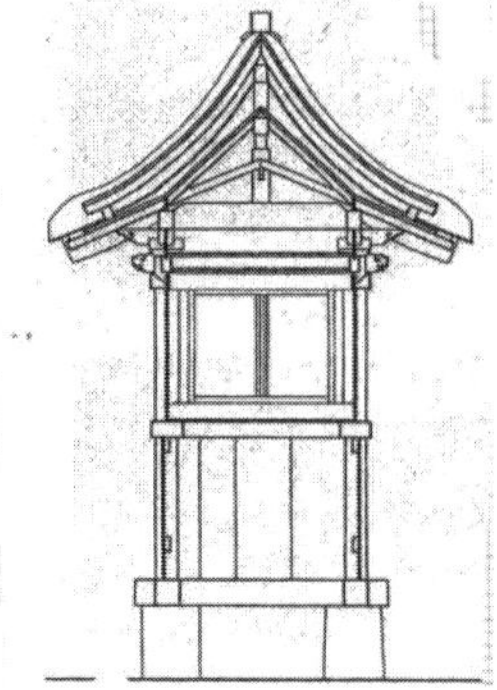

図10 吒天社断面図

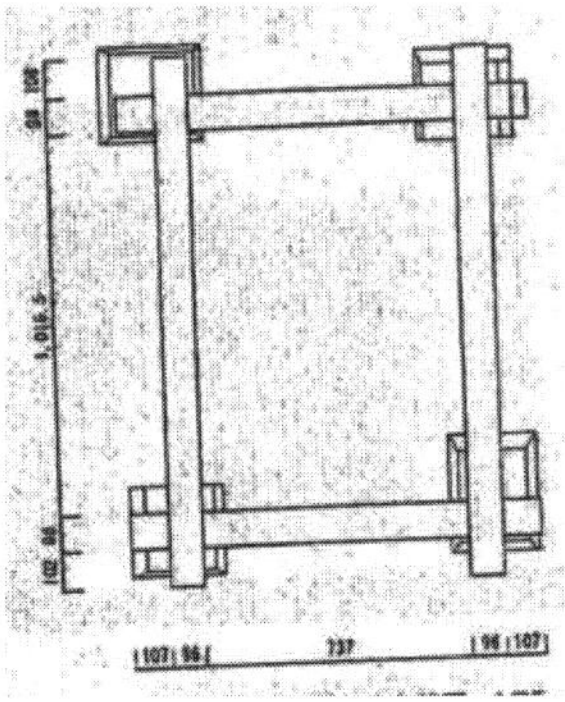

図12 聖天社土台図

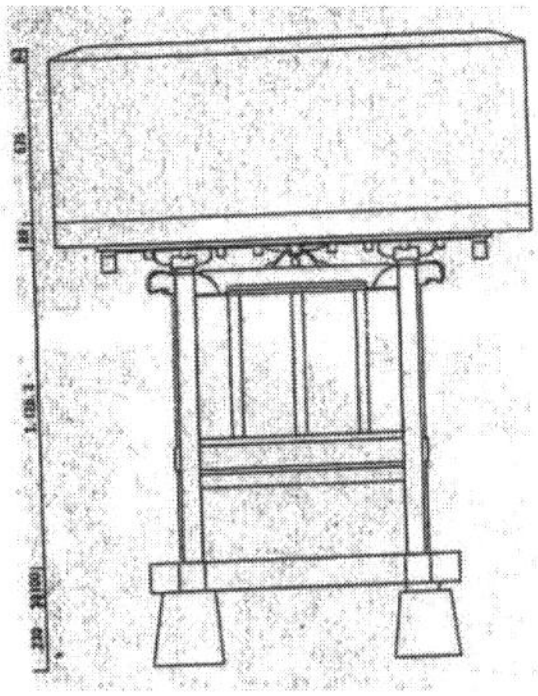

図11 聖天社正面図

図14 聖天社側面図

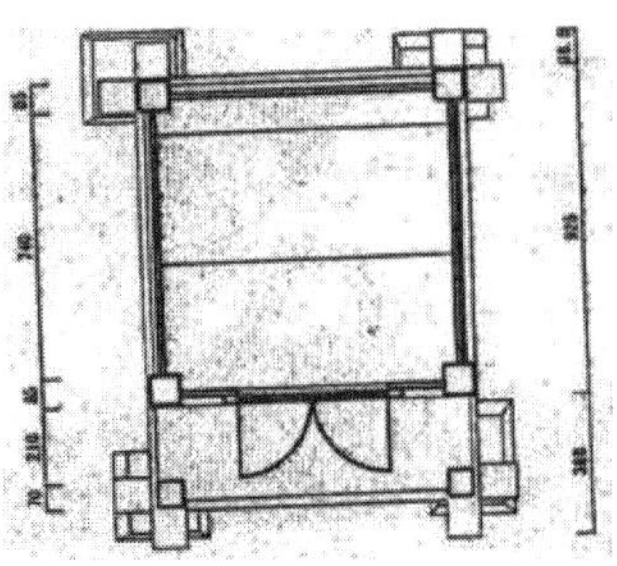

図13 聖天社平面図

つ。正面は板戸とし、側面及び背面は板壁とする。内部には間仕切りはなく、内陣一間のみである。妻飾は、紅梁形頭貫上に束を立てる。この束は角材を削って上窄まりに整形されており、稚拙ながら大瓶束を意識した造作かと思われる。なお屋根は杉皮葺であるが、伝統的な葺き方ではなく、雨仕舞のルーフィング材を敷きその上に杉皮を薄く載せタッカー釘で固定した簡便なものであった。応急的な処置として三、四〇年前に施されたものであろう。大棟には金属板が敷かれ輪状の針金が間隔をあけて残っていることから、元は木棟が載せられていたようである。彩色は主要部を丹塗りとするが、身舎切目長押および向拝床板より下は向拝柱を含めて黒塗りとしている。

建築年代を示す資料はないが、近代に降ると考えられる。

## 四、史料に見る社殿

なお、中島に配置される祠堂に関する歴史資料は以下の如くである。

一六五四年（承応三）三天再興の勧進帳の存在。（「龍泉寺伽藍並寺中普請願控帳」文政十二年三月）

一六六九年（寛文九）池の中島に三点（弁財天、聖天、吒天）有り。いずれも柿葺。（「龍泉寺伽藍並寺中普請願控帳」文政十二年三月）

一六六九年（寛文九）境内に大小四つの池あり。そのうちの大きい池に三つ島があり、それぞれの島に祠がある。中央の島には橋が架けられ、祠には「弁財天」と書かれている。（「龍泉寺境内絵図」寛文九年五月）

一六七八年（延宝六）伊勢神戸藩主石川総良が三天のために石鳥居を寄進。（「龍泉寺伽藍並寺中普請願控帳」文政十二年三月）

一六七九年（延宝七）龍泉寺に大小四つの池あり。そのうちの大きい池に三つ島があり、中央に弁財天、右に聖天。左に吒天を祀っている。（『河内鑑名所記』延宝七年）

（挿図には、薬師堂からみて、左に「志やうでん」（聖天）、中央に「弁ざい天」（弁財天）、右に「いだてん」（吒天）とある。（『河内鑑名所記』延宝七年）

一六九二年（元禄五）龍池の中に島が三つあり、祠が三つある。吒天社は三尺五寸×三尺、弁財天社は五尺×四尺五寸、聖天社は三尺五寸×三尺で、いずれも柿葺。（『元禄五年御改河州石川郡龍泉寺境内伽藍坊舎付』元禄五年九月）

一七一三年（正徳三）龍池の中に社が三つある。弁財天社は5尺×4尺5寸、吒天社と聖天社は、尺5寸×3尺で、いずれも柿葺。（「龍泉寺伽藍並寺中普請願控帳」文政十二年三月）

一七一三年（正徳三）龍池の周囲は一二〇間で、中に三つの島があり、それぞれ弁財天社、吒天社、聖天社である。

一八〇一年（享和元）境内に池があり、三つの島が描かれている。それぞれの島に祠と樹木が描かれている。中央の島には橋が架けられている。（『河内名所図会』享和元年）

一八二一年（文政四）三天社の修復願い。（「龍泉寺伽藍並寺中普請願控帳」文政十二年三月）

一八二二年（文政五）三天社修復の日延べ願い。（「龍泉寺伽藍並寺中普請願控帳」文政十二年三月）

一八五六年（安政六）弁財天社（梁行五尺、桁行四尺五寸）、吒天社（梁行三尺九寸、桁行三尺）、聖天社（梁行三尺五寸、桁行三尺）いずれも柿葺で昔からあったが、大破して雨漏りするので屋根を修復したい。（『安政六年修復願』）

一八六八年（明治元）弁財天社（五尺、四尺五寸）、吒喜尼社（三尺九寸、×三尺）、いずれも柿葺。（『由緒伽藍坊舎並鹿図添』明治元年十月）

## 五、発掘調査の成果

発掘調査は、平成一九年、二四年、二五年に実施した。この調査は整備事業にかかるもので、作庭年代の上限および変遷、護岸構造・規模の確認を目的としたものである。しかし文献資料や現状地形から作庭年代を推定することは可能であったが、考古学的資料からそれを言及できる資料は確認できなかった。

平成一九年度の調査は主として護岸整備の史料を得ることを目的としてトレンチを設定したもので、二四年度、二五年度は、平成一九年度調査で示された問題点を言及できる資料を得ることと、トレンチを遠路側に拡張し、堤の幅を確定することを目的とした。

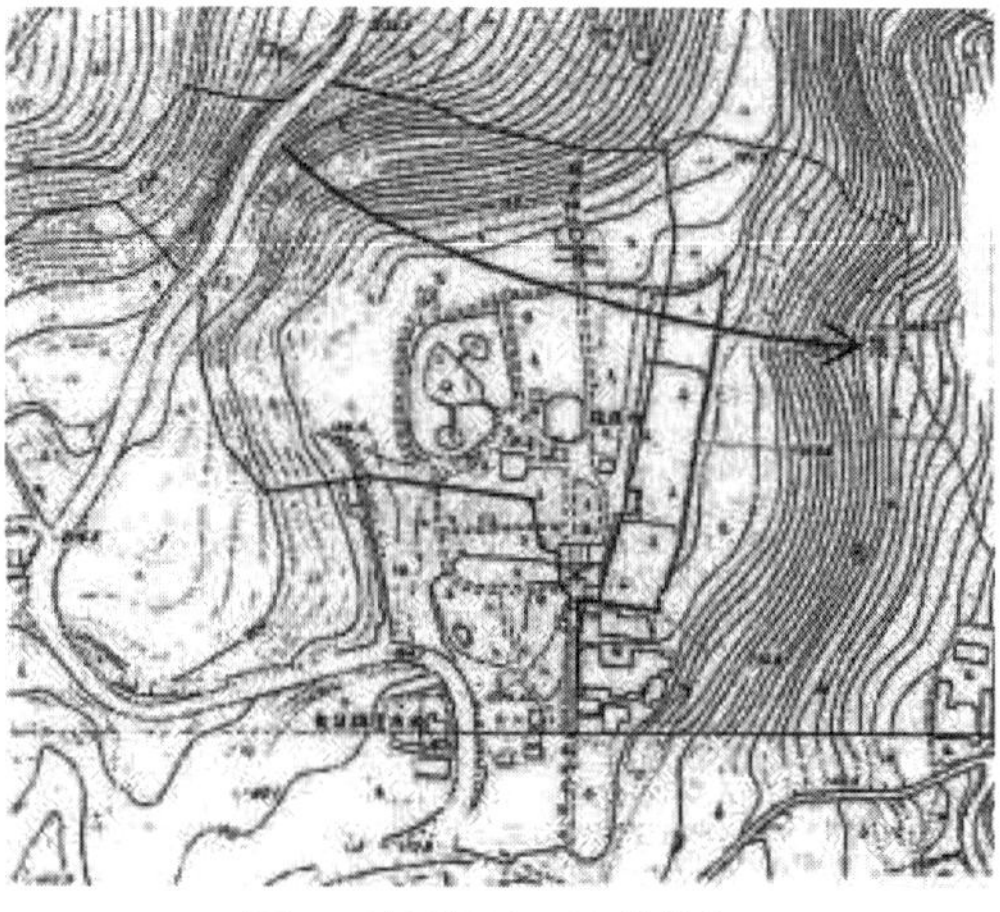

図15 地形図(→は谷筋)

### ◎平成一九年度調査

北トレンチ─園地の北縁、雨井戸のほぼ正面、北西─南東方向に長さ三m、最大幅一・五mで設定した。地表下約一・七mまで掘り下げ、TP＋180・2mあたりで地山層を確認している。この層は北西から南東に緩やかに傾斜するが、トレンチ北西部端で上面を水平方向に削平している。断面観察から現庭園以前の堤がさらに外側に広がる可能性が指摘されよう。なお調査で地山が確認されたのは、当トレンチのみである。

中島トレンチ─園池にある三つの島の中島の中央、弁財天堂が建つ最大の中島の西端、東西方向に長さ

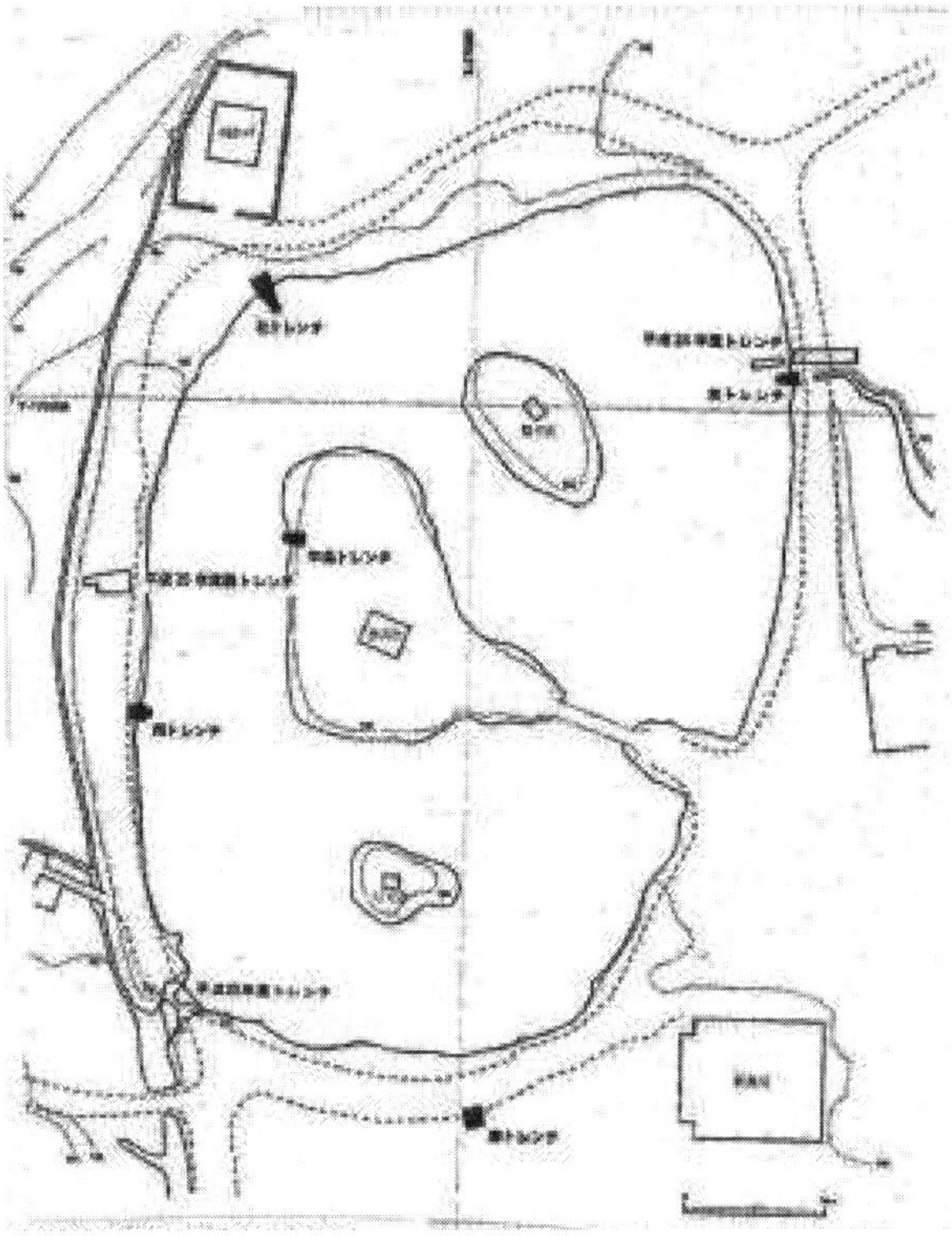

図16 トレンチ位置図

一・七m、幅一・一mで設定したトレンチである。表土および盛土の層厚は一・三mと非常に厚く堆積しており、それ以下はトレンチ底部まで灰色粘土層、砂から粗砂層が確認された。地山層が確認できたわけではないが、中島全体が盛土で造られた可能性が指摘されよう。

東トレンチ―園池の東縁、東西方向に長さ一・六m、最大幅一・一mで設定したトレンチである。地表下約二・二mまで掘り下げられ、TP＋180m以下はやや軟質の粘土層を基本とした水平堆積層が連続している。谷地形を堰溜めた後の自然堆積の可能性が指摘されよう。

南トレンチ―池内の南側は最も水深が深く調査が困難であると予想されたことから、園路を挟んだ外側に一・五m四方で設定したトレンチである。地表下約一・八mまで掘り下げた。⑦層は堅くしまった土層であり、他トレンチで確認された僧と同一の機能を持っているものと考えられる。

西トレンチ―園池の西端、東西方向に長さ一・九m、最大幅一・二mで設定したトレンチである。⑩、

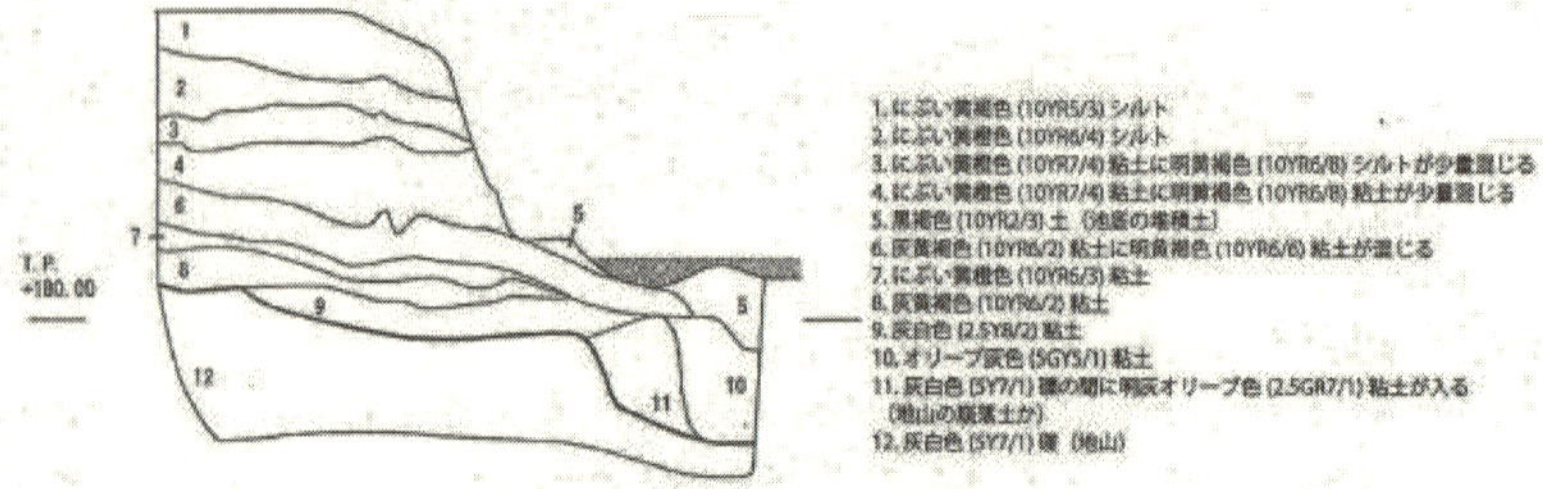


図17 北トレンチ実測図

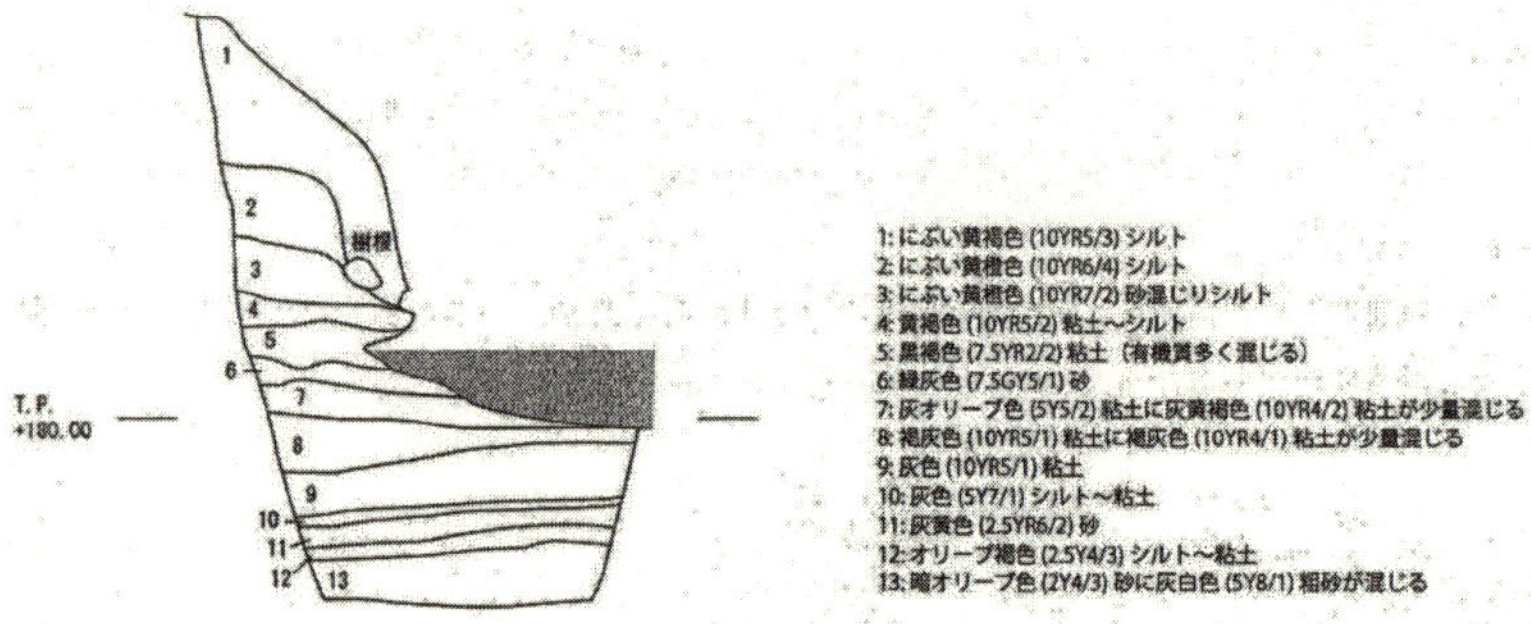


図18 中島トレンチ実測図

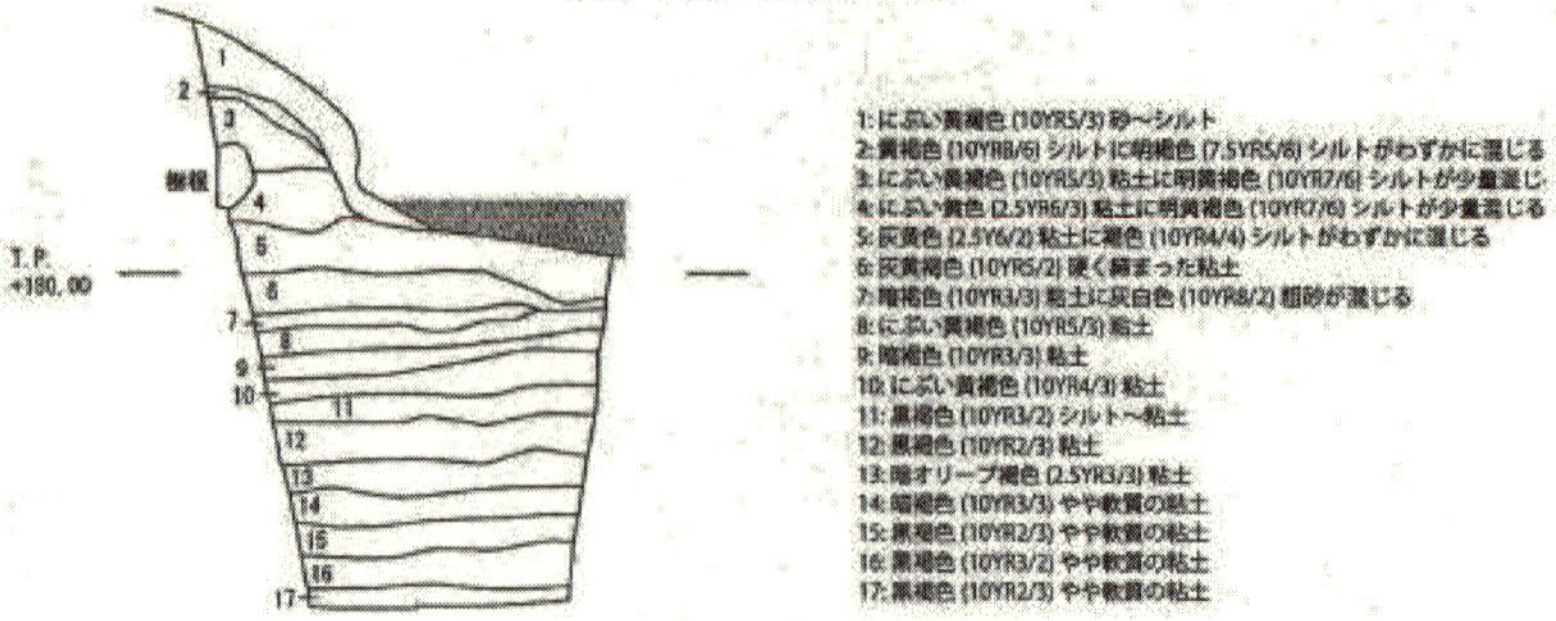


図19 東トレンチ実測図

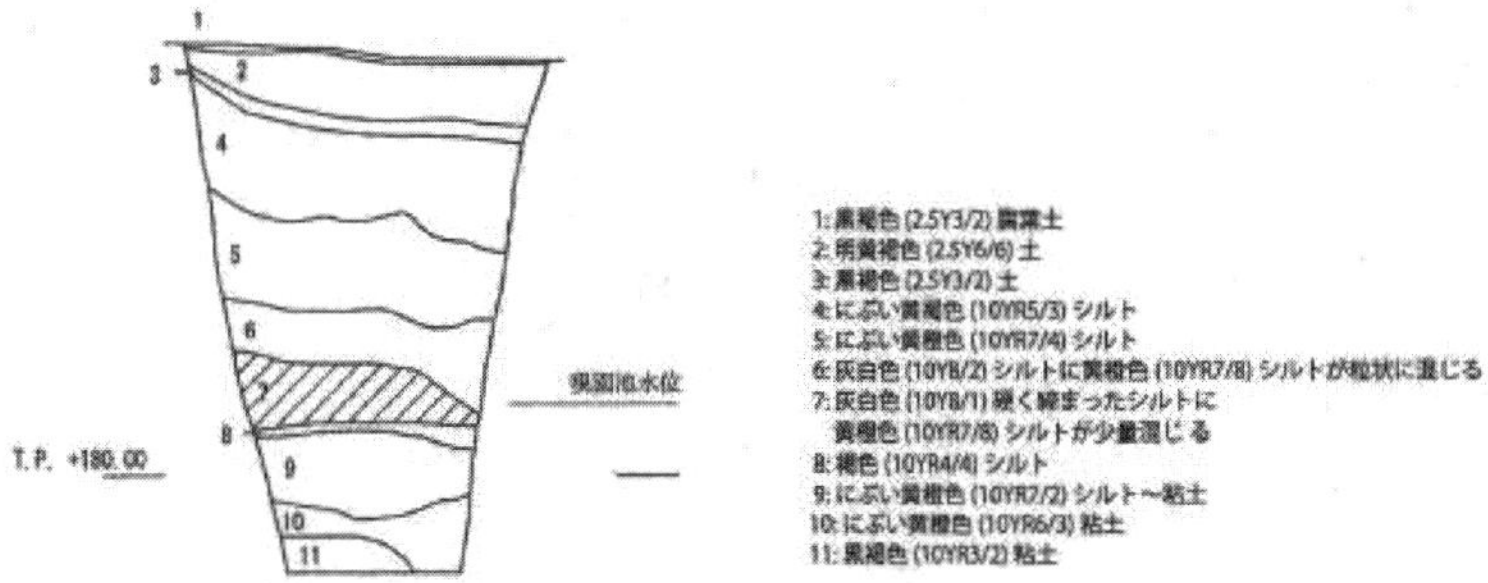


図20 南トレンチ実測図

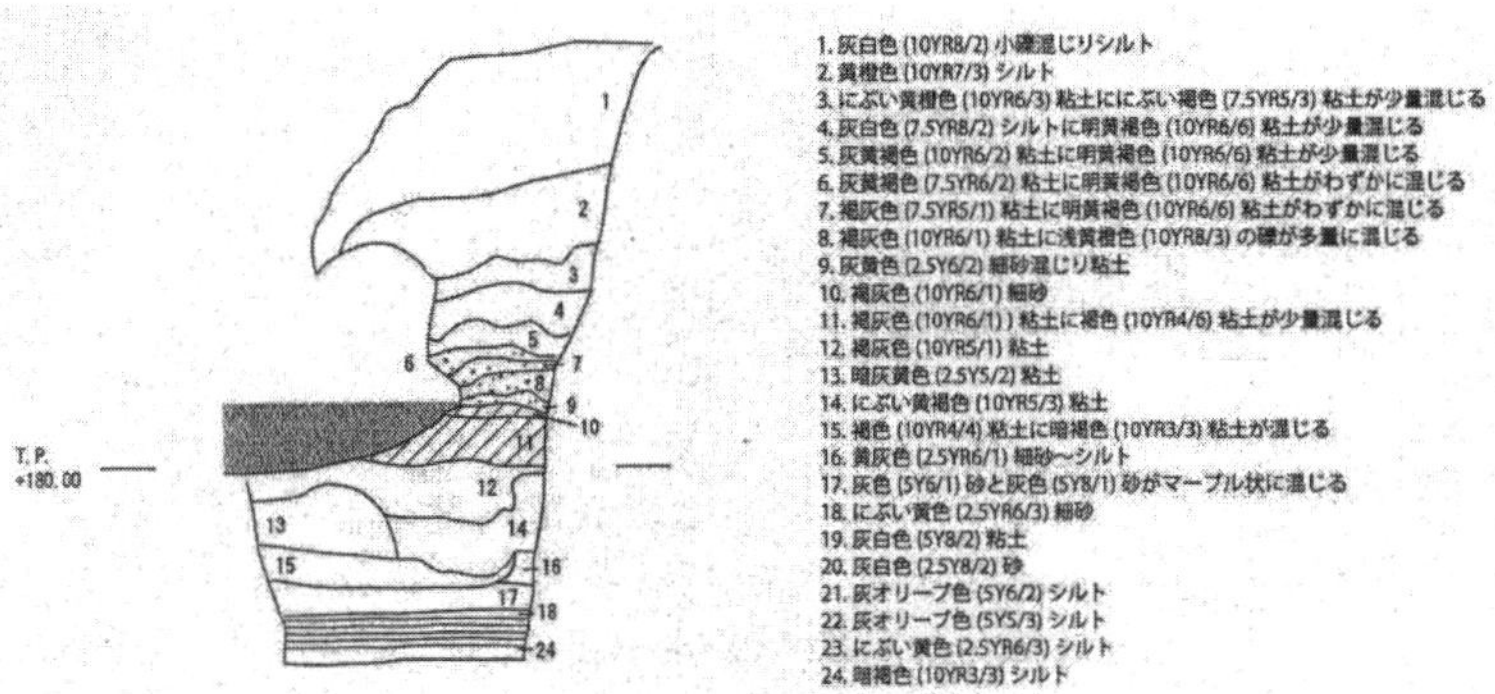


図21 西トレンチ実測図

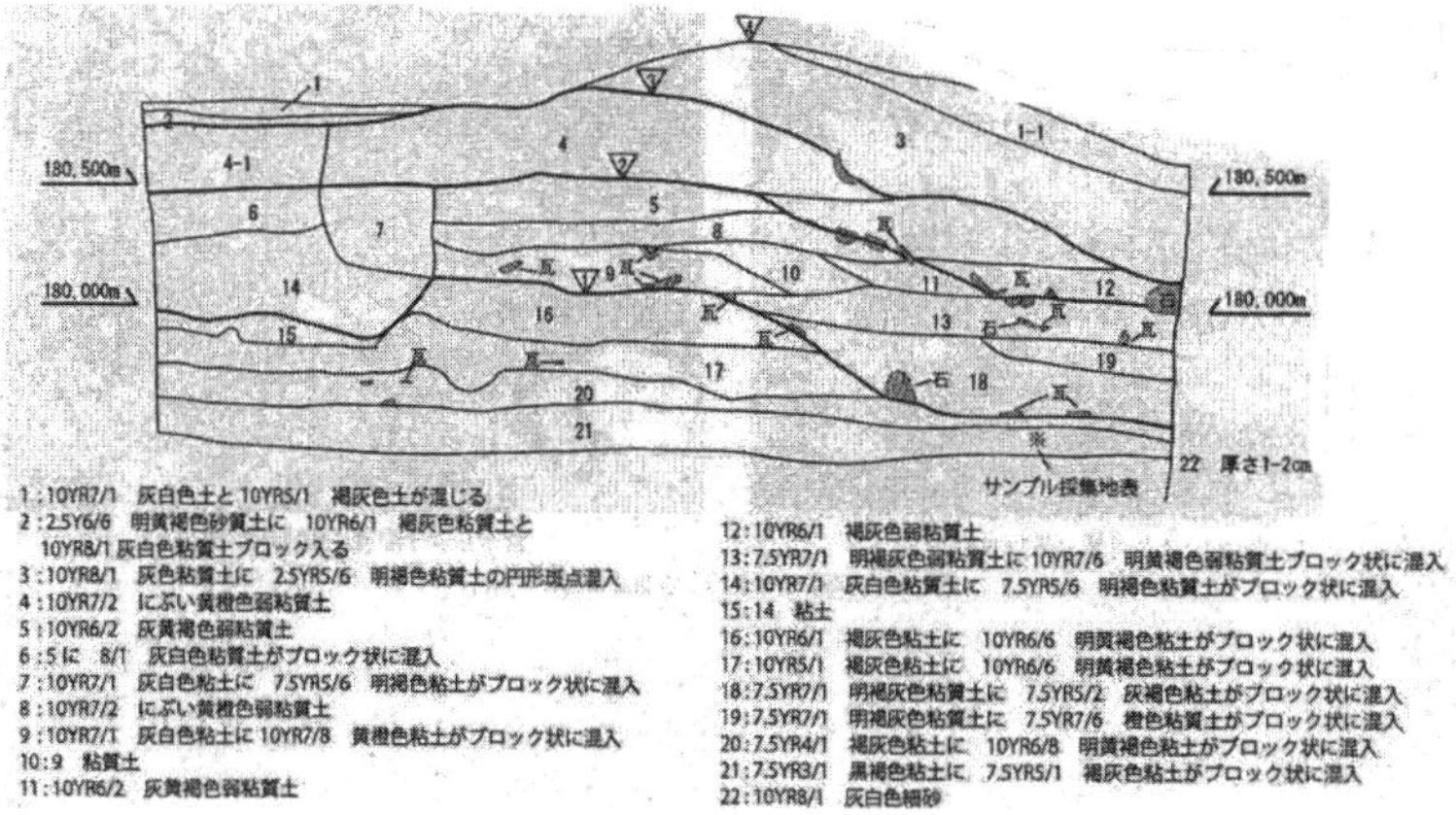


図22 平成24年度トレンチ北側断面実測図

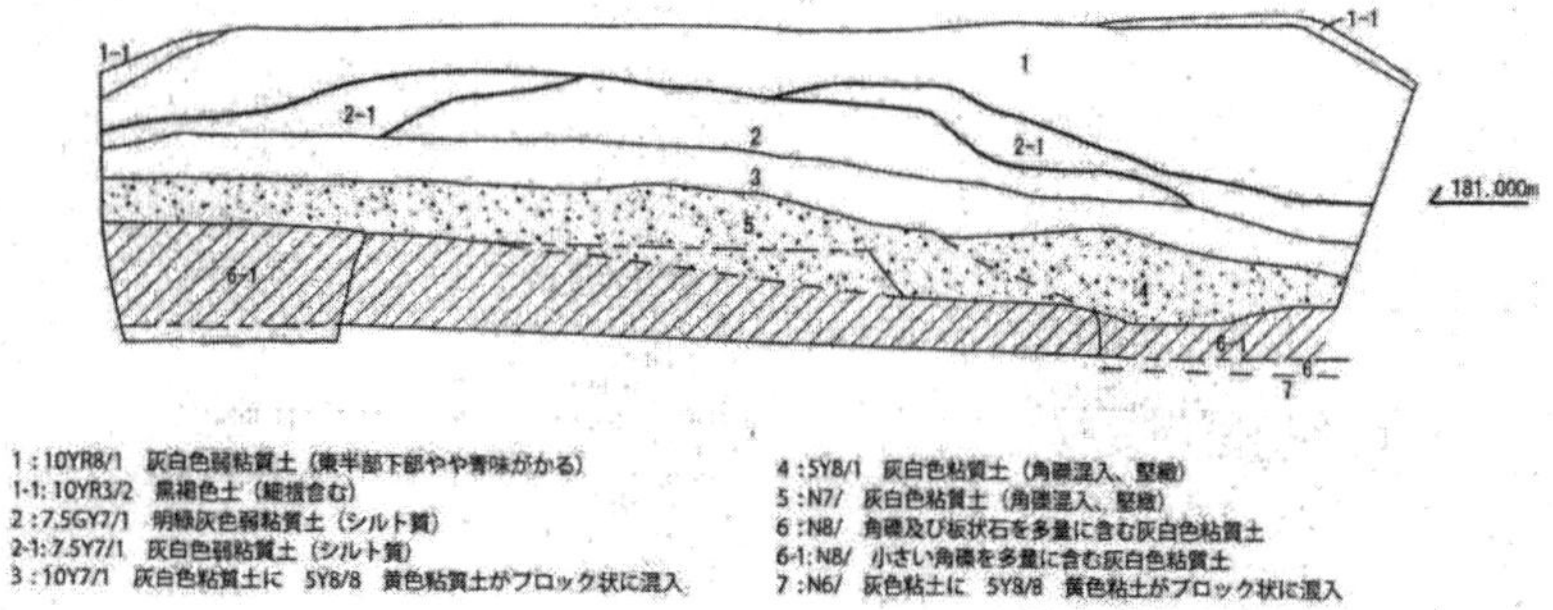


図23 平成25年度トレンチ北側断面実測図

⑪層は透水層であり、その上面に粘土層を基本とした堅く締まった層（⑥～⑧層）が堆積する。地の水は山側から流れ込んでくるものを取り込むと考えられるが、⑩・⑪層は、谷部の自然地形を利用した透水性の土層で、⑥～⑧層は、水を通さないように人為的に整地された層と考えられる。よって水位はＴＰ＋１８０・２ｍを大きく超えない程度に調整されているものと考えられる。

**◎平成二四年度調査**

平成一九年度調査・東トレンチのすぐ北側を東西方向に長さ四・五ｍ、幅一ｍで設定したトレンチである。西側の堤端の検出を目的として設定した。断面ならびに平面観察から幅約三ｍの堤を確認し、少なくとも三時期の変遷が確認できた。位置と規模は変わっておらず、同位置に土を積み上げていったことが見て取れる。観察された三時期の堤の改修もしくは再構築には明らかに時期差が存在するが、時期の詳細を言及しえる遺物は確認されていない。現在の水位はＴＰ＋１８０・０５ｍであり、本遺構が機能していた時の水位はそれ以下となる。上層で確認された堤状遺構標高はＴＰ＋１８０・７ｍであり、現水位も問題はない。現在の堤は地幅を広くとるため西側に拡張されている。

**◎平成二五年度調査**

平成一九年度西トレンチから約一二ｍ北に設定したトレンチである。長さ五ｍ、幅一ｍである。トレンチの西側は、南北方向の水路で約一ｍの攪乱を受ける。断面観察での土層堆積状況は平成一九年度西トレンチとほぼ同じである。⑦層はきわめて堅緻な土層を呈しており、その上層は礫（嶽山山頂を付近に分布する火山岩）を多量に含んでいる層⑥が確認された。⑥層で確認される礫が堤構造として水位を調整するために人為的に敷いたものか否かを確認するためにトレンチ西側を拡張して、水路部分について断面観察実施した。水路攪乱部分は、機械掘削によりできる限り下層を確認しようと試みたが、湧水が多く写真と断面観察のみに終わっており、図化することはできなかった。

拡張部分の観察から⑥層は西側に向かって徐々に高くなりながらも続いていることが分かった。よって⑥層は、谷地形に堆積していた層の上面を水位調整のために削平し、その上面に堅緻な土層で整地していたことが確認された。当トレンチで確認された堤は幅約二mであるが、現在の盛土層下で確認されていることからさほど時期の下がるものではない。

**◎調査のまとめ**

平成一九、二四、二五年度と三カ年にわたって実施された発掘調査から得られた知見は以下の如くである。

・土留め護岸の構造としての石組・木組などは確認されず、いずれのトレンチにおいても土を盛り上げて堤を築いていた。

・地山を確認できたのは唯一北トレンチのみである。

・池に水を流し込む工法としては、平成二五年度トレンチ及び平成一九年度西トレンチで確認された自然堆積層を利用した灰から灰白色粘質土層に大量の礫を含む層（透水層）とその上層で確認された人的な聖地層である堅緻な灰白から灰褐色を基調とした土層に明黄褐色粘質土がブロックで混じる層で、この二層が鍵層となる。恐らく北西から南東に向かう谷部の自然地形を利用して水を流し込み、池の水位調整と護岸の保護を兼ねて堅緻な土を積み上げるという工法で堤を築いたものと推定される。

・いずれの調査でも、堤内から瓦や土器の破片の出土があったが、いつから池が作られていたのかを言及しえるには至らなかった。

## むすびにかえて

以上、龍泉寺庭園について、『名勝龍泉寺庭園事業実績報告書―平成二一～二五年度保存整備事業』（宗教法人龍泉寺、二〇一四年）の報告をもとに記述してきた。従来、龍泉寺庭園については上古、中世、南北朝以前などその築造年代に様々な指摘があった。本報告書によってもその問題は未解決のままである。

しかしすでに述べた如く、少なくとも『大師御行状集記』の著者経範の時代には龍泉寺庭園が存在していたことは明らかであり、その上限は明らかにできないが、現在の規模をはるかに上回る規模の池であった可能性が高いと考えられるが、この点後考をまたねばならないだろう。また中島三島に設置されている祠堂については、中央の弁財天堂の祭祀が最も古く桃山時代に遡る可能性があるという。いずれにしても現在の中島三島に祠堂が設置されたのは、少なくとも一七世紀前半頃と見て大過ないと考えている。


（参考文献）

『大師御行状集記』『史籍集覧』巻一二、別記類所収、臨川書店、一九八四年。

虎関師錬撰『元亨釈書』、『新訂増補国史大系』巻三一所収、吉川弘文館、一九六五年。

吉川需編著『日本の名勝　第一巻庭園Ⅰ』講談社、一九九三年
『河内名所鏡記』歴史図書社、一九六九年。

『名勝龍泉寺庭園事業実績報告書―平成二一～二五年度保存整備事業』（宗）龍泉寺、二〇一四年。
※なお本文で使用した図は、当該報告書掲載の図面によっている。

# 龍泉寺の彫刻像について

## はじめに

『春日大社文書』四五二ノ（2）「河内國石川東條龍泉寺氏人并司三綱等検注當寺經論佛像堂舎佛具種々寺財寶物所領田薗等之実録、安置流記帳事」によると、

「講堂佛像
　薬師佛像七躰　但一躰高七尺　鑄物像五躰
　観世音像四躰鑄物像三躰　昌泰元年三躰被盗取畢
　四十手観音像一躰高六尺
　地蔵菩薩像一躰
　四天王像四躰
一金堂佛像
　釋迦佛像一躰

弥勒菩薩像三躰　但、鑄物像
一塔本佛像
虚空蔵菩薩二躰鋳物像、昌泰二年三月被盗畢」

とあり、かつての龍泉寺には相当数の仏像が安置されていたことがわかる。しかし現在龍泉寺には、それらの痕跡は全く見られず、中世以降の仏像彫刻が残されているに過ぎない。それらの内の代表的な彫刻像について紹介しておきたい。

## 一、大阪府指定仏像について

八脚門の左右に収められている金剛力士立像阿吽の二躯は、現在大阪府指定文化財となっている。昭和五六年度に阿形像、昭和五七年度に吽形像の保存修理を美術院で行っており、その修理報告から引用して記述すると以下の如くである（『大阪府指定文化財修理解説書』一九五五年、一九五七年）。

**（一）金剛力士立像**（**阿形像**）一躯

像高三五五・七cm、頂上〜顎八四・三cm、髷高二一・二cm、髷付根〜顎六三・一cm、面巾三八・七cm、耳張四七・〇cm、面奥四八・七cm、臂張一六三・二cm、左臂〜右手首最大長一七八・八cm、裾張一四七・一cm、足元開内七五・八cm、外一二三・五cm、足枘高左三〇・〇cm、右三〇・三cm、足枘巾左一八・七cm、右一八・七cm、足枘高左三〇・〇cm、右三〇・〇cm、奥左三九・八cm、右三九・八cm。

台座は、方座高三二・〇cm、方座巾一八〇・八cm、方座奥九〇・〇cm。像内背面内刳部に建治元年の墨書銘。

形状は、高髻、瞋目、開口、上半身裸形、裳一段折り返し、著は腰帯を巻く。面斜右方にして、左手屈臂、頭側方にかまえ、掌を内にして五指を開き、指先は躰方に向ける。腰を左法に引き右足を踏み出して立つ。台座は仮座。

品質構造は、寄木造、躰部（広葉樹の内、いちょうか）、頭部、桧材、彩色、玉眼、玉眼は銅製、瞳部に水晶を嵌入する。頭躰は、別材により構成され、頭部は頂上中央に一材、その両側に各一材、面部一材後頭部三材より成り差し首とする。躰部は、前後材を中心よりやや前方で矧ぎつけ、前面材は正中で左方に二材、右方に一材を矧ぎ付ける（現状では議外側材は腰部で切断されている）。後面材は一材で、その中間に左右に各厚さ一〇㎝の別材を挿入し、右方は足柄の一部を形成し左方は裳裾の一部までとする。前面材の内、右方材で足柄まで彫り出し、左方材は腰部で横に切断し、左斜に堅材左右二材を腰部に差し込み足柄まで彫り出し、右方材の中間に三角材一材を矧付ける。後面材は両肩意義足のふ

図1 金剛力士立像（阿形像）

図2 金剛力士立像（吽形像）

くらはぎ部、踵足枘部半ばまでと、左膝の一部裳裾の先端部まで彫出する。躰幹部の右側部に前後に二材を矧付け。右腰部とし、右側に堅材一材を矧付け、裳の蕃飜部とする。髻別材一材製、結紐別材製、両肩、両臂、両手首各矧付け、両足先矧付け、その他両肩の上部、矧付部、裳折り返し部先端右足の脛部等に小材を矧付ける。

なお像胎内に「佛師法橋　寛慶　建治元年玖月八日　施主僧　□□（勢算カ）」の墨書がみられた。

**（二）金剛力士立像（吽形像）**　一躯

像高三五九・八cm、頂上～顎八九・五cm、髻高二四・二cm、面巾三八・五cm、耳張四八・七cm、面奥四九・八cm、臂張一四四・六cm、裾張一四八・一cm、足元開内八二・五cm、外一三一・四cm、足枘高左二七・二cm、右二七・九cm、足枘巾左二七・二cm、右二七・九cm、足枘奥左三二・九cm、右三五・五cm。台座は、方座高二四・四cm、方座巾一六六・六cm、方座奥一一三・七cm、隅脚高四・八cm。像内背面内刳部に建治元年の墨署名銘、右足中間材の前面に応永九年の墨署銘。

形状は、高髻、瞋目、閉口、上半身裸形、裳一段折返し、腰帯を巻く。面斜左方に向け、左手やや屈臂して下げ、拳を作り、右手屈し前膊を前方にして胸前にかまえ、掌を前にして五指を開く。腰をひねり左足を踏み出して立つ。天衣は両肩から頭上を覆い体側に垂れる。

品質構造は、広葉樹材、頭部桧材寄木造最小、玉眼。玉眼は阿形と同じく金銅製で瞳部を水晶嵌入する。頭躰は別材より成り、差し首とする。頭部は面部中央、両側後頭の五材矧付け。躰部は前面材は正中で左右に二材を矧付ける（現状では、右外側材は腰部で切断されている）。後面材は一材でその中間に左右に各厚さ約一〇cmの別材を挿入し、右方は足枘の一部を形成し、左方は裳裾の一部までとする。前面材の内、右方材で足枘まで彫り出し、左方材は腰部で横に切断し、左斜に堅材左右二材を腰部に差し込み足枘まで彫り出し、右方材の中間に三角材一材を矧付ける。後面材は両肩右足のふくらはぎ部、踵足枕部半ばまでと、左膝の一部裳裾の先端部まで彫出する。躰幹部の右側部に二材を矧付け。右腰部とし、右側に堅材一材を矧付け、裳の飜部とする。髻別材一材製、結紐別材製、両肩、両臂、両手首各矧付け、両足先矧付け、その他両肩の上部、矧付部、裳折り返し部先端右足の□部等に小材を矧付ける。

なお像胎内に「檀那僧勢筭佛師土佐法橋　寛慶　建治元年乙亥九月八日」の墨書がみられた。

**(三)木造聖徳太子立像**　(昭和五一年指定)

像高四〇・〇cm、円頂~顎九・四cm、面巾六・五cm、耳張七・七cm、臂張一四・三cm、裾張一四・三cm、胸奥八・七cm、腹奥八・六cm、畳座高二・七cm、畳座巾一九・〇cm、畳座奥一八・六cm、廻脚高一・四cm。

形状は、袴を着用、上半身は裸形で、胸前で合掌し、袴の裾を後方にため、畳座上に立つ。

品質構造は、桧材。寄木造り、彩色。玉眼(水晶製嵌入)。頭躰は別材より成り、頭部は耳前で前後二材矧とし、内刳を施し玉眼を嵌入し、躰部に差し首とする。躰部は前後二材を矧ぎ付け内刳する。袴の裾は左右と後方材を矧ぎ足す。両肩、臂、手首を各矧ぎ付ける。像底には納入品のために、楕円形の孔をあけ、蓋をする。

聖徳太子が二歳の時、東方に向かい合掌し「南無佛」と唱したとされることに由来する像で「南無仏太子」ともいう。寄木造、彩色、玉眼嵌入の高さ四〇cmの小像で、表現法に多分に形式的な面もあるが、胎内に納入品(紙本版画　如意輪観音像、紙本版画　阿弥陀・地蔵二尊像、紙本聖徳太子印仏、護符、文書断片)があり、それらの正応四年(一二九一)、興国七年(一三四六)の年号から推して、恐らく本像の製作は興国七年(一三四六)頃であろう。また、胎内の紙本版画　如意輪観音像は、正応四年(一二九一)の年号を持つすぐれた優作であり、日本仏教版画史上の基準作例として貴重品である。

図4　太子像胎内印仏

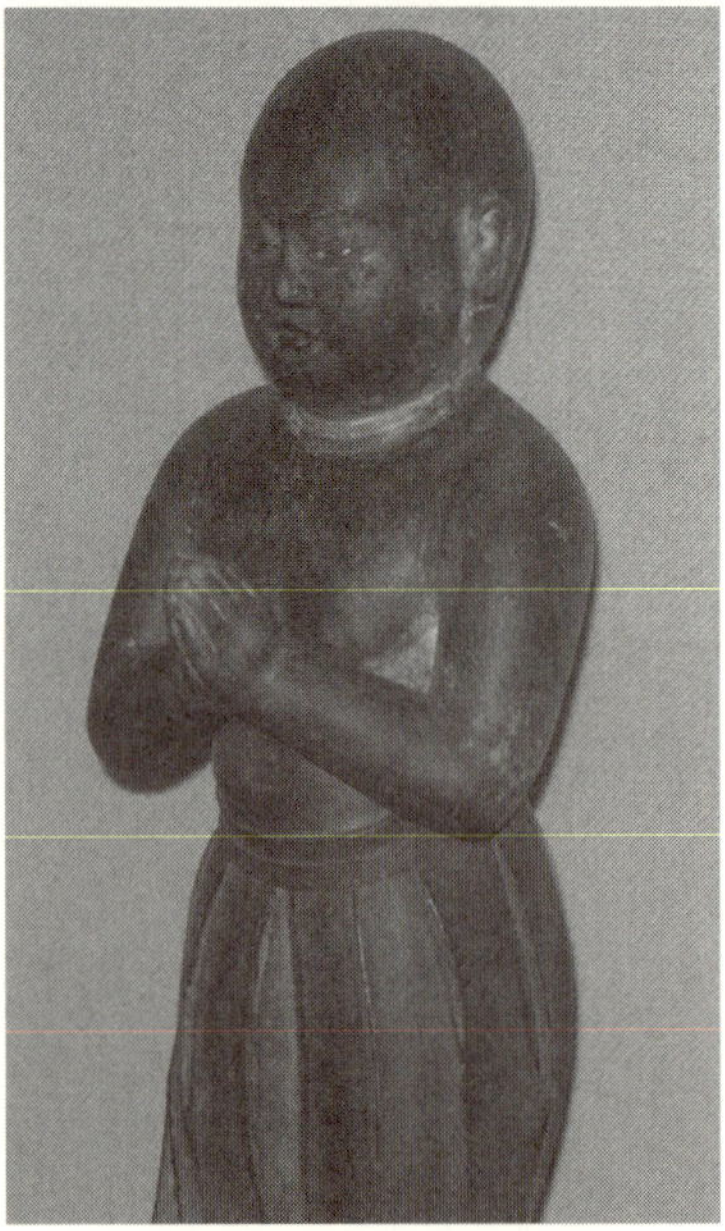

図3　木造聖徳太子立像

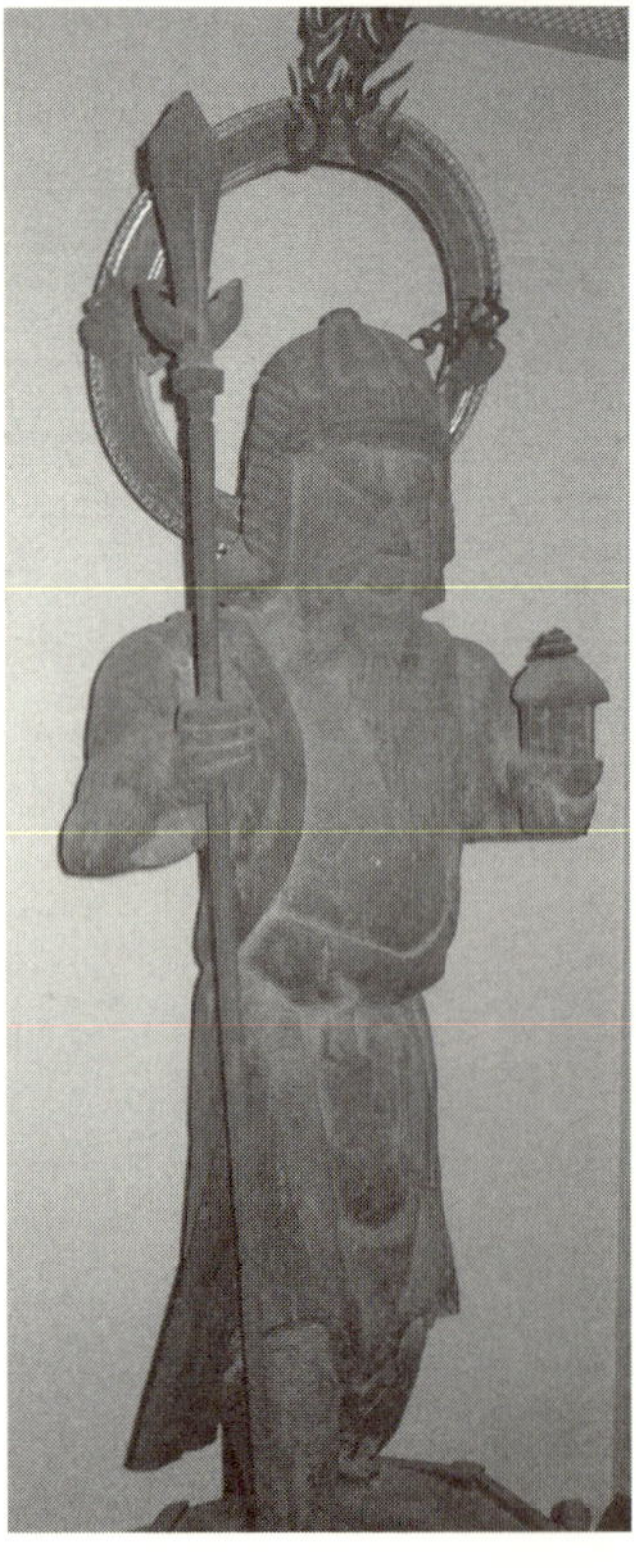

図5　木造毘沙門天立像

## 二、そのほか未指定の仏像彫刻

これらのほか、本堂には本像薬師如来坐像、木造日光菩薩立像、月光菩薩立像、木造不動明王坐像、弘法大師坐像、十二神将像、蒙古伝来歓喜天像、阿弥陀堂には木造阿弥陀如来像、木造文殊菩薩立像、木造勢至菩薩立像、木造大日如来坐像ほか、行者堂には木造役行者像、史料館には木造彩色弁財天坐像、木造毘沙門天立像、閻魔大王坐像、閻魔大王眷族像一括などのほか聖天像、韋駄天像、観音菩薩立像他などが安置保管されている。

## むすびにかえて

以上、当寺に安置されている仏像について記述してきた。これらの内、代表的なものについては指定文化財になっているが、信仰対象となっているいくつかの仏像については、秘仏ではないが一般に公開はしていない。

図6 閻魔大王坐像、閻魔大王眷族像一括

# 龍泉寺の建築物について

## はじめに

『春日大社文書』四五二ノ（2）「河内國石川東條龍泉寺氏人并司三綱等検注當寺經論佛像堂舎佛具種々寺財寶物所領田薗等之実録、安置流記帳事」によると、

瓦葺三重塔一基
瓦葺金堂一宇　檜皮葺五間一宇　南面庇六丈八尺　弘六丈　高一丈四尺
檜皮葺九間僧坊一宇　長十丈四尺　高一丈二尺
檜皮葺方鐘堂一宇　天禄元年七月三日大風倒之
檜皮葺三間經蔵一宇　天禄元年二月八日大風吹倒之
草葺七間僧坊一宇　草葺五間東屋一宇
草葺五間政所屋一宇　草葺瓦木倉一宇

草葺大炊屋一宇　　草葺板倉一宇

とあり、かつての龍泉寺には講堂、金堂、三重塔などが存在していたことが判る。しかしそれらの大半は中世段階で消滅しており、以降に再建された建物が現在まで残されているに過ぎない。それらの内の代表的な建造物について紹介しておきたい。

## 一、重要文化財指定建物について

### (一)八脚門(仁王門)一棟

昭和二四年四月十二日重要美術品に指定され、後昭和二十六年三月二十二日に文化財保護委員会告示第十五号により、重要文化財に指定された。

規模は、桁行(柱真)八・八一一m、梁間(柱真)四・六〇六m、軒高(礎石上端より軒桁口脇まで)三・六一二m、棟高(礎石上端より棟瓦上端まで)六・五九〇m、柱の出(柱真より茅負下端外角まで)一・八一八m、建て面積(柱真茅負下端外角まで)四〇・五八二㎡、軒面積九九・五五㎡、屋根面積一二七・二六㎡。

構造形式は、桁行三間、梁間二間の八脚門で南面、中央の間は通路、親柱筋及び両側面は塗壁、表側両脇の間は正面と、通路側に金剛柵を設けて、仁王像を安置する。

図1 龍泉寺仁王門正面

基礎は傾斜地を埋め立てて、正面と側面の前者は石積の基壇にして、正面に石階段を設けている。柱礎石は自然石を用い、地覆、蹴放、唐居敷下にも同質の石を据え、背面と側面の一部に雨落ち石を配して土

**図2 重要文化財龍泉寺八脚門(仁王門)**

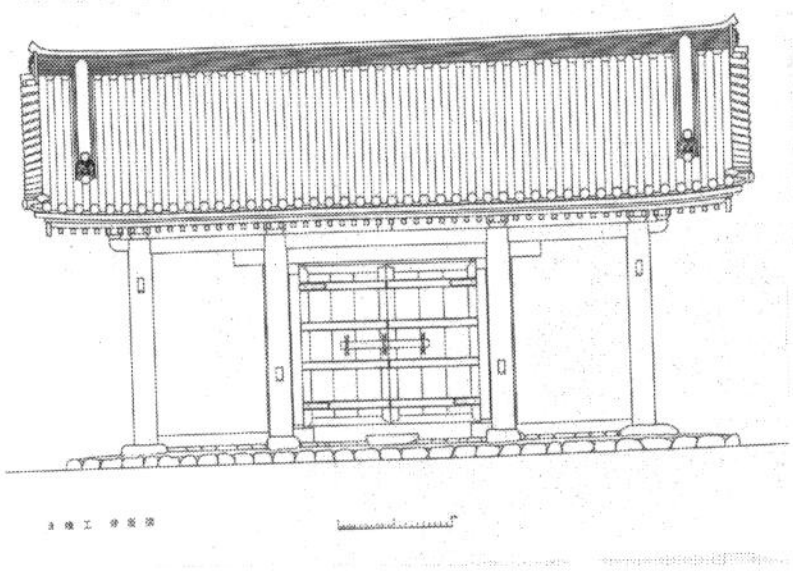

背面図

正面図

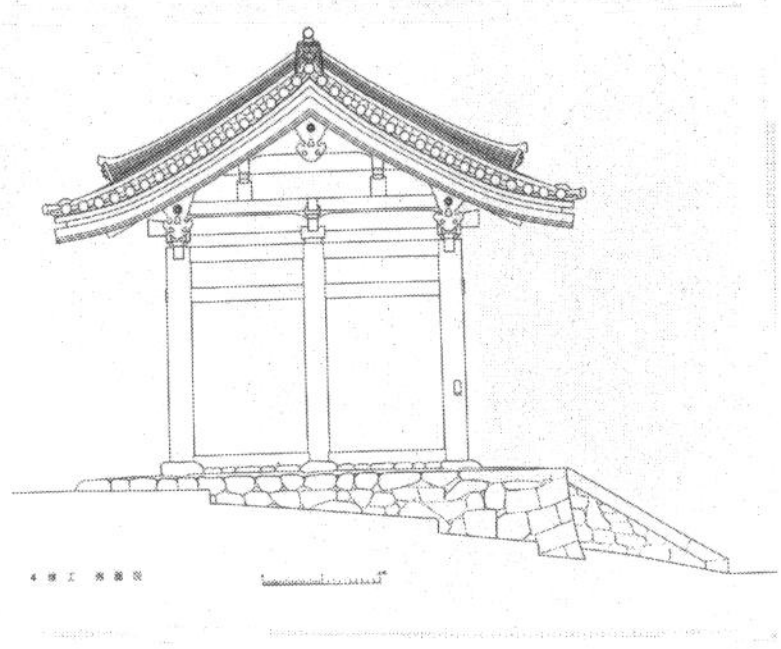

側面図

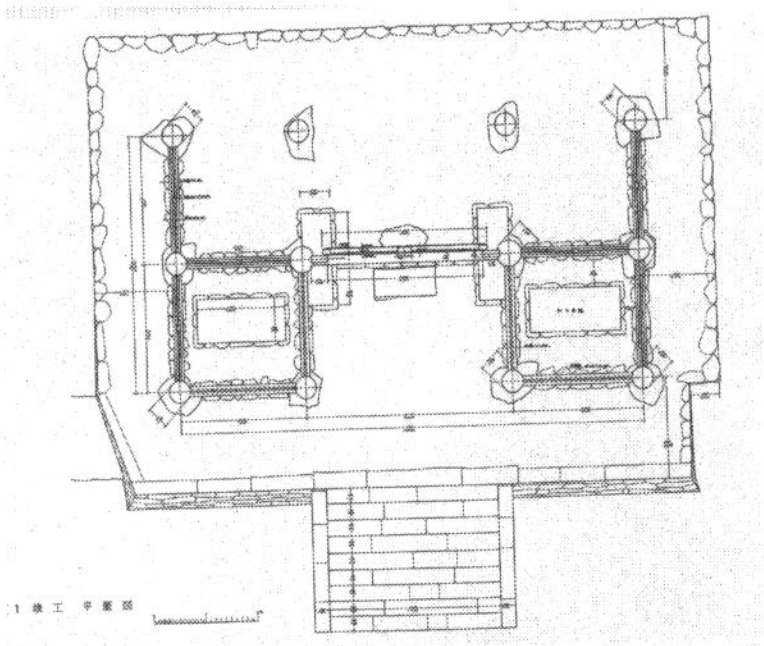

平面図

間はコンクリート打ち、洗出仕上。

軸部は総て円柱、側面と親柱筋の壁下並びに正面両脇の間には地覆を納め、通路の内側の梁行に当たりを兼ねた腰貫を納め、側面の上部に飛貫を通しているが、親柱筋には腰貫も飛貫もなく、柱頭には頭貫を納め、壁の部分には塗込みの間柱を建てている。正・背面の妻側は、頭貫の木ばなを延ばして肘木型に造り手先肘木を受け、巻斗を置いて軒桁を支承している。

斗栱は、柱上に平三ッ斗組、中央の間だけ三ヶ所とも中備に間斗束を飾り、栱間は塗壁、梁行の中二タ通りは、大斗の上に二間続きの下端に欠き眉を取った断面撥形の虹梁を架け渡し、虹梁の木ばなの上ばも撥形にしている。

天井および造作では、軒桁は、上下とも沿面取りにして巻斗で支承し、親柱筋と梁行は通肘木を納め、この上に小組天井を張る。親柱筋の中央の間には唐居敷を置き、傍立及び蹴放を構え、傍立の上に楣を納めて冠木長押を内外から取り付け、扉装置を施している。扉は唐居敷と冠木長押の間に軸摺金具を用いて建込み、立框、上下框に横桟を配して厚板・貼り、上下横桟の部分に八双金具を内外に飾り、門を装置し金具の打出隠には饅頭金具を使用している。

正面両脇の間の仁王尊まえおよび通路側は二〇本の金剛柵を納めている。

軒廻りの軒は三軒半繁棰、化粧裏板は縦張り、木負の投げは茅負に準じ、眉を直角に深く欠き取った茅負に布裏甲、破風上には切裏甲を付ける。

妻飾りは、簡素な構えで、二重虹梁に束立て母屋桁及び棟桁下にそれぞれ舟肘木を備え、破風に六葉付の猪目懸魚及び同様の桁鼻隠を飾る。

小屋組は、通り肘木上に束を建て二重虹梁を納め、母屋桁と相欠きに組固め、虹梁はなには棰当りを欠取っている。棟桁は二重虹梁に束建。拮木は両流れ共八か所納め、母屋桁端橋母屋共片側に四通り拮木に取付け、又は束立に収め、野地は、母屋桁上に厚板を流し張りにして、割板の土居葺を施す。

屋根は、霧妻造本瓦葺、大棟、降り棟共鬼瓦付、熨斗瓦積に冠瓦、鳥衾を納める。

塗装は、主要軸部は丹塗り、板類は胡粉塗、木口は黄土塗、塗壁は白漆喰仕上である。

## 二、そのほか未指定の建造物

本堂、阿弥陀堂（大師堂、聖天堂として使用されてきた）、鐘楼、行者堂、庭園内建物（弁天堂、聖天社、吒天社、雨井戸、閼伽井戸）、本坊庫裡、客殿などがある。

図3 龍泉寺本堂

図4 阿弥陀堂
（大師堂、聖天堂）

図5 雨井戸

図6 閼伽井戸

## むすびにかえて

以上、当寺に残されている建造物について記述してきた。これらの内、歴史上重要なものについては指定文化財になっているが、そのほかの建造物については、近世・近代・現代の建築であり、指定はされていない。

①竹原吉助・管保『重要文化財龍泉寺仁王門修理工事報告書』重要文化財龍泉寺仁王門修理委員会、一九六五年

# 嶽山城（龍泉寺城）の興亡について



## はじめに

嶽山城は『太平記』に龍泉寺城として記載されている。しかし史書の登場する城名はほとんどが「嶽山城」であり、「龍泉寺城」とあるのは少ないといえる。これは龍泉寺が嶽山の麓にあることから、両者が混同されていたことに起因するものと考えられ、両者が別の場所を指すものではない。

龍泉寺の創建は奈良前期（七世紀）まで遡るが、当該城の名が文献に登場するのは『太平記』にみえるのが初見である。龍泉寺はこの時期に前後して史料上確認されるのは、古代以来の伽藍建物のほかには、建治元年（一二七五）九月銘の金剛力士像胎内銘とそれを収める八脚門（重要文化財）、南無仏太子像（胎内蔵経、印仏）を知るのみである。

図1　嶽山の現在

とりわけ南北朝時代については、境内の発掘調査の結果からみて、衰退の道をたどる画期ともいえる時期に該当する。

本稿では、龍泉寺史における重要な画期をなしたと考えられる鎌倉末から室町時代の嶽山城の盛衰と寺との関係に焦点を当てて考えて見たい。

## 一、嶽山城の成立〈築城〉とその展開

### (一) 嶽山城の登場

まず嶽山城の所在する嶽山は、現在の富田林市佐備、龍泉に位置しているが、かつては河内国石川郡佐備郷に属していた。とくにこの佐備の地名が中世段階に登場するのは、『田代顕綱軍忠状』延文五年(一三六〇)の記載が初見である。すなわち

田代豊前三郎顕綱申軍忠事

右為南方凶徒退治御発向之間、御共杜、河内国津々山御陣尽致忠節事。

一、去四月十日、寺田平石合戦随分抽忠勤、将又佐美谷龍山口度々合戦畢

御着判明鏡也。(略)

延文五年六月　日

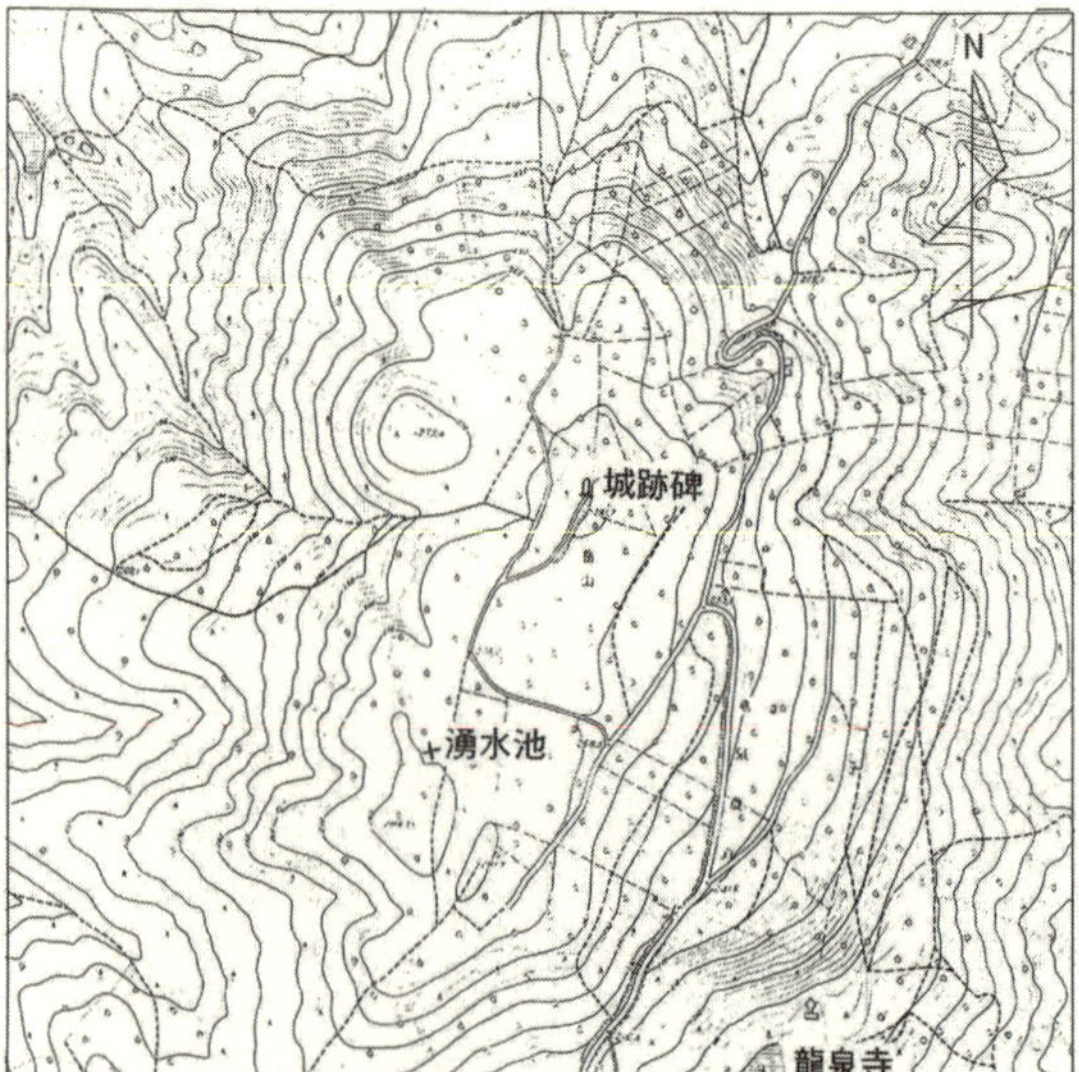

図2 嶽山城中心部分位置図

（異筆）　　（細川清氏）
「承了」（花押）

とある。これと全く同じ内容が、近衛道継の日記『愚管記』延文五年（一三六〇）五月一日条に「河州凶徒の城、三ヶ所〈龍泉、平石、赤坂〉責め落とす」とある。

さらに、これらは『太平記』巻三十四、龍泉寺軍事の段の内容と関連が濃いと考えられる。その内容は以下のごとくである。

龍泉ノ城ニハ和田・楠相謀テ、初ハ大和・河内ノ兵千余人ヲ篭置タルケルガ、寄手敢テ是ヲ責ン共セザリケル間、角テハ徒ニ勢ヲ置テモ何セン、打散シテコソ野軍ニセメトテ、龍泉ノ勢ヲバ皆呼下テ、サシモナキ野伏共百人許見セ勢ニ残シ置、此ノ木ノ梢、彼コノ……〈略〉

この内容を要約すると、龍泉城に和田・楠氏が、河内、大和の兵士ら千余人を龍泉峰に塀を作り、櫓を造らせ、そこに配置した。しかし幕府軍が攻め込んでこないため楠木正儀は野武士百人ばかりを見せ勢として引き上げた。しかし重要な軍事拠点でもあり、敵方に落とされたくはないため策略を巡らせた。すなわち、その策略とは木の梢に旗を結びつけ、なおここにいかにも大勢がこもっているように見せかけたものである。津々山〈廿山〉の寄せ手はこれを見て近づかなかったが、土岐桔梗一揆すなわち土岐地域〈美濃〉の武士団の中に兵学の心得のあるものがおり、城の上空を通過する鳥が驚かないのを見て、旗ばかりで軍勢は少ないと判断した。そこで一揆の面々で攻略し、功名をあげようとし、四月二十九日の早朝ひそかに津々山城を出て一の木戸口へかけこみ鬨《とき》の声をあげた。城兵はしばらく戦ったが、赤坂城へ逃れた。

この活躍を聞いて十万余騎が龍泉城の麓に集結したが、少勢であったことに気づかず土岐、細川氏に功名させたことを悔しがったという。

この龍泉寺城落城の影響は大きく、まもなく今川範氏によって平石城が攻め落とされる。また和田正武は唯一残された赤坂城から、反撃の夜襲を試みたが落とせず、逆に細川清氏が赤坂城を攻略した。この結果、楠木正儀とともに城に火を放ち金剛山の奥へ敗走し、完全に赤坂城は落城したのである

一進一退を繰り返してきた幕府側（北朝）軍と楠・和田氏側（南朝）軍との攻防は、ほぼこの段階に至って決着がついたと見てよいだろう。

これを受けてまもなく嶽山城は南朝残党の動静を探るための幕府側の先端基地として機能するようになる。

その後の歴史的経緯はともかくとして、以上の記述内容から、嶽山城に一の木戸、西の一の木戸、塀や櫓の存在が記録されており、これが唯一城の構造を知る手がかりである。しかしこれらからは城構築の時期や規模などについては明らかにできない。

図3 龍泉寺山城千人隠れの跡

いずれにしても、これら一連の資料に先行して南朝側の一つの拠点として嶽山城が構築され、利用されていたことだけは事実であろう。またこれに先行して小さな戦闘はたびたび繰り返されており、それらは延元二年三月付け「岸和田治氏軍忠状」に見る南朝側として「……（略）、一、同十月四日楯籠東條……（略）」をはじめ、正平七年六月「和田助氏軍忠状」などの東條での攻防ほかの存在が記録されている。

## （二）日野観音寺大般若経に見える嶽山城

河内長野市日野町にある観音寺には、大般若経が残されている。いわゆる『日野観音寺大般若経』である。その「奥書」によると、写経は至徳三年（一三八六）から応永八年（一四〇一）に書写されたもので全六百巻のうち四百巻余が寺に伝えられる。残余の巻は、岩手県をはじめとして全国各地に散逸している。

これらの写経のうち六三巻をはじめとして奥書に嶽山城の陣中で書写したという内容が記述されている。以下、嶽山城が触れられている奥書を示すと以下のごとくである。

六三巻　為河州日野村書之　於嶽山橋本殿陣中遊覧之次了　施主高向平光房

六四巻　為河州日野村書之　於嶽山橋本殿御陣中遊覧之次書之　施主錦部殿義利

六五巻　為河州日野村書之了　康応元年巳巳五月廿一日書之　於嶽山橋本律師御陣遊覧之次書了
施主錦部殿源朝臣義利

六八巻　為河州日野村　於嶽山橋本殿御陣内書之　□□康応元年巳巳五月廿四日　錦部源朝臣
義利

七〇巻　為河州日野村書之了　於嶽山城中数田殿御陣内遊覧之　以次書　康応元年巳巳九月下旬此
書写了　施者足立兵衛尉智幸

七五巻　為河州日野村依為氏縁无縁之利出深湧四部合力奉書写之　康応元年巳巳十月日　施主野口
殿施主藤原友近

七七巻　為河州日野村書写之了　於嶽山城中野口殿御陣内以遊覧之次書之　施主藤原友近花押

八三巻　為河州日野村書之了　於嶽山城中野口殿御陣中而遊覧之次以書之　康応元年巳巳十月日
比丘健方願主先妣空一禅尼施者藤原友近

八五巻　為河州日野村於嶽山城中書之者数田野殿為　光妣空一禅尼小祥忌　康応元年巳巳十一月四
日

九三巻　為河州錦部郡日野村書了於嶽山城中橋本殿御陣内遊説之次了　施主施主殿源朝臣錦部義利
九四巻　為河州錦部郡日野村書之了於嶽山城中彼方殿御陣内遊覧之次書之了　施主施主錦部宮内少輔源朝臣義利
九七巻　為河州日野村書之了　嶽山城中彼方殿御陣内遊覧之次書之了　施主施主錦部宮内少輔源朝臣義利　康応元年巳巳年七月日念七日施主錦部宮内少輔源朝臣義利
九九巻　為河州日野村書之了　康応元年巳巳年於嶽山城中彼方殿御陣内書写了　施者錦部宮内少輔義利
一〇〇巻　為河州日野村書之了　於嶽山橋本殿御陣内巳年四月六日書之
一〇二巻　干時康応第一仲秋初六日為河州錦部縣日野村書筆者遠江州府辺坐住河州於東條嶽山書写　沙門小比丘善順虔記　檀那一秩合力畠山越前守源朝臣國政
一〇四巻　干時康応第一季仲秋十日為河州錦部縣日高村於嶽山城不動堂辺書之　筆者遠國見付府中辺坐住比丘善順拝書　一秩合力畠山越前守源朝臣國政
一〇九巻　干時康応冲秋十八日為河州錦部縣日野村於東條嶽山西陣辺書之遠江州豊田郡見付府内生公園　沙弥善順拝書　一秩合力檀那　畠山越前守源朝臣國政
一一九巻　為河州錦部郡日野村社佛伽藍安置書写了明徳元年庚午十月上旬比於嶽山城中錦部殿御陣書之施主義利
一二二巻　為河州錦部郡日野村書之了　明徳元年七月二十六日於嶽山城中橋本殿写之了　石伏以者相當妙阿禅尼大祥忌之辰此善縁頓證大□也

一二三巻　七月廿八日敬白
為河州錦部郡日野書之　施主橋本律師宗秀于時明徳元年庚午四月佛
誕生日西尅書之　於嶽山城中　筆方
一二四巻　為河州日野書之　施者橋本律師宗秀　於嶽山城中
明徳元年庚午四月十日書之

以上のほか、嶽山城内陣中での写経行為は次の各巻に認められる。

一二六巻　為河州錦部郡日野村書写了于時明徳元年庚午七月廿八日
於嶽山城中與呉殿御陣内
相當妙門禅尼辰因此善縁速変頓證大□也
一二七巻　為河州錦部郡日野書之　于當明徳元年庚午七月卅日
於嶽山城中與呉殿御陣内書写了
而當□□□位頓證卒亡
一二九巻　為河州錦部郡日野書之　于旹明徳元年庚午八月十日
於嶽山城中與呉殿御陣内
願以為□厳禅門七ヶ年乃辰仍善縁頓證大□也
一四二巻　為河州錦部郡日野村書写了　于旹明徳元年庚午孟冬中旬比
於嶽山城中書之　宗秀
一四四巻　為河州錦部郡日野村之書之　明徳元年□庚午十一月下旬
為道観禅門四七箇日之辰於嶽山城中也
一四五巻　為河州錦部郡日野村書此経巻了　于時明徳元年庚午抄冬上旬

於嶽山城中橋本殿御陣内奉道観禅門七之日
中陰之志書此巻了
一五二巻　為河州錦部郡日野村書之了　於嶽山城中橋本律師御房御陣内筆満了
一五八巻　為河州錦部郡日野村書之了　明徳二年辛未九月上旬
於嶽山城中隅田殿御陣内奉
一五八巻　為河州錦部郡日野村裏伽藍安置也
願以書写善廻施六道生親疎結縁等共生一佛出宗秀
二六七巻　此一巻之志者越中登公事之時□畢　仍以衣裳為□紙之代之内頓證大□
為河州錦部郡日野村中伽藍能入書之　勧縁之施者　広覚
於嶽山城中　藤波殿旬中書写了
願以書写善回施六道生親疎結縁等共生一佛出明徳四年癸酉十月中旬謹書
三二〇巻　為河州錦部郡日野村中伽藍安置也
勧縁之施者　阿波國三浦里人　沙弥　広覚
應永元年甲戌八月十四日　於嶽山城中書了
願以書写善廻施六道生親疎結縁等共生一佛土
三三〇巻　為河州錦部郡日野村中伽藍安置也　勧縁之檀越　沙弥　広覚
於嶽山城中新藤殿御陣書写了
于應永元年甲戌十一月念八日
願以書写善廻施六道生親疎結縁等共生无上道
三三一巻　為河州錦部郡日野村中伽藍安置也

為明照禅尼頓證大□比一巻書写了
應永元年九月五日於嶽山城中嶋津殿御陣中書孝子敬白
願以書写善廻施六道生親疎結縁等共生一佛生

三九九巻　為河州長野庄日野村中伽藍能入也　勧縁之施主　沙弥　広覚
于應永三年丙子八月十二日於嶽山城中新藤殿陣内書写了

四〇〇巻　為河州長野庄日野村中伽藍能入也
勧縁之施主　沙弥尼　明覚
應永三年丙子林鐘宥日　於東條嶽山城中書写了

五五一巻　為河州錦部郡長野庄日野村中伽藍施入也　勧縁之施主　沙弥　広覚
于應永六年巳卯八月上旬
於嶽山城中新藤殿御陣書之了

以上であるが、ここでは嶽山城陣と記載のあるものにのみ集中して採録した。従って、おそらく嶽山城に布陣していた人物と見られる写経はこのほかにも若干認められるだろう。

これら一連の『大般若経』の写経が開始されたのは、井後吉信氏によれば至徳三年（一三八六）と推定されており、その終息は応永九年（一四〇二）とされている。このうち、開始から二年後の康応元年（一三八八）から応永八年（一四〇一）の間に、嶽山城で当該写経が行われた。ここで見る嶽山の陣の状況は、陣中遊覧之次とあるものは九巻（六三巻、六四巻、六五巻、七〇巻、七七巻、七八巻、八三巻、九四巻、九七巻）あるいは遊説とあるもの一巻（九三巻）がある。これらの状況から、城中（陣中）には、とくに緊迫した雰囲気は感じられない様に見える。

また観音寺の僧侶が嶽山の陣を巡って写経を勧めたことが、その奥書から明らかである。このことについて井後氏は「日野観音寺が写経納入寺院として北朝軍の武将に好意をもたれたのは金剛寺、観心寺のごとく南軍に忠勤を励んだ前歴もなく、中立的立場にあったのみならず助筆の僧で一番多く写経している玄覚が阿波領の出身であり、また善順も遠江という出身者で（全く地域的に隔たった国の出身で）あったことども、その理由の一つであるかもしれない」とされている（カッコ内筆者補筆）。

果たしてその理由がどのようなものであったのかはわからないが、少なくとも熱心に陣内を遊説した観音寺僧侶の勧進活動が大きいことは言うまでもないだろう。

ところで写経奥書に見える陣名は以下のごとくである。

嶽山城　数田陣（足立兵衛尉智幸）
西ノ陣（畠山城越前守源朝臣国政）
隅田野口陣（野口「藤原」友近）
橋本陣（橋本律師宗秀）
彼方陣（彼方国雄）
錦部陣（錦部源朝臣義利）
余呉陣（菅原朝臣宗憲）
藤満陣（政所左衛門尉藤原朝臣兼清）
新藤陣（藤原頼久）
島津陣（島津氏忠）

奥書に見られる年号表記のうち嶽山城の陣名が見える最も新しいものは応永八年（一四〇一）である。すなわちこの時点までは少なくとも嶽山城の陣が置かれていたことになる。

南北朝の合一が明徳三年〈一三九二〉十月十日とされているが、その後も十年余にわたって北朝側の兵士が嶽山城にいたことになる。むろんその目的は南朝側の残党勢力の監視であったと考えられる。やがて城内からは駐屯した兵士は去り、かつての平穏な山と帰すのであるが、まもなく再び騒乱の渦中にまきこまれてしまう。

## 二、嶽山城の再利用―戦国時代の畠山内紛に伴う争乱の激戦地―

少々煩瑣になるが、南北朝時代から後、室町時代後半期における河内守護家畠山氏の内紛について簡単に触れておきたい。
守護家畠山氏は歴代の河内国守護、幕府管領としての地位にあった。畠山満家、持国は足利義教の勘気に触れて失脚、やがて義教が暗殺されてから後に復活する。

図4　畠山氏系図　（森田恭二『河内守護畠山氏の研究』近代文芸社、一九九三年より）

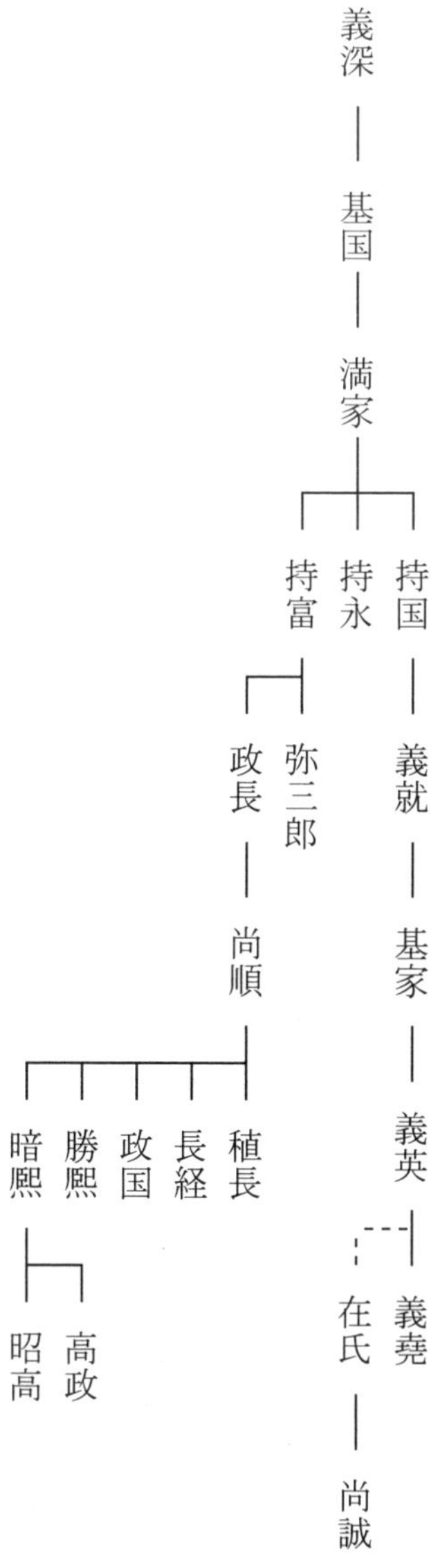

ところで持国には嫡子がいなかった。そのため弟の持富が跡目を相続することが、嘉吉三年（一四四三）頃に、ほぼ定められた。しかし文安五年（一四四八）持国の子義夏が召しだされて元服し義就と改名、持国は持豊を廃嫡し、義就に家督を継がせた。畠山の家督相続の争いの始まりである。この間のいきさつについては『新撰長録寛正記』「群書類従」巻第三百七十五に以下の記述がある。

……昔管領畠山徳本入道子息ナクシテ家督巳令断絶トス是ニヨリ徳本ノ弟持国乃ノ子弥三郎政長ヲ栖子ニ定一族長臣皆是ヲ仰キシニ徳本老後ニ至リテ妾ノ腹ニ一子ヲ生ス今ノ義就是也父徳本実子有叓政長ヲ疎シ義就ニ家ヲ継シメント色々政長ニ悪様ノコト多ケレ共政長無双之仁者ニテ孝行ヲ尽シ家来長者共ニ懇情ヲハケマシ殊ニハ管領細川勝元是ヲヒイキシケレバ皆人政長ヲ用ヒケリ然リト云共止ムコトヲ得スシテ去享徳三年四月徳本政長ヲ追出玉ケレバ政長ハ勝元ノ舘へ出ラルル家人安富民部丞神保右衛門遊佐新左衛門ハ山名右衛門佐之宿所ニ忍居ケリ徳本思ノママニ成也巳ニ義就ヲ惣領に立ラルヘキ由言上セシメントスル時節義就若輩ノ至リカ以ノ外ニ荒キ振舞ニテ残ル家人皆立離テ政長ニ随ヒケリ……（略）

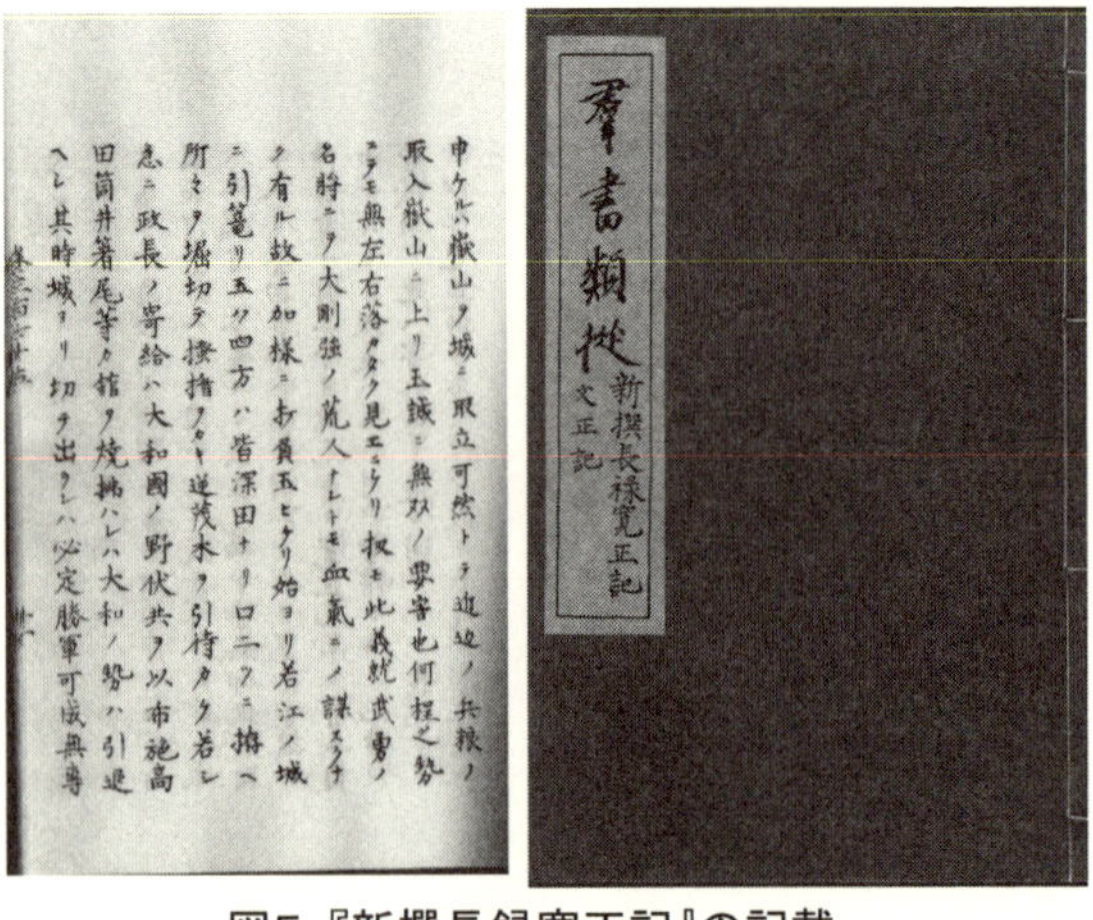

図5『新撰長録寛正記』の記載

しかし享徳三年（一四五四）四月三日、弥三郎は義就に攻められて、没落する。まもなく弥三郎は、八月下旬に軍兵を伴い洛中に出現する。これによって義就は没落する。

八月二十九日に持国は、弥三郎に家督継承を認める。『新撰長録寛正記』には次のような記載がある。

西來院ニ篭居セラル政長道理半ナリトテ上意トシテ政長又家督ニ定ケリ然ト云トモ徳本無程召出サレ

まもなく十二月十三日、義就は河内国から六百騎の兵を連れて上洛する。このため弥三郎は没落する。康正元年（一四五五）持国が死去し、義就は晴れて家督を継承し、河内国守護となるが、一層両者の対立は激しくなっていく。なお持国死後、河内国守護に義就が正式に就任している。

このことは康正二年（一四五六）十二月二十七日付けほかの観心寺文書で確認される。

観心寺領造内裏料段銭事、自寺家田地之請文在之上者、先可被止催促之状如件

（康正二年）十二月廿七日　（遊佐）国助（花押）

榎並美濃入道殿

長尾三郎左衛門尉殿

中村与三郎殿（助通）

『大乗院日記目録』長禄三年（一四五九）六月一日条によると弥三郎が死去し、弟の政長が擁立・相続したことがわかる。この政長を細川勝元が支持した。

『大乗院寺社雑事記』長禄四年〈寛正元年〉九月十七日条には「昨日為伊勢守奉行被召遊佐・誉田三河・衛門義就ニ可開屋形了由御問答、雖歎申入無御承引、仍開屋形了云々、言語道断事也、仍畠山屋形事二郎政長ニ可給云々」とあり、将軍から義就が家督を罷免され、後を政長が家督を継ぐことになったことが知られる。

さらに政長らに義就追悼の命令がだされ、義就は幕府軍の追討をうけることになる。

義就は河内嶽山に籠城、その期間は実に二年半に及ぶ。

寛正二年（一四六一）一月嶽山籠城衆誉田、道明寺に下がり兵糧奪取の乱暴を働く。籠城は千人を超していたために、兵糧の不足を生じたための行動と見られる。

幕府軍は寛正四年（一四六三）三月十四日、嶽山南口を封鎖に成功する。これによって城内の兵糧が尽きてしまうことになる。

『新撰長録寛正記』には次のように記されている

三月十四日嶽山ノ寄テノ中奈良ノ成真院カハ

カリコトニテ国見山ノ頂ニ陣取城中南ノ口ノ通路

ヲ指置ケレハ忽ニ兵糧蓋テ篭城不叶義就ハ嶽山ヲ落ラルル御供ノ侍紀伊見峠……（略）

義就四月十五日夕刻に没落、このことは翌日の十六日には幕府に伝達されている。

この数日間の状況について『新撰長録寛正記』には京都での嶽山落城の報に大喜びをしている様子が見られる。

同四年卯月十六日赤松次郎法師カ第ニ伊勢守貞親ヲ招請申サルルハ音阿弥参リ乱舞仕ル諸人奥ニ入遊宴最中ニ尾張守方ヨリ嶽山責落ノヨシ注進被申伊勢守大ニ悦則御所ヘ参リ其ノ由披露被申公方様ヲハシメ奉リ京中ノ諸人大慶不可過之是ニヨリ同月十七日諸大名御所ヘ参リ嶽山ノ御敵没落目出度ノヨシ御悦義被申上各々御太刀御樽御馬被進献管領細川右京大夫伊勢守方ヘモ同参賀有ト聞ヘシ去程ニ右衛門佐義就ハ生地カ舘ニ籠リ甲斐庄和田塩川以下ノ河内衆数多河州ヘ引退ヘキヨシ議スルト聞シカハ政長ヨリ管領ヘ此由ヲ注進有シカハ則大和衆越智弾正大将トシテ若江城ノ後詰ニ発向ス是モ猶無勢ナルヘシトテ重テ細川殿ヨリ大和勢ヲ催サルル

去十五日夜没落嶽山城則相□ノ由注進候□目出度候雖然河州事無勢至極ニ候間大義候由自尾州被申候彼城肝要ノ儀ニ候間越智弾正忠被下令出張候馳向被忠軍功候者可為忠節候定而為上意一段可有御感候

猶無等閑候者可悦入候恐々謹言

四月二十四日　　勝元

十市新左衛門殿

筒井殿

この後、応仁元年（一四六七）になって、義就は将軍義政に謁し、その結果、畠山氏の家督、河内、紀伊、越中の守護を政長に代わって安堵される。この決定の背景には山名宗全の力があったとされている。これによって政長勢力が完全に失脚するとともに、その後ろ盾であった細川勝元の援助を将軍が禁止する。文正元年〈一四六六〉九月、復活した義就は嶽山城を占拠、駐留するようになったものと考えられる。やがて文明三年（一四七一）五月十七日若江城衆（政長方）が嶽山城を攻略した。

まもなく文明九年（一四七七）十月九日義就方嶽山城を奪回し、永正四年（一五〇七）十二月四日には義就のあとを継いだ義英が嶽山城に入った。しかし両者の勢力による戦乱はその後も頻発していたようで、『多聞院日記』永正四年十二月七日条には「嶽山之麓毎日大焼云々」とあり、嶽山城をめぐって激しい攻防が行われた結果、麓一帯も災禍に巻き込まれたものと見られる。

## むすびにかえて―嶽山城の没落〈落城〉とその後―

再三再四、争乱の中心的舞台ともなってきた嶽山城も『多聞院日記』に「嶽山麓大焼云々」とある記事の永正五年（一五〇八）一月以来、全く史料からは姿を消す。これは名実共に嶽山城が落城したことを示すものであり、これによって以後の争乱に嶽山が戦場となることはなくなった。すなわちこれ以降は山麓に位置する龍泉寺は戦禍に巻き込まれることはなくなったのである。

とはいえ、それまでに被った災禍のため、看破なきまでに破壊されつくした状況がそこにはあった。かつては僧坊二十三（二十五宇）を擁したとあるが、それらの僧坊の建物などの実態を示すものは既に江戸時代前半には全く見られなくなっている。

かつての僧坊の跡地が開墾されてかろうじて、江戸時代寛文年間の絵図との対比ができる程度である。このことは先の争乱によって、ほとんどの僧坊が焼き尽くされた結果と見てよいだろう。

古代に創建された龍泉寺が鎌倉時代末期から南北朝時代さらに戦国時代までの期間歴史に翻弄されながら法灯を護持し続けていた。しかしたびたびの嶽山城の攻防は、龍泉寺には大いに影響を与えた。

発掘調査が断面的にではあるが、当該地域の開発に先立って行われてきた。例えば富田林市水道局の調圧水槽建設に伴う千手院跡調査では、一二～一五世紀頃の遺構の建物跡があり、礎石などは伴っていない。さらに、瓦などの出土が見られないことから、草葺あるいは檜皮葺で、掘立柱建物であったと考えられる。従ってこれら建物は、短期間の存続で、建て替えはないとみてよいと考えられる。

出土遺物は、瓦器、中国からの輸入磁器などとともに焼土塊などが確認されている。時期的には鎌倉後期、室町時代頃と見られる。これらの事実、調査結果から、各僧坊は火災によって失われたことが分かる。このほか境内各所からも焼土が出土する。

一方、寺に残されている仏像および古文書には、次の年紀が見られる。龍泉寺南無太子像胎内の印仏に興国六年（一三四六）七月二十四日および正応四年（一二九一）七月日の年紀が見られる。また文書では「涅槃講式」がいくつか残されているが、それらには承久元（一二一九）年十一月二十日と文正の年月が記されている。これらは法要に用いられるものであり、この存在はそれぞれの時期にそれらを用いる法要・行事が行われていたことを示すものであり、寺史解明にとってもきわめて重要な資料である。これらの検討については後日に期したいと思う。

＊本稿は、平成二三年三月四日午後に、河内長野市三日市市民ホールで開催された南河内府民ネット「南河内の中世山城」の連続講座のうち筆者が担当した「嶽山城の盛衰」のもととなった原稿である。当日はパワーポイントを用いて現在の嶽山城址の現状を示した。

（参考文献）
『富田林市史』二巻、富田林市市史編纂委員会、富田林市、二〇〇〇年
『富田林市史』四巻、富田林市市史編纂委員会、富田林市、一九六二年
『河内長野市史』五巻、河内長野市市史編纂委員会、河内長野市、一九七五年
『室町軍記総覧』古典遺産の会、明治書院、一九八五年
『太平記』日本古典文学大系35、岩波書店、一九六二年
黒田俊雄『畠山記集成』羽曳野資料叢書1、羽曳野市、一九八八年
黒田俊雄・川岡勉『羽曳野中世軍記等資料集』、羽曳野資料叢書2、羽曳野市、一九九〇年
井後吉信『日野観音寺大般若経奥書の研究』河内長野市郷土研究会誌10、一九六四年
森田恭二『河内守護畠山氏の研究』、近代文芸社、一九九三年

# 龍泉寺梵鐘銘について

## はじめに

龍泉寺には、鐘楼が伽藍建物の中に含まれている。鐘楼がいつ建設されたのかは明らかではないが、少なくとも当該鐘銘が刻まれた段階には存在したものと考えられる。

なお「春日大社文書」四五二ノ（２）「河内國石川東條龍泉寺氏人并司三綱等検注當寺經論佛像堂舎佛具種々寺財寳物所薗等之實録、安置流記帳事」によると、「檜皮葺方鐘堂一宇　天禄元年七月三日大風倒之」とあり、この倒壊段階までは、存在したものと考えられる。

前後するが、『河内名所図会』には龍泉寺境内図が載せられており、瓦葺きの建物が認められる。

## 一、鐘銘文の提示

### （一）翻刻原文

【一区】

内州石川郡龍泉寺則上宮皇子命蘇我馬子攸
創營也背崇嶺面巨壑 清谿走其足脩竹縈其腰
青松万株冬夏不改其觀白雲一片日夕似伴其淑
寔修禅之攸依又搨心之勝窟也寺傍有池中有惡
龍暴虐叵禦數損稼穡時害僧人蘇氏不忍聞之東
帯巖整奮成現瞋睨池而立凡七晝夜龍變人形而
言我見公之成肅殊甚惶怖言畢沖虚而去厥後四邊
二三里許水忽枯竭農因力耕人勞洞酌空海大師
偶經于茲愍衆僧之渇泉慨百穀之匱潤召於善女
龍使主此池自尓以降愆陽作虐煎沙鑠石野□青
艸民且菜色效誠祈求則無不立雨是龍泉之所以
為偁也而今紺宇竝甍緇徒繼踵無愧當時也泉濵
境浦鉅商八丈氏市右衛門尉者篤信之徒也憤地
靈寺古蒲牢之無告晨昏之久矣遂命鳧氏鎔昆吾
銅擬祇洹摸不日而成因而責予以銘其上不得敢
辞叉手而言曰夫黄鐘始導則二六之律咸應青銅
一撃則大千之衆悉集是故西乾之十万斤告沙
界會賢聖東漢之二千斛節八音和邦國移風易

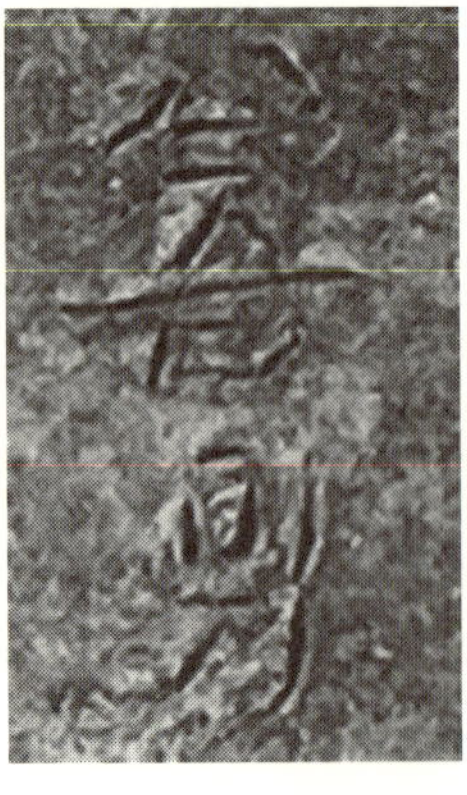

【二区】
俗三倫之禮所由而序播徳通靈三塗之厄攸問而脱蘭
也廻之冥福施之世教其功非少今捨浄財成巨鐘以
斯鴻業洽彼幽府然則物故信士宗勿祐西浄雲宗和
宗春浄玄浄拜休念道休道祐宗是蘭室芳林等信女
玅徳玅 勘妙圓玅 心玅 圓玅 意玅 休等長出三有之苦
輪海巡登四身之摩尼殿現存□□乗尓道喜浄勿
善女未春玅 勝玅 西比壽松椿競富未頓乃至十方三際
潭被無疆乃為銘曰
人名八丈　寺則龍泉　林叡卜勝　誠信守堅
則告鑪人　成規團圓　厚薄中程　侈弇不偏
近亮遠彰　谷響風傳　撹無明夢　駭長夜眠
福覃九族　澤流大千　永劫不朽　祚祐無邊

【三区】
延寳四年九月廿一日密乗末裔浄嚴欽識
施主泉州大鳥郡堺大小路八丈市右衛門尉
　堺冶工菊波出雲藤原家次

（二）**訳文**（文献①による）

内州石川郡龍泉寺ハ則チ上宮皇子蘇我馬子命シテ崇嶺①ヲ創営セル背キ攸《とこ》ロナリ　巨壑②ニ面《ムカ》イ清谿③其足《フモト》ニ走リ脩竹其ノ腰ヲ縈《メク》レリ青松万株冬夏其ノ観《ミモノ》ヲ改メ不白雲一片日夕其ノ寂伴フニ似ニ寔ニ修禅之攸《ところ》依

『龍泉寺縁起絵巻』に見える鐘楼

又摂心ノ之勝窟也寺ノ傍ニ有池中有悪龍暴虐ニシテ禦キ叵シ数〻稼穡《かしょく》④ヲ損シ時〻僧人ヲ害ス蘇氏忍不之聞クニ束帯厳整ニシテ威ヲ奮フ瞋⑤現シテ池睍シテ而立テ凡七晝夜龍人形ヲ変而言ク我公之威粛ヲ見殊ニ甚惶怖《こうふ》⑥ス言畢虚ニ沖テ而去厥後四邊二三里許水忽ニ枯竭ス農力耕ニ因ミ人洞酌ニ労ス空海大師偶于茲《ココ》ニ經《ヘ》タマフ衆僧之泉ニ渇セルヲ愍百穀之潤匱キヲ慨テ於善女龍ヲ召シテ此ノ池ニ主タラ使ム尓自以降徭陽⑦虐作シテ沙ヲ煎レリ石ヲ鑠《とか》シテ野ニ青草民菜色ナラント且《マサ》ニスル時ニ誠ヲ效《イタ》シテ祈求時ハ立雨ヲ不《ス》ト云コト無シ是龍泉ノ之以ンナリ称ト為《ス》ル所シナリ也而今紺宇甍《イラカ》ヲ並ヘ緇徒《しと》⑧踵ヲ継テ當時二愧ルコト無也　泉濵境ノ浦ノ鉅商八丈氏市右衛門尉ハ者篤信之徒ナリ　地霊ニ寺古テ蒲牢ノ之レ晨昏ヲ告ルコト無コトヲ憤ルコト之久矣遂ニ鳧氏⑨ニ命シテ
昆吾ノ銅ヲ鎔《わか》シ祇ノ模ニ擬ニ日アラ不シテ而成因テ而予ニ責ムルニ其ノ上ニ銘スルヲ以敢辞スルコトヲ得不又手シテ而言テ曰夫レ黄鐘始テ導則二六之律咸ミナ応シ青銅一ヒ撃時ハ則大千之衆悉集ル是故ニ西乾之十方斤沙界ニ告賢聖ヲ会シ東漢之斛八音ヲ節シテ邦国ヲ和ス風ヲ移シ俗ヲ易フ五倫之礼由テ而序フル所徳ヲ播シ霊ニ通ス三途ノ厄二聞テ而脱ルル攸ロナリ也之冥福ニ廻之ヲ世教ニ施スニ其ノ功少キニ非今浄財ヲ捨鐘ヲ成斯ノ鴻業ヲ以テ彼ノ幽府ニ洽然則物故信士宗匆祐西浄雲宗和宗春浄玄浄拜休念道休道祐宗是□室芳林等信女妙徳妙勘妙圓妙心妙圓妙意妙休等長ク三有之苦輪海ヲ出テ丶速ニ四身之摩尼殿ニ登ラン現存ノ□□乗尓道喜浄匆善女未春妙勝妙西寿ヲ松椿ニ比ヘ富ヲ朱頓ニ競ン乃至十方三際沢無彊被シメン乃テ銘為テレ曰

人ヲ八丈ト名　寺ハ則龍泉　林壑勝ヲトシ　誠信堅キヲ守ル
則鑪人ニ告　規ヲ成シテ団円ナリ　厚薄中程《のり》ニ　侈弇偏ナラ不
近クハ亮サヘ遠クハ彰ル　谷響キ風伝フ　無明ノ夢ヲ攪キ　長夜ノ眠ヲ駭カス
福九族ニ覃シ　沢大千ニ流レン　永劫ニモ朽不　祈祐無辺ナラン

延宝四年九月十六日密乗末裔浄嚴物故信士宗勿祐西浄雲宗和宗春浄玄浄拜休念道休道祐宗是□室芳林等信女妙徳妙勘妙圓妙心妙圓妙意妙休等欽テ識ス
施主泉州大鳥郡堺大小路八丈市右衛門尉
堺冶工菊波出雲藤原家次

## むすびにかえて

浄嚴和商の欽識による鐘銘である。内容的には上宮太子（聖徳太子）の命によって、蘇我馬子あるいは蘇我稲目が龍泉寺を創建したこと。さらにその地には悪龍が住んで人々に被害を与えていたこと。さらに蘇我公の祈りによって、悪龍が退散し、地域に平和が戻ったこと。やがて弘法大師空海がこの地を訪れ、再び水が枯れて苦しみ民衆の姿を見る。そこで加持祈祷によって再び元の姿に戻したという。

やがて泉州堺の住人で篤信の人である八丈市右衛門尉が聖堂の鐘を寄進した。そこには物故信士宗勿祐西浄雲宗和宗春浄玄浄拜休念道休道祐宗是□室芳林等信女妙徳妙勘妙圓妙心妙圓妙意妙休等の物故者の法名

龍泉寺鐘楼

が刻まれ、供養が行われたことが分かる。

浄嚴和商は河内三日市所在の延命寺の開基である。龍泉寺との関係は、おそらく両寺が古儀真言宗であったからという繋がりからであろう。

（注）

①「崇嶺」山が高くそびえる様子
②「巨壑」大きな谷
③「清谿」清らかな谷川
④「稼穡」農事
⑤「瞋」激しく怒るさま
⑥「惶怖」おそれおののく
⑦「愆陽」冬なのに暖かいこと。異常気象
⑧「緇徒」僧侶
⑨「鳧氏」鐘を鋳造する職能集団（古代中国の故事）

（参考文献）

①寺津麻理絵・関口靜雄「妙高山霊光寺所蔵『妙極堂遺稿』翻刻と解題（6）」『学苑　昭和女子大学紀要第九〇〇号』（二〇一五年・昭和女子大学）
②天岸正男『大阪府鐘銘聚　第3冊南河内郡　第1部現存鐘・第2部佚亡鐘』（一九七〇年・天岸正男）

## あとがき

自らの生き方を決定したともいえる龍泉寺、幼いころからこの寺の住職となることが定めであったような気がしていた。やがて長じてからは、大阪府に奉職し、後に大谷女子大学（現大阪大谷大学）に職を転じてからも、頭の中から仏教、龍泉寺が離れることはなかった。本書は、その後住職在任三十有余年を経て無事後任住職に跡を託し、名誉住職となったのを機に寺史の刊行を計画し、今回実行する運びとなった。思えば長きにわたっての念願であり、途中で断念しようとする気も生じたものである。ただ編集を終えて、本文を読み返してみると不足部分や筆足らずの箇所が目立つ。あえて刊行するのは汗顔の至りであるが、これも自らの力不足といわざるを得ないだろう。なお本書を構成する各文の成立状況については以下の如くである。

第一部　河内・蘇我氏・龍泉寺

・龍泉寺の歴史／『大阪春秋』二八九号、「龍泉寺抄史」『富田林市史』ほかを改稿
・平石古墳群の被葬者像について／《新稿》
・金山古墳と龍泉寺／『立命館大学考古学論集』Ⅴ、二〇一〇年、後に『須恵器から見た被葬者像の研究』二〇一二を改稿
・『春日大社文書』から見た龍泉寺について／旧題「河内竜泉寺坪付帳案文について」『大阪大谷大学文

化財研究』一〇、二〇一〇年、後に『須恵器から見た被葬者像の研究』二〇一二年を改稿
・『龍泉寺縁起絵巻』について―「河内名所図会」との比較検討を通じて―／《新稿》
第二部　蘇我氏と仏教
・仏教伝来年代の再検討／『日本歴史』二八九、一九七二年を改稿
・崇仏抗争（丁未の変）について／《新稿》
第三部　龍泉寺に関する歴史および考古学的検討
・龍泉寺の考古学的調査／《新稿》
・龍泉寺出土軒瓦の編年的考察／『龍泉寺―坊院跡および瓦窯跡群の発掘調査報告書―』（宗）龍泉寺、
　一九九三年を改稿
・富田林市竜泉硯石出土の蔵骨器について／『考古学雑誌』一五―三、一九七一年
・龍泉寺庭園について／修理報告から引用、新稿
・龍泉寺の彫刻像について／修理報告から引用、新稿
・龍泉寺の建築物について／修理報告から引用、新稿
・嶽山城（龍泉寺城）の興亡について／「嶽山城の盛衰について」『大阪大谷大学文化財研究』一二、
　二〇〇二年
・龍泉寺梵鐘銘について／《新稿》

なお本書のなるにあたって、龍泉寺現住職中村知道師、『春日大社文書』の掲載を許可をいただいた春日大社及びその労を執っていただいた春日大社国宝館松村和歌子氏、その仲介をしていただいた大阪大谷大学狭川真一教授をはじめ、大阪府立大学名誉教授山中浩之氏、大阪大谷大学博物館池田千尋氏、富田林

市教育委員会文化財課青木昭和氏、中辻亘氏、桑本彰子氏、龍泉寺男里真紀氏、芙蓉書房出版社長奥村侑生市氏、同社顧問（オフィス平澤代表）平澤公裕氏ほか多くの方にお世話になった。ここに厚く感謝するものである。

令和七年二月吉日

中村　浩（浩道）

著者
**中村　浩**（なかむら ひろし）
龍泉寺名誉住職、大阪大谷大学名誉教授、和歌山県立紀伊風土記の丘前館長
1947年生まれ。立命館大学文学部史学科日本史学専攻卒業。同志社大学大学院文学研究科文化史学専攻中途退学。博士（文学）。著書に『和泉陶邑窯の研究』（柏書房、1981年）、『和泉陶邑窯出土須恵器の型式編年』（芙蓉書房出版、2001年）、『須恵器から見た被葬者像の研究』（芙蓉書房出版、2012年）、『須恵器』（ニューサイエンス社、1980年）、『古墳文化の風景』（雄山閣、1988年）などの考古学関係書のほか、2005年から「ぶらりあるき博物館」シリーズを執筆刊行。既刊は、パリ、ウィーン、ロンドン、ミュンヘン、オランダのヨーロッパ編、マレーシア、バンコク、香港・マカオ、シンガポール、台北、マニラ、ベトナム、インドネシア、カンボジア、ミャンマー・ラオス、チェンマイ・アユタヤ、ソウル、釜山・慶州、済州島、沖縄・奄美、北海道のアジア編と『ぶらりあるきお酒の博物館』の22冊（芙蓉書房出版）。

**河内龍泉寺《かわちりゅうせんじ》と蘇我氏《そがし》の研究**

2025年2月28日　第1刷発行

著　者
中村《なかむら》　浩《ひろし》

発行者
奥村侑生市

発行所
㈱芙蓉書房出版
〒162-0805東京都新宿区矢来町113-1　神楽坂升本ビル4階
TEL 03-5579-8295　FAX 03-5579-8786
http://www.fuyoshobo.co.jp

印刷・製本／モリモト印刷

定価はカバーに表示してあります。
落丁・乱丁本はお取替えいたします（古書店で購入されたものを除きます）。

ISBN978-4-8295-0897-8

【芙蓉書房出版の本】

ぶらりあるき ソウルの博物館
中村 浩・木下 亘著　本体 2,500円

ぶらりあるき 釜山・慶州の博物館
中村 浩・池田榮史・木下亘著　本体 2,200円

ぶらりあるき 韓国済州島の博物館
中村 浩著　本体 2,000円

ぶらりあるき 北海道の博物館
中村 浩著　本体 2,200円

ぶらりあるき 沖縄・奄美の博物館
中村　浩・池田榮史著　本体 1,900円

ぶらりあるき シンガポールの博物館　中村 浩著　本体 1,900円

ぶらりあるき マレーシアの博物館　中村 浩著　本体1,900円

ぶらりあるき バンコクの博物館　中村 浩著　本体 1,900円

ぶらりあるき チェンマイ・アユタヤの博物館
中村 浩著　本体 2,000円

ぶらりあるき ベトナムの博物館　中村 浩著　本体 1,900円

ぶらりあるき カンボジアの博物館　中村 浩著　本体 2,000円

ぶらりあるき ミャンマー・ラオスの博物館
中村 浩著　本体 2,000円

ぶらりあるき インドネシアの博物館　中村 浩著　本体 2,100円

ぶらりあるき マニラの博物館　中村 浩著　本体 1,900円

ぶらりあるき 香港・マカオの博物館　中村 浩著　本体 1,900円

ぶらりあるき 台北の博物館　中村 浩著　本体 1,900円